辞书论稿与辞书札记

曹先擢 著

商务印书馆

2010年·北京

图书在版编目(CIP)数据

辞书论稿与辞书札记/曹先擢著.—北京:商务印书馆,2010
ISBN 978-7-100-06081-3

Ⅰ.辞… Ⅱ.曹… Ⅲ.汉语—辞书学—文集 Ⅳ.H16-53

中国版本图书馆 CIP 数据核字(2008)第 155673 号

所有权利保留。
未经许可,不得以任何方式使用。

CÍSHŪ LÙNGĂO YŬ CÍSHŪ ZHÁJÌ
辞书论稿与辞书札记
曹先擢 著

商 务 印 书 馆 出 版
(北京王府井大街36号 邮政编码 100710)
商 务 印 书 馆 发 行
北京瑞古冠中印刷厂印刷
ISBN 978-7-100-06081-3

2010年1月第1版 开本 850×1168 1/32
2010年1月北京第1次印刷 印张 16¼
定价:33.00元

目 录

上编　辞书论稿

板块结构 …………………………………………………………… 3
本字　古今字　通用字 …………………………………………… 7
把词与语素区别开来——一个有益的尝试 ……………………… 11
并列式同素异序同义词 …………………………………………… 15
不畏编制出版艰　矻矻奉献便学林——祝贺前四史索引出齐问世 …… 28
"打"字的语义分析 ………………………………………………… 30
《尔雅》简介 ………………………………………………………… 43
反切浅谈 …………………………………………………………… 66
反训研究的可贵收获——读徐世荣《古汉语反训集释》 ……… 80
古汉语同义词辨析的新探索 ……………………………………… 85
关于第111号元素汉字定名问题的管见 ………………………… 88
关于普通话文白异读的答问 ……………………………………… 92
关于几个日造汉字的注音和释义 ………………………………… 101
关于同音替代 ……………………………………………………… 105
关于异体字的两个问题 …………………………………………… 113
《广韵》简介 ………………………………………………………… 119
汉字的自动义与使动义 …………………………………………… 143
集思广益,把异体字问题处理好 ………………………………… 151
○的突破 …………………………………………………………… 157

《普通话异读词审音表》与汉语规范 …… 162
普通话异读词审音 …… 174
通假字问题 …… 186
让《康熙字典》焕发新的活力 …… 207
如何更好地利用中文工具书 …… 213
《诗经》叠字 …… 228
《说文解字》的性质 …… 239
《说文解字》简介 …… 246
《说文》目部研读四问题 …… 275
《说文解字》的省声 …… 282
《说文解字》在研读时应注意的若干问题 …… 291
《现代汉语词典》的历史地位 …… 301
《现代汉语词典》的四个特点——祝贺《现代汉语词典》第5版出版 …… 306
新世纪伊始说"除夕" …… 312
魏建功先生对《新华字典》的历史性贡献 …… 314
源流并重 博大精深——谈《汉语大字典》的特色 …… 320
与《辞天》编委的谈话 …… 337
真正的鸿篇巨制 …… 340
指路灯——学习《〈现代汉语词典〉编写细则》的体会 …… 345
《中华字海》出版献辞 …… 355
中文辞书发展述略 …… 357
中日常用汉字笔顺的小考察 …… 378
字典三特点 …… 382
编者与读者的互动 …… 387

下编 辞书札记

哀兵必胜 …… 395

四不像的麇	396
奥陶纪/寒武纪	397
"蚌",通过本字找到读 bèng 的反切	398
比及	399
豳州→邠州→彬县	400
"不"字音的一变再变	401
"不得不"与"不可不"	403
不乏	405
不坏、不错、不愧	406
叉的四个读音	407
拆	408
夫差的差之读音	409
场	410
"钞"字的一个义项	413
谌作为姓氏时的读音	414
称谓	415
撑	416
承望/不承望	417
乘(大乘、小乘)的读音	419
铜臭与臭味相投	420
仇 chóu/qiú	422
"禅"音解读的管见	423
床的本义与床的构词能力	425
从	427
报答、答复与答理、答应	429
"大"的 dà/dài 反切选择	430
大都(大多)	432

倒计时	433
试说"朵"	436
恶	438
更夫	439
贞观的观怎么读	440
"胡"考随录	441
泂	443
霍乱和虎列拉	444
家父、令尊与舍弟、令弟	446
键字众多反切及其今读	447
共赴时艰、共克时艰	449
唐代多匠人	450
维摩诘	451
介(不介马)	452
绢	454
百废具兴与百废俱兴	455
克扣	456
狼牙棒	458
小议"蠡"的字义	459
理念——拟稿留存	460
立(安身立命、立命之本)	462
卯金刀为刘——并不正确的结构分析	463
铒	464
纶绎	466
麂	467
难免	469
诺/画诺	470
棚	471
坪	472

井	473
菩萨	474
年轻、年青、青年	475
热带雨林	476
石油	477
手续 相对 热带	478
属的从属义、统领义和类别义	480
数目字的大写	481
提	483
同形字	484
弯弓、关弓、贯弓	487
文曲星的曲读 qū、读 qǔ？	488
钵	489
继、绁与屣、屈	491
谢	492
"旭"的反切资料与"旭"的字义	494
炫、眩辨析	496
养	498
可说一年半、一天半；不可说一月半	499
埔	500
虌/蔑	501
札、礼、曰的声符分析	502
正/政	503
牛生五趾	504
周$_1$和周$_2$	506
字形问题数例	507

后记 ··· 508

上　编

辞书论稿

板块结构[*]

《新华多功能字典》的特色，主要表现在采用板块结构来安排字典的内容。分为七个板块：

一、四种字体板块。这个板块列出篆、隶、草、楷四种字体。字体在汉字的学习和应用中占有重要的地位，识字和写字都与字体有关系。出版家、辞书学家、商务印书馆原总编辑陈原先生主张一些字典应列字体资料，认为对掌握字的音义有帮助。著名语言学家、书法家周祖谟先生曾多次强调字典列楷体字，有助于学生学习写字。

二、汉字属性板块。汉字属性是指汉字负载的相关信息。这个板块所列的是汉字的几种基本属性，包括整字笔画数、部首、结构、字级、四角号码等。

三、注音释义板块。这是各种字典都有的内容，是字典的基础和核心。注音按照北京语音的标准，符合《普通话异读词审音表》的要求。对来自古文献的字，按反切折合为今音注音。对多音字，注意不同音项的语义和语用功能的差别。例如"薄"有三个读音：báo、bó、bò。báo 为白读，用于口语；bó 为文读，用于书面语；bò 只用于"薄荷"一词，具有黏附性。又如"蚌"读 bàng 和 bèng，后者只用

---

[*] 这篇文章是本人为《新华多功能字典》写的"前言"，现题目改为"板块结构"，相应删去前后与"板块结构"无直接关系的内容。

于地名"蚌埠"。释义要求准确,符合语言实际,方便读者理解和学习。我们在学习并继承前辈学人在释义方面取得的成绩的基础上努力开拓,尝试作一些改进:1.根据汉语的发展和学习的需要,归纳新的义项,如:"猫"增加了:图调制解调器的俗名,英语 modem 的音译之省。"父"增加了:图对伟大勋业缔造者的尊称:国~|导弹之~。"泛"增加了:面缀相当于"全""总"。附着在名物义成分前,组成名词:~神论|~政治化|~美主义。有的新义项流行时间还不很长,尚待继续观察,则另作处理。2.加强字、词语用功能的说明。①为词字、语素字标注语法属性。②标注〈文〉〈近〉〈口〉〈方〉等属性。③不笼统地用"同"。如"擘(bāi)",有的字典注为"同'掰'"。读者有可能误认为"掰玉米"也可以写作"擘玉米"。考察"擘(bāi)"的这个音义,《汉语大字典》《汉语大词典》都没有用例,后来在圣经《新约全书·使徒行传》见到用例:"保罗又上去,擘饼,吃了,谈论许久。"显然这是旧时用例,据此我们在"同"前加了个"旧"字。"旧"字也不能随便加,必须有事实作为依据。

四、词语苑板块。这个板块包括一般词语、百科词语、新词语。字是记录语言的符号,学习汉字必须与学习词语挂钩,安排这个板块的目的就在于此。一般词语是基础,百科词语在知识经济时代与日常生活的关系更为密切,新词语反映词汇发展的新动态,我们学习词语应当注意这三个方面。这三类词语不可能详尽列出,而只能是提示性的:一般词语列基本的,百科词语列重要的,新词语着眼其"新"、其"鲜活"的特点,同时又是比较稳定的。有的字三类都有,有的字只有两类或是一类。

五、规范提示板块。通过这个板块将国家行政部门发布的语言文字和科技术语的标准介绍给读者,使读者一目了然,便于遵照使用。

六、知识窗板块。这个板块的内容涉及字形、字音、字义,以及词汇、语法、修辞、汉字文化等方面。撰写的原则是:随字引发,介绍知识,应用为本,杂而不越。离开字去介绍知识,就会漫无依归,与字典的内容脱节。我们的做法是从字出发,考虑是否安排相关的知识窗内容,而所安排的内容力求贴近读者的需要。如在"蜡"字下安排了"蜡梅"与"腊梅"的辨析;在"门"字下指出在美国水门事件后又产生"伊朗门""白水门"等词语,"门"成为一个后缀,表示"丑闻""不光彩的事件"等意义,此用法还不稳定,列为正式义项尚待观察,先在"知识窗"板块中介绍。又如指混凝土的"砼(tóng)",我们引王竹溪《新部首大字典》:"砼,是人工石,即人造石。"通常把"砼"看成形声字,王先生是著名物理学家,他把"砼"分析为会意字,由人、工、石合成,使我们增长了知识。

七、插图。共配有插图180组,作为释义内容的补充,既给读者提供了直观的知识,又活跃了版面。

以上七个板块,注音释义是主体板块,其他六个板块像众星拱月一样,都是围绕它而设立的,也可以说是注音释义内容的延伸和补充。七个板块是相互配合、相得益彰的,有助于提升字典释疑解惑的功能。我们的做法学习、借鉴了别的辞书的经验。如20世纪50年代的《同音字典》在单字下提供相关词语的词目;《现代汉语词典》释义有时有"注意"栏目,作提示性的说明。当前汉语字典中提供汉字编码、字体资料等内容的也不乏其例,但是像我们这样的板块结构则属首创。它的优点是可以适度扩展知识的范围,便于读者查阅和应用,另外也有利于字典自身的更新。如汉字属性板块,随着信息技术的发展和应用的普及,今后还会增加一些内容;词语苑板块,其中新词语流动性较大,有这个平台,新词语的更新、改动并不难;规范提示板块,它与国家的语言文字标准相连接,标准的改动很容易进入字典;知识窗板块,更具独立性和开放性,便于吸纳读者的意见,形成编者和读者的互动,有利于不断吸收汉字应用研究和中小学语文教学研究的成果。人们常说"海纳百川,有容乃大",这一点如果做得好,字典改进的路子就宽了。"问渠那得清如许,为有源头活水来",宋代哲学家、教育家朱熹讲的是做学问,编字典也是这个道理。从世界范围说,辞书发展的方向是要加强其阅读功能,采用板块结构有利于加强字典的阅读性,符合辞书发展的大趋势。

我国的字典一向是一元结构,从第一部楷书字典《玉篇》到清代的《康熙字典》,内容仅限于注音释义,只是详略不同而已。现代字典的内容有所扩展,而结构上基本是一元的,这种结构不利于字典内容的充实和更新。将一元结构改为多元结构,是时代的要求。我们这部字典,在字典体制上是一次有意义的革新。这当然是初步的,是尝试性的,能否成功,还要在实践中检验。

本字 古今字 通用字[*]

本字 也称正字,指直接为表示某一词义而造的汉字,与通用的假借字不同。表示词的本义的字称为本字,不表示本义的称为假借字。就字形来看,可分为两类:甲类本字与假借字同为一字。如"女"本义指女人,又借用指第二人称(汝),后一用法的"女"是假借字,而用于本义的"女"是本字。乙类本字与假借字是两个字。如"湄"本义指水草之交的岸边,这个意义古籍有时借"麋"来表示。《诗经·小雅·巧言》:"彼何人斯,居河之麋。""麋"是假借字,"湄"是本字。

甲类在汉字发展中,本字与假借字可发生转换。有两种转换,一种是假借义通行,本义另造字。如"然"本义指燃烧,假借用作代词等,本义另造"燃"。"然"是"燃"的古本字,"燃"是"然"的后起字。另一种是假借义另造字。如"祭"本义指祭祀,假借指地名,后造地名字"鄒","鄒"是后起本字。"祭"和"鄒"处于不同的时间层次上,它们是古字与后起字的关系。

有些本字后来废弃不用。一种是古本字,如"垔"为垔塞字,"湮"为湮没字,后来"垔"字不用,而另造"堙"字。另一种是后起本字。如"率"本义指捕鸟器,假借用指率领。这个意义造"䢦"字,但未得流

---

[*] 本篇是为《中国大百科全书·语言文言卷》撰写的三个条目,是周祖谟先生分配我写的;稿子曾经他审阅。

传。一些有复古主义思想的人认为凡本字都应该是通行的字。他们提倡写这些已废弃不用的字。这种主张违反了文字约定俗成的原则。

确定本字有赖于正确分析字形结构,找出字的本义。《说文解字》是中国古代一部分析字形结构注释本义的专著,是一部重要的文字学著作。然而所解释的意义多有错误,例如"不"字释为"鸟飞上翔不下来也"。据甲骨文、金文资料分析,"不"本义指花柎,《说文》所释不是本义。今作否定词用,是假借字。

本字有时指本应该写的字,是就字的常用义说的。例如"由"用作假借字,指"好像"、"如同"的意思,其本字是"犹"。这是根据"犹"的常用义来说的,同"犹"的造字本义(指一种猿类动物)无关。在本有其字的假借中,这类本字占有很大的比重。

古今字 指同表某一字义而古今用字有异的汉字。古今字分两类:甲类等义的,即古字与今字字义完全相同,如凷/塊、灋/法、壄/野、歙/饮、杬/栲等。乙类不等义的,即古字与今字字义不完全相同,如莫/暮、景/影、辟/避等。

甲类古今字是一对一的关系,今字的产生不涉及汉字的孳乳分化,古今字属同字异形,是异体字的一类。乙类古今字不是一对一的关系,今字产生是汉字在发展上孳乳分化的结果;另有一些是因为字义变用而形成古今字关系的。

汉字的孳乳分化,分以下三个方面:①今字是由古字的本义产生的。"莫"本义指日落天晚,"莫"假借用作无定代词,本义另造"暮"字。同类的如止/趾、要/腰、衰/蓑、采/採、匪/篚、其/箕、匡/筐、然/燃、益/溢、禽/擒等。②今字是由古字的引申义产生的。"景"本义指日光,引申指明暗形成的影子,这个意义后造"影"字。同类的如弟/

悌、解/懈、责/债、竟/境、坐/座、中/仲等。③今字是由古字的假借产生的。"辟",本义指法,假借用作逃避,这个意义后造"避"字。同类的如辟/僻、辟/闢、辟/嬖等。以上所列,古字是声符字,今字是以古字为声符产生的形声字。今字产生在古字之后,也称做后起字。清代王筠称本义产生的后起字为累增字;称由引申义、假借义产生的后起字为分别文(《说文释例》卷八)。有些今字虽属后起字,但在字形上与古字无相承关系,如罢/疲、蚤/早等。

由字义变用形成的古今字,古字与今字不存在产生先后的问题;只是由于字义使用上的变化,使某字成为古字,另一字成为今字。如表示容貌的意思古代用"颂",后代用"容"。

古今字是就某一字义用字不同而言。例如"尉"既是"熨"的古字,又是"慰"的古字,前者是就"尉"的本义说的,后者是就引申义说的。

今字如再产生后起字,对后起字来说,它又是古字。例如表示前进的意思"歬"是古字,"前"是今字。"前"的本义指剪断,后造"剪"字,"前"是"剪"的古字,"剪"又是今字。

通用字 指在使用中可相通换用的汉字,包括同音通用、同义通用和古今通用。

同音通用指用一个同音字(或音近字)去替代另一个字,这种替代具有一定的常用性。例如《管子·入国》:"聋盲喑哑……不耐自生者,上收而养之疾。"《礼记·乐记》:"故人不耐无乐。"《论衡·无形》:"试令人损益苞瓜之汁,令其形如故,耐为之乎?""耐"是通用字,"能"是被换用的本字。古同音通用反映的是古音系统,如"耐"、"能"二字在古代分属之部蒸部,阴阳对转,韵母相近,在后代变得很不相同了。

同义通用指同义字之间的通用。例如"才"、"材"二字,在一般情况下,不可混用,但在指"有才能的人"这个意义上是同义字,可通用。《论语·子路》:"赦小过,举贤才。"《伪古文尚书·咸有一德》:"任官惟贤材。"又如"辑"、"集"在表示"安"、"安定"的意义上是同义字,可通用。《战国策·赵策一》:"此先圣之所以集国家、安社稷乎?"《汉书·西域传》:"可安辑,安辑之;可击,击之。"

古今通用指古今字之间通用,也就是用古字代今字。例如表示擒获的意思,"禽"是古字,"擒"是今字。在唐代杜甫诗中用"擒"字,而宋代司马光等编的《资治通鉴》常用"禽"字。如:"将军禽操,宜在今日"(卷六十五),"禽其司马而反千里之齐,安平君之功也"(卷四)。又如表示价值的意思,"直"是古字,"值"是今字。唐以前作"直",唐以后作"值"。清代蒲松龄《聊斋志异》有用古字"直"的:"市中游侠儿,待佳者笼养之,昂其直。"

通用字与被换用字,二字字义不相同,只是在一定条件下在某个意义上可相通换用。如果二字字义完全相同,则属异体字。异体字间是"同"的关系,而不是"通"的关系。

把词与语素区别开来[*]

——一个有益的尝试

《现代汉语常用词用法词典》有三个特点：一、收词利用了现代化计算机词汇统计成果；二、注释时标注词类和语素；三、除释义外，还有"搭配"、"相关词群"、"辨析"、"注意"等栏目，使读者对词义和词的用法有更好的了解。这是一本富有特色的词典。

常用词用法词典，所选收的词，应该是常用的。所谓常用有两层含义：一、出现的频率高，二、在各门类的作品中分布较均匀。以前靠人工凭经验挑选，工作不容易做好。现在有了电子计算机，可以将大量语料输入计算机，经过计算机处理把常用词统计出来。利用计算机统计成果，并不意味减轻了词典的选词工作，因为即使计算机统计出来的词表，也需要有必要的人工干预，才能使之完善化。这部词典收词近6000个，采自《现代汉语频率词典》（北京语言学院出版社，1986年），约为该频率词典的四分之三。我想这主要不是为了减少篇幅，而是因为经过筛选，可使收词更符合词典的要求。

字典、词典标注词类，目前较多的做法是：1.单字下适当标词类；2.所标词类多为助词、拟声词、疑问词、量词等，基本上局限在虚词范

---

[*] 本篇是为《现代汉语常用词用法词典》（顾士熙主编）写的序。该词典由中国书籍出版社2002年出版。

围内。也有单字下全部标词类而复词不标词类的,如台湾商务印书馆出版的增修《国语辞典》。吕叔湘先生主编的《现代汉语八百词》,以收虚词为主,也收了一些实词类,所有条目都标词类。像这部词典收词近6000条,全部标词类的,目前还不多见。我认为应该提倡辞书全部标词类,因为这样做对提高词典的注释的科学性和实用性都是有意义的。标注词类会遇到许多困难,许多问题,这需要通过实践来解决。词典所标的词类,我想就具体的条目说,可能会有不同意见。但是,只有探索才能前进。

标注语素,是以前词典没有做过的。有一些字或字的某义项,不能单独使用,只能用来构词,它们是语素。在给单字标词类的时候,增加语素这个层次,便"配套"了。标明语素有助于揭示字的不同功能,在一般情况下,也有助于区别字的古今义。有一本字典对"失""丢"二字是这样注释的:

失

〈名〉错误。如"言多必失"。

〈动〉①放纵、丧失。如"时哉,不可失。"

②遗落。如"贤者万举而一失。"

③违背、不合。如"故人情不失。"

丢

〈动〉①抛弃、甩掉。

②遗失。如"铅笔丢了。"

③投递。如"丢眼色。"

④搁置。如"丢下这里的事。"

在现代汉语里,"丢"是一个词,"失"是一个语素,二者功能不同:"丢"可以单用,"失"只能构词。以上的字义注释没有错误,不足的是没有将语素与词分开,结果,"失"字作为一个"词"来对待,所举例子自然是古汉语的。如果"失"作为一个语素,处理就会不同。这里试注如下:

失

〈素〉①错误:失误|失策|阙失|失之毫厘,谬以千里。

②丢掉(非出于主观意愿):丧失|失机|失密|失血|坐失良机。

③遗落:失势|失落|消失|失魂落魄。

④违背:失实|失信|失约|得道多助,失道寡助。

语素义有时不大好理解,常常需要结合相关的复合词才能掌握。因此,所举的复合词能起到印证释义的作用;而释义反过来也可帮助读者去学习掌握相关的复合词。一举两得;相得益彰。

注释词义的时候,需要考虑到词的搭配关系,即词义的适用范围。如"服"有吃的意思,它只用于服药、服毒,搭配有选择性。《现代汉语词典》通过夹注的办法,来说明词的特殊的搭配关系。这本词典特辟"搭配"栏目,专门处理这一类问题。此外"辨析""相关词群""注意",都是为补充释义未备而设的专门栏目,这里就不详细谈了。

词典的作者将书稿拿来要我写一篇序,深感这本词典面貌新内容充实,而标注词类、语素等做法是很有意义的。在万紫千红的辞书园地里,我相信这朵新葩必将以它特有的色泽和芳香而赢得读者。

以上是原序(略有改动)。下面是一点新补充。

把词与语素区别开来,最早提出来的是吕叔湘先生。20世纪50年代,在编纂《现代汉语词典》时,作为前期主编,吕叔湘先生写了《〈现代汉语词典〉编写细则》,后来有细则的修订稿。《细则》共180条,其中第86条是:"词义分项,单字注解,○和□";"词义分项用①

②③表示,如单字的某一意义在现代不单用,只在合成词或成语中出现,用①代①,用②代②,余同此。只有一个意义的单字,如不单用,也在注解前标□(能单用的不标○)。凡定为□的,都要举例,即以合成词、成语、熟语为例。例如:[玄]①黑色:～狐。②深奥难懂:～妙|～之又～。③玄虚;靠不住:这话真～。[罗]①轻软有稀孔的丝织品。②过滤流质或筛粉末的器具……③捕鸟的网:天～地网。④张罗捕捉:门可～雀"。[1]

这份编写细则,在吕先生生前没有发表,但私下流传,复印本相当多。我的一份放在案头,经常翻检学习。我认为吕先生把词与语素分别开来,既有理论意义,也有实际意义。这种区别有助于我们掌握单字的语素义。例如《新华字典》"摄"的注释是:"①拿,取:～影|～取养分。②保养:～生|珍～。③代理(多指统治权):～政|～位"。三个义项都是语素义,而在古代它们可以独立使用,是词义。这样,抓住了语素义上可以学习古代汉语,下可以学习现代汉语。把语素理解清楚了,复合词词义就容易掌握了。

正因为如此,当顾士熙同志要我为《现代汉语常用词用法词典》写序时,我就重点谈了把词与语素区别开来的问题。实际上是我学习《细则》的一点心得体会。因为《细则》没有公开发表,我不便引用。2002年出版了《吕叔湘全集》(辽宁教育出版社出版),《细则》收入第十二卷。这是一篇重要的历史文献,我认为从事中文辞书编纂的朋友,都应该拿来学习。

---

[1] 《现代汉语词典》后来没将单字义项分为○□。

并列式同素异序同义词

一

在汉语里有这样一类同义词:词素相同,词素次序互为倒置,如泉源、源泉,代替、替代,暖和、和暖,东西、西东[①]等,我们管这类词叫做同素异序同义词。

同素异序同义词主要是由两个同义的或反义的词素按并列关系组成的,如以上举例。也有由两个非同义(也非反义)的词素按非并列的关系组成的,如熊猫、猫熊,茶砖、砖茶;羔羊、羊羔,犊牛、牛犊;海拔、拔海,符合、合符,经痛、痛经;冲要、要冲,烟卷、卷烟;代庖、庖代;育肥、肥育,读破、破读等。双音节单纯词中有两个音节(即汉字)互相倒置的同义词:跷蹊、蹊跷,葱茏、茏葱,踉跄、跄踉,地道、道地,犹豫、豫犹,为崩、崩为等。这些词与并列式同素异序同义词的性质是不同的。

本文仅讨论并列式同素异序同义词。

在多音节的复合词或固定词组中,也有这样性质的同义词(词组),其中的某两个词素成分是互为倒置的,如热电厂、电热厂,唇齿音、齿唇音,玲珑透剔、玲珑剔透,漆黑一团、黑漆一团等。互为倒置

[①] 东西、西东皆指酒杯。见张相《诗词曲语辞汇释》。

的两个词素独立出来就不能倒置,它们的倒置有黏附性。可以将它们看成是双音节词素倒置的变例。

二

在两个并列式同素异序同义词中,就大多数来说,在使用上有生熟的不同,其中的一个是比较常用的,我们称之为常式,另一个相对地说是不常用的,我们称之为变式。也有两个均属于常式的,如泉源、源泉,忌妒、妒忌,式样、样式。下面我们举出一些例子,在例子中,上一个为常式,下一个为变式:

{ 士兵 兵士	{ 灵魂 魂灵	{ 篱笆 笆篱	{ 喷嚏 嚏喷	{ 运气 气运
{ 盗匪 匪盗	{ 脊背 背脊	{ 报酬 酬报	{ 感情 情感	{ 粮食 食粮
{ 侧翼 翼侧	{ 监牢 牢监	{ 绅士 士绅	{ 心腹 腹心	{ 空闲 闲空
{ 名声 声名	{ 旋(漩)涡 涡旋(漩)	{ 泉源 源泉	{ 式样 样式	{ 力气 气力①

(以上为名词)

结构是互相间有联系的若干单位的组合。组合如果其单位间是随意的彼此无意义的关系,这种组合没有结构可言,是字串;只有意义有联系的组合才是结构。不同结构其单位间意义的联系是不同的。最简单的结构是并列结构,单位间是"平等"的同类关系,线性性

---

① 在同一水平上线者皆为常式。下同。

质对结构的约束性没有或者很弱。所以并列结构的二字组合,其次序常常可以互换,特别在古汉语的文献中。到现代汉语,这种情况大大减少。本文是从现代汉语出发,联系历史来进行考察,以说明这一类词语的语义和语用特点。

狭窄／窄狭	质朴／朴质	寂静／静寂	光荣／荣光	要紧／紧要
合适／适合	俭省／省俭	直朴／朴直	直爽／爽直	直率／率直
朴素／素朴	健壮／壮健	健康／康健	敏锐／锐敏	模糊／糊模
笨拙／拙笨	暖和／和暖	和平／平和	痛苦／苦痛	整齐／齐整
伤感／感伤	和谐／谐和	谨严／严谨		

(以上为形容词)

凌驾／驾凌	流传／传流	代替／替代	荡涤／涤荡	切割／割切
阻拦／拦阻	补贴／贴补	对质／质对	行销／销行	访察／察访
玩赏／赏玩	辩论／论辩	托付／付托	觉察／察觉	聚集／集聚
绵延／延绵	离别／别离	剪裁／裁剪	争论／论争	鉴戒／戒鉴
商洽／洽商	集结／结集	折磨／磨折	放牧／牧放	勘察／察勘

{洗刷 / 刷洗}　{缩减 / 减缩}　{搭配 / 配搭}　{应酬 / 酬应}　{救援 / 援救}

{寻找 / 找寻}　{叹惋 / 惋叹}　{愤激 / 激愤}　{应承 / 承应}　{点校 / 校点}

{躲闪 / 闪躲}　{削减 / 减削}　{交接 / 接交}　{鉴赏 / 赏鉴}　{畜牧 / 牧畜}

{吞并　并吞}　{悔改　改悔}　{忌妒　妒忌}　{叫喊　喊叫}　{依偎　偎依}

{煎熬　熬煎}

（以上为动词）

{刚才 / 才刚}　{反倒 / 倒反}　{总共 / 共总}　{比较[①] / 较比}　{保准 / 准保}

{互相　相互}　{保管　管保[②]}

（以上为副词）

下面我们谈谈这类词的常式与变式在词义内容、修辞色彩、构词能力等方面的异同。

（1）常式与变式。就词义范围方面说有下列四种情况：

A. 相等的，即常式与变式在词义和词性上是相同的，如士兵、兵士，篱笆、笆篱，喷嚏、嚏喷，盗匪、匪盗，脊背、背脊，粮食、食粮，侧翼、翼侧，泉源、源泉，监牢、牢监，直率、率直，直爽、爽直，模糊、糊模，笨拙、拙笨，缓和、和缓，阻拦、拦阻，牧放、放牧，荡涤、涤荡，切割、割

[①][②] 比较、保管，这里指它们作副词用是同义词。

切、鉴戒、戒鉴、鉴赏、赏鉴、离别、别离、勘察、察勘、反倒、倒反等。

B. 交叉的,即两个词的词义在某些方面是相同(或基本上相同)的,如和平与平和,心腹与腹心,要紧与紧要等。现将《现代汉语词典》中有关的注文抄录如下,相同的部分用横线标出。

和平　1. 指没有战争的状态。2. 温和;不猛烈:药性和平。

平和　1. (性情或言行)温和。2. (药物)作用温和;不剧烈。3.(方言)纷扰停止。

心腹　1. 旧时指亲信的人。2. 藏在心里轻易不对人说的。

腹心　1. 比喻要害或中心部分。2. 比喻极亲近的人。3. 比喻诚意。

灵魂　1. 心灵;思想。2. 人格;良心。3. 比喻起指导和决定作用的因素。4. 迷信的人认为附在人的躯体上作为主宰的一种非物质的东西。

魂灵　魂〔魂:1. 灵魂❶(按:应为❹)。2. 指精神或情绪。3. 指国家、民族的崇高精神。〕

C. 包含的,即一个词义包含在另一个词义之中,如紧要与要紧,酬应与应酬,管保与保管等。

紧要　紧急重要。

要紧　1. 重要。2. 严重。3. 〈方〉急着(做某件事)。

酬应　应酬❶。

应酬　1.交际往来,以礼相待。2. 旧时指私人间的宴会。

管保　保证,担保。

保管　1. 保藏和管理。2. 完全有把握;担保。

D. 词性不同,如合适与适合,互相与相互等。

合适　符合实际情况或客观要求:这双鞋你穿着正～|这个字用

在这里不～。

适合 符合(实际情况或客观要求)：过去的经验未必全都～当前的情况。

互相 副词，表示彼此对待的关系：～尊重｜～帮助｜～支持。

相互 两相对待的：～作用｜～依赖｜～间的关系。

这些词词义相同，词性不完全相同。"合适"与"适合"都是动词，所不同的是"合适"是形容词，它不能带宾语，"适合"是及物动词，也可作不及物动词用。"互相"是副词，"相互"是形容词，二者都可以修饰形容词和动词。但"相互"可以修饰名词，而"互相"不能修饰名词：我们可以说"相互关系"，但不能说"*互相关系"。

综上所述，A 类属完全同义词，B、C、D 三类属不完全同义词。

(2) 文白不同。赵元任先生说："造词法里头的并列结构次序是固定的。少数几个例子两个次序都可能，意义常常不一样，比方说'要紧'是'重要'的意思，'紧要'多少带有点文言味儿，有'紧急'的意思。"[①]在我们上面举例中，如康健、赏玩、帖服、赏鉴、戒鉴、锐敏、替代、酬应、酬报、朴质、率直、察访、壮健、付托、论争、承应等变式，与相应的常式比较，的确在词义的色彩上都多少带有点文言味儿。与这一点有关的是：作为构词成分再衍生出新的词或组成固定词组时，一般用常式，如计算：计算机、计算尺、计算数学，比较：比较级、比较系数、比较语言学，切割：切割法、切割机床，模糊：模糊学。如果构成四字格(带有文言意味)，则一般用变式，如事关紧要、皆大欢喜、欢喜若狂、付托得人、声名狼藉等。

(3) 词义的虚实不同。一般说，常式的词义比较抽象，变式的词

---

① 《北京口语语法》，27 页，中国青年出版社。

义比较具体。如"狭窄"与"窄狭"是同义词,在形容街道、走廊、桥梁、道路等时,两个词都可以用,但形容抽象的事物,如人的心胸、气量等时,就只能用常式"狭窄",而不能用变式"窄狭"。"健康"与"康健"均可用来形容人的身体,如形容语言等时,就只能用"健康"而不能用"康健"。"洗刷"与"刷洗"是同义词,宾语如果是具体事物时,两个词都可以用,宾语如果是抽象事物如耻辱、罪名等时,就只能用"洗刷"而不能用"刷洗"。"剪裁"与"裁剪",均可用于具体东西如衣料等,而讲文章题材的处理,只能用"剪裁"而不能用"裁剪"。① 吕叔湘先生说:"两个意义很具体的词,合成联合复词以后,往往含有比较抽象的意义。"② 上述的常式就属于这样的复合词。我们认为变式和常式不同,它们的结构比较松散,比较接近于词组,而不是"成熟"的复合词,因此,就不具备这类复合词所有的抽象意义。

(4) 有一些变式是由方言来的,在某一方言区它是常式,如牢监(吴语)、较比(西南官话)、欢喜(闽南、梅县)、强勉(河南潢川)、菜蔬(闽南、扬州)、笆篱(《现汉》标〈方〉,地区不详)等。还有一些变式属纯方言词,还没有进入普通话的,如晨早(广州)、尘灰(梅县)、闹热(苏州、闽北、闽南)、挤拥(广州)等。 词素次序倒顺的问题带有方言的习惯性。

三

下面我们从纵的方面,即从汉语的发展方面,对并列式同素异序

---

① 《现代汉语词典》在注释这些词时区别了这些细微的差别,可参看。
② 吕叔湘:《中国文法要略》,13页,商务印书馆,1957年。
③ 参看《汉语方言词汇》,北大中文系语言学教研室编,文字改革出版社,1964年。

同义词谈几点看法。

（1）在古代汉语里，这一类词（词组）是比较多见的。已故郑奠先生把它们叫做"字序对换的双音词"，他在《古汉语中字序对换的双音词》①一文中列举了六十四组例子。为说明它们的多见性，本文再补充若干例子。

简易、易简　汉因循而不革，明简易，随时宜也。（《汉书·百官公卿表》）｜所以崇易简，省事功也。（《释名·序》）

肥腯、腯肥　吾牲牷肥腯。（《左传·桓公二年》）｜豚曰腯肥。（《礼记·曲礼》）

人民、民人　分其人民以居之。（《周礼·天官冢宰·内宰》）｜五谷熟而民人育。（《孟子·公孙丑上》）

朋友、友朋　责善，朋友之道。（《孟子·离娄下》）｜岂不欲往，畏我友朋。（《左传·庄公二十二年》）

会计、计会　孔子尝为委吏矣，曰："会计当而矣！"（《孟子·万章下》）｜谁习计会？（《战国策·齐策四》）

学问、问学　不登高山，不知学问之大。（《荀子·劝学》）｜纵性情而不足问学，则为小人矣。（《荀子·儒效》）

物类、类物　物类之起，必象其德。（《荀子·劝学》）｜于是乎有天地神民类物之官。（《国语·楚语下》）

意志、志意　横渠云：以意志两字言，则志公而意私，志刚而意柔。（《朱子语类·理性二》）｜志意修则骄富贵。（《荀子·修身》）

服从、从服　道合而服从。（《礼记·内则》）｜通达之属莫不从服。（《荀子·非十二子》）

---

① 《中国语文》1964年第6期。

安慰、慰安　时时为安慰,久久莫相忘。(《古诗·为焦仲卿妻作》)|思欲宽上意,慰安众庶。(《汉书·车千秋传》)

讴歌、歌讴　不讴歌尧之子而讴歌舜。(《孟子·万章上》)|故近者歌讴而乐之。(《荀子·儒效》)

忌讳、讳忌　妾……触犯忌讳。(《后汉书·班超传》)|赵兴亦不恤讳忌。(《后汉书·郭躬陈宠传》)

雕刻、刻雕　工匠雕刻,连累日月。(《后汉书·王充传》)|覆载天地,刻雕万物。(《庄子·大宗师》)

风光、光风　传语风光共流转。(杜甫《曲江》诗)|光风转蕙氾崇兰些。(《楚辞·招魂》)

郑先生在该文中曾提出,古汉语中这些双音词为什么会有"字序对换的现象"? 这是一个值得研究的问题。我们认为以下三点是应该考虑的:第一,古汉语以单音节为主,在这些结构中两个同义的汉字,常常各自有独立的词义,当它们结合在一起时,其结构是比较松散的,两个汉字的先后次序也不是固定的。如"粮食"的"粮",在古代指焙干了的米,"食"指平时的饭,二者各有所指。《周礼·廪人》:"凡邦有会同师役之事,则治其粮,与其食。"《汉书·严助传》:"居者无食,行者无粮。"在《论语》里,讲到平时吃的饭用"食"字:"饭疏食,饮水"(《述而》),"一箪食,一瓢饮"(《雍也》);讲到远行所吃的用"粮"字:"子在陈绝粮,从者病,莫能兴"(《卫灵公》)。粮、食二字相结合时,泛指一切粮食,其字序是自由的:"楚师辽远,粮食将尽"(《左传·襄公八年》),"取其狗豕食粮衣裘"(《墨子·鲁问》),"粮食未及乏绝"(《淮南子·道应训》),"轻兵深入,粮食必绝"(《汉书·主父偃传》),"不可以大船载食粮下也"(《汉书·严助传》)。又如"驰驱"的"驱",在古代指赶马,赶车,"长驱到齐"(《战国策·齐策四》);"驰",也指赶马,指使劲地策马前进,段玉裁说:"驰亦驱也。较大而疾耳。"如"不介马而驰之"(《左传·成公二年》)。"驰驱"连文时泛指奔走,或喻指放纵,其字序可倒换:"遂许先帝以驱驰"(诸葛亮《出师表》),"无敢驰驱"(《诗经·大雅·板》)。在古代的作品中,常可见到同一部著作中,前后用字序不同的并列复音词,如上述《荀子》中的"学问""问学"。又如同一个郑玄,在给《诗经·卫风·芃兰》作注时用"蔓延":"芃兰柔弱,恒蔓延于地",而给《诗经·周南·葛覃》作注时用"延蔓":"葛延蔓于谷中"。赵元任先生说:"造句法里头的并列结构是可以颠倒的。"①我们说古汉语里这种字序可倒换的复音词(词组)较现代汉语为多,主要的原因,是因为在古代它们基本上属造句法的范畴,在现代汉语里则基本上属于构词法的范畴。第二,每个时代的语言习惯不同。如《说文解字》"如"字下,许慎释为"从随也",段玉裁注:"从随,即随从也",可见字序的不同有一个古今语的问题。在《说文解字》"帖"字下,段玉裁注:"……帛署必粘,粘引伸为帖服、为帖妥。"段玉裁这里所用的"帖服""帖妥"与我们通常用的"服帖""妥帖",字序也正好是相反的。因此,作上下几千年的纵观,这种字序可对换的双音词就多了。② 第三,同现代汉语一样,在古代汉语中我们可作这样合理的推论:字序的问题会受到方言的影响。

(2) 在"五四"前后一个时期,这一类词(词组)有增多的趋势。③试以鲁迅作品为例:

  赏鉴、鉴赏　　而围着的便是来赏鉴这示众盛举的人们。(《呐喊·

---

① 《中国语文》1964 年第 6 期。
② 《说文》耳部有"聑"(tiē),段玉裁说帖妥当作此字(聑);作帖是假借字。
③ 北京师范学院中文系汉语教研室编的《五四以来汉语书面语的变迁和发展》第二编第一章第二节中谈到这种现象。

自序》)｜冬天的百草园比较的无味……拍雪人和塑雪罗汉需要人们鉴赏。(《朝花夕拾·从百草园到三味书屋》)

语言、言语 虽然奇异的花果，特别的语言，可以淆乱游子的耳目。(《三闲集·在钟楼上》)｜而最大的阻碍则是言语。(同上)

灵魂、魂灵 还可以看见那藏在用口碑织就的华服里面的身体和灵魂。(《且介亭杂文二集·〈中国新文学大系〉小说二集序》)｜向外，在摄取异域的营养，向内，在挖掘自己的魂灵。(同上)

和平、平和 到东晋……文章便更和平，代表平和文章的人就有陶潜。(《而已集·魏晋风度及文章与药及酒之关系》)｜都在向我们说明通力合作进向平和的建设的道路。(《且介亭杂文二集·陀思妥耶夫斯基的事》)

野蛮、蛮野 人类才会进步，能从原虫到人类，从野蛮到文明。(《而已集·革命时代的文学》)｜而这蛮风，又并非将由蛮野进向文明，乃是已由文明落向蛮野。(《华盖集续编·马上支日记》)

健壮、壮健 健壮活泼，不怕生人。(《且介亭杂文·从孩子的照相说起》)｜他们壮健，我偏生病。(同上)

健康、康健 但他所画的是仙侠高士，远不如这些的健康。(《二心集·"夏娃日记"小引》)｜九斤老太……仍然不平而且康健。(《呐喊·风波》)

忌讳、讳忌 但我细看了一遍，却又寻不出什么忌讳。(《且介亭杂文·病后杂谈》)｜有的是乡曲迂儒，真的不识讳忌。(《且介亭杂文·隔膜》)

命运、运命 他又常常喜欢拉上中国将来命运之类的问题。(《呐喊·端午节》)｜而其后却连这三个人也都为各自的运命所驱策。(《呐喊·自序》)

痛苦、苦痛　又要选出许多毫无所得而痛苦的人。(《呐喊·头发的故事》)|我因此也时时熬了苦痛。(《呐喊·一件小事》)

介绍、绍介　这回姑且将现成的三篇介绍。(《三闲集·匪笔三篇》)|托假洋鬼子带上城,而且托他自己绍介绍介。(《呐喊·阿Q正传》)

讲演、演讲　我这讲演也就此完结了。(《坟·未有天才之前》)|因为知用中学的先生们希望我来演讲一回。(《而已集·读书杂谈》)

安慰、慰安　人生多苦辛,而人们有时却极容易得到安慰。(《呐喊·明天》)|拿他人的"苦"做赏玩,做"慰安"。(《热风·暴君的臣民》)

辛苦、苦辛　如此寂寞,如此辛苦。(《彷徨·孤独者》)|人生多苦辛。(《呐喊·明天》)

严峻、峻严　对于翻译,现在似乎暂不必有严峻的堡垒。(《花边文学·论重译》)|恨检查员之峻严。(《花边文学·"……""□□□□"论补》)

对于这个时期的并列同素异序同义词我们谈三点看法:第一,它们同古代汉语的不同。我们在上面谈到在古代汉语里组成并列结构的两个汉字一般都有自己独立的词义,大多可以独立运用。这个时期并列结构中的两个汉字,有的都不能独立运用,如:安、慰,语、言,介、绍,健、康等。有的其中一个汉字可以独立运用,如(灵)魂、(健)壮、严(峻)、忌(讳)、命(运)、(演)讲。两个汉字都可独立运用的,为数较少,如:痛/苦、野/蛮等。像上述的安、慰、语、言、介、绍、健、康、鉴、讳、运等,在古代都有独立的词义,可以独立运用。① 我们说造句

---

① 我们这里讲独立的词义、独立运用等,是就并列结构与单字在相关的意义上讲的。"灵"现在也可单用,但不是"灵魂"中"灵"的意义。

法里的并列结构,其次序是可以倒置的,但是并不是说,能倒置的就属于造句法。是否属于造句法还要看有无相应的独立的词义和是否可以独立运用。正因为这样,我们把古汉语里的字序对换的并列结构,原则上看成是词组,而把这时期和今天字序可对换的并列结构,原则上看成是复合词。第二,它们与今天的并列式同素异序同义词也不同。今天这类词的范围大大缩小了,如蛮野、绍介、苦辛、峻严、慰安等今天已不用。今天仍用的如语言、言语,和平、平和,灵魂、魂灵等,词义也发生了很大的变化,在上述鲁迅作品里,它们是作为完全同义词被使用的,在今天字序不同的两个词,词义有很大的不同,它们只是在某个或某些意义上是相同的。由此,我们可以看到汉语词汇是在不断发展和逐渐规范的。第三,那个时期这类词增多,不是偶然的,它从一个侧面反映了当时汉语词汇所经历的巨大的变化。当时,口语词汇、文言词汇、外来语词汇一齐涌向书面语。在上述举例中,魂灵、蛮野、康健等属口语词汇(其中有方言词汇),慰安、运命、绍介等属文言词汇。"和平"也作"平和",就是因为日语把英语的 peace 译为"平和"而汉语也借用了的缘故。在古代汉语里既用"会计",也用"计会",我们今天只用"会计",可能与日语的影响有关,因为在日语里用"会计"。

(原载《中国语文》1979 年第 6 期)

不畏编制出版艰　矻矻奉献便学林[*]

——祝贺前四史索引出齐问世

各行各业都要与时俱进。要与时俱进,得选好目标,并有百折不挠的奋斗精神。就古籍索引编制来说,咱们使用的基本上是20世纪50年代以前哈佛燕京社编的索引,学术界自然盼望能编制新的。像编制前四史索引,真是梦寐以求的,但是太难了。困难可以吓退人,也能够激励人,所谓明知山有虎,偏向虎山行。李波、李晓光在80年代便来编制《史记索引》了。他们以精卫填海般的毅力,利用计算机强大功能,目标实现了,1988年我与李波去拜见朱德熙先生,他非常高兴,希望能找到出版单位。令人感佩的是,中国广播电视出版社领导答应出版。1989年《史记索引》问世,获得广泛赞誉,接着又用了十多年的时间,先后编制了《汉书索引》、《后汉书索引》和《三国志索引》,形成了一个极具价值的索引系列,在我国索引编制史上写下了光辉的一页。

丰富的古代文献,一个巨大的信息库,如何快捷而有效地提取信息,这就需要索引。举我经历的两件事。一次在三十多年前,即1970年,时为"文革"期间,北大中文系的军宣队交下一个任务:查出成语"哀兵必胜"的出处,这个成语毛主席用过。查出处的任务是上

---

[*] 本篇发表于《中华读书报》2002年6月26日。

面下达的,务必完成。我们查遍了各种工具书,没有结果,那时教授要参加"天天读",军宣队在会上提出了这个问题,游国恩先生以惊人的记忆力做了回答:出在《老子》"抗兵相加,哀者胜矣",游老也是花了好一阵工夫才想起来的。另一次是今年1月日本东京的一位博士生来信,附有章太炎先生条幅的复印件"养流睇而猿号　李虎发而石开　精通灵而感物　神动气而入微",要帮助释读。是用篆文写的,有的字结构特殊,如养作羏,李作杍等。辨认没有困难,但是前两句的意思我不完全明白。遇到问题时,我常请教吴小如先生,不好意思老麻烦他,便试着查索引,结果在李波等编的《汉书索引》中找到了,这两句话出自班固的《幽通赋》,《昭明文选》也收了它。理解问题迎刃而解。索引之为用大矣哉。"哀兵必胜"用今日的检索系统是可以查出其出处的,不必那样兴师动众了。

我们已进入信息时代、高科技时代,对人文精神、人文科学的要求不是降低了而是大大提升了,从一定意义上讲,这是关乎我们前途和命运的事。我们有悠久而丰富的文化遗产,需要整理,以利用并弘扬其民主性精华。为提高整理工作效率,需要各种索引,包括文本的、光盘的。由于汉字是表意的衍形文字,编制索引比拼音文字困难得多。现在有了电脑、有汉语拼音,方便多了。以前编制索引主要是文科的事,现在要文理结合,文理渗透。李波是学文科的,李晓光是学理科的,他们的经验显示了索引编制的新方向。文本索引现在很需要,将来估计也不会被取代,索引的出版是一个瓶颈。中国广播电视出版社不惜投入巨大的人力、财力出版索引,体现了一种可贵的振兴文化的责任感,这种责任感对我们学术界、出版界实在是太需要了。不畏编制出版艰,矻矻奉献便学林,我谨用这两句话向他们表示敬意。

"打"字的语义分析[①]

一 "打"是意义最多的一个字

《现代汉语词典》(1978年版,下同)收单字1万多个,单字义项在10个以上的25个[②],其中24个字的义项在10～20之间,而"打"义项为24个(如果加上另立字头的介词则为25个),"排名"第一:

打¹ dǎ ①用手或器具撞击物体:～门丨～鼓丨～铁。②器皿、蛋类等因撞击而破碎:碗～了丨鸡飞蛋～。③殴打;攻打:～架丨～援。④发生与人交涉的行为:～官司丨～交道。⑤建造;修筑:～坝丨～墙。⑥制造(器物、食品):～刀丨～烧饼。⑦搅拌:～卤丨～糨子。⑧捆:～包裹丨～铺盖卷儿丨～裹腿。⑨编织:～草鞋丨～毛衣。⑩涂抹;画;印:～蜡丨～个问号丨～墨线丨～格子丨～戳子丨

[①] "打"的语义包括四个方面:1.本义,2.变义,3.泛指义/使动义/发生义,4.介词义,这篇文章讨论了前三个问题,第四个问题因为缺乏研究,暂付阙如。后来徐时仪先生写了《"打"字的语义分析续补》(《辞书研究》2001年3期),对"打"的介词和连词作了深入的探讨,从历时的角度揭示了动词"打"虚化为介词和连词的过程。黄碧云女士写了《"打"字的中缀用法》(实打实、明打明、满打满等)(《辞书研究》2004年1期),补我文章的缺漏。两位的文章使我获益良多。

[②] 单字义项超过10个的25字。名词9个:地(10)、点(15)、度(11)、花(10)、角(10)、家(10)、面(10)、相(12)、子(15);形容词3个:好(11)、老(12)、正(14);动词12个:出(11)、打(24)、发(14)、放(15)、开(15)、来(11)、起(16)、去(12)、上(15)、是(11)、推(10)、下(17);副词一个:就(10)。

～图样儿。⑪揭；凿开：～开盖子|～冰|～井|～眼儿。⑫举；提：～旗子|～灯笼|～伞|～帘子◇～起精神来。⑬放射；发出：～雷|～炮|～信号|～电话。⑭付给或领取（证件）：～介绍信。⑮除去：～旁杈。⑯舀取：～水|～粥。⑰买：～油|～酒|～车票。⑱捉（禽兽等）：～鸟|～鱼。⑲用割、砍等动作来收集：～柴|～草。⑳定出；计算：～草稿|～主意|成本～二百块钱。㉑做；从事：～杂儿|～游击|～埋伏|～前站。㉒做某种游戏：～球|扑克|～秋千。㉓表示身体上的某些动作：～手势|～哈欠|～嗝儿|～踉跄|～前失|～滚儿|～晃儿(huàngr)。㉔采取某种方式：～官腔|～比喻|～马虎眼。

"打"是一个超常的多义字，一千多年前北宋时代的文学家欧阳修说"其义本谓考（敲）击，故人相殴，以物相击，皆谓之打，而工造金银器亦谓之打可矣——盖有槌搪作击之义也。至于造舟车者曰打船、打车，网鱼曰打鱼，汲水曰打水，役夫饷饭曰打饭，兵士给衣粮曰打衣粮，从者执伞曰打伞，以糊黏纸曰打黏，以丈尺量地曰打量，举手试眼之昏明曰打试；至于名儒硕学，语皆如此：触事皆谓之打。"①这实际上是一篇小小的研究文章。本世纪 30 年代，也是一位文学家（又是语言学家）刘半农，说"打"的语义之多到了难以讲清楚的程度，戏谑地称"打"为"混蛋字"②。

研究"打"的语义可分两个方面：1."打"的语义有多少？2."打"的语义有多少类型？这些类型有什么特点？二者是有联系的，但又不同。以前的研究多偏重于前者。

---

① 《归田录》。见《欧阳文忠公集》。
② 《半农杂文》第一册。北平星云书店，1934 年。

本文则着重研究后一个问题。我们在进行"打"字语义分析的时候,所依据的材料主要是当代辞书,进行抽样分析;对语义的分析以辞书注释为参证项。

二 一个小测试

语义存在于语素的组合之中,也就是说存在于语境之中。语境范围很大,我们把语境限定在一个较易获取材料的层次:复合词和固定词组,也就是词典的词目、字典的例词这个范围(这样做对实词"打"来说大致是可行的),在这个范围内主要的形式是两字结构:"打+X"和"X+打"。

下面进行我们的小测试。拿《现代汉语常用字频度统计》[①]的前500个高频字为测试字,看"打"能与哪些字结合成"打+X"/"X+打"复合词。复合词以《现代汉语词典》(包括其《补编》)收录的为限,这样我们得出以下的词表:

(甲)"打+X"

(A)打+名

打道 打工 打气 打手(是偏正关系) 打头 打结 打场 打更 打火 打字 打油 打球

(B)打+动/形

打下 打发 打动 打从 打开 打点 打量 打战 打听 打造 打保 打住 打斗 打算 打断 打转 打倒

(乙)"X+打"

---

① 国家语言文字工作委员会汉字处编,语文出版社,1989年。

"打"字的语义分析

自打　开打

这些条目在《现代汉语词典》和《补编》中都有注释,其中有的包含了对词素"打"义的直接或间接的注释(直接的如"打工":做工;间接的如"打更":旧时把一夜分做五更,每到一更,巡夜的人打梆子或敲锣报时,叫打更),也有难以"提取"的,即看不出词素"打"表示的具体意义(如"打听":探问)。我们将这些注释与《现代汉语词典》单字注释相对照,得出下面的词表。词后面的数码,表示"打"单字的义项;没有数码的,表示单字义项中无注释:

(甲)"打+X"

(A)打+名

打道⑪　打工㉑　打气⑬　打手③　打头㉔　打结⑧　打场㉑　打更①　打火⑬　打字①　打油 1. 舀油⑯　2.买油⑰　3.榨油　打球㉒

(B)打+动/形

打下③⑤　打发　打动　打从　打开　打点　打量　打战　打听　打造⑤　打保　打住　打斗③　打算　打断　打转　打倒

(乙)"X+打"

自打 打²　开打③

从上表可以看出:"打"的字义主要分布在(A)项,在(B)项 17 个词中,14 个缺注释。现在我们看一下《新华字典》对"打"的注释:

打㈠dǎ①击:~铁．~门．~鼓．~靶．~夯．~垮．(引)放射:~枪．~闪．[打击]使受到挫折:~~侵略者．②表示各种动作,代替许多具有具体意义的动词:1.除去:~虫．~沫(把液体上面的沫去掉).~食(服药帮助消化).2.毁坏,损伤:衣服被虫~了.3.取,收:~鱼．~粮食．~柴．~水．4.购买:~车票．~酒．

5.举:~伞.~灯笼.~旗子.6.揭开,破开:~帐子.~西瓜.~鸡蛋.7.建造:~井.墙.8.制,做:~镰刀.~桌椅.~毛衣.9.捆扎:~铺盖卷.~裹腿.10.涂抹:~蜡.~桐油.11.玩耍,玩弄:~秋千.12.通,发:~一个电报去.~电话.13.计算:精~细算.设备费~二百元.14.立,定:~下基础.~主意.~草稿.15.从事或担任某些工作:~杂ㄦ.~前站.16.表示身体上的某些动作:~手势.~冷战.~哈欠.~前失(马前腿跌倒).~滚ㄦ.③与某些动词结合为一个动词:~扮.~扫.~搅.~扰.④从,自:~去年起.~哪里来?

这里的第三义项"与某些动词结合为一个动词",正属(B)项14个缺注释的。这是"打"语义中的一个类型,《新华字典》虽然提到了,但语焉不详。研究"打"的语义,自然不能回避这个问题。

三 "打+名"中"打"的语义

包括两个方面:1."打"的本义。《新华字典》和《现代汉语词典》均注释为第一义项:"击";"用手或器具撞击物体"。2."打"的各种变义,项目很多,《新华字典》概括为一个总义项,再分列子项:"表示各种动作,代替有许多具体意义的动词:1.除去;2.毁坏,损伤;3.取,收……16.表示身体上的某些动作。""打"为什么会产生这些不同的意义呢?这同"打"所带的不同宾语有关系:打柴,打指砍;打草,打指割;打井,打指挖;打地基,打指建造。我们把这样的意义称为"变义"①。

---

① 符淮青说"不同的词作宾语,'打'的意义不同"(见《"打"义分析》,载《词典和词典编纂的学问》,上海辞书出版社,1985年),房玉清也有相似的意见(见《实用汉语语法》,北京语言学院出版社,1992年)。

变与不变是相对而言的。对本义来说,变义在语义特征上相承与变化表现在什么地方?这里谈三点意见。

第一,打是手(或凭借工具)发出的行为。这是打的基本语义特征①。这个语义特征在变义中既有保留的一面,又有发展变化的一面。试以《新华字典》②义项所列 38 个例词例句(其中有 3 个为"打+谓"式,不在统计之内)为例,其中与手的动作有直接关系或间接关系的 28 个:打沫、打鱼、打粮食、打柴、打水、打车票、打酒、打伞、打灯笼、打旗子、打帐子、打西瓜、打鸡蛋、打井、打墙、打镰刀、打桌椅、打毛衣、打铺盖卷、打裹腿、打蜡、打桐油、打秋千、打一个电报去、打电话、打杂儿、打草稿、打手势。与手的动作没有关系的 10 个:打虫、打食、衣服被虫打了、设备费打二百元、打下基础、打主意、打哈欠、打滚儿、打前站、打冷战。在变义中,尽管《新华字典》注释说可以"表示各种动作",但是,其中绝大部分属于手的动作或与手相关的动作,这种分布不能说与"打"的本义无关。我们还需要看到,表示与手动作无关的意义,大多数也存在一种可循的延伸关系。由用手延伸到用嘴(如:打官腔、说话打岔、打牙祭);延伸到用脑(如:打主意、设备费打二百元)。由"泛指人从事(某种工作)"(如:打工、打零活),进而指"(在人际关系上)对某种问题的处理(与具体动作已无多少关系)"(如:打官司、打交道、打离婚),再引申指"发生、出现(不是主观所能控制的)"(如:打鼾、打呼噜、打喷嚏)。这些行为有的与"人手的行为"义相距很远,但是,从语义关系上说,并不是相排斥的关系。"人手的行为"与"人足的行为"是相对立的,在"人足的行为"这个语

---

① 宋·吴曾《辨误录·打字从手从丁》:"丁者,当也。打字从手从丁,以手当其事者也。"古人已注意到"打"的这一语义特征。"打"也有不用指"人手行为"的,如"衣服被虫打了",但终究是不多的。

义领域,通常"打"就不向此延伸了。我们可以说"踢足球、踢毽子",但是不能说"打足球、打毽子"①。万变不离其宗,"打"作为一个行为动词,主要指人的,指人手的行为。

第二,"打"的另一个基本语义特征是:"打"的行为总是联系着某种要求的获取或某种目的的实现,即"打"的行为具有明显的目的性。目的性语义特征,需要结合宾语分析。仍以《新华字典》②义项所列38个"打+名"例词例句为例("衣服被虫打了"是例外,实为37例):

1. 受事宾语

a. 打鱼　打柴　打粮食　打水　打酒　打车票　打主意(想办法……)

b. 打帐子　打西瓜　打鸡蛋

c. 打伞　打灯笼　打旗子

d. 打虫　打沫　打食

2. 结果宾语

打井　打墙　打镰刀　打桌椅　打毛衣　打铺盖卷　打裹腿　打基础　打草稿　打二百元(计算的结果)

3. 工具宾语

打电话　打电报　打手势　打桐油　打蜡　打篮球　打扑克

4. 方式宾语

打秋千(游戏方式)　打杂儿(工作方式)　打前站(行动方式)　打滚儿(动作方式)

---

① 文献中也可找到说"打"用指"踢"的。明·焦竑《焦氏笔乘》卷三引《齐云论》:"白打,蹴鞠戏也。两人对踢曰白打。"

5. 施事宾语

打哈欠（打喷嚏　打鼾　打呼噜）　打冷战

受事宾语分4类：a.宾语是获取的对象；b.改变宾语的存在形态以便利用；c.改变宾语存在的方式以便利用；d.宾语是清除的对象，但这不是目的，目的在保护别的（打蛔虫，保护人的健康；打棉虫，保护棉花，等等）。结果宾语，宾语是行为实施所要获取的结果，目的性自不待言。工具宾语，方式宾语，都是为某种目的而利用某种工具或采取某种方式：打埋伏（袭击敌人）；打官腔（吓唬百姓）；打马虎眼（欺骗别人），等等。施事宾语不反映行为的目的性，而"打"的语义也变了："打"由人的自主行为变为非自主行为。

"打"的目的性语义特征，体现在"打+名"整个结构中，而不是孤立存在的。因此，我们可以从"打"出发，来看"打"对宾语的选择；我们又可以结合"宾语"来分析"打"的意义的变化。

我们要说，除利用工具外，"打"的行为多为举手之劳，即非大宗的。"打"对宾语是有选择的，例如可以说打毛衣、打手套、打网，而不说打衣服、打床单、打布，因为前者经过手工（更确切说是手指活动），可以造出产品，实现行为的目的，对后者来说，则不能达到目的。可以说打油、打酱油、打票，但不说"打机油"、"打一张飞机票"。因为与"举手之劳"相平行的是生活里的零星的"买"，多靠手的动作，而超出此范围的宾语，"打"就"牵引"不动了。再说由宾语来看"打"意义的变化，这一点前面已经谈到，这里要指出，即使是同一个宾语，因为对宾语获取方式不同，导致"打"反映的意义也不相同：

打油　1.通过货币购得　打指买

　　　　2.通过油提取得　打指舀

　　　　3.通过轧籽实取得　打指榨

"打"如果没有上述语义特征,便不可能有各种变义。打的意义虚实不同。在受事宾语、结果宾语的句式中,打的意义比较具体,如打鱼指捕鱼,打柴指砍柴;打毛衣指织毛衣,打井指凿井等。在其他工具宾语、方式宾语和施事宾语中,如打电话、打官腔、打哈欠,语义变得笼统、空泛,打电话可指拨号也可指按键,打官腔,是一种说话的方式,打哈欠,是困倦时先吸气后呼气的动作。

第三,从语用的角度看,"打"的本义属"词的自由意义"。词的自由意义是词义中直接指称事物现象、行为、性质的意义。它不受特定结构关系或与特定词语相结合的约束。"对于各种变义来说,自由意义就是中心义,是意义及用法的基础或支点。"[1]

"打"的变义属"非自由意义",其特点是词义具有黏附性,即与一定的词、词素结合才能具有某种意义。它具有开放性:围绕本义(中心义),可以发展出许多意义来。众多的变义与本义处在不同的语义层次上,如把变义与本义等量齐观,那么就会感到"打"的意义是"卢沟桥上的石狮子——数不清"了。

四 "打+动/形"中"打"的语义

分三种情况:1)属于"打"的本义,如打斗、打死、打伤、打坏等。2)属"打"的变义,即"打+N"转来的意义。如"打下","打"的语义需要分析"打+N"才能清楚。《现代汉语词典》"打下"的注释是:①攻克(某地点)②奠定(基础)。只有补出宾语,"打"的意义才能明确。

---

[1] 参见张清源主编的《现代汉语知识词典》,四川人民出版社。苏联词汇学家伏敏娜(М. И. Фомина)在《现代俄语词汇学》中对词的自由义非自由义有论述。

3) 打所表示的是抽象意义,是语法意义而不是具体的词汇意义。这是我们重点要讨论的。

"打+动/形"分属两种结构类型:a. "打+动"为并列结构;b. "打+动/形"为动补结构。结构不同,"打"的意义与作用不同。

a. 并列结构。由"打+及物动词"构成,如打点、打听、打扫、打捞、打算、打杀、打击、打量等。并列结构在语义上的作用是:使词义泛化。吕叔湘先生说"两个意义很具体的词,合成联合式复词以后,往往含有比较抽象的意义"(《中国文法要略·第一章·合义复词》)。上述例词的词义皆具有泛化的特点。《红楼梦》第三回:"你们赶早打扫两间下房,让他们去歇歇。""打扫"除指扫除外,还包括清理、整顿等广泛的意义。《孽海花》第三十四回:"忙了数日,直到廿二日上午,方把诸事打扫完毕。"这里的"打扫"与"扫除"义无关,是泛指清理的意思。如果删掉"打",就不可能有这样的意义。

动词性的并列结构,大多由两个同义的或近义的词素组成,如聚集、别离、剪裁、洗刷、替代、削减、悔改、缩减、救援、搭配、补贴、寻找、觉察等,而"打扫"、"打捞"、"打听"、"打算"等,"打"与扫、捞、听、算都不构成同义或近义关系。这是一种特殊的并列结构:结构上是并列的,语义上近似偏义的。打的意义比较虚,如"打扫、打捞",但意义还是有的,指手的行为,至于打听、打算,"打"只有构词法上的意义。

b. 动补结构。分两种情况:ⓐ"打+不及物动词";ⓑ"打+形容词"。

ⓐ"打+不及物动词",如打倒、打败、打破、打通、打动等。在这里"打"所表示的是使动义。我们看《现代汉语词典》的注释:

打倒 攻击使垮台。

打败 ①战胜(敌人)。(按,使敌人败)②在战争或竞赛中失败;

打败仗。(第二义项我们另作分析)

打破 突破原有的限制、拘束等。(按,意思是使原有的限制、拘束破除)

打通 除去阻隔使相贯通。

打动 使人感动。

ⓑ"打+形容词",如打蔫儿、打滑、打皱、打紧(经常使用的是否定形式"不打紧")。形容词表示的是一种性质状况义,加"打",表示的是"发生义",即发生了这样的性质和状况。《现代汉语词典》"打皱"的注解:"起皱纹。"其他的虽没如此明确指出"发生……",而注释内容实际包含了这样的意思。所谓"不打紧",即不会产生要紧的情况。郁达夫《沉沦》:"向四周一看,太阳已经打斜了",发生义表现得很明显。

使动义与发生义是相关的。"打+不及物动词"有使动义,有一个条件,即后面带有宾语,意思是使宾语如何如何,如:打倒反动派;打败敌人;打破世界纪录;打通秦岭;打动群众等。如果后面没有宾语,这时就没有使动义,而变成发生义了。这时的不及物动词与形容词一样,是表示某种性质和情况的。下面是《现代汉语词典补编》的注解:

打熬 ①忍受:他困得实在打熬不住,趴在桌上睡着了(发生义)。②锻炼(身体):打熬筋骨(使动义,使身体熬)。

打断 ①使中断:不要打断他的话。②打折(shé):他的腿打断了(发生义)。

打闹 ①用语言、行动逗着玩:你们别在这里打闹;他俩常为芝麻大的事打闹(发生义)。②想法弄到:到街上打闹点吃食来(使动义,使弄到点食品来)。

《现代汉语词典》"打败"有两个义项。第一个是使动义,第二个是发生义。

现代汉语的动补结构,是由古代的使动用法演变来的。王力先生说:"使成式是现代汉语里常见的一种结构形式。从形式上说,是及物动词加形容词(如修好、弄坏),或者是及物动词加不及物动词(如打死、救活)。从意义上说是把行为及其造成的结果用一个动词性词组表达出来……上古汉语的动词有一种使动用法,形容词也有使动用法……由使动用法发展为使成式,是汉语语法的一大进步。"(《汉语语法史》第十九章:使成式的产生及其发展。《王力文集》第11卷第367页)

使成式本身包含双重意思:1.使动义,2.行为状况造成的结果义。当"打+动"不带宾语的时候,使动义脱落了,只剩下"行为造成的结果义"即发生义了。"打+形"产生的发生义大概是受"打+不及物动词"不带宾语用法影响而产生的。

现在我们可以把上面提到的《现代汉语词典》所收 14 个"打+动/形"复合词中的打的语义说明如下:

打发(使动)　　打动(使动)　　打从(介词)

打开(使动)　　打点(泛指)　　打量(泛指)

打战(发生义)　打听(泛指)　　打保(泛指)

打住(发生义)　打算(泛指)　　打断(使动)

打转(发生义)　打倒(使动)

"X+打"中打的语义关系简单得多。打的语义主要表现为本义、变义、泛指义、介词义。

五　小结

"打"的语义包括四个方面:1.本义,2.变义,3.泛指义/使动义/发生义,4.介词义。我们讨论了前三个方面。"打"的介词义缺乏研究,暂付阙如。

《新华字典》注解正好反映"打"义的四个层次。词义是一种概括。"打"的意义虽然多,但如果进行较好的概括,也并不是不能理出头绪的。30年代刘半农先生感叹"打"字义多得无法计算时,陈望道先生就批评他研究"打"义忘记了概括的办法。陈望道将"打"义概括为四个方面[1];《新华字典》与之相同。

我很赞同陈望道先生对"打"的研究方法。当然,我们在进行概括的时候,要详细地占有材料。本文在材料运用方面,均属"抽样",所作的探索是初步的,缺漏、不妥之处,敬请专家、同行、读者批评指正。[2]

(原载《辞书研究》1996年第6期)

---

[1] 陈望道《关于刘半农先生的所谓混蛋字》,载《太白》一卷九期,后收入《陈望道文集》第二卷。

[2] 胡明扬先生《说"打"》(胡明扬《语言学论文选》),俞敏先生《"打"雅》(《语言教学与研究》1991年第1期)。均拜读再三,获益良多。

《尔雅》简介

一 《尔雅》的书名、作者和写作年代

1.1 《尔雅》的书名

书名多与书的内容有关。有的书名比较好懂,如《诗经》是周代一部诗歌总集,本称做《诗》,因为是儒家的经典,后来加了个"经"字。但秦汉时代许多书名并不好懂,如《易》(《周易》),就不是一两句话能解释清楚的。《尔雅》的书名也比较难懂。

从字义上分析,"尔"有近的意思(这个意思后来写做"迩")。接近什么,也就是合于什么。"雅"有"正"、"标准"等意思。春秋战国时期,有一种"雅言"。《论语·述而》里说:"子所雅言:《诗》、《书》、执礼,皆雅言也。"意思是说:孔子有讲标准语的时候;他在读《诗》、《书》和行礼的时候,都讲标准语。所谓标准语,是指语音标准,不是土语土腔,当然,词汇和语汇也都合乎规范。《尔雅》既然是一本解释词义的著作,这里的"雅"应当指的是"雅言"。尔雅,意思是接近、符合雅言。作为语言工具书,用今天的话说,它就是一本规范性的词典了。古人也大致是这样理解的。汉末刘熙在《释名》里专门解释了《尔雅》:"尔,昵也;昵,近也。雅,义也;义,正也。五方之言不同,皆以近正为

主也。"大意是说,各地方言不同,都以向雅言看齐为根据。

1.2 《尔雅》的作者和写作年代

这两个问题是互相联系的。过去曾把《尔雅》写作年代定得很早。有人说它是西周初年周公旦(周武王弟弟,曾辅助成王执政)所作,后来孔子和其弟子作过增补[①]。有人说它是孔子弟子编写的[②]。还有一些别的看法。

认为这部书是周公或孔子所作,显然不能成立,因为书中所用的资料,有的来自《楚辞》、《庄子》、《吕氏春秋》等书,而这些书是战国时代的作品。书中谈到的一些动物,如狻麑(suānní,即狮子)、鹖鸠(duòjiū)、鱊鮬(yùkū)等,据研究,不是战国以前所能见到的[③]。还有一个根据:东汉班固在《汉书·艺文志》里著录了《尔雅》,没有注明作者,如果是周公、孔子所著,班固是不可能遗漏的。

当然,《尔雅》毕竟是一部成书年代较早的著作。在西汉初年汉文帝时,已经设置了《尔雅》博士[④]。博士在当时是管理图书和充当皇帝顾问的官员。有各种博士,《尔雅》博士自然是掌握这部著作的专门家[⑤]。多数学者认为,《尔雅》编于西汉初年,它不是某个人的著作,而是将各种注解资料,经辗转编纂整理而成的。它产生于公元前二世纪以前,在世界辞书编纂历史上,也称得上是一部非常古老的词典了。

---

① 见魏张揖《上广雅表》,收在《广雅》里。
② 东汉郑玄《驳五经异义》。
③ 见吕思勉《经子解题》。
④ 东汉赵岐《孟子题辞》:"孝文皇帝欲广游学之路,《论语》、《孝经》、《孟子》、《尔雅》皆置博士。"
⑤ 汉武帝以后的博士,专门主持经学的传授,与汉文帝时代的不同。

二 《尔雅》的内容和体例

2.1 《尔雅》全书收词4300多个,分为2091个条目

这2000多个条目按类分编为19篇,每篇都有题目,19篇是:释诂、释言、释训、释亲、释宫、释器、释乐(yuè)、释天、释地、释丘、释山、释水、释草、释木、释虫、释鱼、释鸟、释兽、释畜(chù)。

19篇可分为两大类:"释诂"、"释言"、"释训",前三篇为一类,是一般语词;从"释亲"至"释畜"共16篇为一类,多是表示事物名称的词;是按照词所反映的概念来分类的。下面我们分别作一些介绍。

2.2 《尔雅》前三篇的内容

释诂弟一(古代弟用指第)

初、哉、首、基、肇(zhào)、祖、元、胎、俶(chù)、落、权舆,始也。

"释诂"是标题,"弟一"表示第一篇。"释诂"就是解释古代的词。在作者看来,从"初"到"权舆"11个词,都是古已有之的,用一个当时通用的词"始"去解释它们,这就构成了一个条目。"初"、"首"、"元"有开始的意义,比较容易理解,其他8个词就需要作些解释。"哉"是"才"的通假字。《尚书》"哉生魄",即"才生魄",是"始生魄"的意思(指夏历每月初二、三以后,月亮发光的部分开始愈来愈大,到十五月圆,以后渐渐变小。魄,月光)。"基"本义指墙根,是首先建造的部分,引申出"始"义。"肇"本义指开门,引申出"始"义,《新华词典》里"肇"注为"开始"。它的本义后来不用了,引申义流传了下来。复合词"肇端",即开端,"肇始",即开始。("开"字本义指开门,也引申指

"始",这个意义保留在复合词"开始"里。)"祖"本义指最早的庙(家庙),引申指开始。秦始皇又称"祖龙","龙"代表皇帝,"祖龙"指第一个皇帝,与"始皇"意思相同。"胎"是母体内的幼体,引申指开始,"祸胎"指灾祸起始的因素。"俶"是"头"的假借字,周代用"俶",汉代用"头"。"落"指建筑物开始建成,"落成"一词保留了这个意思。"权舆"是联绵字,古书里说"百草权舆",指百草开始生长。

释言弟二

殷、齐,中也。

斯、侈(chǐ),离也。

谡(sù)、兴,起也。

挟,藏也。

"释言"是什么意思,历来有不同的解释,清代郝懿行的解释比较合理。他说"言"就是字,释言就是解字,以字为解释对象,与"释诂"主要从古今的角度去释义有区别①。这一篇里的条目都比较短,有的被释词仅有一个。例如"挟,藏也"。(现代词语"挟嫌报复","挟嫌"即藏嫌;"挟恨"即藏恨。)这一条比较简单,下面把前三条解释一下。

由于许多字往往是多义的,所以在分析注释字和被注释字时,要注意它们往往只是在某个意义上是相同的。"殷、齐,中也。""中"在这里有两个意义:①中心;②正。"齐"具备①义,"殷"具备②义。《列子·周穆王》:"四海之齐",就是四海之中。古书里的"齐州"、"齐土",就是中州、中土。《尚书·尧典》说日夜长短相同,朱雀星出现在南方天空时"以殷仲春",即以定正春分时节。这里"殷"指"正",是定正的意思。"斯、侈,离也。""斯"的本义指用斧子劈开。《诗经·陈风·墓

---

① "释诂"和"释言"的分类,属不同层次上的分类,是古人分类不严密的地方。

门》:"墓门有棘,斧以斯之。"(坟墓前长了荆棘,用斧子砍掉它。)劈开就是分开、分离,因此《尔雅》的作者以"离"解释"斯"字。现在说"撕开"("撕"是在"斯"的基础上造的后起字),"撕"字保留了古义。"诶"指离别,周景王建"诶台",相当于后代的离宫别馆。"谡、兴,起也。""兴"表示起来,是常用义。成语"兴风作浪"、"夙兴夜寐"中的"兴"字都是"起"的意思(兴风,使风起)。用"谡"表示起来的意思,不多见。

释训弟三

明明、斤斤,察也。

殷殷、惸惸(qióng qióng)、忉忉、慱慱(tuán tuán)、钦钦、京京、忡忡、惙惙(chuò chuò)、怲怲、奕奕,忧也。

婆娑,舞也。

"释训"篇所列的多属联绵字,是复音节的单纯词。所谓联绵,指两个字连在一起,不能拆开。又称连语。联绵字在语音上大多有双声叠韵的关系,如"婆娑"(二字为叠韵字)。有的联绵字是由一个字重叠构成的,也称叠字、叠音词,如斤斤、忡忡等。联绵字在汉语中占有重要的地位。王国维著《联绵字谱》。《王力古汉语字典》有八个特点,第五个特点"是注明联绵字。这对读者了解词义很有帮助。联绵字实际上是一个双音词,其组成部分不能拆开来讲。例如'辟易'一词,它是叠韵联绵字(古韵锡部),表示惊退的样子,其词义与开辟的'辟'、更易的'易'无关。《史记·项羽本纪》:'赤泉侯人马俱惊,辟易数里。'《正义》云:'言人马俱惊,开张易旧处,乃至数里。'这种解释是错误的"(该字典王力序)。"释训"篇里的联绵字多数是叠字。

叠字多属形容词,表示某种情貌,即表示××的样子,以前在注释它们时,常常加一个"貌"字。如《诗经·周颂·执竞》:"斤斤其明。"汉代毛亨注为:"斤斤,明察貌。"明察貌就是看得很清楚的样子。《尔雅》注为"察也",也是这个意思。由明察的意思,再引申指苛细、烦琐,成语"斤斤计较",指过分计较(苛细、烦琐,便过分了)。现在许多人将"斤斤"理解为斤两的斤,是不符合成语原来意义的。但积非成是,成语的意义已有变化。

"殷殷……怲怲、奕奕,忧也"这一组叠字都是表示忧貌的。细分起来有两类:忡忡、怲怲等为一类,它们都是本有这样意思的词;殷殷、京京、奕奕等为一类,它们本是表示程度高的形容词,当和"忧"字前后连用时,因"同化作用",才表示"忧的样子"。如《诗经》里说"忧心殷殷"、"忧心京京"、"忧心奕奕",殷殷、京京、奕奕都表示"忧貌";如果和别的形容词结合,就表示另外的意思了。它们与"忡忡"、"怲怲"、"愽愽"等叠字是不同的[①]。

2.3 《尔雅》后十六篇的内容

释亲弟四

父为考,母为妣。父之考为王父,父之妣为王母。王父之考为曾祖王父,王父之妣为曾祖王母。曾祖王父之考为高祖王父,曾祖王父之妣为高祖王母。

子之子为孙,孙之子为曾孙,曾孙之子为玄孙,玄孙之子为来孙,来孙之子为昆孙,昆孙之子为仍孙,仍孙之子为云孙。

"释亲"篇所列的词分四个方面:宗族、母党、妻党、婚姻。宗族指父系方面的亲属,母党、妻党,分别指母亲、妻子方面的亲属。这三个方面都是从男方说的,婚姻一类,则是就女方说的,如"妇称夫之父曰舅,称夫之母曰姑"(注意:古代的称呼与现代不同)。这种分类反映

[①] 参见曹先擢《诗经叠字》,载《语言学论丛》第六期。(本书第228页)

了男尊女卑的封建思想。

以上三条均摘自"宗族"类。古代父亲称考,母亲称妣。如诗人屈原在《离骚》里说:"朕皇考曰伯庸。""皇"是美称,意思说自己的父亲叫伯庸。比较早的时候,考妣所指,不限在世与否,后来则限称去世后的父母了。后面两条分别说明以自己为中心,上溯四代下推八代的各种称呼(下推只有男性,没有列女性)。

下行← →上行

云孙	仍孙	昆孙	来孙	玄孙	曾孙	孙	子	自己	考	王父	曾祖王父	高祖王父
									妣	王母	曾祖王母	高祖王母

我国古代是一个宗法社会,强调世系关系,上表的称谓需要联系这一点才能理解。不久前,我接到友人的一个电话,问及:"孙子的儿子是曾孙,曾孙的儿子呢?"老马识途,我翻《尔雅》果然翻到了。古人编书很重实用。

古今称谓有很大变化。以"舅"和"甥"为例。在《尔雅·释亲》里说"母之昆弟为舅",又说"妻之父为外舅",这就是说,古代不仅把母亲的兄弟称"舅",管"岳父"也称舅。又说"谓我舅者吾谓之甥",这就是说,不仅管姐妹的儿子称"甥",管女婿也称"甥"。《孟子·万章下》说:"舜尚见帝,帝馆甥于贰室。"舜娶帝尧的两个女儿娥皇、女英为妻,因此,尧帝称舜为"甥"。这里说"帝馆甥于贰室",指帝尧将女婿舜安排在贰室住下。我们在阅读古籍时不能忽略称谓的时代性。

释宫弟五

宫谓之室,室谓之宫。

宫中之门谓之闱,其小者谓之闺,小闺谓之阁。衖(xiàng,即巷)门谓之闳(hóng)。

宫中衖谓之壸(kǔn),庙中路谓之唐,堂途谓之陈。

"释宫"篇主要解释各种建筑物(包括桥梁)的名称,并附带解释道路的名称。

后代将大的建筑物称"宫",在上古"宫"可以指一般房室,所以这里说"宫谓之室,室谓之宫"。宫、室是同义词。"闱"、"闺"、"阁"都是指室内的门,大小形制不同。衖(巷)门称闳。"宫中衖谓之壸(kǔn)",宫之间的巷道称做壸。"庙中路谓之唐",古代的庙指祖庙,是很大的建筑,在那里举行祭祀和各种政治活动。庙之间的路称"唐"。"堂途谓之陈","堂途"指由堂下到院门的通道。《战国策·齐策》记载冯谖(xuān)在孟尝君那里做门客的故事,其中有"狗马实外厩,美人充下陈"这样的句子。有人将"下陈"释为"下列",望文生义,不了解"陈"的真正意思。这里的"陈"就是"堂途"。古代的堂指殿堂,建在高处,所以说"登堂"、"升堂"。"陈"在堂之下,所以称"下陈"。在古代,给歌舞伴奏的乐队在堂上,歌舞的人在堂下。"美女充下陈",是说在堂下充满了载歌载舞的美女。

释器弟六

木豆谓之豆,竹豆谓之笾,瓦豆谓之登。

金谓之镂,木谓之刻,骨谓之切,象谓之磋,玉谓之琢,石谓之磨。

肉倍好谓之璧,好倍肉谓之瑗,肉好若一谓之环。

"释器"篇解释的包括饮食、祭祀、渔猎、耕作、服饰等方面的器物名称,以及反映器物制作的动词。

"豆"在古代是一种木制盛食物器皿;用竹做的叫"笾";用陶做的叫"登"。上列第二条都是动词,指出加工金属叫"镂",加工木料叫"刻",加工骨料叫"切",加工象牙叫"磋",加工玉料叫"琢",加工石料叫"磨"。第三条解释璧、瑗、环三种玉器。"肉"指玉器的边,"好"指孔。边大孔小,边为孔的一倍,称"璧"。孔大于边,孔是边的一倍,称"瑗"。边和孔比例是一比一,称"环"。

释乐弟七

宫谓之重,商谓之敏,角(jué)谓之经,徵(zhǐ)谓之迭,羽谓之柳。

大箫谓之言,小者谓之筊(jiǎo)。

"释乐"篇解释有关音乐和乐器方面的术语和名称。宫、商、角、徵、羽,古代指五音,大致相当于现代音乐简谱上的1(do)、2(re)、3(mi)、5(sol)、6(la),形成一个五声音阶:

宫　商　角　徵　羽
　1　　2　　3　　5　　6

《史记·刺客列传》记叙燕壮士荆轲刺秦王的故事,当时燕太子丹在易水边为荆轲送行:"高渐离击筑(zhú,一种乐器),荆轲和而歌,为变徵之声,士皆垂泪涕泣。""变徵"就是变徵调式,大致相当于简谱上的 #4(fis)。当高渐离奏乐,荆轲应声而歌,作变徵调歌唱的时候,壮士们个个流下了眼泪。由此可见音乐感人的力量。第一条中"重"、"敏"、"经"、"迭"、"柳"等五个字是宫、商、角、徵、羽的别称。

释天弟八

穹苍,苍天也。春为苍天,夏为昊(hào)天,秋为旻(mín)天,冬为上天。

谷不熟为饥,蔬不熟为馑,果不熟为荒。仍饥为荐。

载,岁也。夏曰岁,商曰祀,周曰年,唐虞曰载。

"释天"篇包括四时(即四季)、风雨、灾害、星名、祭名、讲武(即习武)、旌旗等方面的词语。穹苍,就是苍天。四季不同,对天有不同的称呼:春季称苍天(苍代表青色),夏季称昊天(昊,广大),秋季称旻天(旻,有悯惜的意思,上天悯惜大地万物凋零),冬季称上天(指冬天天高)。第二条解释灾荒:粮食没有收成称"饥",蔬菜没有收成称"馑",瓜果没有收成称"荒"。"仍饥"指连年饥荒,这叫"荐"。第三条解释"年"的不同名称:夏朝叫岁,商朝叫祀,周朝叫年,唐(传说中尧建立的朝代)虞(传说中舜建立的朝代)叫载。第一句"载,岁也",是总的说明,用"岁"作解释词,可见它具有通用性。"岁"本指岁星(即木星),它每年在天空移动约30度,近12年绕天一周,古人以它所在的位置来纪年,并用它来表示一年的时间。"年"本指农作物收获,一年收获一次,便以"年"指称12个月。

"释天"篇里有一些星名的记载和说明,如"河鼓谓之牵牛"、"明星谓之启明"等。"牵牛"就是"牛郎星",民间又称扁担星,由三颗星组成,像一根扁担两头挑着东西。"河鼓"就是荷(hè)鼓,挑鼓。《尔雅》所载和民间俗称可以相互印证。"启明"即金星,有时黎明前出现在东方,故名;有时傍晚出现在西方,又名长庚。古人很早就熟习它,《诗经》里"明星煌煌",便是对它的赞美。

释地弟九

两河间曰冀州,河南曰豫州,河西曰雍州,汉南曰荆州,江南曰扬州,济河间曰兖州,济东曰徐州,燕曰幽州,齐曰营州。

释丘弟十

绝高为之,京;非人为之,丘。

厓内为隩,外为隈(wēi)。

释山弟十一

河南华;河西嶽;河东岱;河北恒;江南衡。

"释地"篇解释地域名称和大的湖泽山陵名称,以及各地重要的资源和特产等。上面所列一条是解释九州的。相传禹治水时将我国中原一带划分为九州。古籍中对九州的记载略有不同,列表如下:

《尚书·禹贡》	冀	兖	青	徐	扬	荆	豫	梁	雍	(夏制)
《吕氏春秋·有始览》	冀	兖	青	徐	扬	荆	豫	幽	雍	
《周礼·职方》	冀	兖	青	并	扬	荆	豫	幽	雍	(周制)
《尔雅·释地》	冀	兖	营	徐	扬	荆	豫	幽	雍	(殷制)

班固《汉书·地理志》认为,《周礼·职方》所讲的九州,反映了周代的情况。三国魏孙炎注《尔雅》,认为《尔雅·释地》所讲的九州反映殷代的情况。《尚书·禹贡》据称讲夏禹时的地理,自然反映的是夏代的情况。这三本书都是儒家的经典,但是对九州有不同的解释,后世经学家便称为三代九州。《吕氏春秋》不是儒家经典,它反映的九州属哪个朝代便没有人去管它了。三代九州的种种说法都是猜测之词,并无根据。

丘,在古文字写做 $\bowtie$,表示地势高的地方,既可指较大的高地,如丘陵,也可指较小的,如沙丘、土丘。坟墓也可称丘,如丘墓、坟丘。"释丘"篇解释的有各种自然形成的高地,也有用人工建成的。"绝高为之,京;非人为之,丘。"意思是说,人工堆成的称"京",自然形成的称"丘"。求证于文献,的确存在这种区别。《三国志·魏书·公孙瓒传》:"于堑(大沟)里筑京,皆高五六丈。""京师"这个词最早见于《诗经·大雅·公刘》,"京"指高地,"师"指人多。后来以"京师"指国都,简称"京"。"京"又有大的意思,这个意思也可写做"景"。北京城内的"景山",是用人工堆成的大丘。

"厓内为隩,外为隈",这里讲江海湖泊的岸边。岸边地势高,所以将这方面的词放在了"释丘"篇里。"厓",即现在的"涯"。"隩"也写做"澳",指向内深进的曲折的岸边。福建有三都澳,便是因这种地形而得名。"隈",是向外伸出的曲折的岸边。其实,凡属弯折的岸边(包括山边)都可称隈。

"释山"篇解释各种山的名称,有类名(反映某一类山的名称),有称某座山的专名。上面所列,是解释五大名山的:"河南,华;河西,嶽;河东,岱;河北,恒;江南,衡。"上古"河"专指"黄河","江"专指"长江"。这里以黄河长江为背景来说明五座山的地理位置。华,指华阴山,在陕西省。嶽,所指不详,据说在雍(今陕西和甘肃一带)。岱指泰山,在山东省。恒指恒山,在河北省和山西省交界的地方。衡指衡山,在湖南省。古代统治者把这些大山看成是威镇一方的象征加以崇拜,要去祭祀。这里介绍的五座山,东南西北中央都有。后代的注释家说:"《尔雅》定五方则五镇。河南华者豫州镇也;河西嶽者雍州镇也;河东岱者兖州镇,包青州,故不数沂山也;河北恒者并州镇,包冀州幽州,故不数霍山、医无闾(山名)也;江南衡者荆州镇,包扬州,故不数会稽也。"①意思是说,这五座山分别与全国各州相联系,起一种"镇"的作用。在《尔雅·释地》里,有自然地理的内容,如介绍山的自然特点;有经济地理的内容,如介绍地方的资源和物产;也有政治地理的内容,以五山配五方,与行政区划相联系,就属于政治地理方面的内容了。

释水弟十二

河水清且澜漪。大波为澜,小波为沦,直波为径。

---

① 见清郝懿行《尔雅义疏》。

水:注川曰溪,注溪曰谷,注谷曰沟,注沟曰浍,注浍曰渎。

"释水"篇解释江河湖泊方面的各种词汇。"水"字在古代有两个意义:①指饮用的水;②指河的水流。这里"释水"用的是第二个意义。"河水清且澜漪"是《诗经·豳风·伐檀》里的一句诗,编者收进了书里。大波称做"澜",小波称做"沦",直波称做"径"。水的三种波澜,有三种名称。"水:注川曰溪,注溪曰谷,注谷曰沟,注沟曰浍,注浍曰渎。"意思是说,流向川的水流称它为溪,流向溪的水流称它为谷,流向谷的水流称它为沟,流向沟的水流称它为浍,流向浍的水流称它为渎。渎是最小的水流了,没有什么水流流到它里边去。将水流分六个级次,从大的往小的一级一级介绍:

川←溪←谷←沟←浍←渎

释草弟十三

荷,芙渠。其茎茄,其叶蕸(xiá),其本蔤(mì),其华菡萏(hàn dàn),其实莲,其根藕,其中的(dì),的中薏(yì)。

木谓之华,草谓之荣;不荣而实者谓之秀,荣而不实者谓之英。

"释草"篇解释草本植物的各种词,包括植物的名称和植物器官的名称。"荷,芙渠。其茎茄……"全条都是讲荷的。荷就是芙渠,荷的茎"茄";叶称"蕸";深入泥层较细的根称"蔤";华(花)称"菡萏";果实称"莲";大而粗的根称"藕";藏在莲里的果实称"的";的里的心儿称"薏"。反映事物的概念,可以用一个词去表示它,也可以用一个词组去表示它。上面介绍的荷的各种器官,古代分别用不同的词去表示它,在现代汉语里,有的就用词组去表示,如菡萏、茄、蕸,分别说成荷花、荷茎、荷叶。

"木谓之华,草谓之荣;不荣而实者谓之秀,荣而不实者谓之英。"

意思是说：木本的开花称华（花），草本的开花称荣；不开花而结果实的称秀，只开花而不结果实的称英。屈原在《离骚》里说"夕餐秋菊之落英"，菊花是不结果的，这里用"英"，正与《尔雅》解释相合。但华与荣、秀与英，在分工上并不严格，有时可以相互代用。

释木弟十四

枣，壶枣；边，要枣；桥，白枣；樲（èr），酸枣；杨徹，齐枣；遵，羊枣；洗，大枣；煮，填枣；蹶泄，苦枣；皙，无实枣；还味，棯（rěn，又读niàn）枣。

槐棘丑，乔；桑柳丑，条。椒榝（shā）丑，莍；桃李丑，核。

"释木"篇解释各种木本植物的词。关于枣，列了11种。其中有大枣、小枣。像"洗"这种大枣，据晋代郭璞注解说，山西猗氏的大枣和鸡蛋那样大，真是好品种啊。"遵"是羊枣，一种小枣，又称羊屎枣，如羊粪粒般大小，这就很小了。此外有酸枣、苦枣，而棯枣是还味枣，食后口里有回味的。至于"杨徹"、"煮"，属于什么枣，连郭璞也不清楚了。

"槐棘丑，乔；桑柳丑，条。"意思是说，槐和棘这类木本植物（丑是类别的意思），枝条向上长；桑和柳这类木本植物，向下垂条。"椒榝丑，莍；桃李丑，核。"意思是说，椒和榝（一种类似茱萸的植物）这类木本植物，它的果实为一种干果（莍，指包裹子粒的果皮）；桃李一类，它的果实有核（即肉果类的核果植物）。现代植物学从果实的形态上将植物分为肉果类和干果类，肉果类里又分"浆果""核果"等，干果类里又分"裂果""闭果"等。《尔雅》已经注意到从果实形态上来区分果树的不同了。

释虫弟十五

食苗心，螟；食叶，蟘（tè）；食节，贼；食根，蟊。

有足谓之虫,无足谓之豸(zhì)。

"释虫"篇解释昆虫的名称。列举的第一条是讲吃食禾苗的害虫,它们吃食禾苗的部位不同,名称和种类也不同。吃食苗心的是"螟";吃食禾叶的是"螣";吃食禾节的是"贼";吃食禾根的是"蟊"。"贼"是一个多义字,这里指虫名而言。"蟊贼"原指两种害虫,后喻指危害国家和人民的坏人。"有足谓之虫,无足谓之豸。"虫和豸的区别在于有没有脚。"虫豸"作为一个复合词就泛指各种昆虫了。

释鱼弟十六

鱼（hào),大虾。鲲,鱼子。鱀,是鱀(zhú)。

科斗,活东。

蟒,王蛇。

"释鱼"篇解释各种水生动物的名称。"鱼"是一种有一两丈长的海虾。"鲲"本是一种鱼,这里指幼鱼,这个意思在古书里又写做"鳏"(kūn,另读 guān)。"鱀"就是"鱀",一种江里的大鱼,大腹,嘴尖而长,明代李时珍认为是江豚。有人认为只是外形像江豚,实为另外一种鱼类。"释鱼"篇包括两栖动物,如蟾蜍。蟾蜍的子叫"蝌蚪",古今相同,古代写做科斗,只是没有"虫"字旁罢了。"活东"大概是方言词,与"科斗"的音稍有变化。蛇属于爬行动物,也列在了"释鱼"篇。"蟒"解释为"王蛇",王蛇就是大蛇。

释鸟弟十七

舒雁,鹅。舒凫(fú),鹜(wù)。

生哺,鷇(gòu)。生噣(同啄),雏。

鸟鼠同穴:其鸟为鵌(tú),其鼠为鼵(tū)。

"释鸟"篇解释与鸟类有关的词,有鸟的名称、鸟的器官等。"舒雁,鹅。舒凫,鹜。""雁"即大雁、鸿雁,是野生的。鹅是家养的雁。

"舒"指行动迟缓。由于鹅是家养的,肥大,行动迟缓,所以称做"舒雁"。凫是野鸭,鹜是家鸭,鹜行动迟缓,所以称做"舒凫"。鸭子这个词产生较晚。"生哺,鷇。生噣,雏。"意思是说:生下来需要大鸟喂食的,称鷇;生下来自己会啄食的,称雏。《史记·赵世家》说:"探爵(雀)鷇而食之。""爵鷇"既然是还在哺食的小鸟,自然可以探手获取而食之了。

"鸟鼠同穴:其鸟为鵌,其鼠为鼵。"意思是说,有鸟鼠同在一穴洞的,那个鸟叫鵌,那个鼠叫鼵。这是一种奇特的共生现象。晋代郭璞在给《尔雅》作注解时指出:这种现象发生在陇西(甘肃)山中。《尚书·禹贡》也有类似的记载。在甘肃渭源确有一座鸟鼠山,是秦岭西段山峰之一,因鸟鼠同穴而得此名。

释兽弟十八

羆,如熊,黄白文。

豺,狗足。

释畜弟十九

狗四尺为獒(áo)。

鸡三尺为鶤(kūn)。

"释兽"篇解释野兽的名称,"释畜"篇解释家畜的名称。牛马羊鸡犬豕,古称六畜。"释畜"篇里包括牛马羊鸡犬,豕挪在了"释兽"篇里,可见"释兽""释畜"的界限不是非常清楚的。

"释兽"篇说"羆,如熊",实际上羆是熊的一种,头长腿高,皮毛呈黄白色。"豺"是狼的一种,像狗,迅猛敏捷。这里说"狗足",指的是它的脚像狗。"释畜"篇说"狗四尺为獒","鸡三尺为鶤"。古代尺短,一尺合市制约6.9寸,合公制约22厘米。高88厘米的狗,是一种很大的狗了。《左传·宣公二年》:"公嗾夫獒焉",是说晋灵公唤獒来咬大臣赵盾。这种狗非常凶猛。身高达66厘米的鸡称"鹖",据说这种特别大的鸡产于阳沟这个地方,是名鸡。

2.4 《尔雅》的体例

研读一本语言工具书,了解其体例是很重要的。古代的书在体例上与后代很不相同。《尔雅》的体例可以从两个方面来谈:①书的编排;②词的注释。《尔雅》编排的体例我们在前边已经谈到。《尔雅》全书分19篇,体现了按词义来编排条目这个总的特点。《尔雅》的注释的体例比较复杂,过去曾有人作专门的研究[①],这里挑选几点作简要的介绍。

一、异义同训。异义指被注释字意义不同;同训,指共用一个注释字。前面讲到的"殷、齐,中也",便属于这种情况。又如"憩(qì)、休、鮢(kuài)、呬,息也。"(《释诂》)"息"的本义指呼吸,引申指休息。这里以"息"注释四个字:对"憩"、"休"二字来说,用的是"休息"义;对"鮢"、"呬"来说,用的是"呼吸"义。同用"息"字来注释,但意义有分别。又如"台、朕、赉(lài)、畀(bì),予也。"(《释诂》)"予"在这里有两个意思:①给予;②我。这两个意义毫不相干,因此,"予"代表的是两个词:予$_1$,表示给予;予$_2$,表示我。两个词声音相同,用一个字来表示,属同音同形词。在这里以予$_1$来注释"赉"、"畀",以予$_2$来注释"台"、"朕"。

二、反义相训,也称反训。反义词之间意义是相反的,但有时会出现反义词间互相注释的情况。例如:"允,信也";"允,佞也"。(均

---

① 清代陈玉树编著《尔雅释例》(五卷);近代学者王国维著《尔雅草木虫鱼鸟兽名释例》,收入《观堂集林》第五卷。

见《释诂》)允,通常指信、诚实。佞,通常指不信、不诚实。"允,佞也",便属于反义相训。这样,允就有不信、不诚实的意思。古人称这种现象为"美恶不嫌同名"(美恶,喻指词义相反。不嫌,意为可以。名,指字、词)。又如"乱",本义指无秩序,不太平,但《后汉书·文苑列传》:"华夏肃清,五服攸乱。"(五服指边远地区。攸,助词,无义。)"乱"在这里指"治"、"太平"。这种情况在少数民族语言中也有①。"反训"的情况比较复杂,滥用反训是不正确的。

三、古今相训、雅俗相训。近代学者王国维指出,《尔雅》在注释草木虫鱼鸟兽方面的词时,有这样的体例:以俗语释雅言,以今语释古语。例如以"始"解释"俶",便是用当时的词解释古代的词。这方面还有十分复杂的情况。例如雅言中两个词形式上相同(即写为一个字),而实际上是两个词,那么就用两个俗语词去解释,以显示它们的不同。例如②:

茢(qíng),山蘮(xiè)也。

茢,鼠尾也。(《释草》)

同一个"茢"字,实为两个词,一指山蘮,是一种含辛辣味的植物;一指鼠尾,是一种可用来染色的植物。

也有同物异名的,这样就用一个俗语词去解释,以显示二者所指相同。例如:

椴(duàn),木堇也。

櫬(chèn),木堇也。(《释木》)

木堇是一种夏秋开花的植物。王国维认为椴、櫬属雅言里的词,

---

① 参见马学良《语言学概论》第108页。
② 例子均采自王国维《尔雅草木虫鱼鸟兽名释例》,见《观堂集林》卷五。

词不同,所指相同。

还有各种复杂的情况,这里就不详细举例说明了。

四、将相关词编在一起,比照为释,其中大多属同义词。如"谷不熟为饥,蔬不熟为馑","夏曰岁,商曰祀,周曰年,唐虞曰载",等等。也有不属同义词的,如"食苗心,螟;食叶,蟘","舒雁,鹅。舒凫,鹜",等等。我们可以把这种释义方式称为比较释义法。

三 《尔雅》的性质和作用

3.1 《尔雅》的性质

《尔雅》这部书从总的方面讲,是一部词典,因为它的基本内容是解释词义,它同时是一部训诂汇编和一部正名的著作。

进入汉代,先秦古籍逐渐得以流布(或者口耳相传,或者找到了用古文写的简牍)。由于语言的发展,古籍中的有些词语已经不被人理解,这样,在传授中,一部分字词需要解释,《尔雅》便是将各种释词资料汇编在一起的专书。需要解释的多半是古代词语、方言词语和比较专门的词语。《尔雅》收词反映了这个特点。《尔雅》对词语的解释,与其他典籍里词语的解释,有许多是相同或相近的,一个重要的原因,是这些释义在社会上是辗转流传的,带有较大的共性。《尔雅》有些内容抄自不同的古籍,例如"扶摇谓之猋(biāo)",采自《庄子》;"暴雨谓之涷(dòng)",采自《楚辞》;"东方有比目鱼焉,不比不行,其名谓之鲽(dié)",采自《管子》,等等。《尔雅》显然不是"一家之言"。

所谓正名,就是使表示事物的词,做到正确规范。正名有两个基本内容,一是推广雅言。例如《尚书·尧典》里"庶绩咸熙"一句话,到《史记·五帝本纪》里改译为"众功皆兴"。司马迁用当时通用的口语词,改换了古语词。这一点比较容易看得出来,其实,这里改译的词还具有"雅言"的性质。《尔雅·释诂》正是这样对释的:庶,众也;绩,功也;咸,皆也;熙,兴也。司马迁是否参照过《尔雅》不得而知,但我们由此可知,《尔雅》一书为推广雅言提供了方便。正名另一个重要的内容就是使涉及礼法典章制度等方面的词,在解释和应用上符合封建等级制度的要求。我们在前面介绍"释亲"篇的内容时,已经接触到这个问题。它贯穿于许多方面。例如"释山"篇里第一条介绍了华山、嶽、泰山、恒山、衡山,后面又有"泰山为东岳、华山为西岳、霍山为南岳、恒山为北岳、嵩山为中岳",内容大致相同,但着眼点不同,前者从镇守四方来说的,所以仅列山名,后者从祭祀来说的,所以加个"岳"字,是一种"尊称"[1],无疑,有正名的性质在里面。

3.2 《尔雅》的作用

《尔雅》还不能算做一部严格意义上的词典,它仅具词典的雏形。在汉代,它实际上是一本供人学习的教材。那时的儿童,在识字阶段教育完成后,要读三本书:《论语》、《孝经》和《尔雅》。学习《尔雅》可以多认识鸟兽草木虫鱼等各种名称,增长各种知识,用晋代郭璞的话说,可以"博物不惑"。博物,就是了解事物多。不惑,指事事都懂,没有什么不明白的。用我们今天的标准看,这本书的知识容量毕竟是相当有限的,但是在古代,那是相当可观了。甚至可以说,是那时的

---

[1] 参见郝懿行《尔雅义疏》。

知识库了。所以有人说它是古代的百科全书①。

有这样一个故事。东汉第一个皇帝汉光武帝在灵台宴请百官,得了一只长有豹文的鼠,询问群臣,大家都不认识,有个叫窦攸的说:这是貔鼠。皇帝问窦攸怎么知道的,回答说:见于《尔雅》。经查阅,《尔雅·释兽》确有这样的释词条目:"豹文,貔鼠。"汉光武帝便赐给窦攸一百匹绢,并且命令公卿子弟跟窦攸学习《尔雅》②。

还有一则故事,见于南朝宋刘义庆《世说新语》的"纰(pī)漏"篇。东晋蔡谟初到江南,见到彭蜞,一看与螃蟹一样,也是八条腿两个螯,误认为是螃蟹,便烹而食之。这种彭蜞是有毒的,蔡谟险些中毒身死。蔡谟的从曾祖父是汉末蔡邕。蔡邕编过《劝学》一书,书中有"蟹有八足,加以二螯",而《尔雅》"释鱼"篇里说:"蝤蛑(gǔduó),小者劳。"这里的蝤蛑就是彭蜞,也是八足二螯,但形体比蟹小。蔡谟只熟读了蔡邕的《劝学》,不清楚蟹与彭蜞的不同,才发生误食彭蜞的事。蔡谟后来到谢尚那里说起这件事,谢尚讥笑他说:你读《尔雅》不熟,几乎因为偏信《劝学》而丢了命。

《尔雅》还有一个重要的作用,就是可以帮助人们阅读古籍,特别是有助于阅读儒家的经典。晋代郭璞在《尔雅序》里说,《尔雅》是一把钥匙,凭借它可以打开六经的大门。清代宋翔凤在《尔雅郭注义疏序》中说,《尔雅》是通五经的阶梯。《尔雅》为什么会有这种作用呢?因为它编撰的时代早,保存了上古字词的可贵资料。清代语言学家、经学家戴震,古书读了很多,但对《庄子》里"已而为知者"和"已而不知其然"中的"已"字不懂,见到《尔雅》里"已"有作"此"的讲法,恍然

---

① 蔡声镛《尔雅与百科全书》,见《辞书研究》1981年第1期。
② 翁之圻注王应麟《困学纪闻》引后汉《窦氏家传》。翁之圻《困学纪闻注》,见四部备要。

大悟。上述两"已"字正作"此"讲。在我们看来,《尔雅》能解决古籍中一些较生僻的字义问题固然很好,但是它真正的意义并不在此,它真正的意义在于能帮助我们提高对古汉语词义的分析能力。如果认真分析一下它的条目(如我们上面举过的),结合古籍的用例真正懂了,掌握了,肯定会受益不浅。

四　给《尔雅》作注的情况

给《尔雅》作注释的,在西汉武帝时代有犍(qián)为文学(犍为,地名;文学,称号。真实姓名不清楚)。东汉有刘歆、樊光、李巡等人。三国时魏国孙炎有《尔雅音》、《尔雅注》。我国用反切给汉字注音,孙炎的《尔雅音》属最早最有影响的。这些书都没有流传下来。现在见到的《尔雅》注本,最早的是东晋郭璞的《尔雅》注。陆德明《经典释文·序录》:"先儒于《尔雅》多为亿(臆)必之说,乖盖阙之义,唯郭景纯洽闻强识,详悉古今,作《尔雅注》,为世所重。"此后注家很多,影响大的有宋代邢昺(bǐng)的《尔雅注疏》(收在《十三经注疏》里。《十三经注疏》有中华书局出版的影印本),清代邵晋涵的《尔雅正义》,郝懿行的《尔雅义疏》。

他们的注释有两个基本内容:一、说明《尔雅》的体例,例如前面谈《尔雅》体例时讲到的"美恶不嫌同名",就是郭璞首先提出的。二、注释字义词义。我们前面介绍《尔雅》的内容,都参照了前人的注释;如果没有这些注释,许多地方是很难看懂的。有些注释往往引后代的词加以对照,简明具体。例如:

楔(xiē),荆桃。郭璞注:今樱桃。(《释木》)
鼬(yòu),鼠。郝懿行注:今俗通呼黄鼠狼,顺天人呼黄

鼬。(《释兽》)

《尔雅》作为一本词典来看，没有例证是它一大缺点。后代的注释家，特别是清代的注释家，补充了许多例证，充实了这本书的内容。

有人说，我国古代的词典没有插图，插图是从欧美词典学来的。这不符合事实。据记载晋郭璞有《尔雅图讚》。还有别的《尔雅图》。现存的《尔雅音图》[1]，题郭璞撰，实际上是宋元时代的作品，郭璞的原作已经失传了。

(原载《古代词书讲话》，上海教育出版社，1990年)

---

[1] 清嘉庆年间彭万程刻，姚之麟摹元人绘图。书前有曾燠写的叙。

反切浅谈

反切是我国古代一种传统的注音方法,如:冬,都宗切,即用"都宗"二字给"冬"字注音,按北京话语音系统说,取反切上字"都"的声母 d,下字"宗"的韵母和声调 ōng,连读拼切就得出"冬"(dōng)字的读音。我国古代的字书(《说文解字》的反切是宋时补加的《唐韵》)、韵书,直到近代的《中华大字典》、旧版《辞源》、《辞海》等,都是按照这种方法来注音的。今天,我们给汉字注音,采用的是建国后制定的《汉语拼音方案》,这是一套音素化的注音符号,简便、准确。反切作为一种注音手段已被淘汰。但是,用反切记录下来的汉字字音资料有历史的价值;我们阅读古书时常遇到反切注音,因此对反切的知识应该有一个大致的了解。

一　反切的创始

一般认为反切创始于三国时魏的孙炎。孙炎著《尔雅音》,采用反切给汉字注音。这部书已亡佚,但在唐陆德明的《经典释文》里保存有他的反切材料。隋颜之推《颜氏家训·音辞》说:"孙叔然创《尔雅音义》,是汉末人独知反语;至于魏世此事大行。"陆德明和张守节分别在《经典释文·叙录》和《史记正义·论例》中讲到孙炎创制反切的事。

孙炎创制反切不是偶然的,这与印度梵文的拼音原理在东汉末传入我国有关。东汉初佛教自印度传入我国,僧徒们要用汉语来翻译佛经,这就需要懂得梵文,梵文是拼音文字,习梵文必须学习拼音原理,这样拼音知识也就随着佛教的东来而传入我国。《隋书·经籍志》说:"自后汉佛法行于中国,又得西域胡书,能以十四字贯一切音。"清姚鼐《惜抱轩笔记》:"孙炎所以悟切音之法,原本婆罗门之字母。"有了拼音知识是不难分析出汉字字音的基本结构——声母和韵母的。反切的方法是建立在对汉字字音基本结构的离析和组合的基础上的,懂得离析汉字声母和韵母,也就懂得反切了。

孙炎以前已经有人使用反切。唐慧琳《一切经音义》景审序:"古来音反,多以旁纽而为双声,始自服虔。"《汉书·地理志·广汉郡梓潼》条下应劭注:"潼水所出,南入垫江。垫音徒浃反。"《隋书·经籍志》载"河南服虔撰《通俗文》一卷"。司马贞《史记索隐》、玄应《一切经音义》、李善注《文选》均曾转引了《通俗文》中的某些反切。章炳麟认为东汉末已有反切。[①]但这仅是反切的萌芽,因为就提供的资料看,各家所用的反切资料是很少的,反切用字也比较混乱,不像孙炎在《尔雅音义》中的反切用字比较划一。像反切这样汉字注音上划时代的重大创作,很难是一个人独自完成的,孙炎肯定学习和吸收了前人的成果。

反切的产生根源还可以追溯到先秦时代的合音字。秦汉时就有不少合音字,如"不可"为"叵","之于"为"诸"等,这些字是按照声韵组合的原则造出来的。因此宋代的沈括说:"切韵之学,本出于西域。汉人训字只曰读如某字,未用反切。然古语已

---

① 章炳麟:《国故论衡·音理论》。

有二声合为一字者,如不可为叵……之类,似西域二合之音,盖切字之原也。"①清初的顾炎武则认为这就是反切,他说:"按反切之语,自汉以上,即已有之……尝考之经传……蒺藜正切茨字,瓠芦正切壶字……,以此推之,反切不始于汉末矣。"②顾炎武坚持反清复明的立场,在他看来以夏变夷则可,以夷变夏则不可,所以把反切的发明提到佛教东来之前。然而合二字之声韵以成一字,和用切语作标音的手段,是性质不同的两件事,不应混为一谈,虽然合音字的创制反映了古人对切语有一定的认识。

"反切"的"切"是什么意思?切有相摩的意思,如成语咬牙切齿。顾炎武说:"二音相摩以成一音",这个解释确切而通俗易懂。

反切的产生在我国文化史上有重要的意义。一千多年来它是汉字主要的注音手段,对推广教育,对审音、正音都有积极作用。至今对汉语研究也有一定价值。我们知道,字词是音义的结合物,研究词义需要结合音,反切则是我们常常要利用的资料。例如"告"今读gào,《现代汉语词典》①把事情向人陈述……③为了某事而请求:告假、告贷。④表明:告辞、自告奋勇。第③④义古为古沃切,入声,第①义项为古到切。音不相同。了解这种不同,有助于了解字义的差别。《王力古汉语字典》对上述不同给予了说明。有了反切,产生了韵书,进而产生了等韵学。没有反切资料,没有韵书等,中古以来汉语语音将会是一片混沌;不了解中古音,我们也无法对上古语音进行科学推求。至于韵书对我国律诗等韵文学的发展的作用更是不言而

---

① 沈括:《梦溪笔谈》卷十五。
② 顾炎武:《音学五书·音论下·反切之始》。

喻的。反切的历史作用应充分肯定。

二　反切的原理与反切的缺陷

反切的原理,表面上看简单易明,实际上要复杂得多。所谓上字取声,下字取韵和调,在上面所举"冬"例中,是借助于汉语拼音方案才把声、韵"取"出来的。汉字包括声、韵、调三部分,是三位一体,是封闭的。而反切正是要把字的声、韵、调"切"开,上字只取声,下字只取韵和声调。这本身就是矛盾的。冬,都宗切,"都"字我们只需要"d",但念时我们念"du"这个音,用"都"拼"冬"时上字必然要带出没有用的韵母"u";下字"宗",必然要带出没有用的声母"z",这两个音素是"多余的成分"。有人说反切难就难在不容易切掉这多余的成分,它常常成为拼切的障碍。下面举例谈谈反切的这一缺陷是如何影响拼切的。

a. 关于反切上字与被切字不同呼的问题,如：

郎　鲁当切(勒昂切)。郎,开口呼;鲁,合口呼。

昽　力董切(鲁孔切)。昽,合口呼;力,齐齿呼。

上例,反切上字的韵母与被切字的韵母不同呼(即反切上字不与反切下字同呼)。按反切原则,反切上字只取声母而不管韵母,上字的韵母与被切字的韵母不同呼是被允许的。但这必然影响拼切。"鲁"的韵母是 u,是合口呼;反切下字"当"的韵母 ang,是开口呼,发这两个音时共鸣器官不同,由"lu"过渡到 āng 不顺口。于是在拼读时必须较快地多读几遍,使"鲁"的发音由 lǔ 渐变成 le,才容易使声母附着到 āng 韵母上(其中的困难还由于下字声母的阻碍作用,这后面再谈)。如果反切上字与被切字是同呼的,那么拼切就会顺口得多。明清时的音韵学家已注意到这个问题,像清李光地的《音韵阐微》就把那些与被切字不同呼的反切上字,换成与被切字同呼的字。这是对反切的改进。上例括弧里的反切,就是《音韵阐微》的反切,我们拼读一下便会觉得顺口得多。

b. 关于反切上字有辅音韵尾的问题,如:

遭　张连切(知焉切)　　(张:zhāng)

捃　君运切(据运切)　　(君:jūn)

上例,反切上字分别有辅音韵尾 ng 或 n。按反切原则,上字取声母,不管它的韵母如何,因此带辅音韵尾也是被允许的。但这些辅音韵尾夹在中间会影响上字声母与下字韵母的结合。拼切时需较快地连读,使上字韵尾弱化,把"张"由 zhāng 变成 zhe,进而为 zh,这样,上字的声母才容易同下字的韵母结合。如果把反切上字换成开音节的字(即没有韵尾 n、ng),这种障碍就没有了。括弧里的反切也是据《音韵阐微》,它比较容易拼读些。

c. 关于反切下字的声母问题,如:

辇　力展切(里演切)　　(展:zhǎn)

嫂　苏老切(思袄切)　　(老:lǎo)

上例,反切下字分别有声母 zh、l。按反切原则,下字只取韵母,这样,下字的声母夹在中间,在拼读时必影响上字声母同下字韵母的结合。拼切时也只得借助于连读使下字声母弱化,"力展切"的"展"就是使"zh"弱化,使上字的 l 过渡到它的地位上来。如果把反切下字换成零声母的字(即由元音开头的字),这个问题就解决了。按括弧里的反切就顺口得多。

陈澧在《切韵考》卷六中指出,连读二字成一音虽然直捷,但上字必用支、鱼、歌、麻诸韵字(即没有辅音韵尾的开音节字),下字必用喉音字(即零声母字)。支、鱼、歌、麻韵无收音,喉音直出,因而可连成一音。这是对反切原理的修正的说明。但是,上字用支、鱼、歌、麻诸韵字利于拼切,这些韵类中却挑不出那么多反切上字。下字的道理一样。陈澧同时就指出了这种主张难以实行,他说:"然必拘此法,或所当用者有音无字,或虽有字而隐僻难识,此亦必穷之术也。而吕新吾《交泰韵》、潘稼堂《音类》必欲为之,于是以钁翁切终字,以竹确切中字。夫字有不识乃为切语,以'终''中'易识之字而用'钁''确'难识之字为切,不亦偾(指颠倒)乎?"反切的缺陷是汉字造成的;反切的改进也受到汉字的限制。

还需要指出:汉字中有一些是元音开头的字,也就是零声母字。这些字只有韵母没有声母,而反切的原则是两字切一字,所以零声母的字尽管没有声母,在反切中仍要安排表示声母的反切上字。如:

宛畹婉　於阮切　(ü) + (r)uǎn = uǎn

在拼切中,反切上字是没有作用的(关于其分清浊的问题这里略而不谈)。被切字既然是没有声母的字,因而反切下字的声母在拼读时其累赘性就更明显了。

在没有新式标音的古代,全凭经验、领悟来掌握反切,其困难是可想而知的。所谓"学士大夫,论及反切,便目瞪无语"[①]。清代小说《镜花缘》,借黑齿国女子之口讲出反切的困难:"每每士大夫论及反切,便瞪目无语,莫不视为绝学。"小说作者李汝珍同时又是音韵学家,他懂反切,知道反切不易掌握。

反切的缺陷还表现在反切的用字太多。根据陈澧的考证和统计,《广韵》的声类是 40 个,按道理讲只需要 40 个反切上字(有人认

---

① 清张燮承:《翻切简可篇》序。

为《广韵》的声类应是 41 类,或 47 类,或 51 类,那就再增加几个代表字就是了),而《广韵》一书的反切上字是 475 个。《广韵》的韵目(包括声调)为 206 个,而反切下字是 1139 个。反切上下字共 1500 多个。各韵书反切用字,多不一致。这说明反切用字的规范性是不够的,例如"枞"字,颜师古注《汉书》,就用过五个反切:千松反、千庸反、千容反、七容反、七庸反。这是很不经济的。当然,反切是借用汉字,许多字在蒙幼时已经认识,有经济方便的一面,但无论如何用字太多,不便实用,加以反切用字中还有生僻字,如蒯、滓等,无异是一种摆设罢了。

三 反切今读

反切尽管存在着缺点,而它的拼切上的准确性是没有问题的。但是,反切记录的是一定时代的语音,当语音发生了变化,反切的拼切就有了问题。这就是反切今读问题。这个问题古代就存在。例如《切韵》以前,轻重唇不分,所以,卑,在《切韵》里作"府移切",即"府"的声母也读 b。到了宋代,b、f 有了分别,即轻唇重唇有了分别,卑、府二字不再属双声,"府移"切不出"卑"。宋代人还不懂得这是语音变化造成的,把这种反切起了一个特殊的雅号,叫"类隔";有的(如《集韵》)干脆把这类反切上字改过来,使之与被切字为双声,称做"音和"。这种变化范围较小,采取一点变通办法是可行的。由《切韵》发展到现代的北京话,语音变化大了,反切今读的问题就变得十分复杂。根据北京话语音系统拼切,有一部分字能切得出今读,如:

忙茫芒邙　　莫 m(ò)　　郎(l) áng　　切→ máng

奖桨蒋　　　即 j(í)　　两(l) iǎng　　切→ jiǎng

但是，更多的是不能或不能准确切出被切字的读音，其中可分为：

(a) 反切拼切出来的音不符合北京话语音系统：

鸡稽笄（jī）　　古 g(ǔ)　　奚（x)ī　　切→ˣgī

闯（chuǎng）　初 ch(ū)　　两（l)ǎng　　切→ˣchiǎng

(b) 反切拼切出来的音与被切字在声、韵、调等方面在北京话语音系统中不相吻合：

宝保葆裸堡鸨（bǎo）　博 b(ó)　　抱（b)ào　　切→ bào

埋霾（mái）　　　　莫 m(ò)　　皆（j)iē　　切→ miē

(c) 同一反切，被切字有两个或两个以上读音。如"以灼切"，有一部分被切字读 yào：药、钥（钥匙）；有一部分被切字读 yuè：跃、籥、钥（锁钥）。这是文白读的不同，yào 为白读，yuè 为文读。

在古代，反切上字与被切字的声母是相同的，反切下字与被切字韵母是相同的，但是，反切上字和反切下字，以及被切字，这三个方面在语言的发展中字音都在变化，如果三个字变化的步调一致，即同步的，拼切就仍能切出被切字。如果三个字中有一字的字音变化与其他的步调不一致，那么就会出现变故，如"鸡，古奚切"，"鸡"、"古"的声母属见母，中古属不吐气的舌根破裂音，读如 g[k]①，古代的舌根音发展为现代北京话，在介音 i、ü 前腭化，g 变为 j，这是一个规律。"鸡"受这个规律支配，声母变成了 j，"古"属合口呼，不受这个规律支配，仍读 g。所以用不变的反切上字的声母自然切不出已变的被切字的声母来。又如"宝，博抱切"，"宝"与"抱"在古代均属上声字，因为"抱"的声母属"並"母，是一个浊音字。在北京话语音系统中，全浊

---

① 一般用《汉语拼音方案》标音，必要时加国际音标，用[ ]号表示。

上声变去声。"抱"的声调有了变化,以声调有变的"抱",去拼切声调没有变化的"宝",声调就不相合了。这是声母不同对声调的影响所致。又如"包,布交切","包"与"交"在古代均属肴韵,韵母相同,"交"声母属见母,是一个舌根音,在发展中,声母和韵母之间产生一个"i",开口呼的字变了齐齿呼,"包"与"交"的韵母就变得不同了。上海话没有这种变化,"交"读[kɔ],上海人拼上面的反切,就很顺当。

古音今读的变化情况不限于以上几例,归结起来,大体是:1. 被切字、反切上字和反切下字,后二字在发展中有一个变化与被切字不同,或被切字与后二字变化不同,都会造成不能顺利拼切被切字的后果。[①] 2. 在语音的变化中,声、韵、调是互相影响的。3. 语音的变化是成系统的,有规律可循。当然也有少数例外,如"盟",武兵切,应读如"明",而北京话读 méng(方言口语中有读同"明"的),变化的条件相同,而读音不同,难用常例来解释。

既然反切今读的问题是语音变化造成的,因此,只有了解中古音到现代北京话语音演变的规律,才能解决反切今读问题,这里就浊音清化、见系字精系字在 i、ü 前腭化、入派三声这三个方面,谈谈语音变化如何影响反切今读。

(一)浊声母清音化。现代北京话只有次浊声母 m、n、l、r 四个,中古时代的全浊声母都变成了相应的清音。其规律是:全浊声母是一个破裂音或破裂摩擦音,那么,平声字变为吐气的清音,仄声字变为不吐气的清音。如果全浊声母是一个摩擦音,则变为相应的清音。这个规律反映在下列各组的反切今读中:

---

① 参看昌厚:《〈广韵〉的反切和今音》,载《中国语文》1964 年第 2 期。

a. 薄₁ { 胡→匍（pú）; 庚→彭（péng） }　　薄₂ { 报→暴（bào）; 密→弼（bì） }

"薄"属并母字，为双唇破裂音，浊音[b]。在北京话里薄₁（平声）变为吐气的清音 p([p'])，薄₂（仄声）变为不吐气的清音 b([p])。

b. 徒₁ { 红→同（tóng）; 哀→台（tái） }　　徒₂ { 旱→但（dàn）; 劲→定（dìng） }

"徒"属定母字，为舌尖中破裂音，浊音[d]，在北京话里徒₁（平声）变为吐气的清音 t([t'])，徒₂（仄声）变为不吐气的清音 d([t])。

上例说明，看反切上字时要注意它是否属全浊声母，如是一个全浊声母，再进而看被切字的声调。我们要认识到反切上字代表的是中古某一声类，而不要就字论字，看成是现代语音中某一个声母的代表。明乎此，就懂得"薄"这个反切上字，因它本身属仄声字，所以在仄声字（薄₂）前，按本字今读发音，读 b，在平声字（薄₁）前，换读 p。"徒"本身是平声字，所以在平声字（徒₁）前，按本字今读发音，读 t，在仄声字（徒₂）前，换读 d。并母的反切上字如蒲、步、白，定母的反切上字如同、特、度，以及别的声类的全浊反切上字，反切今读发音均循此例。

（二）见系字（舌根音）、精系字（舌尖前音）声母在介音 i、ü 前被腭化，在北京话里变为 j([tɕ])、q([tɕ'])、x([ɕ])。这个规律反映在下列有关的反切今读中：

a. 古₁ { 哀→该（gāi）; 寒→干（gān） }　　古₂ { 奚→鸡（jī）; 玄→涓（juān） }

"古"属见母字，为不吐气的舌根破裂音，清音，g([k])。古₁ 在开口呼、合口呼前北京话仍读 g，古₂ 在齐齿呼、撮口呼前北京话读不吐气的舌面前破裂摩擦音 j([tɕ])。

b.苦$_1$ { 哀→开（kāi） / 贡→控（kòng）   苦$_2$ { 江→腔（qiāng） / 穴→阕（què）

"苦"属溪母字，为吐气的舌根破裂音，清音，k（[k']）。苦$_1$在开口呼、合口呼前北京话仍读 k，苦$_2$在齐齿呼、撮口呼前北京话读吐气的舌面前破裂摩擦音 q（[tɕ']）。

c.渠$_1$ { 佳→葵（kuí） / 王→狂（kuáng）   渠$_3$ { 之→其（qí） / 金→琴（qín）

渠$_2$ { 委→跪（guì） / 用→共（gòng）   渠$_4$ { 季→悸（jì） / 运→郡（jùn）

"渠"属群母字，为舌根破裂音，浊音，[g]。它在北京话里，据浊音清化和腭化规律，变成为四个声母。渠$_1$（平声）变为吐气的舌根破裂音 k（[k']），渠$_2$（仄声）变为不吐气的舌根破裂音 g（[k]），渠$_3$（平声）在齐齿呼、撮口呼前变为吐气的舌面前破裂摩擦音 q（[tɕ']），渠$_4$（仄声）变为不吐气的舌面前破裂摩擦音 j（[tɕ]）。

以上例子说明，有些反切上字的读音与韵母的介音有直接的关系；如果同时又是全浊声母，还要把浊音清化的问题结合起来考虑，像"渠"所代表的群母字，因介音、声调不同，同一个"渠"分别读四个声母。掌握了音变的规律，是不难分辨的。

（三）古代汉语的入声在北京话语音系统中已消失，即所谓"入派三声"，因为平声在北京话里分阴平阳平，所以入声实际上分别读为阴平、阳平、上声、去声四个声调，如：

a.除力→直（zhí）　　常识→寔（shí）

乘力→食（shí）　　渠力→极（jí）

b.女力→匿（nì）　　良直→力（lì）

莫历→觅（mì）　　五历→鹢（yì）

c. 丑亦→彳（chì）　　昌石→尺（chǐ）
之石→隻（zhī）　　伊昔→益（yì）

变化的规律大致是：在全浊字中主要变为阳平，如 a 组，但也有变为去声的，如柞、酢、怍，在各切，从母入声，读 zuò；术、述，食聿切，船母入声，读 shù。在次浊字中变为去声，如 b 组。在清声字中就无规律可循了，变为阴、阳、上、去的都有，如 c 组。

反切的原理是下字取韵和调，但是，对于已发生语音变化的字来说，并不能从反切下字中获得正确的调类。像上举的例，反切下字在 abc 三组中均为入声，我们要想了解声调，得看被切字（包括反切上字）的声母，属浊音的读阳平，属半浊的读去声。浊音的平声字、上声字都有识别声调的作用。

四　反切的应用

（一）利用反切给古文献中的字定音。辞书中所收的字就其与口语的关系来说，无非分两类：一类是口语中有读音的字，如"天""人""美"等，我们根据北京话的实际读音来给这些字注音。另一类是仅存于古文献中的字，我们只有根据反切来注音，如䇲，徒盖切，注为 dài；嫪，郎到切，注为 lào。在大型辞书里，这类字的比例更大。其中某些字的反切今读比较特殊，甚至要增加北京话音系的音节。例如北京话没有 rún 这个音节（据《新华字典》），但"瞤"这个字为"如匀切"，反切今读为 rún。《现代汉语词典》试用本没有收这个字，现在收了这个字，特为它单立了 rún 这个音节。《辞海》在这个音节中还收了輭，均属文言用字。有些字因收字的角度不同，注音也不同。如"桦"，《新华字典》、《现代汉语词典》均注为 bàn，是作为方言用字收的;《辞海》作为古籍中"槃"的异体字收。《集韵》:"桦,薄官切。"《辞海》注为 pán,显然是根据反切来注音的。对多音字来说,通过不同的反切,可说明其来源,从而达到正确的理解。如"济",子计切,jì,指救济;子礼切,jǐ,指水名,指济南。"数",所矩切,shǔ,指计算;色句切,shù,指数目;所角切,shuò,指屡次。我们不仅知其然,而且得以知其所以然。

(二)为异读定音提供参考资料。口语中有读音的字其字音同反切的关系有三类:a. 口语中的读音与反切音一致的。包括就反切可以直接切出今音的(如孩—户来切—hái,田、填—徒年切— tián)。另一种是就字面音切不合今音,但如果了解了语音发展规律可以切出今音的(如鸡—古奚切,葵—渠隹切等)。这类字是大量的。b. 字音的发展不合常规,即北京话的读法与反切对不起来。这占少数,如"打",北京话读 dǎ,《广韵》:"德冷切",反切今读应为 děng。这个字宋末元初戴侗《六书故》的反切是"都假切",与北京话读音是吻合的。c. 口语中有异读的字,其中一个符合反切,一个不符合反切。如"波",北京话有 bō、pō 两读,"波"的反切是"博禾切",应为 bō。我们今将"波"定为 bō,这符合语音发展的规律,也照顾了方言区人的读音。又如"酵",在"酵母片"一词中,许多人读为 xiào,而这个字在口语中(特别是不识字的人)是读 jiào 的,"酵头",绝不说"xiào"头,其反切是"古孝切",正应读 jiào。所以字典将它注为 jiào。又如"解",有三个反切,佳买切(jiě)、古隘切(jiè)、胡买切(xiè),常用音为 jiě,因此其他两音要结合词义了解,不要误读为 jiě(强势音)。苏三起解,读 jiè;姓氏读 xiè。然而"使出浑身解数"的"解"读什么?《汉语大词典》标 jiě、xiè,皆有据。现在民间所说"跑马卖解(xiè)",读 xiè 更妥当,故《现代汉语词典》"解数"标 xiè。

（三）提供古音资料。反切虽不能提供某一字具体的音值,但它能够提供音类系统,从反切资料,我们可以了解中古时期汉语语音的系统,还可以上推古音、下究现代语音的变化。《康熙字典》在每一个字下列出《唐韵》、《集韵》、《洪武正韵》等反切,对我们研讨字音是很有用的。

但是,有些人误认为反切在今天仍是一种注音手段,想根据反切来读字音。对一般读者来说这是做不到的。反切反映的是中古时代的字音。我们就反切来读今音,那属于汉语语音史的问题,不是一个简单的拼切问题。

（原载《辞书研究》1981年第4期）

反训研究的可贵收获

——读徐世荣《古汉语反训集释》[①]

一

反训是指一个字(词)有正反两种意义,例如"乞",有"求别人给予"的意思:《左传·隐公四年》:"宋公使来乞师",《史记·豫让列传》:"行乞于市";"乞"又有"给予"(别人)的意思:《汉书·朱买臣传》:"居一月,妻自缢(上吊自杀)死,买臣乞其夫(其妻后嫁之丈夫)钱,令葬。"李白《少年行》:"好鞍好马乞与人。"反训是语言文字应用中比较奇特的现象,自然引起人们的注意。反训的研究主要有三个问题:1.材料问题;2.反训成因的探讨问题;3.反训研究的应用问题。这三个问题以前人们都有涉猎,但从广度和深度上讲都是很不够的。我们高兴地读到徐世荣先生的《古汉语反训集释》,这部著作内容丰富,在上述三个方面都获得了令人羡慕的成绩。我们有理由相信,这部书的出版对推动反训的研究,会起积极的作用。

二

1. 材料问题。自来讲反训的大多停留在几个习见的例子,如乱

[①] 安徽教育出版社 1989 年出版。

有乱/治两种意思。买、沽、酤兼有买/卖两种意思，上面的"乞"字也属常举的例子。反训毕竟是比较罕见的，因此研究之初，首先得广蒐例证，光停留在东晋郭璞《尔雅》注中指出的"以徂为存，犹以乱为治，此皆训诂义有反复旁通美恶不嫌同名"的个别例证上是不够的。清代刘淇《助字辨略》中有"反训"栏目，晚清俞樾《古书疑义举例》卷三有"美恶同辞例"，近人章炳麟的《小学答问》、刘师培的《古书疑义举例补》，都列举了一些反训之例，然数量嫌少。30年代董璠《反训纂例》，收集了一百多个反训用例，当时是最多的。徐世荣先生在他老师董璠的启发下，以八载之功完成的《古汉语反训集释》，搜集的反训字达五百多个，这是目前反训材料最丰富的一部著作了。全书分为四类：名物类83字，动作类246字，性状类136字，虚助类40字，大致显示了反训字的分布状况。

2. 反训成因的探讨。反训是一种复杂的现象，构成反训的原因是多种多样的。前人在研究反训时，如为大家津津乐道的美恶同辞、施受同辞、正反同辞，等等，都停留于现象的归纳，并未涉及反训的成因。探讨反训产生的原因，虽然有人谈到，但大多是零星的，不系统的。本书将反训分为十三类：内含、读破、互换、引申、适应、省语、隐语、混同、否定、殊方、异俗、假借、讹误。作者说："这十三类也就是反训的各种成因，是由我搜集的五百多条反训中归纳出来的。"一个字为什么会有正反两种意思，这是最令人感兴趣也最令人困惑的地方，找到了其成因，疑惑也就涣然冰释了。例如"乱"为什么有"治"的意思，这是字形混同造成的（见该书第92页—93页），"苟"既表示轻率貌，又表示诚敬貌，同样也是因为文字的混同造成的（见该书第12页—13页），这种不同字混为一个字，也可由古文字资料来证明。"殊方反训"指因为方言差异造成的反训：郎，尊称也；又贱称也。章太炎

《新方言》:"自晋宋至唐时,以郎为尊贵之称,此语甚古。《少仪》:'负良绥。'注:'良绥,君绥也。'又《左传》戎师称'大良''少良',并即今'郎'字。至秦汉,天子侍从称郎,郎本郎门之郎。以郎、良相同,故相承称尊者为郎。然今闽广人则以'郎'音近獠,又以郎为贱称。"章氏的话正确与否? 本书作者进一步补充:王启奎《柳南随笔》卷五:"江阴汤廷尉《公余目录》云:'明初闾里间称呼有二等:一曰秀,一曰郎。秀则故家右族,颖出之人;郎则微裔末流,群贱之辈。'"作者指出后世贱称有货郎、花郎、卖油郎等。至此,我们明白何以有货郎等称谓了。

作者指出的反训成因,有的涉及古汉语的词义的某些特点,很有进一步研究的价值。本书第一类的"内含反训"是指"一个字在古时代表的概念不太严格,本身就包括正反两义。"书中举率有"遵循义",又有"领导义":《左传·宣公十二年》"今郑不率",不率指不遵循,不奉顺,而《淮南子·时则》"天子亲率三公九卿大夫",率是领导的意思。这种情况可以举许多例子。如"从",有跟随的意思,又有"带领"的意思:《庄子·盗跖》:"盗跖从九千人,横行天下。"杨树达先生在《汉书窥管》(卷八)中指出这种现象产生的原因:"'从'字有二义,其一为己从他人,又其一则为使他人从己。"王力先生则进而指出这属于同源义中的"使动类"。食,吃;饲,使吃,即喂养,供养。后一个意思最初写做"食":《孟子》:"劳心者治人,劳力者治于人,治于人者食人,治人者食于人。"白居易《秦中吟》:"是岁江南旱,衢州人食人。"前个"食人",是供养人,后一个"食人",是真的吃人。可见这种意义是词义,而非语法上的使动用法。本书"内含反训"触及这个问题,较前人谈反训无疑是进了一步。

本书在考察反训成因时,采取科学的态度。凡是古人错了,指出错误所在,如在"讹误反训"中,指出此类反训实由于古书上的种种错误,包括《康熙字典》的错误而王引之《字典考证》没有发现的,材料丰富,考证精密,足见作者功力之深,用力之勤。

3. 反训研究的应用。以前研究反训,多停留在训诂学的范围,例证多是秦汉时代的,本书所谈的范围要广得多,突出反训研究在各方面的应用。试看对"仰"字的说明:"仰,下托上也。又:上委下也。……'下托上曰仰'这是仰望、仰仗的意思。常见,常用,……'上委下'的意思,近世还用于公文书中。"接着引了大量资料,说明上对下也用"仰"。为什么会用仰呢,作者说:"我以为上委下的'仰',是命令语,意思是让下属仰首听命。"(擢案:让下属者,又属使动义了)旧公文中常见语如"仰即遵照"等,"仰"是什么意思,虽然《现代汉语词典》有注解:"下行文中表示命令",然而"仰"为什么有这样的意思,它与尊仰的意思有什么关系,读了本书就不难明白了。其他如"绪言""绪论",《辞海》的注解是:"发端之言;已发而未尽的言论",也就是说有两意:一指开头的话,一指余论,后面的话。段玉裁《戴东原集序》:"始玉裁闻先生之绪论矣。"皮锡瑞《经学历史》:"盖一坏于三国之分鼎,再坏于五胡之乱华,虽绪论略佳,而宗风已坠矣!"此类词义不大容易分析,而本书"绪"字条(第32页)就有清楚的说明。

三

以往对反训的研究,一个较普遍的毛病是"滥",一些字义不容易解释了,就用反训来搪塞,甚至一些大学者也有不能避免的。例如"滥"字,《说文》注释:"一曰清也。"段玉裁说:"此又别一义,与滥盖相反而相成也。"他的外孙龚自珍则补充说:"滥泛则水浊,与训清正相反;治乱之例。"龚的解释只能越发使人糊涂。又如《说文》:"嫱,媚也。"清王筠:"《通俗文》'不媚曰嫱'。'不'字或衍,或美恶不嫌同词。"这种滥用反训的结果,使反训离开了科学性,一直影响到后代。例如旧《辞源》"媚"注了两个相反的意义:1.谄也;2.爱也,亲顺也。王力先生批评说:其实"媚"只有"讨好"一个意思,从坏的方面说,讨好就是媚;从好的方面说,讨好就是爱或亲顺了。(《中国语文讲话》第70页)根本用不着列两个义项,与"从"有跟从、领导两个意思不是一码事。由于反训的流弊是"滥",因此,有人就认为反训不科学,而完全否定反训,走上了另一个极端。不属反训的,我们要排除在外,使反训不致成为一个防空洞;属反训的,要研究。《古汉语反训集释》一书,从大量的资料出发进行综合的研究,取得了可观的成绩。

(原载《语文研究》1992年第3期)

古汉语同义词辨析的新探索*

在古汉语教学中,我有这样的体会:集合相关的同义词(即近义词),作比较分析,有助于我们更好地理解和掌握词义。所谓掌握词义,很重要的是掌握词义的范围。词的意义范围是以它的同义词为界限的。不晓得一个词的同义词及其相互界限,就很难掌握这个词的意义。① 《左传·鞌之战》中有这样的记述:"齐侯曰:'余姑翦灭此而朝食。'不介马而驰之。"清段玉裁说:"驰亦驱也,较大而疾耳。"(《说文解字段注》)将驰、驱对照起来分析,一下子把两个字的字义都讲清楚了。"驰"比"驱"快,"不介马而驰之",正反映了齐侯以求速胜的急切心情。《诗经·鄘风·载驰》:"驱马悠悠,言至于漕。""驱"较"驰"慢,故云"驱马悠悠"。例子不胜枚举。我有幸在本书出版前拜读了全稿,获益很多。"大矣哉,同义词辨析之为用!"我上面所讲的体会进一步加深了。

同义词辨析就是对同义词进行科学研究。深入探讨同义词问题,对古汉语的词汇学、语法学、修辞学,乃至汉语史诸学科,都是有积极意义的。

这是一件不容易做的工作,有相当的难度。第一,资料问题。做

---

* 本篇是为洪成玉《古汉语同义词辨析》(浙江教育出版社,1987年)一书写的序。
① 参见李友鸿《词义研究的一些问题》,载《西方语文》1958年第1期。

任何研究都需要掌握资料，而对同义词辨析来说，资料问题更为重要。辨析可分不同的层次：一般的，较深入的，深入的……。辨析愈深入，需要掌握的资料愈多。上面提到的驰、驱二字，是很浅的辨析。要深入，靠随手拈来的几个习见的例证就远远不够了。这本书的辨析，条分缕析，辨察入微，一个重要的原因是资料工作扎实。第二，辨析方法问题。没有好的分析方法，大量的资料就无法正确处理。前人也有一些好的分析方法，如段玉裁在辨析同义词（有时超出了这个范围）时，采用统言析言的分析方法，效果比较好。作者汲取了前人好的经验，有新的创造。作者采用多层次的分析方法：分析语源义，分析本义和引申义，词义的地区性、时间性，词的感情色彩和风格色彩，词的搭配关系，词的语法功能，以及作为构词成分时的构词能力，等等。比起前人来，大大前进了一步。第三，涉及的知识面比较宽。这里有文字学、音韵学、训诂学、语法学、修辞学等各方面的问题，学科跨度大。作者应用多方面的知识，在辨析时旁午述发，左右逢源。当然有些问题较专门，学术上有不同的看法是常事。例如本书认为"姒"与"似"属同源字，援引汉刘熙《释名》的分析："少妇谓长妇曰姒，言其先来，己所当法似也。"声训问题是一个复杂的问题，其中有可取的，也有相当多是不可取的。我认为将"姒"与"始"看做同源字是否更好一点呢？古文字中有🈳，它就是始字，也是姒字。这是我的粗见，就正于本书作者和读者同志们。

讲古汉语同义词的书，可以远溯到西汉的《尔雅》，这部书有些地方有简要的辨析，如"金谓之镂，木谓之刻，骨谓之切，象（象牙）谓之磋，玉谓之琢，石谓之磨"（见《释器》），而有的地方，只能算做一张同义词词表。从那时起到清代，在传统训诂学中，无论是专书体训诂学还是传注体的训诂学，都有大量关于同义词分析和研讨的内容。用现代语言学的观点来分析古汉语同义词的专著尚不多见,《古汉语同义词辨析》的出版,无疑是一个有益的尝试。古汉语同义词量很大,本书在条目上有待补充。我曾和作者谈起这个问题,我说,这属第一期工程,希望还有第二期、第三期工程。这的确是一个值得建设的项目。

关于第 111 号元素汉字定名问题的管见

国际纯粹与应用化学联合会(IUPAC)在 2004 年颁布了第 111 号元素的名称和元素符号。第 111 号元素的英文名称为 roentgenium,元素符号为 Rg,中文名称怎么办? 我是一个语言文字工作者,对化学我是中学时代学了一点,也早还给了老师,对这个问题我自当缄口藏拙,哪还敢发言呢? 全国科学技术名词审定委员会的同志,向我征求意见,恭敬不如从命,我就大胆地谈一点粗浅的看法。

一 新造汉字问题

这个问题涉及新元素中文名称是否可以造字。新元素曾在一个阶段是采取用数字标号,不用汉字。1971 年我参加《新华字典》的修订工作,在字典的附录《元素周期表》中,原子序数从 1~103 号元素都用的是汉字,而 104 号、105 号元素用的是 104、105 数字。1992 年版的《新华字典》104 号、105 号元素有了汉字,而 106、107、108、109 号新元素,用的是 106、107、108、109 数字,到 2003 年版的《新华字典》,这四个元素都有了相应的汉字,而 110、111、112 号新元素沿用老办法,没有汉字。2005 年版的《现代汉语词典》110 号元素,有了汉字。现在要讨论的是

111号元素的汉字选用问题。要用汉字，可以适当造字，这是以往的实际情况。为什么要用汉字呢？我认为：名词术语是一种指称，指称有两个功能：即交际的功能和揭示的功能。所谓交际的功能，就是人们凭借它来进行语言信息的交换，这种交换是全社会的、全民的。如果不用汉字，而用数字，例如"镥"这种可用于核工业的金属元素，我们不用"镥"，而用"71Lu"去称说，在交际时，该是何等的困难。日本是使用汉字兼用假名的国家，他们在表示元素时，或用汉字或用假名，例如"氧"用"酸素"、"氢"用"水素"，用双字词；"硒"用假名 セレン，总之，在他们的文字系统范围内来解决，有可视性、可读性。语言是一种线性的"流"，词是对这种"流"的从语音和语义上的切分，在书面语上用文字表现出来，因此在说话时它可以很方便地进入语音的流程，在书面上，可以很方便地与其他的字搭配组合。像上面所说的"镥"就有这样的功能，而用"71Lu"则不具备这种功能，因为脱离了我们的语言表达系统。至于词语的揭示功能，主要靠语音，但是文字，特别是汉字有时有辅助功能，在化学用字上表现尤为明显，就元素用字说，以"金"为偏旁的，是固体的金属元素（常温。下同），以"石"为偏旁的是固体的非金属元素，以三点水为偏旁是液体的非金属元素，以"气"为偏旁的是气体元素。至于化合物，以"火"为偏旁为脂肪族碳氢化合物，以"口"为偏旁的为杂环化合物，以"月"为偏旁的为一类有机化合物，咱们讲的"尿素"，其专用汉字是"脲"。在化学方面我是地地道道的外行，以上是我读书时做的笔记，记得不对，过错在我了。在造新字方面，元素名称可以造，数量少，而且系统性比较强，在化合物方面，当谨慎从事，我觉得用"尿素"可以了，似不必造个"脲"字。

二　选字问题

根据以往的经验，宜选形声字，选左右结构的形声字。汉字绝大多数是形声字，形声字大多是左形右声的并列结构（也有左声右形的，如"锦"声符金在左旁。比较少）。我国从20世纪50年代实行汉字简化，选字要考虑简化问题。语言文字工作部门，对化学用字的确定，一直积极配合。例如"开"是属于个体简化字，不能类推，元素字"锎"，右偏旁是依据繁体字"门"类推出来的特殊偏旁，在繁体字系统里"鐦"的右偏旁与"開"本是一个字，而简化字中则变成"锎"与"开"，分道扬镳了。又如39号元素"钇"与70号元素"镱"，前者偏旁是"乙"后者偏旁是"意"，与简化字"忆"、"亿"并不矛盾，这两个简化字，偏旁"乙"本作"意"，但是"意"的偏旁简化不具备类推性，所以臆、薏、噫、癔是正体字。"钇"读上声、"镱"读去声，偏旁还起到区别声调的作用。虽属偶然，亦为难得。我们大陆现在用的是简化字，海峡彼岸台湾用的是繁体字。2005年11月我参加了在南开大学召开的海峡两岸语言文字学术讨论会，与会者许多人，当然也包括我，认为现在不要再扩大两岸文字上的分歧。了解到这次111号元素汉字选用的问题曾征求过台湾同行的意见，我觉得这样做很好。

三　111号元素的选字问题

专家提出111号元素用"axb"或"axb"。我赞成用"axb"（左旁为"金"，右旁为"仑"），不赞成用"axb"（即右旁为伦）。提出用金字旁右边加个伦，是因为111号元素以发现X射线者"伦琴"命名，用"伦"

作偏旁，以资纪念。我们在上面提到元素用字，有"揭示作用"，这个"伦"就属揭示作用。但是这个字的形旁"金"已经有表义的作用了，现在又要用"伦"来对应"伦琴"，字的表义负担太重了。表音的声旁有的兼有表义的作用，像茎、径、颈等，声旁圣，既表音，又兼表义（长而直），一般是同源义，"伦"不属于这种情况。另外，我们从汉字造字规则看，声旁用"伦"不如用"仑"。形声字由形旁和声旁构成，其重要的特点：形旁是一个封闭的系统（只有形旁的归并、调整，没有新增的形旁），声旁是一个开放系统。声旁的发展有两个层面，一是横向的，一是纵向的。例如"甫"作为声旁可以构成辅、脯、黼、捕、哺、埔、逋、晡等字，这是横向的发展。再说纵向的：例如"父"与"用"结合构成"甫"（篆书），下面加"寸"，成"尃"，加三点水成"溥"，加草字头成"薄"，加石字旁成"磚"。如果把"父"看成第一级声旁，那么"薄"就是第五级声旁了。汉字就是这样发展的。但是，很多字只有一级、二级，三级以后就递减了。声旁"仑"可以构成很多字，二级声旁"伦"，历史上只有一个加三点水的"沦"（见《广韵》），是个非常冷僻的字，这就是说"伦"是一个能产性极低的声旁，而"仑"能产性很高，所以我们要选它，由它造出的新字容易辨认；不选伦，因为由它造出的新字不容易辨认。我们现在讨论的问题与107号元素铍的命名有近似的地方，当时曾考虑采用"铍"，但后来放弃了而采用了铍。这是因为玻作为声旁不具有能产性，而波则具有能产性，如菠、婆、啵。声旁能产性高，其构成新字，在形、音的辨识上具有类推效应。

入选的这个"铊"字也并不理想：声旁"仑"与"仓"容易相混；简化的偏旁钅，加简化的仑，二简相合，清晰度差。但是也只好如此了。

（原载《科学术语研究》2006年第1期）

关于普通话文白异读的答问

问:辞书在给汉字注音的时候,文白异读是一个比较麻烦的问题,请你谈谈普通话里文白异读的情况好吗?

答:好的。谈普通话的文白异读,首先应该了解它的特点。普通话文白异读的特点是:文白异读的字主要(并非全部)来自中古汉语中部分带有[-k]韵尾的入声字。辞书对文白异读的注释和普通话地位的确定、普通话的语音规范联系密切。

问:你讲得很有意思,但抽象一些,能否具体地讲一讲呢?

答:我想如果联系辞书对文白异读的处理,那么这个问题便具体化了。现代辞书诞生于20世纪,对文白异读的处理大体可分为三个阶段。第一阶段为20世纪初,那时注音仍用老式的反切,普通话(当时称国语)的语音标准(以北京语音为标准音)尚未确定,自然不可能在汉字注音中揭示文白异读的不同,像《中华大字典》便是如此。第二阶段是30年代以后,1932年公布《国音常用字汇》,确定北京话为"国语"的语音标准。入声在辞书注音中淡出,这样文白异读在辞书中有了反映。这是一个问题的两个方面。1948年出版的《国音字典》编纂过程很长,它以《国音常用字汇》为注音依据,注意文白异读。1953年出版的《新华字典》的注音体系和《国音字典》是一致的,在文白异读上,较《国音字典》来说更注重口语音。例如"肉"、"轴"、"粥",《国音字典》把文读 rù、zhú、zhù 作为第一音,白读 ròu、zhóu、zhōu 作为第二音,到《新华字典》则正好相反,把 ròu、zhóu、zhōu 作为第一音,显示了《新华字典》注重口语音的倾向。第三阶段是以今日的《新华字典》、《现代汉语词典》、《现代汉语规范字典》为代表,按《普通话异读词审音表》的要求来注音。这里有一个过程。1956年开始了普通话异读词的审音工作,从1957年到1962年阶段性的审音成果以《普通话异读词审音表初稿》的形式先后分三次发表,到1963年合编为《普通话异读词三次审音总表初稿》。《新华字典》在修订中不断按审音的要求来修改注音。1985年《审音表》正式发表,成为国家的部颁标准。《新华字典》等辞书,在注音时均遵从《审音表》的规定。在文白异读方面注音的变化,一是体现了规范的要求,可取消的异读取消之,如肉、轴、粥只取白读音,不取文读音;而学、鹤、跃取文读音 xué、hè、yuè,而不取白读音 xiáo、háo、yào。另一点是体现了科学性的要求,对有些文读、白读要兼存的音,则说明其语用上的不同。有一个43字的统计资料,可以看出文白异读在辞书注音上的变化(见附录)。

以上介绍为说明文白异读在注音上的变化,实际上各种辞书还有一些不同。如1936年出版的《辞海》,仍用老式的反切注音,取李光地的《音韵阐微》的改良反切。《辞海》在书后附有《国音常用字读音表》,采用《国音常用字汇》的汉字注音,在那里有文白异读的区别。

汉字文白异读注音的改进,是渐进的。

问:我们今日在词书中应如何更好地处理文白异读呢?

答:在辞书编纂工作中,遇到古入声字造成的文白异读的问题,就条论条是不够的,应该从此类文白异读的总体特点去考察处理具体的字音、字义问题。例如"六",北京读 liù,是白读,在"六安"、"六合"中目前字典标 lù,表面为地名用字的读音,实质上是文白异读问题。又如"迫",在"迫击炮"一词中读 pǎi,徐世荣先生说:"济南读迫为 péi,与 pǎi 音为近,今东北方音更多 pǎi 音,习读难改。"[1]徐先生的分析没有到位,没有触及问题的实质。"迫"读 pǎi,是白读音,其相对的文读音为 pò。迫为陌韵字,同此韵的"伯"、"柏",北京话均有 bó/bǎi 之不同。

文读与白读的不同,反映在韵母上。可以这样说,文读其韵母为单纯式,白读为复杂式。韵母,如果没有介音,则文读为单元音,白读为复合元音,如黑 hè/hēi、薄 bó/báo、妯 zhú/zhóu、百 bó/bǎi、拍 pò/pāi、贼 zé/zéi、熟 shú/shóu、鹤 hè/háo 等。如果有介音,文读为二合元音,白读为三合元音(这里将介音算为元音),如学 xué/xiáo,觉 jué/jiǎo、jiào,削 xuē/xiāo,嚼 jué/jiáo、jiào,雀 què/qiǎo、qiāo。介音如果不作元音计,仍属单元音与复合元音的对立上之不同。如果韵母为单元音,一方有介音,一方无介音,则无介音的一方为文读,有介音的一方为白读。如六 lù/liù、恪 kè/què、绿 lù/lyù(按,"绿"北京话白读为 lǜ 与文读 lù 同属单元音韵母,此处是从历史上说的)。

掌握了以上特点,分析文白异读问题时就能洞晓其由。例如"百色",《现代汉语词典》旧版"百"注"bó",新版不再保留。有人说当地人"百"就读 bǎi,"百色"应念"bǎi sè",似乎《现代汉语词典》以前注"bó"是无根据的。这种说法是缺乏科学性的。百色话保留入声,"百"读为 [piɐk ˧],所谓名从主人,在读音上不可能把当地读音搬过来,这就要按对应的规律来折合,折合成北京话白读便为"bǎi",文读则为"bó"。现在的改动是将文读改白读而已。以往《现代汉语

---

[1] 徐世荣:《普通话异读词审音表释例》,北京:语文出版社,1997。

词典》的注音,也是有根据的。"六安"、"六合"的"六"也属同样的问题。当地人读 lù,为文读,北京话则为白读,读 liù,按理不一定要照搬读 lù。河北的乐亭,当地"乐"读 lào,审音定为 lè,由白读改为文读;山东的即墨,当地"墨"读如 mei,审音改定为文读 mò。白读可改文读,文读亦可改白读,从字音演变说,皆是有据的。当然,《审音表》既然审定"六安"读 lù,我们得依从。编辞书,不仅要知其然,而且应知其所以然。

当有的多音字包括文白异读和其他音读时,我们要把文白异读作一个层面,其他音读作一个层面,正确认识其不同的层次关系。如"柏"字,《新华字典》有三个音:bǎi,白读;bó,文读,仅用于"柏林";bò "黄柏",即"黄檗"。bó/bò,似乎只有声调区别,但实际上二者在音义关系上相距很远,bò 是假借音。又如"薄",也有三个音:bó,文读;báo,白读;bò,用于"薄荷"。bó/báo,二者音近,从语素说二者毫无关系可言。薄 bò,步卧切,薄 bó/báo 白各切,古音相差则远矣,"薄荷"的"薄",古又作蔢、茇、菝、蕃等。我们要从语素上分清三个音的不同,也就是说要从应用上、从历史的来源上分析其异同。又如"嚼":jiáo,嚼碎,白读;jué,咀嚼,文读;jiào,使嚼碎,倒嚼。用变调表示使动义不乏其例。"买"mǎi,使人买即"卖"mài,变读去声。食,吃,使吃,即供养,读 sì,《老子注》"天食人以五气,从鼻入;地食人以五味,从口入"(转引自《说文段注》"鼻"字条)。饮 yǐn,自动义,使动义"使饮",读 yìn。这样我们便知道"嚼"的 jiáo 与 jué 是文白异读,与 jiào 则是自动义与使动义的关系。又如"塞"sè,文读;sāi,白读;sài,边塞,要塞。三个音在历史上属两次不同的分化。在上古"塞"为心母职部,入声字,到《广韵》分为二:入声韵为苏则切,另出现先代切,去声,指边塞,为分化出来的后起音。"塞",本为动词,指"隔"、"填"(即镇),后分为名词,用来

指隔开的、镇守的地方,即边塞、要塞了。"塞"作为苏则切的入声,到北京话再分化为文读与白读。其分化:

上古	中古	近代	
[sək]	[sək]	sè	(文读)
		sāi	(白读)
	[sɐi]	sài	边塞

相类似的"宿"也属此种情况。宿,息逐切,文读为 sù,白读为 xiǔ。另一个读音 xiù,《广韵》为息救切,指星宿。在上古均为入声觉部字,到中古分化为息逐切(入声),息救切(去声),到现代息逐切又分化为文白读。《王力古汉语字典》"宿"注二音:sù、xiù,不取 xiǔ。《国音字典》1. sù;2. xiù;3. xiǔ 俗谓夜。三音次序应改为:1. sù;2. xiǔ 俗谓夜;3. xiù。xiù 应列为 3,它与 sù、xiǔ 不属一个层次。

上面讲的文白异读,是指二者语义基本相同,只是语义色彩(文、白)、语用能力(独立使用、用于构词)等存在差异。而有一些文白异读,经发展后成为两个不同的词,也就是说文白的不同,超出语音的不同,而成为一种构词的手段。如"角"有 jiǎo/jué 二音,其不同便不能仅以文白的不同来解释。jiǎo 为白读音,但"画角"是古汉语词,几何学上的直角、锐角、货币单位指一圆的 1/10,都不是口语的问题;jué 为文读音,戏剧的角色,还可以儿化作角儿,书面语口语并用,而"角儿"更带口语的色彩。

"着"有四音:zhuó、zháo、zhāo、zhe,是文白异读分化的结果。

着,在古代写作"著",而"著"是由"箸"讹变而来。"著"在《广韵》有三个反切:陟虑切,去声,读 zhù,指显露、著述,这就是我们今日"著"字的音义的来源。"著"又为入声,直略切,藥韵澄母,文白读分化,读 zhuó、zháo。在古时读[diak]。我们编古汉语辞书,要按今音表示,这样"著"zhuó,指附着,贾谊《论积贮疏》:"今驱民而归之农,皆著于本。"指穿戴,《木兰诗》:"脱我战时袍,著我旧时裳。"读 zháo,是口语词,指燃烧,杜甫《初冬》诗:"渔舟上急水,猎火著高林。"指碰上,挨着,司空图《早春》诗:"草嫩侵沙长,冰轻著雨销。"《广韵》"著"还有"张略切",知母,其文读为 zhuō,白读为 zhāo,文读无音义,白读音今用于下棋时走一步,叫一着,引申指办法,高着,也作高招。助词着·zhe,是 zháo 音的弱化,正像"了"liǎo,弱化为 le 一样。

我们来看《辞源》、《汉语大字典》"著"的有关注音(读去声的不讨论)。都有 zhuó 音,但反切第一取张略切,第二取直略切。不妥。北京话"着"zhuó 阳平,其来源应为直略切,澄母。而且都没有列 zháo 音。两书都收了 zhāo 音,而反切阙如。按文白异读的规律,我们可以说来自"张略切"。张略切,清入,北京话以读阴平为多,且带口语色彩,正好符合 zhāo 的音义的特点。如果明乎文白异读规律的特点,上述不足皆可避免。

文白异读,还可能分化为另一个字。如"克"kè,文读;kēi,白读,也写做剋。徐世荣《北京土语词典》:"剋,kè 字借用,变读。①揍,打。让人剋了一顿。②严厉斥责。回家等着挨剋吧。"

问:其他来源的文白异读,也有研究的必要吗?

答:有研究的必要。可惜我掌握的材料少,难以谈出有价值的意见。有个别文白异读来自其他的入声字。如来自[-t]韵尾的血(xiě,白;xuè 文)、没 (méi,白;mò 文),来自[-p]韵尾的给 (gěi,白;jǐ 文)。来自非入声的,如"亚"字,以前辞书注音 yà 为文读,yǎ 为白读。冀东地区"亚"读 yǎ,北京白读可能受方言的影响。又如"蒙",《国音字典》注为 méng,又音 měng,用于"蒙古"。《新华字典》注三个音:㊀ mēng,指欺骗;昏迷。㊁ méng,指愚昧等。㊂ měng,指"蒙古族"。《国音字典》以 méng 为主,为文读,传承音,měng 为又读,口语音。到《新华字典》都是正式音。从历史发展看,阴平和上声是后起的音,属口语层面。又如"浑身解数"中的"解",《辞源》、《辞海》、《汉语大字典》注为 jiě,为文读音,《现代汉语词典》注 xiè,为白读音,口语中有"跑马卖解"。又如《古今字音对照手册》在例言中说:"文白异读意义相同的字也斟酌习用情况分别 1、2(音)。比如'耕'字以 gēng(文)为第一读,jīng(白)为第二读,'癣'字以 xuǎn(白)为第一读,xiǎn(文)为第二读。""耕"古茎切,开口二等,应读 gēng,口语读 jīng,合到三等韵里,有了介音 i,声母因此腭化,由 g 变为 j。"癣"古为息浅切,开口三等字,本应读 xiǎn,现读 xuǎn,与合口三等字合流,发生了变异,是口语音。总之,需要联系语音的发展历史,才能作出说明。

附 录

43 个文白异读字在《中华大字典》、《国音字典》、《新华字典》中的注音资料。

韵	字	《中华大字典》	《国音字典》	《新华字典》(1953年版)	《新华字典》(1998年版)
屋	肉	如六切音衄	(1)rù (2)ròu	(1)ròu (2)rù	ròu
	轴	仲六切音逐	(1)zhú (2)zhóu	(1)zhóu (2)zhú	zhóu
	粥	之六切音祝	(1)zhù (2)zhōu	(1)zhōu (2)zhù	zhōu
	陆	力竹切音六	(1)lù (2)liù	(1)lù (2)liù	(1)lù (2)liù "六"的大写
			"六"之大写	"六"的大写	
	六	力竹切音陆	(1)liù (2)lù	(1)liù (2)lù	(1)liù (2)lù [六安][六合]
	熟	市六切音淑	(1)shú (2)shóu	(1)shóu (2)shú	(1)shú (2)shóu 用于口语
	宿	息六切音夙	(1)sù (2)xiù	(1)sù (2)xiù	(1)sù (2)xiù

		息救切音秀	(3)xiǔ	(3)xiù	(3)xiù
烛	绿	力玉切音绿	(1)lǜ (2)lù	(1)lǜ (2)lù	(1)lǜ (2)lù
					[鸭绿江][绿林]
觉	学	辖觉切音鸢 仿效	(1)xué (2)xiáo	(1)xué (2)xiáo	xué
	觉	讫岳切音角	(1)jué (2)jiǎo (3)jiào 睡觉	(1)jiǎo (2)jué	(1)jué (2)jiào 睡眠
	角	讫岳切音觉	(1)jiáo (2)jué	(1)jiǎo (2)jué	(1)jiǎo (2)jué 角斗,角色
	剥	北角切音驳	(1)bō (2)bāo	(1)bō (2)bāo	(1)bō (2)bāo 常用于口语
	脚	讫岳切音跻	(1)jiǎo (2)jué	(1)jiǎo (2)jué	(1)jiǎo (2)jué 用同角(2)
	壳	克角切音确	(1)què (2)qiào (3)ké	(1)ké (2)qiào	(1)ké (2)qiào
	跃	以灼切音药	yué	yuè	yuè
	藥	以灼切音跃	(1)yào (2)yuè	(1)yào (2)yuè	yào
	钥	弋灼切音藥	(1)yào (2)yuè	(1)yào (2)yuè	yào
	削	思约切相入	(1)xuè (2)xiāo	(1)xiāo (2)xuè	(1)xiāo (2)xuē
	嚼	疾爵切音嚼	(1)jué (2)jiáo (3)jiào	(1)jiáo (2)jué	(1)jiáo (2)jué (3)jiào 倒嚼
	雀	即约切音爵	(1)què (2)qiāo (3)qiǎo(雀斑)	(1)qiǎo (2)què	(1)què (2)qiāo (3)qiǎo
	勺	实若切音芍	(1)sháo (2)shuò	(1)sháo (2)shuò	sháo
	爵	即约切音雀	jué	jué	jué
铎	薄	白各切音泊	(1)bó (2)báo	(1)bó (2)báo	(1)bó (2)báo
	凿	疾各切音昨	(1)zuó (2)záo	(1)záo (2)zuó	záo
	貉	曷各切音鹤	(1)hè (2)háo	(1)háo (2)hè	hè
	落	历各切音洛	(1)luò (2)lào	(1)luò (2)lào	(1)luò (2)lào

		(3)là		(3)là 用于口语	
鹤	曷各切音涸	(1)hé (2)háo	(1)háo (2)hè	hè	
络	历各切音洛	(1)luò (2)lào	luò	(1)luò (2)lào	
陌(麦)百	博陌切音伯	(1)bǎi (2)bó	(1)bǎi (2)bó	bǎi	
拍	匹陌切音魄	(1)pāi (2)pò	(1)pāi (2)pò	pāi	
宅	直格切音泽	(1)zhè (2)zhái	(1)zhái (2)zhè	zhái	
择	直格切音宅	(1)zé (2)zhái	(1)zé (2)zhái	(1)zé (2)zhái 用于口语	
窄	侧格切音责	(1)zé (2)zhǎi	(1)zhǎi (2)zé	zhǎi	
柏	博陌切音百	(1)bǎi (2)bó	(1)bǎi (2)bó	(1)bǎi (2)bó 柏林	
摘	陟格切音滴	(1)zhé (2)zhāi	(1)zhāi (2)zhé	zhāi	
迫	博陌切音百	pò	pò	(1)pò (2)pǎi	
德(职)贼	疾则切音蠈	(1)zé (2)zéi	(1)zé (2)zéi	zéi	
黑	迄得切音潶	(1)hēi (2)hè (3)hěi 黑豆	(1)hēi (2)hè	hēi	
塞	悉则切音寨 先代切音赛	(1)sè (2)sāi (3)sài	(1)sāi (2)sè (3)sài	(1)sāi (2)sè (3)sài	
勒	历得切楞入	(1)lè (2)lē (3)lēi	(1)lē (2)lēi	(1)lè (2)lēi	
肋	历得切音勒	(1)lè (2)lèi	(1)lèi (2)lè (读)	(1)lèi (2)lē [肋膱]	
侧	札色切音仄	(1)cè (2)zè	(1)cè (2)zè	(1)cè (2)zè (3)zhāi	
色	杀测切音啬	(1)sè (2)shǎi (3)shè	(1)shǎi (2)sè	(1)sè (2)shǎi	

(本篇文章曾收入 2000 年《中国辞书论集》中国大百科全书出版社)

关于几个日造汉字的注音和释义

香港《词库建设通讯》第 18 期有文章批评《现代汉语规范字典》收的畑、麿、辻、畠①四个字,认为这四个字是日本汉字,为什么要选收呢？批评的第二点是说不应该像目前这样注音和释义。本人曾参与其事,想就这两个问题谈一点意见,向香港朋友请教,向读者请教。

（一）收字问题

上述四个汉字,是日本汉字,为什么要选收呢？这得讲一讲字典收字的原则。《现代汉语规范字典》在"凡例"中说明：收现代汉语中通用字和一些能见到而又不十分生僻的字。

上述几个字属日本汉字（日本称和制汉字或国字）,字典为什么会超越国界收录了它们呢？这是因为这些虽然是日本特有的汉字,但在汉字文化圈内,经常交流,少数和制汉字在中国现代文献中就出现了。上面四个字便属于此种情况。鲁迅《书信·致山本初枝（1934 年 1 月 27 日）》："关于日本的浮士绘师,我年轻时喜欢北斋,现在则是广重,其次是歌麿的人物。""畑"在《毛泽东选集》中有。总之,都是作为人名用字出现在中国的文献中的。这些字读者在汉语辞书中一般查不到,因此,有些辞书考虑了读者查检的需要,酌收这样的和制

---

① 《现代汉语规范字典》四字的注音释义是：畑, tián, 日本汉字,多见于日本人名。畠 tián, 日本汉字,多见于日本人名。辻 shí, 日本汉字,多见于日本人名。麿 mǒ, 日本汉字,多见于日本人名。

汉字。

(二)注音和释义

批评说,应该按和制汉字的日本读音和字义来注释,而不应该像目前这样注音和释义。

我们知道这些字在日语中都有特定的读音和意义,现在《现代汉语规范字典》似乎是舍本而为了。不能这么看。

不能离开我们收字的原则来谈注音释义:我们是作为人名用字来收录的,因此注音和释义都以此为基础。

先说释义。"麿"在日语中有"自称"的意思,我们不收此义,因为在"歌麿"中,指出"麿"为人名用字就可以了。当然注出日语的词义也是可以的。如《现代汉语词典》"畑,日本汉字,旱地。多用于日本姓名。"注明"用于日本姓名"之内容是不可少的。如果大家认为以注出日语中的字义为好,那么,《现代汉语规范字典》在修订时可考虑作必要的修改。

问题主要在注音上。日语中的字义,是可以收入的,但日语中的读音则是不能收入的。

这涉及两种语言间人名(包括地名)的转写问题。我们知道两种语言在交流时,一般性词语要通过翻译来实现转换。如英语的school,汉语译为"学校"。但专有名词,如人名等,无法翻译,只有通过语音转写来实现彼此在文字表达上的转换。如美国前总统George Bush,汉语转写为"布什"(也可用别的音近汉字),所遵循的原则是"名从主人",即据 George Bush 的音来选用相应的汉字。同样,中国人王大勇 Wang Dayong,无论到欧洲、美洲、大洋洲、非洲,在转写为其他语言文字时,所依据的音是汉语的读音。但这个原则,对都使用汉字的中日两国来说得有所变通了。日本人的姓名大多用汉字,例如姓"田中"的,他在日本是依据日语读为 Tanaka,他到欧美等国,都依据 Tanaka 的音转写。但到中国来,中国人认识"田中"两个汉字,于是就按汉语的读音,称 Tiánzhōng,而不转写为"塔那卡"。对等的原则,王大勇到日本,他的名字,日本人按日语的读音读成オウ(ou) ダイ(dai) ユウ(yuu)。像上面的"歌麿",中国把歌读成了 gē,"麿"怎么办,只好按其谐声偏旁,读成 mó 或 lǔ。字典词典也就据此来注音。"辻",《现代汉语词典》:"shí,日本汉字,十字路口,多用于日本姓名。""畑",《新华字典》:"tián,日本人姓名用字。""畠",《现代汉语词典》:"tián,日本汉字,旱地,多用于日本人名。"也有按日语读音来注音的,如"麿",《汉语大字典》:"旧《辞海》读若'马陆'。"然而同是《汉语大字典》却将"畑"注为 tián,没有注为 hata,自乱其例。新《辞海》将"麿"字改注为 lǔ,较好。《汉语大字典》注为"马陆",让人无法应用。"歌麿",读为 gēmǎlù,便不伦不类了。

(三)结语

日本是兼用汉字的国家(假名与汉字混用),日本所用汉字绝大多数是由中国传去的。日本也创制了一些和字,《国字字典》(东京堂出版社,1994 年)收了 1553 个。有些国字,传到中国,如腺、鳕、噸等,与一般汉字已无区别。也有同一个字形,在日本为国字,而在中国,为中国近代造的字,二者并无关系。如日本国字有"瓩",训 キログラム,是法语 kilogramme(kg 公斤)的音译字,指重量单位。中国的"瓩",读"千瓦",是英语 kilowatt 的音译字,指电力单位。(此字已废止,改用"千瓦")。同一个"瓩"字,两国的音、义都不相同。

文字是用来记录语言的,中日两国都使用汉字,但汉字的音义(特别是音)是随两国的语言走的。在日语里"瓦"读 ga,所以英语的 gas,日本人译为"瓦斯","瓦斯"又传到中国,按汉语读成 wǎsī,已不容易看出是音译词了。

认为"畑"等字在汉语字典应据日本读音来注音,恰恰是停留在汉字上,而没有注意到两国语言的不同。汉字的音,是不可能离开具体的语言的音来谈的。

(本文曾以天作笔名发表于《语文建设》1999年第5期)

关于同音替代

一

同音替代是指在汉语书面语里用一个汉字去表示另一个同音字的字义。同音替代大致可分为四种情况：一、在秦汉以前文献中的同音替代，一般称之为古音通假，如"犬兔俱罢，各死其处"(《战国策·齐策三》)，以"罢"代"疲"(二字古同音)；"蚤起，施从良人之所之"(《孟子·离娄下》)，以"蚤"代"早"。二、历代反映口语作品中的同音替代。如唐人写经，唐代的变文，宋元以后的话本小说，元明清的戏剧作品等，如"舜即泣泪而拜，老母便与衣裳，串(穿)着身上，与食一盘吃了"(《敦煌变文·舜子》)。文人学士认为这是写别字，是俗体字，不能登大雅之堂的。三、现代人写别字，如把"圆周"写成"园周"，"副食"写成"付食"，"刻苦"写成"克苦"等。它不符合汉字规范化的要求，是正字法范围里要研究的课题。四、用同音替代来简化汉字。1956年公布的《汉字简化方案》，以"里"代"裡"，以"姜"代"薑"，以"台"代"臺"、"檯"等。同音替代减少了汉字的数目，有的还能起到简化笔画的作用，它是汉字简化的一个重要途径。我们一方面要求不要乱用同音替代，另一方面又要在汉字简化的工作中吸收群众中流行的同音替代的字，二者并不矛盾，它统一在使汉字更好地为社会服务这一点上。

二

同音替代是汉语书面语中一种特有的现象。它主要是一个用字的问题,但同时与造字问题和汉字的简化问题有密切的关系。

先从用字方面来考察。同音替代是以同音字不能随意替换为前提来说的。同音字所代表的音是相同的,不同的是字义。同音字之间表示的字义是有分工的,是相对稳定的,这是由社会约定俗成的。按照这种分工来使用汉字,是常例,不按这种分工,按同音替代的办法来用字,是变例。同音替代从字义上说,它是同音字之间一种字义的移位现象。如"杀而埋之马矢之中"(《左传·文公十八年》),"矢"本指"箭",这里指"屎"的意思,也就是说它离开了它原来的字义位置而跑到了"屎"的位置上。这就是"鸠占鹊巢"。同音替代的中心问题是字义的变动问题。古音通假的研究之所以成为训诂学的一个部分,因为它解决字义的疏通问题。

从字形上讲,我们在辨认时要撇开借用的字,找出被借用的字,按被借用的字的字义来训释,这叫破字为训。从字音上说,两个字属同音的(或音近的)。同音替代涉及字的形、音、义三个方面,其特点是:音同、义移、形破。

同音替代包括借字和被借字两方,但有一种同音替代只有借字,没有被借字。如"师慧过宋朝,将私焉。"(《左传·襄公十五年》)杜预注:"私,小便。"黄侃说:"今江苏语谓小便曰私,读自如恒(即读'私'平常的音)。北京语亦谓小便曰私,读若绥。"[①]表示小便的"私"[si]

---

① 黄侃:《黄侃论学杂著》第413页。

没有本字。

同音替代具有时代性。例如上面提到的以"罢"代"疲",发生在古代,那时它们是同音字。又如我们以"付"代"副",就中古语音系统看它们不属同音字,"副"是敷母,流摄宥韵开口三等字,"付"是非母,通摄遇韵合口三等字。

字义也是不断变化的。例如"禽"本指"捕捉"。"两者不肯相舍,渔人得而并禽之矣。"(《战国策·燕策二》)这里用的是本义,而指"禽兽"则是假借义。东汉时许慎已不清楚"禽"的本义,《说文》:"禽,走兽总名。"这里注的是假借义。但后来"捕捉"的意思造"擒"字,则"禽"的本义变为指禽兽了。《资治通鉴·赤壁之战》:"将军禽操,宜在今日","禽"反而成了通假字。在《汉字简化方案》公布以前,文章中如果以"里"代"裡",以"汇"代"彙",属于同音替代,现在既废除了"裡"、"彙","里"、"汇"便成为一身而二任的多义字。有的字,其字义曾经反复移交转让。如"舍",在古代它的本义指"客舍",据音表义,指"放弃",这一个意思后来有了本字"捨",《宋书·殷淳传》:"爱好文义,未尝违捨。"《汉字简化方案》废弃"捨"字,这一字义又归到"舍"字。

同音替代同造字问题有密切的关系。在造字之初,对抽象的概念无法造字,只有通过用字来解决,即借用同音字来表示。如"求"在古文字中像皮袄的形状,本义指"皮裘",而借指"祈求"的意思,后来"求"专指"祈求",在"求"字上加"衣",造"裘"字,表示"皮裘"。"自"本指"鼻子",古文字里写做鼻子的形状,使用中借音表义,指"自己",而另加"畀"声符,造"鼻"字。一部分汉字就是通过这样的途径制造出来的。这些例子说明:同音假借扩大了字的使用范围,进而造出新字,其间文字变化孳乳的轨迹是十分清楚的。

通过同音替代来简化汉字,是减少汉字的一种办法,而上面讲的是增多汉字,情形恰好是相反的。字的孳乳增多,结果是减少了某些字的字义负担。例如"自",在未造"鼻"字前,它既表示"鼻",又表示"自己",有了"鼻"字后,它就减少了一个"职务"。同音归并,减少了字数,从而增加了某些字的字义负担,如"裡"字义转给了"里"。如果让每个汉字字义负担尽量减少,则所需要汉字的数目必增多,不经济。如果加重字的字义负担,超过"负荷",也有不便之处。

通过同音归并减少汉字,这是汉字发展中古已有之的,如"暴"、"曓",古代是两个字,《说文》:"暴,晞也",即晒的意思,再引申为"暴露"。"曓",《说文》:"曓,疾有所趣也",即快而猛的意思,引申为"突然",如"暴卒""暴发户"。又引申为"残暴",如"暴虐"。后来两个字合二为一,写为"暴"。

同音归并后,被废弃的字只是今后不用了,在以前的书籍中仍保留着,所以有一个归并字与被归并字字义之间的对应问题。《新华字典》等对这些字的义项作了相应的处理,如:搜(①蒐):①寻求……②搜索检查。意思是说"蒐"只有①义项,没有②义项。但也偶有疏漏不周的,如:驳(① ②駁):①……否定旁人的意见。②……用船分载转运。③颜色不纯。其实"駁"具有①③义项,而不具备②义项。又如"台",归并了臺、檯、颱,《新华字典》认为表敬辞的意思可用"臺"字,是不当的(见71年版)。单纯的异体字在归并时就不存在这样的问题。

从语言来考察,同音替代有以下几点需指出的:第一,反映某一方言或某一时代语音系统的问题。孤立的一个汉字,在语音上不能说明什么问题,而一定数量的同音字就有可能反映出音类系统的某些特点。这是因为同音字都是按照一定语音系统确定的,它具有地区性和时代性。同音替代,从字义上讲,它打乱了字义的系统性,从字音上讲,它从一个侧面反映了音类系统上的某些特点。假如有这样一篇文章,其中同音替代的字呈现这样的特点:"心""星"不分,"兰""南"不分,"兹""支"不分,这就是说韵母 in ing 不分,声母 l n 和 z zh 不分。根据这样的特点,我们可以说写这篇文章的人大体上不是北京人,而可能是武汉人、成都人,或其他上述字音不分的方言区的人。如果没有上述同音替代的材料,我们就难作出这样的分析。当然同音替代的材料往往是零星的,不系统的,使用时要谨慎。同音替代的资料对考察古代语音也是有用的。清代钱大昕考证出上古无轻唇音、无舌上音,援引了古音通假的资料。蒋礼鸿先生根据对唐代敦煌资料同音替代字的研究,认为唐时西北方言梗摄与止摄字是相混的。① 第二,反映口语问题。例如"蚤起"、"马矢",这样的语汇,从汉字来说,用的是通假字,显得很古雅,但如果付诸耳治,这不是人人都能听得懂的大白话么?赵元任先生在《语言问题》第十讲中讲到汉字时编有一段《施氏食狮史》:"石室诗士施氏,嗜狮,誓食十狮。氏时时适市视狮。十时,适十狮适市。是时,适施氏适市。氏视是十狮,恃矢势,使是十狮逝世。氏拾是十狮尸,适石室。石室湿,氏使侍拭石室。石室拭,氏始试食是十狮尸。食时,始识是十狮尸,实十石狮尸。试释是事。"这一段妙文,可以说把汉字同音字的别义特点表现得淋漓尽致了。这一段文字我们可以看得明白,但如果试诸听觉,谁能听得懂?这同"蚤起"、"马矢"等同音替代的例子比较,其效果恰成对照。可见同音替代是以声音能分辨清楚为前提的,它同口语的关系比较密切。口语有地域性,时间性,因而同音替代所反映的语汇有的就比较难懂。第三,反映被汉字掩盖了的词义问题。通假字所表

---

① 蒋礼鸿:《敦煌变文字义通释》附录《敦煌词校议》。

示的字义是通假义,与之相对的是本义。本义与通假义都是词义。由于本义有固定的汉字来表示,而通假义有有本字的,有没有本字的,后者由于通假义没有固定的汉字来表示,常不容易看得清楚。例如凌、陵、淩三个字,在古籍中均可用指"登越"的意思。这个词义在甲骨文中有专字,用以表示一个人沿梯而登,即《说文》的"夌"字,许慎注为"越也",与甲骨文意思是吻合的。后"夌"字只作声符用,而这个字所表示的词义遂依附于上述三个字。"凌"的本义指"冰","陵"的本义指"大岗","淩"的本义指水名。用作"登越",和由此引申出的"在上"等意义,则是它们的通假义,从字形上讲是"三不管"的,而从语音上考察,很清楚,即 líng 这个词有这样的词义。现在把这个字义定在"淩"下,使这个字义定位,便于应用。

古人注意到通假义中有音无字的现象,所以有时能以音求义,不受汉字的牵扯。王国维说:"汉人注经,不独以汉制说古制,亦以今语释古语。……故以今语释古语,虽举其字,犹或拟其音,如周礼天官醢人豚拍注,郑大夫杜子春皆以拍为膊,谓胁也,今河间名豚胁声如锻铸,……以其言胁之音如铸,而知其当为膊,……此言语之事也,由锻铸之为豚胁,而知豚拍为豚膊,此训诂学之事也。不必问其字如何,但使古今两语音义相会足矣,故与其求其字也,宁存其音,此郑君以今语释古语之法也。"[①]

三

为什么会出现同音替代这种现象呢?要回答这个问题需要联系

---

① 王国维:《观堂集林》卷五《书尔雅郭注后》。

汉字的特点,主要是汉字同音字的特点才能讨论清楚。

　　汉字的特点在于它属于表意体系的文字。每一个字,一般均表示一定的语素义(联绵字是两个汉字共表一个语素义,一个汉字表半个语素义)。每一个汉字代表汉语中的一个音节,而它使用的价值是意义。"都"念 dū,现代书面语里基本义是①首都。②大城市。如要表示声音"dū",我们一般不能用这个字,而要加"口"旁,写做"嘟"。可见即使表示声音,在汉字里也要转化成"意符"来表示的。汉字同音字的特点是音同、义异;义不同,形也不同,突出地反映了汉字以形别义的特点。例如 jī 这个音节里,常用的汉字有:击、基、箕、姬、墼、屐、奇、畸、犄、稽、乩、缉、积、羁、激、稘、圾、芨、几、讥、玑、机、肌、唧、畿、鸡、齑、跻、勣、笄、期、赍、刉(据《新华字典》)。这些字把 jī 音节中的单音节语素区别开来,使义有定字,字有定义。人们据义用字。文字是一种传递信息的符号,它要求对发出信息和接受信息的两方,具有方便、准确的效用。从这个标准去看,汉字的表意性有它应该肯定的一面。但它也有不足的一面:一、用许多不同的字来区别语素义,是不经济的。在 jī 这个音节里有这样多的常用字,推而广之,全部常用字字数达四五千至五六千之多,人们据义用字,据形识义,成为一个不小的负担。"髫年识字"到须发皆白,工作学习中提笔忘字是常有的事。在这种情况下,据"同音替代"来用字,就是一种变通的办法。至于文化程度低的人,掌握字量少,自然常常按同音替代的办法来使用汉字。这是主观的原因,更重要的还有客观的原因。语言是以音表义的,同音替代符合这个原则;用同音替代常常可以达到交流思想的目的。食堂菜谱上的"炒拉交",似乎没有人会误解的,如果印在书刊上就可能有歧义,因为环境变了,而且对汉字别义的要求也不同。对同音替代的允许程度要视交际的需要而定。当然写别字还有因为疏忽不经心造成的。总之,根据同音替代来用字,是对据义用字的一个补充和调节。从正字法要求讲,我们要纠正别字,但别字在任何时候都是有的。鲁迅先生说"别字病将与方块字本身并存。"[①]

二、尽管我们创造了大量的汉字,但语言中仍有许多语素没有相当的汉字,即所谓有音无字的情况。例如近年北京年轻人在表示赞叹的时候,喜欢说"盖"。这是有音无字的新词,权且借"盖"来表示。北京延庆地区把"听清楚"叫"听机密",这"机密"二字纯属借音表义。这种情况古今都有,例子是不胜枚举的。对于这样的词,只能借音表义,也就是无本字的同音假借。这是同音替代对汉字据义用字原则的又一补充和调节。

同音替代是汉字使用中必然会有的一种现象,它有有利的一面,也有不利的一面。在秦汉时期,汉字还处于初创时期,文字交际范围还比较狭小,同音替代的办法在当时广泛的使用是不可避免的,对发挥汉字效用,促进汉字的发展,起了积极的作用。当然用字混乱也有消极的一面。在今天,我们要求正确使用汉字,做好汉字的规范化工作,不乱用同音替代。纠正错字别字是语文教学中的一个重要内容。在汉字简化工作中适当采用同音替代归并汉字,不失为一个可行的办法,但使用时要慎重。那种认为同音替代归并汉字愈多愈好的想法,是错误的,因为同音替代本身也是有缺陷的。在古代曾大量使用同音替代,如果这个办法绝对地好,汉字以后的发展变化便成为不可思议的了。

(原载《语文研究》1981年第1辑)

[①] 鲁迅:《且介亭杂文二集》中《从"别字"说开去》。

关于异体字的两个问题

异体字归并是汉字简化的内容之一,也是汉字规范化的一个组成部分。1955 年公布《第一批异体字整理表》(下称《异体字表》),淘汰异体字 1055 个。辞书在处理这些异体字时有两个问题:1.正体字与异体字义项关系问题;2.异体字选收问题。这两个问题又是有联系的。

一

《异体字表》所列异体字,就其字义说,与正体字的关系可分以下四种情况(以 A 代表正体字,B 代表异体字):

1. A＝B　如峰(峯);梅(楳、槑)。
2. A＞B　如岳(嶽);驳(駮);钟(鐘、鍾)。

"岳"、"嶽"在《说文》意义是完全相同的(岳是嶽的古文),后来二字分化,"岳"又有姓氏义,还指岳丈、岳母,是"嶽"所没有的。鐘与鍾二字字义是不同的:前者指敲击的响器;计时的鐘;鐘点。后者指姓氏;集中;酒盅。现二字合并用"钟"代替,"钟"的字义是这两个字字义的总和。总之,上述正字字义均较异体字字义宽。

3. A＜B　如修(脩);间(閒)。

"脩"字的字义比"修"宽,用"修"的地方,在古代均可写做"脩",

但用指"束脩"时只能用"脩"不能用"修"。"间"是"閒"的后起字,二字属古今字,但"閒"又可通"闲",指"闲暇",这是"间"字没有的。

4. A ⪥ B　如闲(閒);阁(閤)。

"闲",在表示闲暇义上,可作"閒"。但"闲"本义指栅栏,这是"閒"没有的。但"閒"又读 jiān、jiàn,这些音义是"闲"没有的。"阁"在指"侧门"、"卧室"时也作"閤",但指楼阁、阁道等词义时,不能写做"閤"。然而阁又通"合",指"全"、"满"、"合家",可作"閤家"。这一类字义是交叉的,在某个范围内,A<B,在另一个范围内 A>B。

以上四种可分为两类,第一类 A=B,异体字与正体字字义相同,我们称做完全异体字。第二类(指后面的三种),异体字与正体字字义不完全相同,我们称做不完全异体字。所谓正体字与异体字义项关系问题,是指第二类说的。

《异体字表》对上述异体字是不作分别的。因为它所规定的属今后用字的问题,只需指出哪些是正体字、哪些是被废弃的异体字就可以了。现代字典、词典在处理这些字时,则需要把第一类和第二类异体字区别开来,要顾及两头:一头是按《异体字表》,将正体字和异体字表示出来,指导人们正确使用汉字;一头要照顾历史上字义的异同情况。这是汉字简化给辞书注释工作带来的课题,以前的辞书不存在这样的问题(有正体与异体的问题,性质与此不同)。

这种两照顾的要求,常容易顾此失彼:该分辨的字义没有分辨或分辨得不准确。例如驳(駁),《辞海》(修订本)注释是:驳【駁、駮】①马毛色不纯。②辨正是非。③用船搬运。这里的③义项是"駮"不具备的。同样属于 A>B 式的岳(嶽),《辞海》是分开处理的:岳㊀[嶽]①高大的山。②古代传说中的四方诸侯之长。㊁①见"岳丈"。②姓。将"嶽"排斥在㊁词义范围之外,这样处理就比较好。1962 年版《新华字典》对上述字是这样处理的：驳（① ②駁）①说出自己的理由来，否定旁人的意见。②大批货物用船分载转运。③颜色不纯。显然"駁"字左上角的②是③之误，后来修订版作了改正。这是虽分而分得不准确。又如台（臺），《新华字典》的注释：台（①～③臺）①高平的建筑物。②旧时敬词。③量词。④桌子。⑤[台风]。《现代汉语词典》在将"台"列作表敬词的条目时，没有列"臺"作为异体（即认为表敬词不作"臺"）。这样处理比较合适，因为作敬词用"台"字，如台安、台鉴、台命、台甫等（用"臺"作敬词属另一种情况，少见）。《辞海》在"台"㊀后列"臺"为异体字，其第四义项是："星名。与官名的三公相应。见'三台'。"我们知道"三台"是不作"三臺"的。"臺"也指星名，那是指渐臺，在"织女东足"，属天琴座。而"三台"星，在北斗的东南，属大熊座。《辞海》既然指的是三台星，那么"臺"就不能看做是"台"的异体字。在[三台]条目下，讲的与渐臺是无关的。这方面的例子还可以举一些，如钟（鐘、鍾）；获（獲、穫）等，翻一下目前通用辞书，就会发现有的异体字义项处理得不正确，这里就不缕举了。下面举"宴（讌、醼）"为例，说明异体字义项处理的复杂性。

《新华字典》：宴（②讌、醼）①拿酒饭招待客人。②聚会在一起吃酒饭。③酒席。④安、乐。（例词、例句从略。下同）

《新华词典》：宴（①～③讌、①②醼）①用酒席招待客人。②酒席。③安，乐。

《现代汉语词典》：宴①请人吃酒饭。②酒席。③安乐；安闲。
燕[2]（讌、①醼）①同'宴'①②。②同'宴'③。

《辞海》：宴㊀[讌、醼]宴会；以酒肉款待客人。

上面列举的字典、词典，对讌、醼两个异体字的字义分析有这些不同处：第一，《辞海》认为这两字义项相同，无须区别。其他三本则认为这两字的字义不完全相同。第二,这三本书对这两字字义分析又不同。《新华字典》认为"醼"的字义宽,可包括"宴"的所有义项,"讌"的字义窄,仅适用"宴"字第二义项。《新华词典》、《现汉》则正相反。第三,对这两字正体字理解不同:《现汉》认为是"燕"的异体字,而其他三本则认为是"宴"的异体字。《辞海》对这两字不作区别,列一个单一的义项来注释,似失之过简;而相比之下,《现汉》对古汉语字义分析,是否过细了呢?至于"醼"字,它比"讌"字的字义要窄,倒过来是不合适的。

对于不完全异体字,与正体字之间既有义的问题,有的还有音的问题。例如"閒"本有三个音:jiān、jiàn、xián。"閒"读 jiān、jiàn 时,并入"间"字,读 xián 时,并入"闲"。閒、间本属异体字,"閒"资格老,"间"是后起字。"閒"与"闲"是通假字。"闲"本义指木栅栏,表示"清閒"时,通"閒"。"间"取代"閒"jiān、jiàn,因此它只有两个读音,与 xián 无关。《新华字典》、《辞海》、《现汉》都是这么处理的。但是《古汉语常用字字典》在这个字的第八个义项列了 xián 音,注为"空闲",引证《后汉书·东平宪王苍传》"忧念惶惶,未有间宁"。用繁体字排的《后汉书》,此段文字作"未有閒寧",用简体字排当作"闲宁",不会有"间宁"的。"间"只有 jiān、jiàn 两个音,不能因为它的异体字"閒"有 xián 这个音,而倒过来给它加一个 xián 音。又如"蘋"简化作"苹"。"蘋"有两个读音:pín,píng。读 pín 指蘋草,读 píng 指蘋果。《辞海》在处理"苹"这个简化字时都注为 píng,遗漏了 pín 这个读音。唐代诗人杜审言《和晋陵陆丞相早春游望》诗"独有宦游人,偏惊物候新。云霞出海曙,梅柳渡江春。淑气催黄鸟,晴光转绿蘋。……"蘋与人、新、春押韵,属真韵;读为 píng,就不相谐了。

二

异体字选收问题,这里主要谈谈怎样对待《第一批异体字整理表》的问题。《辞海》在该书"凡例"中说:"《简化字总表》和《第一批异体字整理表》中选用字作为正条,相应的繁体字和异体字用小黑体加[ ]注于单字之后,并另列附见条。"而《新华字典》、《现汉》等,大多数字按异体字表处理,但有些字则独自处理。如并(並),《新华字典》(1962年版)、《现汉》(试用本)均没有将"並"按"并"的异体处理(现已改过来,同《异体字整理表》),这大概是因为並、并在过去不属异体字,两字古音也不同,"並"属並母迥韵,"并"属帮母劲韵。而《辞海》(未定稿)则将"並"归入"并"。从推行简化汉字来说,辞书应尽可能按《第一批异体字整理表》的规定来处理异体字。但是,对这个表不允许有任何变动也是有困难的。原因有以下几点:(1)这个表有些异体字选收失当。例如有些字是明显的讹体错字。如"諂"字的异体有"謟",这个"謟"就属于错字。"諂"从臽(xiàn),"謟"从舀(yǎo),两个字是不相干的。《辞海》、《现汉》、《新华字典》都没有收这个异体字。又如冒(冐)、券(劵),括弧里的字是错字,《现汉》、《新华字典》都没有收作异体,而《辞海》收了。异体字中有些属讹体,那必须约定俗成确已通行的,否则它不够异体字的资格。像"野"(壄),括弧里的异体字属讹体,这在《广韵》中就已经错了,《康熙字典》已有辨正。[1]《现汉》、《新华词典》收"埜"作异体,这是"野"的正式异体,而《辞海》按《异体字表》仍收"壄"字。收"壄"也是可以的,但宜补"埜"字,因为

---

[1] 野,从予,故壄,中间当为予,而不应是矛。

辞书提供的异体字要体现出知识性。又例如"晰"有两个异体字：晳、皙。我们知道《说文》有"皙"，"人色白也"。段玉裁说"省作'晳'，非"。所以"晳"可以看做"皙"的讹体异体，《辞源》就是这么处理的。晰，《说文》未收，它不可能作"皙"的正体字。《异体字表》这么处理欠当，所以许多辞书不将"皙"列作"晰"的异体。《新华词典》在"凡例"中说"《第一批异体字整理表》中精减去的 1055 个异体字，全部收入。"其实这"皙"、"韶"等字均未收入，可见并不"全部"。（这里我要作自我批评，因为这部词典曾由我通读过。）(2)《异体字表》、《简化字总表》和《印刷通用汉字字形表》三者之间，在少数地方有矛盾，如，"鱠"、"訶"，《异体字表》作"脍"、"呵"的异体，被淘汰，而《总表》有这些字。《异体字表》以"谥"为正体，"謚"为异体（后已改正），而《字形表》正相反，以"謚"为正体。《异体字表》的"混"（溷）、"熏"（薰）、"楞"（愣）、"粘"（黏）等，《字形表》将括弧中的异体字均作为正体字。《总表》以"锻"为正体，《字形表》以"煅"为正体。(3)如何照顾辞书的特点。辞书一个重要的特点就是为读者提供字、词方面的正确知识，因此，在处理异体字时，需要全面考虑一个字的音义，而不能简单归并了事。例如"欬"，《异体字表》列为"咳"的异体，但这个字还有 kài 音，"謦欬"一词是常见的，所以"欬"字是废不掉的。又如"淡"，《异体字表》列"澹"为异体，其实这两个字基本上是两个字，可相通的地方是很少的。所以有的词典不作为异体字处理，以便于读者能更好地掌握这两个字的字义。

辞书收异体字，自然不局限在《异体字表》这个范围内。各类辞书性质、规模不同，所收的异体字自然也不一致。如何选收异体字，这是一个需要另外专门讨论的问题。

（原载《辞书研究》1983 年第 2 期）

《广韵》简介

一 什么是韵和韵书

(一) 汉字的字音结构

汉字代表汉语的一个音节,每个字从语音材料上讲,可以分析为辅音和元音。光从语音材料上来分析是不够的,还需要从它结构上的特点来分析。传统音韵学正是这样来分析的。汉字的字音结构可分为两部分:居于音节开头的是声母,另外的一部分(字音的中心和结尾部分)是韵母。例如"中"zhong,zh 是声母,ong 是韵母。如果仅仅从语音材料来分析,就只好说 zh、ng 是辅音,o 是元音,这样便没有说明字音的结构上的特点,实用价值小多了。[①]

汉语是一种有声调的语言,中古汉语有平声、上声、去声、入声四个声调。现代各方言声调多不相同。普通话分为阴平、阳平、上声、去声四个声调。zhong 这个音节,分 zhōng(终)、zhǒng(肿)、zhòng

---

① 人们起初不知道音节可以分析成为辅音和元音。这一认识需要超直觉的分析思维,这是善于思维分析的希腊人之贡献,是语言知识中极重要的突破。

（众）①三个声调，人们将声母、韵母和声调称为汉字字音的三要素。

（二）声母、韵母和韵

上面已经介绍了声母和韵母在音节中的位置，这里进而介绍它们的语音成分。

声母是由辅音来充当的，如：

| 美 | 丽 | 的 | 祖 | 国 | 河 | 山 |
| měi | lì | de | zǔ | guó | hé | shān |

音节的开头部分 m、l、d、z、g、h、sh 都是辅音。

但是，音节也有以元音开头的，如：

| 欧 | 澳 | 爱 | 鹌 |
| ōu | ào | ài | ān |

出现这种情况，意味声母的位置有了空缺，我们说这样的音节其声母是零，称它为零声母。

韵母主要由元音充当，如上面举例中的 ei、i、e、u、uo、ao、ai，都是元音。辅音也可以出现在韵母里，但是：1.数量少；2.位置都在韵尾部分。北京话里有两个鼻辅音韵尾：n、ng。

韵母就其组成成分说可分三种类型：

1.单韵母，是由一个元音构成的韵母，如：(l)i、(d)e、(z)u。

2.复韵母，是由两个或三个元音构成的韵母，如(m)ei、(g)uo、(j)iao。

3.鼻音韵母，是由元音加鼻辅音构成的韵母，如（sh)an、(zh)ang。

韵母中的音素，按其位置，可分为韵头、韵腹、韵尾，如：

---

① zhong 音节的阳平，没有字。

《广韵》简介

字	声母	韵母		
		韵头	韵	
			韵腹	韵尾
坚	j	i	a	n
家	j	i	a	
山	sh		a	n
光	g	u	a	ng
桑	s		a	ng
瓜	g	u	a	
高	g		a	o
交	j	i	a	o
他	t		a	
衣			i	
亲	q		i	n
该	g		a	i

韵头又称介音,发音轻而短,是声母和韵母的中介。韵尾在韵母的尾部,可以是元音,如上表所列的 o(实际的音是 u)、i;也可以是辅音。中古汉语有六个辅音韵尾:-m、-n、-ng、-p、-t、-k,普通话里只有 -n、-ng。韵腹居于韵母的中间,是韵母的主体,发音清晰,响度大,是主要元音部分。一个韵母可以没有韵头或韵尾,但不能没有韵腹。

韵和韵母不同。韵不计算介音,所以坚/船、光/桑、茅/交、家/华,是同韵的。韵把韵尾计算在内,韵尾不同,韵便不同,所以山/桑不同韵。

作诗讲究押韵,押韵字,韵相同:

黄 河 远 上 白 云 间 jiān

一 片 孤 城 万 仞 山 shān

羌 笛 何 须 怨 杨 柳

春 风 不 度 玉 门 关 guān

这首诗间、山、关三字押韵。

(三) 韵书

韵书就是按字韵编的书。上面介绍了什么是韵,目的在于使大家知道什么是韵书。"韵"这个概念不是孤立的,它与韵母有密切的关系,而韵母与声母是构成音节的两个部分。我们懂得上面介绍的内容,也就懂得什么是韵书了。然而我们还需要注意以下两点:第一,韵书的时代性。语言是发展变化的,不同时代的韵书,在音韵系统上有很大的差异。例如明代《洪武正韵》是 76 韵,近年上海古籍出版社出版的《诗韵新编》分 18 韵,每韵再分平仄两类,平声类里阴平字与阳平字分列,仄声类里上声字、去声字以及旧读入声的字分列。北京话里已无入声,把旧读入声的字在仄声里单列,是为了照顾有入声的方言和照顾旧体诗。总之,汉语的韵由中古发展下来,渐趋简单,像辅音韵尾由六个减为两个。第二,韵书编纂的体制不同。例如元周德清编的《中原音韵》是分韵编的字表,没有注音,没有对字义的解释,而《切韵》、《广韵》都有反切注音,每个字下都有释义,实际上是按韵编的字典。

二 《广韵》的前身——《切韵》

《切韵》和《广韵》这两部古代韵书,实际上是一部书,《切韵》是《广韵》的前身,《广韵》是《切韵》的增订本。《切韵》的产生,在我国韵书的发展史上有重大的意义。

(一)《切韵》产生的时代

《切韵》于隋代仁寿元年(公元601年)问世,距今已有1400多年了。

《切韵》的产生不是偶然的。

据史籍记载,最早的韵书是三国时代魏人李登的《声类》,稍后有晋代吕静的《韵集》。进入南北朝时期,韵书大增。《隋书·经籍志》著录这一时期的韵书有数十种之多,如周研《声韵》、张谅《四声韵林》、段弘《韵集》、阳休之《韵略》、李季节《音谱》、刘善经《四声指归》、沈约《四声》、夏侯咏《四声韵略》等,除此之外,如周颙《四声切韵》、杜台卿《韵略》、王斌《四声论》等,是《隋书·经籍志》没有著录的,这样的韵书也有数十种之多。韵书的大量产生,必然使韵书编纂经验不断丰富起来。然而问题的另一面是:南朝与北朝的分裂局面,也反映到韵书上来了。南朝有南朝的韵书,北朝有北朝的韵书,取音标准等多不一致。隋朝的建立,结束南北分割的局面,与这种大一统的政治局面相适应,需要有一本新的韵书:在编纂上能够吸收以往韵书的成果,在取音上要照顾到南北。它就是《切韵》。

(二)《切韵》的作者

《切韵》的作者是陆法言。参加过大纲讨论的有刘臻、颜之推、魏渊、卢思道、李若、萧该、辛德源、薛道衡,他们都是地位很高的学者、文人。《切韵·序》对此书的写作缘起和最后编成,曾有简要的介绍,大意是:隋朝开皇初年某天,上述刘臻等八人同到陆法言家,夜深,酒喝得将要尽兴的时候,大家讨论到反切问题,纵论各地方言的不同以及各种韵书审音分韵的差异。碰到有争论的问题,大多由萧该、颜之推作出决定。陆法言当时只有二十多岁,担任记录,即席整理出一份大纲。二十年以后,陆法言便据此份大纲编成《切韵》这样一部划时代的专著。

(三)《切韵》的性质

作为韵书,它的性质取决于所采用的音系。对《切韵》的性质,有两种不同的意见。一种意见,认为《切韵》代表一时一地的语音。至于代表哪个地方的语音,唐末李涪(fú)认为代表南方话"吴音",近代学者陈寅恪等认为代表隋唐时代的洛阳音,近人周法高和瑞典汉学家高本汉认为是隋唐时代的长安音。另一种意见认为《切韵》是一种综合音,包括了古今音和南北方音。持这种意见的有章太炎、王国维等。王力先生说:"《切韵》的语音系统是以一个方言的语音系统为基础(可能是洛阳话),同时照顾古音系统的混合物。陆法言等人并没有进行实地的方言调查,他们谈及方言时,只凭笼统的印象;但是,他们照顾了古音系统,自然也就照顾了方音,因为方音正是从古音发展来的。"(《中国语言学史》第 67 页)周祖谟先生说:"它的音系不是单纯以某一地区用的方言为准……这个系统既然是由南北儒学文艺之士共同讨论而得,必定与南北的语言都能相应。"(《切韵的性质和它的音系基础》,收入《问学集》上卷)

(四)《切韵》的流传

《切韵》是参酌南北韵书而编定的。它既照顾书面语语音上的继承性,又注意河北(即北方)与江东(即江南)的不同,不以某一个地方方音为准,以便于南北不同地区的人应用。因此,问世以后,很快流传开来。这样，以往编的各种韵书便销声匿迹了，连一本也没有保存下来。《切韵》在流传过程中不断被修订补充，书名也被改换。从唐代，历经五代至宋，《切韵》经过多次增订。开始仍称《切韵》，后来称《广切韵》，即增广补充的意思。也有称《刊谬补缺切韵》的。天宝年间孙愐等增修的《切韵》称做《唐韵》，是仿《周礼》命名的。宋代在雍熙年间和大中祥符年间两次增修《切韵》、《唐韵》，大中祥符元年问世的称《大宋重修广韵》。当时依靠发达的印刷业，《广韵》得以广泛流传。此后人们仅仅从《广韵》书前保留的一篇《切韵·序》，才知道有《切韵》这本书，而实际见到的是《广韵》。人们把《广韵》当《切韵》对待，例如清代陈澧的《切韵考》，实际考的是《广韵》。

20世纪才见到《切韵》。在甘肃的敦煌和新疆和田、吐鲁番等地先后发现了唐代手写本《切韵》和五代刻本《切韵》，都是不完整的残卷，据统计前后发现的《切韵》残卷有三十多种。有没有一本完整的《切韵》呢？有的，那是1947年故宫博物院在清理图书中发现的，是唐写本王仁昫《刊谬补缺切韵》，书上还有明初宋濂的跋，是真品。

下面我们对《切韵》的修订本情况作一简要介绍。

（五）《切韵》三种修订本

审音分韵是韵书主要的内容。对《切韵》的修订，主要是增加字数、增补注释，也就是说偏重在形体和字义方面。尽管增补的量不算小，但是，《切韵》的语音系统并没有实质性的改变。因此，前人将《广韵》作《切韵》对待，是可以允许的。

《切韵》的修订本主要有以下三种[1]：

---

[1] 参见周祖谟先生《唐五代韵书集成·总述》。

一、长孙讷言[①]笺注本《切韵》。发现的残卷仅179行,其中有陆法言的《切韵·序》和长孙讷言本人另作的序(写于唐高宗仪凤二年,即公元677年)。字数小有增加,对《切韵》原书的字形和释义,添加了一些注解(以《说文解字》为根据),因此人们称其为笺注本《切韵》。

二、王仁昫《刊谬补缺切韵》。此书作于唐中宗神龙二年(公元706年)。作者定这样一个书名,意在说明本书的宗旨是:1.刊谬,即订正《切韵》的错误;2.补缺,即补充《切韵》的遗漏和不足。当时的书是通过手写而流行的,在传写过程中又会有种种改动。现在发现的有三种王仁昫的《刊谬补缺切韵》,为便于称说,将它们分别称做王一、王二、王三。上面提到的有宋濂跋的《刊谬补缺切韵》,就属于王三。

三、孙愐《唐韵》。作于唐玄宗开元二十年(公元732年)之后,时间晚于以上两种。这部书在唐代影响很大,宋代著名学者王应麟的《困学纪闻》,竟认为它是与《切韵》不同的另外一部书。此书已亡佚,现发现它的两种残卷。宋代徐铉等在校定《说文解字》时,在每字的字下补充了反切注音,其反切便采自孙愐的《唐韵》。黄侃《广韵校录》卷四为"广韵唐韵切语异同",卷首说:"徐铉校定说文,以孙愐唐韵音切为定。今取说文所载唐韵与广韵切语有异同者,录之於次。"(中华书局,2006年5月一版)

《切韵》的残卷和完备的唐写本一种,发现偏晚,主要是供研究者用的,因此它的体例、内容我们就从略不介绍了。而且这方面的内容在介绍《广韵》时会谈到。

[①] 长孙讷言,人名,姓长孙,名讷言。

三 《广韵》的成书时代及其基本内容

(一)《广韵》成书时代

宋太祖赵匡胤结束五代十国纷争的局面,统一了中国。封建统一的中央王朝,在武功上取得胜利后,必然要"兴文治",于是语言文字专著的整理也提到日程上来了。在宋太宗雍熙三年(公元986年)徐铉等奉皇帝之命,对《说文解字》作了校订,使这部文字学重要著作得以流传。与此同时,命陈鄂等校订《玉篇》和《切韵》,对《切韵》的校订其结果是编成《雍熙广韵》一百卷。到宋真宗时,命陈彭年等对《广韵》再作校订,于大中祥符元年(公元1008年)完成,命名为《大宋重修广韵》,简称《广韵》。"广"是扩充的意思,是对《切韵》的扩充。《切韵》问世以后,修订本可谓多矣,但都是私人修的,而这次是官修的,其影响自然大得多。不久《广韵》一书便取代了《切韵》。

(二)《广韵》的基本内容

了解一部韵书,首先要了解它的分韵情况。《广韵》全书共分206韵,其中平声韵57,上声韵55,去声韵60,入声韵34。对于《广韵》的分韵情况我们需要从两个方面来考察:一、从韵的四声分配来考察,为什么四声的韵数不一致?二、与《切韵》作比较,看它有什么变化。

《广韵》平声57韵,上声也应该是57,现在是55,少了两韵。这是因为与平声冬韵、臻韵相匹配的两个上声韵,韵内所辖字少,合并于别的韵里,因此减少了两个上声韵目。去声韵特别,它的祭韵、泰韵、夬韵、废韵是独有的,没有与之相匹配的平声韵和上声韵,57+4=61,应该有 61 韵,但有一个去声韵,因为所辖字少,合并于别的韵里,因此是 60 韵。入声韵是指带-p、-t、-k 韵尾的字,与平声韵中带-m、-n、-ng 韵尾的字(音韵学上称做阳声韵)相匹配。《广韵》里阳声韵 35 个,入声韵也应该 35 个,但因为与平声的阳声韵"痕"相匹配的入声韵所辖字少,附在了入声韵"没"韵里,故为 34 个。

《切韵》本来是 193 韵,到《唐韵》增至 195 韵①,《广韵》再增至 206 韵。增加的原因是:在《唐韵》里真谆、寒桓、歌戈(包括相匹配的上去入的韵)是合而为一的,到《广韵》里分为二:

《唐韵》	《广韵》	
(真谆)(轸準)(震稕)(质術)	(真)(轸)(震)(质) (谆)(準)(稕)(術)	+4
(寒桓)(旱缓)(翰换)(曷末)	(寒)(旱)(翰)(曷) (桓)(缓)(换)(末)	+4
(歌戈)(哿果)(箇过)	(歌)(哿)(箇) (戈)(果)(过)	+3

这只是将开口呼与合口呼分开②,仅仅是为了检字方便,并未影响到《切韵》的语音系统。因此,《广韵》从音系上讲,就是《切韵》音系。

《广韵》收单字 26194 个,较《切韵》的 12150 个,增加字数一倍

---

① 从上声琰韵里分出广(yǎn)韵;从去声艳韵里分出䶃(yàn)韵。
② 中古汉语只有两呼:开口呼(没有介音 u),合口呼(有介音 u)。呼下再分四等,一二等无介音 i,三四等有介音 i(早期四等也不带介音 i)。二呼四等后来发展为四呼;这就是开口呼的三四等成为齐齿呼,合口呼的三四等成为撮口呼,加上开口呼、合口呼,成为四呼。

多。《广韵》注文 19 万多字,较《切韵》也有很大的增加。《广韵》注意引证文献资料,据统计所引的书达 270 多种。作为一部辞书,它的内容较《切韵》大大丰富了。

(三)《广韵》是如何排列单字的

一部韵书首要的任务是排列单字。《广韵》排列单字,分两步走。第一步,先将汉字按韵编在一起。例如将与"东"字韵相同的字如红、公、弓、戎、中、融、宫、终、隆等排在一起,编为一个"班"。"东"字打头,是"班长",音韵学上称为"韵目",这一韵称为东韵。东韵完了,依次排其他的平声韵:冬、钟、江……。平声韵完了是上声韵,还是老办法,将与"董"字韵相同的字,如孔、桶、宠、泵等排在一起,称做董韵。去声韵第一个韵是送韵,送韵里有贡、弄、控、痛等字。入声依例排下去。《广韵》收字 26194 个,按 206 韵归字,说得形象一点,就是将 26194 字编为 206 个以韵为单位的班。

每卷开头有一个韵目表,相当于目录,便于循韵目查字。全书五卷,上平声、下平声、上声、去声、入声各为一卷。平声分为上平声、下平声是因为平声字多,在一卷书里容纳不下。

请看上平声卷第一、入声卷第五的韵目表。

这种按四声分韵排字的做法,便于按韵索字。例如律诗要求用平声押韵,那么在平声韵里挑选字好了。但是,我们要研究韵之间的关系,研究语音系统,就不方便了。东、董、送、屋,从主要元音和韵尾看,应是两个韵 ong/ok,现在四字被分别排在了四卷书里,对从语音上作分析研究十分不便。经过音韵学家研究,已搞清楚了 206 韵之间四声相配的关系。现将 206 韵按四声相配的要求列表如下:

鉅宋廣韻上平聲卷第一

東第一獨用 德紅 冬第二鍾同 都宗 鍾第三職容
江第四獨用 古雙 支第五脂之同用 章移 脂第六旨夷 之第七而止 微第八獨用 無非
魚第九獨用 語居 虞第十模同 俱遇 模第十一胡莫
齊第十二獨用 徂奚 佳第十三皆同 古諧 皆第十四古諧
灰第十五咍同 呼恢 咍第十六來哈 真第十七諄臻同用 職鄰
諄第十八同臻純之諄 臻第十九側詵 文第二十獨用 武分
欣第二十一獨用 於斤 元第二十二魂痕同用 愚袁 魂第二十三戶昆
痕第二十四戶恩 寒第二十五桓同用 胡安 桓第二十六胡官
刪第二十七山同用 所姦 山第二十八間所

東
春方也說文曰動也從日在木中亦東風菜廣州記云陸地生莖赤和凶作羹味如酪香似蘭芙都賦云蕐則東風扶留又姓舜友有東不訾又漢複姓十

鉅宋廣韻入聲卷第五

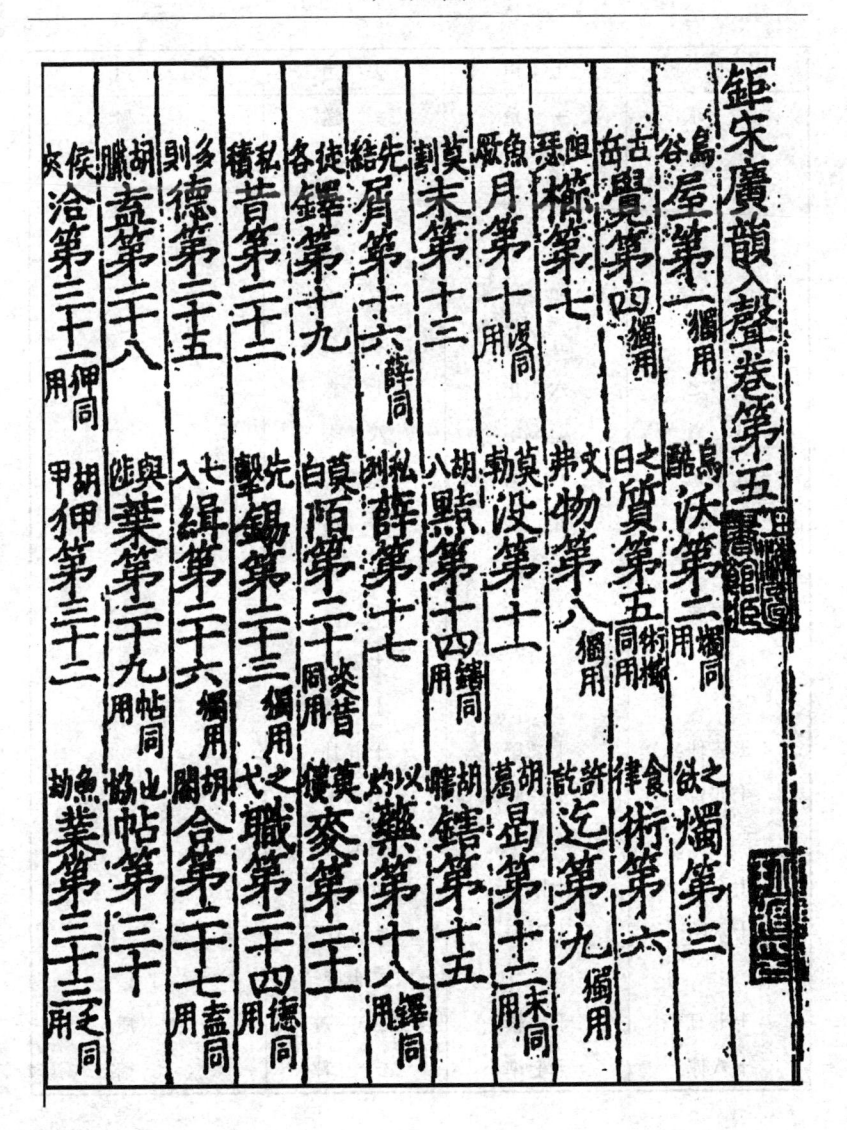

屋第一獨用	沃第二燭同	燭第三
烏谷	鶿酷	之欲
古覺第四獨用	質第五術櫛同	術第六
岳	之日	食聿
櫛第七獨用	物第八獨用	迄第九
阻瑟	弗文	許訖未同
月第十沒同	沒第十一	曷第十二末同
魚厥	莫勃	胡葛
末第十三	黠第十四鎋同	鎋第十五
莫割	胡八	胡瞎
屑第十六薛同	薛第十七	藥第十八鐸同
先結	私列	以灼
鐸第十九	陌第二十麥昔同	麥第二十一
徒各	白陌	莫獲
昔第二十二	錫第二十三獨用	職第二十四德同
私積	先擊	之翼
德第二十五	緝第二十六獨用	合第二十七盍同
多則	入七	胡閤
盍第二十八	葉第二十九帖同	帖第三十
胡臘	與涉	他協
洽第三十一狎同	狎第三十二	業第三十三乏同
侯夾	胡甲	魚怯

上平声	上声	去声	入声
一　东	一　董	一　送	一　屋
二　冬	（湩）①	二　宋	二　沃
三　锺	二　肿	三　用	三　烛
四　江	三　讲	四　绛	四　觉
五　支	四　纸	五　寘	
六　脂	五　旨	六　至	
七　之	六　止	七　志	
八　微	七　尾	八　未	
九　鱼	八　语	九　御	
十　虞	九　麌	十　遇	
十一模	十　姥	十一暮	
十二齐	十一荠	十二霁	
		十三祭	
		十四泰	
十三佳	十二蟹	十五卦	
十四皆	十三骇	十六怪	
		十七夬	
十五灰	十四贿	十八队	
十六咍	十五海	十九代	
		二十废	
十七真	十六轸	二十一震	五　质
十八谆	十七準	二十二稕	六　術

---

①　与"冬"、"宋"、"沃"相配的上声《广韵》无韵目，只有"湩"、"鸠"二音，附入上声"二肿"，但注明"此是冬字上声"。

《广韵》简介

上平声	上　声	去　声	入　声
十九臻	（𧤛）①	（龀）②	七　栉
二十文	十八吻	二十三问	八　物
二十一欣	十九隐	二十四焮	九　迄
二十二元	二十阮	二十五愿	十　月
二十三魂	二十一混	二十六慁	十一没
二十四痕	二十二很	二十七恨	（麧）③
二十五寒	二十三旱	二十八翰	十二曷
二十六桓	二十四缓	二十九换	十三末
二十七删	二十五潸	三十谏	十四鎋
二十八山	二十六产	三十一裥	十五黠
下　平　声	上　声	去　声	入　声
一　先	二十七铣	三十二霰	十六屑
二　仙	二十八狝	三十三线	十七薛
三　萧	二十九篠	三十四啸	
四　宵	三十小	三十五笑	
五　肴	三十一巧	三十六效	
六　豪	三十二晧	三十七号	
七　歌	三十三哿	三十八箇	
八　戈	三十四果	三十九过	
九　麻	三十五马	四十祃	
十　阳	三十六养	四十一漾	十八药
十一唐	三十七荡	四十二宕	十九铎
十二庚	三十八梗	四十三映	二十陌

---

① ② "臻"韵的上声和去声各列韵字，是从戴震的说法。《广韵》上声"十九隐"有"𧤛，仄谨切"、"龀，初谨切"，戴氏在《声韵考》中考证这两个字是臻韵的上声。又隐韵"龀"字下注："又初靳切"，"靳"是焮韵字，因而戴氏据《广韵》的"又音"确定"龀"字同时也是臻韵的去声。

③ 据早期韵图，与"痕"韵相承的入声字，有"麧、紇、扢、齕、䀲"。《广韵》附入"十一没"韵。

下平声	上声	去声	入声
十三耕	三十九耿	四十四诤	二十一麦
十四清	四十静	四十五劲	二十二昔
十五青	四十一迥	四十六径	二十三锡
十六蒸	四十二拯	四十七证	二十四职
十七登	四十三等	四十八嶝	二十五德
十八尤	四十四有	四十九宥	
十九侯	四十五厚	五十候	
二十幽	四十六黝	五十一幼	
二十一侵	四十七寝	五十二沁	二十六缉
二十二覃	四十八感	五十三勘	二十七合
二十三谈	四十九敢	五十四阚	二十八盍
二十四盐	五十琰	五十五艳	二十九叶
二十五添	五十一忝	五十六㮇	三十帖
二十六咸	五十二豏	五十七陷	三十一洽
二十七衔	五十三槛	五十八鉴	三十二狎
二十八严	五十四俨	五十九酽	三十三业
二十九凡	五十五范	六十梵	三十四乏

本表采自陈复华《汉语音韵学基础》(中国人民大学出版社),小有改动。

将字分入不同的韵里,这是第一步,下面是第二步:在一个韵里,把反切相同的字排在一起,叫一个小韵。反切相同,就是字音相同。东韵有 34 个小韵①:

○东德红切,十七○同徒红切,四十五○中陟弓切,四○虫直弓切,七○终职戎切,十五○仲敕中切,三○崇锄弓切,四○嵩息弓切,九○戎如融切,九○弓居戎切,六○融以戎切,四○雄羽弓切,二○瞢莫中切,六○穹去宫切,七○穷渠弓切,三○冯房戎切,七○风方戎切,七○丰敷空切,八○充昌终切,七○隆力中切,六○

---

① "东"字等后的释义,以及小韵所带领字,均省略。

空苦红切,十四〇公古红切,十三〇蒙莫红切,二十六〇笼卢红切,二十七〇洪户公切,二十二〇丛徂红切,五〇翁乌红切,八〇怱仓红切,十五〇通他红切,九〇䕡子红切,二十一〇蓬薄红切,十〇烘呼东切,六〇嵏五东切,一〇檧苏公切,三

我们知道,在同一韵里,所有的字其韵相同,它们彼此不同之处在什么地方？首先在声母方面。例如东、同,它们的不同在于"东"的声类属"端"母,"同"的声类属"定"母(端的浊声母)。可见同一韵中,是根据声母的不同来排字的。如果声母相同呢？例如公、弓,它们的声母都是"见"母,剩下的只能是介音不同了。韵图正是把"弓"列在三等里,也就是说,"弓"的韵母里有介音"i"。这样,字的排列就得再加一条标准:介音。

众多的小韵以反切作为标志,不容易直接看出来其间的不同,只有通过分析才能晓得小韵之间的分别:或是声母不同,或是介音不同。

至此,我们了解到《广韵》对字的排列,是建立在对字音全面分析的基础上,其办法是:四声—韵—声母、介音,落脚点是同音字。现代音序排列是:声母—韵母,构成音节,音节再分四声,最后落脚点也是同音字。后者与汉字字音结构(声母+韵母)相顺应,因此检字方便。

(四)《广韵》是如何注释单字的

下面我们举上平声江韵四个小韵的字为例,作一些说明。

四江独用,江海。《书》有九江。《寻阳记》云乌江、蚌江、乌白江、嘉靡江、畎江、沔江、廪江、提江、菌江。亦姓,出陈留,本颛顼玄孙,伯益之后,爵封于江陵,为楚所灭,后以国为氏。古双切。十一。扛举鼎。《说文》云:扛,"横关对举也"。秦武王与孟说扛龙文之鼎,脱膑而死。杠旌旗饰。一曰床前横。茳茳蘺,香草。釭灯。又音工。矼石矼,石桥也。《尔雅》曰:"石杠谓之徛。"字俗从石。豇豇豆,蔓生白色。肛脝肛,胀大。又许

江切。玒玉名。又音工。舡举角。矼矼谷,在南郡。○尨厚也,犬也。莫江切。十四。骹黑马白面。狵犬多毛,亦作尨。龙上同。泷水名。哤语杂乱曰哤。牻牛白黑杂。娙女神名。厖阴私事也。崏五崏,山名,在蜀。蛖蛖蝼,蝼蛄类。曚目不明。痝病困。佅不媚。○囱《说文》曰:"在墙曰牖,在屋曰囱。"楚江切。九。窻《说文》作窗。通孔也。《释名》曰:"窻,聪也。于内见外之聪明也。"牕上同。窓俗。漎种也。堫上同。摐打钟鼓也。钅从短矛也。鏦上同。○邦国也。又姓,出何氏《姓苑》。博江切。四。峀古文。梆木名。垹土精,如手,在地中,食之无病。

(所引为"江"韵前四个小韵,全引了,没有省略)

《广韵》注释体例大体上可概括为以下几点:

1. 每韵开头的地方标数字,表示此韵的次第。江韵是上平声第四,故标"四"。

2. 每个小韵在开头的地方标○,起到间隔小韵的作用。

3. 每字先释义后注音。每小韵的打头字,在释义后注反切,反切后注数目字,表示此小韵的总字数。反切是管以下各字的,因此,小韵中其他的字不再注反切,但如果有另外的音读,则加"又音×"或"又××切"。

4. 字如有异体,将异体字单立字头于后,不再释义,而标注"上同",或标"俗"、"古文"等,表示是俗体或古体等。如"窻"有两个异体字:牕上同,窓俗。

5. 联绵字连字为解(即以词为对象来注释),如舡,舯舡,胀大;蛖,蛖蝼,蝼蛄类;茳,茳蓠,香草。

6. 释义一般较简单,唯姓氏和地名字较详。

四　反切的用途

（一）反切是了解《广韵》的钥匙

我们阅读《广韵》，凡是古代汉语有一定根基的，对字义注释的内容，可以看懂。然而，对《广韵》的注音——反切，要真正了解就不那么容易了。例如"东"字下注"德红切"，如果不懂反切，就不明白它的涵义。而对一本韵书来说，注音是其重要的内容。《广韵》的历史价值，在于它反映中古时期汉语语音系统，而要了解这个系统，依靠全面分析《广韵》的3800多个反切。有人说，反切是《广韵》的精髓；我们从另一个方面说，反切是了解《广韵》的钥匙。

了解可以分两个层次：一、一般的了解，即知道反切的原理、特点；二、深入全面的了解，懂得反切的规律，了解中古语音系统，进而利用反切来考校字音。对一般读者，只需要达到第一种要求就够了。

（二）在什么情况下需要利用《广韵》

《广韵》的成果，许多已被吸收在现代各种辞书里，例如《辞源》每字下都引了《广韵》的反切，我们想了解这方面的内容，查《辞源》就可以了。因此，在一般情况下我们没有必要直接去利用《广韵》。但当我们遇到某些专门性问题的时候，可以考虑向《广韵》请教。例如《广韵》收字较多，我们常可利用它来考察字的发展变化。"虱"这个字，《说文解字》作蝨，蚰是形符，卂（xùn）是声符，如何变成了"虱"字，《广韵》给了我们帮助。蝨，在《广韵》里俗作蛋，省掉一个"虫"，再一变就成了"虱"。《广韵》中还收了一些简体字、俗字，对我们了解字的简化发展有一定意义,例如豬作"猪";關收俗体"関"(后进而简作"关");憐收俗体"怜"等等。《广韵》在字义注释上也有自己的一些特色,例如,字的姓氏义,在《广韵》中收罗比较多。清钱大昕《十驾斋养新录》说:"古姓氏书今多失传,唯《广韵》所采多唐以前书……征引最为该洽。"有一位友人问我丘逢甲的丘姓来源。我查《广韵》有详细记载,而"邱"姓是后起的。《切韵》在这方面有更多的内容,例如古代有将姓与五音相配的习惯,在《切韵》残卷里有记录与五音相搭配的资料。

(三)《广韵》主要的用途在字音方面

清代陈澧利用《广韵》的反切来探讨《广韵》所反映的汉语中古音系。他采用的方法叫做系联法:

一、基本条例:凡是反切上下字有同用、互用、递用的,那么它的声类或韵类必然相同。他说:"切语上字与所切字为双声,则切语上字同用者、互用者、递用者,声必同类。"[①]他所举的例字用表表示如下:

类 别	同 用	互 用	递 用
例 字	冬当 { 都宗切 / 都郎切	当 都郎切 / 都 当孤切	冬 ← 都郎切 / 都 ← 当孤切
推 断	冬当二字同用都字做反切上字,冬当都三字同声	当用都做反切上字,都用当做反切上字,当都二字同声	冬用都做反切上字,都用当做反切上字,冬都当三字同声

二、分析条例:凡是两个不同的切语,如果切语下字同类,那么

[①] 陈澧《切韵考》。

就可以断定它们上字必不同声类。例如"红,户公切""烘,呼东切",《广韵》告诉我们"公"、"东"二字韵同类,那么户、呼二字必然不同声类(按:如果同声类就一定合为一个反切,不必列两个反切了)。

三、补充条例:难以直接系联类推的切语,从又音、互见等的反切,去恢复它们间的联系。例如东韵下的冻,"德红切",又"都贡切",而在送韵下又遇见了"冻"字,作"多贡切",可见都贡切、多贡切是一样的,那么可进而确定多、都同声类。

韵类系联的道理是一样的。通过这种方法,就把《广韵》的475个反切上字归纳为40个声类。唐代守温和尚有30个字母,宋代发展为36个字母,是指汉字声母的。两下一比较,中古的声母系统就基本上找到了。有的声类,它们出现的地方是有条件的,如"古"类出现在没有介音 i 的前面,而"居"类,一定出现在有介音 i 的前面,从音位学的观点看,古、居二类是一个声母的不同变体,这样就可以从声类出发求出声母了。将206韵中所辖的1190来个反切下字,用同样系联归纳的办法得出311个韵类。对此311类,后来音韵学家有补充。韵类计算声调,韵母不计算声调。唐作藩先生说:"根据归纳韵母的原则,凡介音、主要元音和韵尾相同的韵类,依平上去相承为一类,入声单算一类,这样可以把《广韵》的舒声归纳为91个韵母,加上入声51个,共计142个韵母。"[1]

掌握了《广韵》的声母和韵母系统,进而可以下推从中古音到北京话的演变,可上推探求上古音声母和韵母。这属于专门知识,这里无法详谈了。但我们仍然想举些例子,增加一点大家看书的兴趣。例如"茄"、"伽",它们在《广韵》属群母字,是浊音平声字,出现在介音

---

[1] 唐作藩《音韵学教程》第130页。

i 前,应该变为 q,所以茄子、伽蓝、伽南香,都读 qié。但外来词不受语音演变的影响,意大利天文学家伽利略,一种香烟"雪茄",伽、茄都读成 jiā。又如"械",现在多误读为 jiè,这是受偏旁"戒"的字音影响所致,"械"在《广韵》属匣母字,按语音演变规律当读 xiè。有些字音口语里出现歧读时,需要参照《广韵》,才能找出其原因所在。

《广韵》还可以帮助我们了解多音字的区别,如转有 zhuǎn/zhuàn 二音,读 zhuǎn《广韵》陟兖切,在上声狝韵,注为"动也,运也"。即移动。《诗经·邶风·柏舟》:"我心匪石,不可转也。"转就是移动,而不是滚动。司马迁说:"转斗千里",指不停移动地战斗。读 zhuàn,知恋切,在去声线韵,注为"流转也",流转指圆周运动,《论衡·说日》:"天持日月转。"还可以帮助我们了解方言和古音。如《颜氏家训·音辞篇》:"河北(指河南境内黄河以北地区)切'攻'为古琮切,与工、公、功三字不同,殊为僻也。"这说明《颜氏家训》的作者,在他的口语里攻与工、公、功已同为一音,没有区别,但当时"河北"地区有分别,因此认为河北的音很怪僻。参照反切,攻,古冬切,在冬韵,而工、公、功三字皆在东韵。《广韵》将冬、东分开,正是照顾了河北等地的方言。这也是符合古音的。在先秦时代,冬韵与东韵不同,像《诗经·周颂·烈文》东部的字邦、崇、功与皇(阳韵)字押韵,而冬部字没有这种情况。王力先生认为在《诗经》时代冬部应归入侵部。

汉语方言复杂,但都是由古汉语发展来的,因此调查方言,就需要利用古音系统来编调查字表,中国社会科学院语言所编的《方言调查字表》,就是用的《广韵》音系。实践证明这个字表是行之有效的,它可以帮助说明语音的发展变化,也可用来比较方言间语音的异同。例如腻、暱、匿、逆、溺,在北京话里都念 nì,在广州话里有区别,而在《广韵》里它们分属于至韵、质韵、职韵、陌韵、锡韵,利用《广韵》既能说明广州话五个字字音区别有历史的根据,也可根据北京话的变化,说明汉语韵母的韵尾向简化方向发展。①

五 其他

(一)《广韵》的版本

由于《广韵》成书后得到广泛流传,在流传中不断翻刻,因此,它的版本多而复杂。概括说来,可分为繁本和简本两种:

1. 张氏泽存堂重刊本《广韵》(繁本)
2. 古逸丛书覆宋本《重修广韵》(繁本)
3. 涵芬楼覆印宋刊巾箱本(繁本)
4. 曹刻栋亭五种本(繁本)
5. 古逸丛书覆元泰定本(简本)
6. 小学汇函内府本(简本)

简本是元朝人根据宋代繁体删节而成,所删节的只是字义的注释,韵书的性质、内容并未受到影响。明代流传的多为简本,到清代繁本被不断翻刻,流传日广。《广韵》流传中文字注释、引书等错误不少,周祖谟先生的《广韵校本》,作了全面精审的校改,是供研究者用的最好的本子了。

(二)《广韵》的整理

《广韵声系》,沈兼士主编,1945 年出版,1962 年文字改革出版社

---

① 腻、暱、匿、逆、溺五字按《广韵》音系,拟音当为腻 [ni]、暱 [niĕt]、匿 [nĭək]、逆 [ŋĭɐk]、溺 [niek]。

翻印出版,1982年中华书局重印出版。该书的特点是按声符来排列单字。例如功、疘、玒、釭、虹、攻、叿、江、扛、杠、矼、豇、肛、巩、贡、虹,这些字都以"工"做声符,便排在工之后,形成以工为声符的一组字。《说文解字》、《玉篇》等按部首排列,实际上是以形符为纲来排字,而《广韵声系》是以声符为纲来排字。这样做不光是一个排字问题,而是将汉字声符作了全面系统的整理,为我们研究汉字提供了方便:一、可以了解汉字形声字是如何发展的。例如以"工"为声符的字可以组成一串汉字,而其中的一些字又可作为声符去组成形声字,如贡/渍、愤、硕、箦、嚍;空/箜、栓、硿、稵、悾、倥、淙、鹚、控、腔、狇、羥、崆;巩/碧、蛩、恐、鞏、跫、銎、巭等。二、显示汉字字音的网络关系。例如江、豇读 jiāng,而它的声符是"工"gōng;而项读 xiàng,颈字则读 hóng;空读 kōng,腔读 qiāng。属 ang 韵的前面有介音 i。这并不是偶然的。我们可以通过汉字声符的网络系统,去揭示汉字声母、韵母的发展。三、进一步了解字音与字义的关系,例如"腔"以"空"为声符,"腔"《说文解字》:"内空也"(即体内有空的地方),"銎",指斧子有孔的地方,也是有空隙之地,以便装柄。王力先生认为"空"、"腔"、"銎"都有同源关系(见《同源字典》)。许多同源字是共声符的,当然我们不能说,共声符的必然同源。

《广韵声系》基本上保留了《广韵》内容,但编排上的变化,使它具有了特殊的用途。

(原载《古代词书讲话》,上海教育出版社,1990年)

汉字的自动义与使动义

一

我们这里讲的汉字,是单音词,字义就是词义。

我们这里讲的自动义与使动义,不是造句法里动词的使动用法。例如《史记·扁鹊仓公列传》:"故天下尽以扁鹊为能生死人。"这里的"生",表示活着的意思,这是它的词义,它是不及物动词,现在它处在及物动词的位置上,产生了使动义,离开了这种句法关系,"生"便没有使动义了。我们讲的自动义与使动义,是词汇意义,例如《论语·公冶长》:"道不行,乘桴浮于海,从我者其由与?"《庄子·盗跖》:"盗跖从卒九千人,横行天下。"两处的"从"都是及物动词,但意义不同,前者是"跟随"的意思,后者是"使跟随"即带领、率领的意思。

自动义与使动义,有的有语音上的不同。例如"从"的"率领"义,《广韵》收在去声用韵:"从,七用切,随行也。"凡是字音上不同,我们均加注说明。四声别义的问题比较复杂。有的口语里的确存在区别,有的恐怕是经学家为区别字义而造的。我们采取述而不作的态度,不作深究,例如从,率领义读去声,这个意思在甲骨文里就有了,那时有无去声,有无四声的区别,则是尚未解决的问题。

自动义与使动义,在字形上有的有分化与变异,例如视,自动义指看,使动义指使看,即显示,后一义后作示;夺,自动义为脱,使动义为使脱,即夺取。段玉裁认为夺的自动义后写做脱,其使动义本应写做敚。教、学二字,段玉裁指学是自动的,教是使人学,使人觉悟。《汉语大字典》:"古教、学原为一字,以后分化为二。"我们是在一个字的范围内讨论自动义与使动义,因为离开字形,范围很难划分。有时,我们也连带介绍有关字形的分化变异。

二

下面暂举12个字为例,每字下所列 a 为自动义,b 为使动义,每义列一两个书证。

1. 攘　a 退。《礼记·曲礼上》:"君出就车,则仆并辔授绥,左右攘辟。"　b 使退,除去,排斥。《公羊传·僖公四年》:"桓公救中国而攘夷狄。"

段玉裁:"攘,凡退让用此字;引伸之,使人退让亦用此字。"席世昌《席氏读说文记》:"攘,古以为推让字,今以为攘夺义,适相反。"

2. 掩　a 蔽,盖。《左传·文公十七年》:"毁则为贼,掩贼为藏。"b 使蔽,合上,关闭。《后汉书·何进传》:"谚曰'掩目捕雀'……"

3. 降　a 投降。《史记·汲黯列传》:"匈奴畔其主而降汉。"　b 使投降,即降服、降伏。《史记·秦始皇本纪》:"(王翦)降越君,立会稽郡。"柳宗元《铙歌鼓吹曲·铁山碎》:"破定襄,降魁渠。"

4. 食　a 吃。《论语·学而》:"君子食无求饱,居无求安。"白居易诗:"是岁江南旱,衢州人食人。"　b 使吃,供养;喂养。此义读 sì。《商君书·农战》:"先实公仓,收余以食亲。"由供养义引申指供给,供应。《老子注》:"天食人以五气,从鼻入;地食人以五味,从口入"(转引自《说文解字段注》鼻字条)。

按：b义后作饲，《汉书·贡禹传》："非当所以赐食臣下也。"颜师古："食读曰饲（即饲）"。后"饲"专指喂养牲口家畜。

5. 仰　a仰望；敬慕。《诗经·小雅·车舝》："高山仰止，景行行止。"《儒林外史》第九回："这一镇的人，谁不感仰。"　b使仰望，即命下（遵从）。《魏书·高帝纪》："有卖鬻男女者，尽仰还其家。"《续资治通鉴·宋高宗绍兴十年》："仰各路大帅各尽忠力，以图国家大计。"

按：宋贾昌朝《群经音辨》："仰上者，下瞻上也；又去声，上委下也。"然而现代字典此二义均注上声。徐世荣《古汉语反训集释》（该书第7页）："我以为上委下的'仰'，是命令语，意思是让属下仰首听命。"

6. 观　a看，观看。《左传·僖公二十三年》："曹共公闻其骈胁，欲观其裸。"　b使看，即出示，显示。《汉书·宣帝纪》："观以珍宝。"颜师古："观，示也。"杜甫《冬狩行》："君不见，东川节度兵马雄，校猎亦似观成功。"

按：段玉裁："凡以我谛视物曰观，使人得以谛视我亦曰观。"朱骏声："以此视彼曰观，故使彼视此亦曰观。"

7. 视　a看。《荀子·劝学》："目不能两视而明。"　b使看，即出示，显示。《史记·项羽本纪》："项王已死，楚地皆降汉，独鲁不下……为其守礼义，为王死节。乃持项王头视鲁，鲁父兄乃降。"《汉书·周勃传》："又何说饿死？指视我。"颜师古："视读曰示。"

按：段玉裁："凡我所为使人见之亦曰视。"

8. 睹　a见，看见。《荀子·霸王》："其谁能睹是而不乐也。"　b使见，即显示。《荀子·天论》："珠玉不睹乎外，则王公不为宝。"《史记·太史公自序》："欲睹周世相先后之意。作十二诸侯年表第二。"

9. 给　a 丰足。《孟子·梁惠王上》："秋省敛而助不给。"《淮南子·本经训》："衣食有余，家给人足。"　b 使丰足，即供给，供应。《荀子·礼论》："以养人之欲，给人之求。"顾炎武《天下郡国利病书·云南六·巡抚陈用宾陈言开采疏》："然其所入有限，所给无穷。"

按：成语："自给自足"，给，指供应；而"家给人足"，给、足为同义词，二处的给，足以显示其字义的不同。供应，是为满足某种要求而给，给，后来进一步引申指单纯的给：给他一双鞋，给他一顿毒打，此处给读 gěi。

10. 充　a 满，丰足。《左传·襄公三十一年》："寇盗充斥。"《吕氏春秋·重己》："味众珍则胃充。"　b 使满足，即供应。《水经注·河水二》："人取此山石炭，冶此山铁，恒充三十六国用。"《三国志·蜀书·诸葛亮传》："调其赋税，以充军实。"

按：现代"充电"一语，指把电能输入蓄电池，并使其转变为化学能而储存起来。"充气"，即输入气体。

11. 乱　a 杂乱，无条理。《左传·庄公十年》："吾视其辙乱，望其旗靡，故逐之。"　b 使杂乱，即混，相混。《韩非子·喻老》："乱之楮叶之中而不可别。"（言用玉雕的叶子，混在真叶中）《后汉书·刘盆子传》："恐其与莽兵乱，乃皆朱其眉以相识别。"温庭筠《荷叶杯》："绿茎红艳两相乱。"

按：王昌龄《采莲曲》："乱入池中看不见。"《唐诗选》对"乱入"的注解："写莲女们从不同的港口争先恐后地进入池塘时的活泼情态。"蒋礼鸿《咬文嚼字》："'乱'应作'混'解……'乱入'就是混入，混进，混在一起。因为衣裳、人面和荷叶、荷花一色，所以就混而'看不见'。"蒋先生意见完全正确。乱表示"混杂"并无贬义。如一幅描摹得很好的作品，说"可以乱真"，即与真的无二致。"乱"在古代可指乐曲的最后一章,又指辞赋最后总括全篇要旨的一段。《离骚》:"乱曰:'已矣哉!国无人莫我知兮,又何怀乎故都。'"洪兴祖补注:"凡作篇章既成,撮其大要,以为乱辞。"所谓撮其大要,即将全篇意思混一起来。王逸将乱字注为"理也",非。

12. 从　a 跟随。《论语·公冶长》:"道不行,乘桴浮于海,从我者其由与?"　b 使跟随,即率领。《庄子·盗跖》:"盗跖从九千人,横行天下。"《韩非子·难三》:"夫六晋之时,知氏最强,灭范、中行而从韩、魏之兵以伐赵。"

按:杨树达先生两次谈到"从"表示"率领"义的问题。《积微居甲文说》"从犬"条,引卜辞"其从犬廿"(殷契粹编 924 片),杨先生以前将"从"释为"逐",他修正了以前的看法,他说"逐犬"何以有定数?认为这里"从"当作"率领"讲,并引了《史记·春申君列传》"吴之信越也,从而伐齐"、《汉书·何并传》"并从吏兵追林卿"二例,说:"上举诸例,训使随从,训率领,则皆豁然无碍。"另一处是《汉书管窥》引《汉书·尹翁归传》:"遂召上辞问,甚奇其对,除补卒史,便从归府。"清王念孙:"谓除补翁归(人名)卒史,遂使从归府中案事也。今本使作便,则非其指矣。《御览职官部》五十一引此正作使。"杨树达:"王说非也。下张敞传云:'便从阙下亡命',又云'便归卧家',便字义同,非误字也。《汉书》从字有二义,其一为己从他人,又其一则为使他人从己。如《何并传》'并从吏兵追林卿'及此文,皆使人从己之义。"

三

下面谈谈对汉字自动义与使动义初步考察的几点意见:

一、汉字自动义与使动义是一种对称义的共生现象,其中包括了两种情况：a.同词共生，即在同一个词里有自动义与使动义。如掩、降、睹、给、充、乱等。"掩"《现代汉语词典》的注释：(1)遮盖；掩蔽：掩口而笑/掩人耳目。(2)关；合：掩卷/虚掩着房门。此二义项，正属自动义与使动义不同，《红楼梦》第五十七回："三人听说，忙掩了口，不提此事。"此"掩"为闭合，与"掩口而笑"不同。"降"字，《现代汉语词典》注释：(1)投降：宁死不降。(2)降伏，使驯服：降龙伏虎/一物降一物。b.同源共生，即自动义与使动义属两个词，但它们语音相近，有同源关系。了一师在《同源字论》中说："在同源字中，有许多字并不是同义词，但是它们的词义有种种关系，使我们看得出它们是同出一源的，分析起来，大约可以分为十五种关系。"其中的第十五种"使动"，即自动义与使动义的关系。他的《古汉语自动词和使动词的配对》是专门分析自动义、使动义同源共生词的，如买/卖、去/祛、至/致、糶/糴、受/授、食/饲、见/现、视/示、效/教等。

事实上，因为资料所限，a、b两类在划分时有一些有困难，如仰，《群经音辨》认为仰一读上声，一读去声（上委下），但今日均读上声，并无区别；从，使随义，按《广韵》当读去声，然而《汉语大字典》此义仍注为阳平。

二、同词共生与同源共生，在历史发展中出现分化现象。同词共生的分化表现为四个方面：(1)语音的分化，如给，a、b两义古时是同音的，b义由供应义发展出交付的意思，则读 gěi 与 jǐ 字音分化。(2)构词分化，如降，a义用复合词投降表示，b义用降伏、降服表示；在口语中，a义不能单用，b义可以单用。(3)构词分化与字形分化。如象，a相似，b使相似，前者在汉以后作像，后者仍作象。像，是一个词，可以单用；象是一个构词成分，可构成象形、象形字、象声、象声字（词）等。(4)某一义一般不再使用，如"从"的"率领"义，"观"的"显示"义,"睹"的"显示"义等,后代趋于消失。

同源共生一般均伴随有字形的分化,但也有字形无分化的,如饮,自动义,于锦切;使动义,于禁切,现仍写做饮,一读上声,一读去声。折,自动义,断,常列切。使动义,使断,《诗经·郑风·将仲子》"无折我树杞",《释文》,折,之舌反。

三、自动义与使动义,在使用上多有显性与隐性之分。一般以自动义为显性,如乱,杂乱义为常用的,为人们所熟悉;使杂乱、相混的意思,非常用的,不为人们所熟悉。从,使跟随,即率领义为隐性义,所以曾为一代训诂学泰斗的杨树达先生,也是经过研究后才发现此义,并纠正王念孙之误。闻的使动义,指告诉,此义《辞海》、《辞源》均未明确收录。《古汉语常用字字典》有注释:"使上级听见,报告上级。"《韩非子·五蠹》:"令尹诛而楚奸不上闻。"其实这个意思在甲骨卜辞已经用了。孟世凯《殷墟甲骨文简述》:"'癸未卜,争贞;旬亡祸?……闻,八月。'卜辞中的'闻'字用在此,当告诉讲。""闻"的告诉义,进而引申泛指"传至","传达到",不限于声音,而指各种情况传至……,传达到……。《尚书·酒诰》:"弗惟德馨香,祀登闻于天,诞惟民怨。庶群自酒,腥闻在上。"1962年张永言教授写《再谈"闻"的词义问题》(《中国语文》62年五月号)认为这里闻是指嗅觉义的最早例证。后来殷孟伦先生写《"闻"的词义问题》,认为这里的闻是"让上帝知道的意思"(见《子云乡人类稿》),殷先生的意见是对的,论证方法似未得要领。其实,我们只要从"闻"的使动义告诉入手,从告诉引申指知道,传达至,便使问题迎刃而解了。《尚书》里"惟时怙冒闻于上帝""迪见冒闻于上帝"等均属此义。

一般说,自动义属显性,使动义属隐性,但也有例外,如"却"的自动义为"回"。却的使动义,使却,即退,这个意思为一般人熟悉。《马王堆帛书·称》:"内乱不至,外客乃却。"《孟子·万章下》:"却之,却之为不恭。""却"的自动义指"回":李白《对酒忆贺监》:"金龟换酒处,却忆泪沾巾。"杜甫诗:"娇儿不离膝,畏我复却去。"已故郭在贻教授指出这里"却"是"回"的意思,考证至详。他的考证是为批评有人将这里"却"误释为"即"。

四、自动义与使动义,在有些情况下构成了"反义"关系,如从,一为跟随,一为率领;降,一为投降,一为降服、降伏。徐世荣先生《古汉语反训集释》里所收246个动词,其中相当一部分属自动义与使动义的不同,如保、攘、拂、干、率、养、仰、败、见、观、视、庇、驱、致、享、纳、沽、酤、教等。我们在谈到"仰"的使动义时,引述了徐先生的意见。

汉字自动义与使动义问题是一个很值得探讨的问题,对词典编纂学,训诂学,文字学,语义学等都是很有意义的。了一师最先提出这个问题,我自己作了点很粗浅的研究。我的想法,今后要进一步搜集例证,在此基础上,再作进一步的探讨。

(原载《纪念王力先生九十诞辰文集》,1992年)

集思广益,把异体字问题处理好[*]

一

语言文字工作的基本内容是要制定必要的标准,并有效地去推行这些标准,以推动语言文字的规范化,为社会服务,为社会主义建设事业服务。

异体字问题是一个十分复杂的问题。在推进汉字规范化的时候,需要稳妥解决这个问题。今天,在教育部和国家语委的领导下,语信司和语用所联合主办异体字问题学术研讨会,是十分必要的,有重要意义的。我个人在这个问题上研究不深,谈一点意见,供参考。

二

首先,我们要结合新中国成立以来语言文字工作的总的情况来看异体字问题。语言文字工作刨除"文革"十年动乱时期陷于停顿不作计算外,大致经历了三个时期。第一个时期为1949年到1966年。建国后即成立了中国文字改革委员会,1955年召开了两个重要会议:全国文字改革会议和现代汉语规范学术会议。语言文字工作蓬

---

[*] 本文是笔者在异体字问题学术研讨会闭幕式上的讲话。

勃地开展起来。周恩来总理把语言文字工作的任务概括为三个方面：简化汉字，推广普通话，推行汉语拼音方案。这一时期公布了《简化字总表》；确定普通话的定义，并在全国范围推广普通话；发表《普通话异读词审音表（初稿）》；编纂《现代汉语词典》；由全国人民代表大会通过《汉语拼音方案》。语言文字工作的力度是相当大的。在字形整理方面，公布了《第一批异体字整理表》《印刷通用汉字字形表》等。

1976年至2000年为第二时期。1986年召开了全国语言文字工作会议，确定了新时期的语言文字工作方针和任务。同年，经国务院批准废止了《第二次汉字简化方案（草案）》。这是一次重大的政策调整。我们在上面提到语言文字工作的基本内容是制定标准和推行标准。标准的制定不是目的，目的在推行。在废止《二简》的同时，经国务院批准重新公布了《简化字总表》。对于简化字不仅要推行，而且要更好地推行。胡乔木同志一再强调，要引导群众熟悉简化字，使用简化字。如果说第一时期的语言文字工作在制定标准方面工作力度很大，那么，在这一时期，在推行标准方面，力度较以前大大增强了。上面提到语言文字工作的三大任务，这一时期所做的工作成效显著，有力地配合了国家现代化事业。

在这一时期，信息化的重要性日益突出。语言文字是信息的主要载体，语言文字工作的重要性更加显示出来。信息化深入到社会生活的各个方面，语言文字工作的伟大意义也进一步显示出来。为适应信息化和现代化的要求，这一时期制定了《信息交换用汉字编码字符集》等新的标准。

实践是检验真理的标准。事实证明，《简化字总表》等是正确的。但在社会应用中也暴露了个别地方有不足之处。《简化字总表》在重新公布时曾调整了几个字。《汉语拼音方案》在制定中,有各种意见,最后形成的这个方案,正如吕叔湘先生说的是最佳方案。字母形式采用罗马字母,与国际接轨,使我们可以顺利利用计算机的通用键盘。这里,不能不佩服老前辈们的杰出的科学贡献。要说问题比较多一点的,可能就是《第一批异体字整理表》(以下简称《一异》)了。异体字整理表本来还有第二批的,因为问题比较多,就没有正式公布。《一异》是1955年公布的,共810组,含1055个字。公布不久,因社会应用的需要就恢复了挫、阪两个字。后来因为与《简化字总表》不一致,或社会应用需要等,先后又调整了26个字,加上最早的两个字,共28个字。28个字都是恢复其正字的地位;没有一个是增补要淘汰的。

2001年开始为第三时期,其标志是我国第一部语言文字法——《中华人民共和国国家通用语言文字法》经全国人民代表大会通过后正式公布实施。我们以前讲推行简化字、推广普通话、推行汉语拼音方案等,都有一个"推"字,谁来推呢?由政府来推。有了《通用语言文字法》,对政府的要求更高了:把推进语言文字规范化的工作提到了执行的高度。另一方面,全体公民都有权利也有义务去用通用语——普通话,用通用文字——规范汉字,这样,政府行为与全体公民的自觉行为统一起来了。语言文字工作走上了法制轨道。宣传和贯彻《通用语言文字法》,无疑将大大加快我国语言文字规范化的步伐,从而使语言文字在社会主义物质文明和精神文明建设中更好地发挥作用。

为了更好地贯彻《通用语言文字法》,我们的语言文字工作有许多问题需要去解决,还要制定一些标准。正是在这个背景下,我们来讨论异体字问题。

三

讨论异体字问题,首先遇到的一个问题是异体字的定义,也就是说:什么是异体字?在讨论中许多发言涉及这个问题。这也是异体字的概念问题。我们知道概念有两个功能:揭示的功能和交际的功能。揭示功能包括这个概念的内涵和外延,也就是范围。现在我们讲的异体字,实际上包括两类,一类指字的音和义完全相同,不同的只是形。把这样定义的异体字称做狭义的。另一类是音义,主要是字义可以有所不同,这样正体字与异体字在字义上就形成了包孕的、交叉的各种关系。这样定义的异体字就称为广义的。于是,人们在交际的时候,有的是就狭义的说的,专家学者多采取狭义说;另一种是就广义的说的,教材多用此种广义说。其实教材的作者大多就是专家。其原因在于对《一异》的解释。《一异》所讲的异体字,是广义的,所谓包孕、交叉等关系,都是分析《一异》中的正体字与废止的异体字的字义关系说的。教材要联系当前汉字使用的实际情况,要介绍《一异》,自然要用广义的异体字概念了。

《一异》既然是历史的存在,是不能回避的。我的意见是,我们使用异体字这个概念时,要用狭义的,这才是科学的。在解释《一异》时,采用广义的,是一种特殊的变通,作必要的说明。不宜将广义的与狭义的等量齐观,更不能取广义说而舍狭义说。

当然广义的异体字,也并非完全出自《一异》。异体字所谓音义相同,这相同是有一定相对性的,有某种弹性。异体字,在《说文》中称做重文,《说文》里的重文就非常复杂。例如今日的"拿",《说文》里是拏、挐二字,一般工具书都将它们视为"拿"的异体,在"持"这个意义上,二字是相同的,但"挐"另有"牵引"义,即手向自己一方用力,与"推"(向外用力)相反,这个意义今天保留在中医按摩的"推拿"一词中,而一般字典不收这样很冷僻的义了。如果将这个意义算进来,挐、拏便不是狭义的异体字了。

狭义的、广义的异体字有时难于分辨,这不足怪,但绝不能说二者不应该分开,更不能在整理异体字时采用广义的定义作标准。

我们说汉字是表示语言的符号,研究汉字、处理汉字应用中的问题必须结合语言,不能把汉字视为超语言的符号。例如暗、闇,二字在读 àn(常用音)时相同:都有表示光线不明的意思。但二字字义并不完全相同。"闇"还有糊涂、昏庸的意思,画家于非闇,正取此义为名(非闇,不糊涂)。《一异》将"闇"作"暗"的异体字废除了,这样,表示"糊涂"的语素"àn"就等于从书面语言中吊销了。这是不合理的。只有联系语言才能从根本上把问题看明白。

四

如何处理异体字问题。

1.吸取历史教训。异体字不能简单用"废止"的办法来处理。《第二批异体字整理表》为什么被否定了?这个问题很值得思考,很值得从学术上进行总结。当时,有许多专家发表了许多很好的意见,他们怀着对人民负责的精神,以科学的求真的态度讲出不同的意见,值得我们学习。丁声树先生就说有许多异体字压根儿就不用了,可称为死字,何劳你去废止;而有些还用的字,你废了它,就给社会应用带来不便。《一异》发表后,恢复了28个字,就是因为社会需要。

2.现在使用汉字的国家还有日本、韩国、新加坡等,在我国,使用繁体字的地区有香港、澳门、台湾,异体字问题的处理不应再扩大与他们汉字使用上的不同。"阪"字的恢复,就是因为日本有"大阪",如改为"大坂"如何便利交流呢?类似的情况应注意,如反映的映,韩国作"暎";天蝎座的蝎,日本作"蠍",从汉字文化圈说,这些异体字并未"退役"。

3.对《一异》的态度。它是一个部颁的标准,我们只有遵从的义务,没有改动的权利。但在重新处理异体字的时候,我们要注意到繁体字问题。在汉字简化中,有些繁体字被简化了,如歡—欢、學—学。咱们这次制定字表时,对《一异》中某些尚有用的被淘汰字,可以将它们从异体字里转出,放到繁体字里去。在一般情况不用这些字,但在繁体字的系统里,仍是可以用的,这等于给了它一种受限的使用权——总比废止它,吊销其使用权要好。听说课题组同志是这样考虑的。我认为不失为一种较好的处理方法。

总之,我们从汉字应用的大视角来考虑异体字问题,不宜只见树不见林。

很惭愧,学识有限,我的发言中不正确的地方请不吝指正。大家集思广益,努力把异体字问题处理好。谢谢。

○的突破*

汉字是方块字,中文字典没有"○"。《康熙字典》、《中华大字典》以及到近年出版的《汉语大字典》,均以收字多著称,然而都没有"○"。现在《新华字典》、《现代汉语词典》等辞书在 líng 音节里收列一个赫然的"○",《新华字典》的注释是:"数的空位,用于数字中:三○六号;一九七○年;一○八人。"

○进入汉字系统,这是一个突破。

0 本是阿拉伯数码;阿拉伯数码原来是印度数码。成书于唐开元五年(公元 717 年)的《开元占经》讲到"天竺算法":"其字皆一举而成,九数至十,进入前位,每空位处,恒安一点。"我国古称印度为天竺,唐时印度佛教文化大量传入我国,连同印度的数学,也被介绍到我华夏。那真是一个开放的时代。可惜印度数码没有在中国流传下来,《开元占经》所载十分简单,"其字皆一举而成",大概与汉字比,印度数码多为连笔写成的,而"恒安一点",大概就是 0 了。印度数码于中世纪传到阿拉伯,经过演变,再传至欧洲,最后流行于全世界。阿拉伯数码在元代传到了我国,1956 年西安出土元代的五块铁板,其

---

* 本篇最早以《关于○的一点意见》为题发表于《语文研究》1990 年第 4 期,后收入我的《汉字文化漫笔》时改为现在的题目。吉林人民出版社 2000 年《高中现代文课外阅读》(社科类)收了此文。

上刻有六阶幻方,包括0至9十个数码。①

28	4	3	31	35	10
36	18	21	24	11	1
7	23	12	17	22	30
8	13	26	19	16	29
5	20	15	14	25	32
27	33	34	6	2	9

然而阿拉伯数码迟迟未得到应用。明末方以智《通雅》卷二"疑始":"太(泰)西十字皆只一画,作1234567890,不烦两笔,亦取其简便耳。"1892年狄考文(美国人)和邹立文合著的《笔算数学》正式采用阿拉伯数码,后来渐次用的多了,本世纪以来就逐渐得到广泛的应用。

阿拉伯数码的应用,影响到汉字的数目表示方法。

汉字(实际上是汉语)在表示两位以上数目时,采用"系位结构"。例如3657,汉字固有表示法当写成"三千六百五十七"。汉字的一、二、三、四、五、六、七、八、九、十,是系数词;十、百、千、万、亿等是位数词,系数词与位数词结合成系位结构。系位之间是相乘的关系;系位结构之间是相加的关系:

3(1000)+6(100)+5(10)+7

阿拉伯数码中不用位数词,而用数码的位置来表位数。由于"3"处在四位数的第一位(即千位),它表示三千,如果后面个位再补个0;36570,成了五位数,"3"就表示三万。人们在用汉字表示数目时,受其影响,也不用位数词而是用数位来表示,便写成了:

三六五七;三六五七〇;……

---

① 参见梁宗巨《世界数学史简编》,辽宁人民出版社。

阿拉伯数码的123456789与汉字的数目字一二三四五六七八九恰好相对应,唯有0,在汉字中没有相对应的汉字,只好借用"零"来表示。"零"字的笔画多,与其他数目字不相匹配,写起来也不方便;更重要的是"零"本指畸零,即余下的意思,"一百零八""一千零八""一万零八"不管中间省了多少系位结构,只写一个零,而阿拉伯数码,凡位数有空缺时,都得补〇:一〇八、一〇〇八、一〇〇〇八。我们自然可以写成:一零八、一零零八、一零零零八,这样一则不方便,二则与"一千零八"这种传统的表示法矛盾。所以借〇表示空位,就是必然的了。

夹用"〇",我国不仅大陆如此,台湾也如此。如台湾的《国语辞典·序》:"收人名、书名、地名共一〇一九四四条……经特聘的各大学教授二八〇人担任。"我们还注意到日本、韩国等使用汉字的国家,在用汉字表示数目时,也夹用"〇"。

类似〇表示空缺的符号,我们祖先也曾创造过。据蔡美彪主编的《中国通史》(人民出版社,第七册)介绍说:"南宋蔡沈的《律品成书》内,把118098用文字表示为十一万八千□□九十八。这□□即代表空白。画方时一快变成〇了。大约江南在南宋末,北方在金末元初,数学著述中都出现了〇的符号。"需要指出,这里的〇,与阿拉伯数码的0,有实质性的不同,它既表示系数词,也表示位数词,因此,一个系位结构得用两个〇,而阿拉伯数码只用一个0表示。

我们说汉字中没有〇,是就楷书说的。楷书是笔画文字,每个字均由笔画组成,汉字的基本笔画有五种:一(横)、丨(竖)、丿(撇)、丶(点)、乙(折),所有的汉字由这五种笔画组成;反过来说,每一个汉字分解后其笔画不出此五种范围,无一例外,而〇,是一个封闭的圆形,无笔画的起讫,无法分解出更小的单元,因此,从汉字结构体系上讲,与一般汉字相异,即所谓"非我族类"。然而古文字里有○,它就是圆的最早写法。○是这样演变的:○→圓→圓(简化作圆)。古文字中圆形结构到后来无一例外地都变成了方形,如日、果、星、雷、车等。圆形演进为方形,是隶变的结果。有人指出古文字形体具备四相:点、直线、弧线、封闭圆。到了楷书就没有弧线和封闭圆。楷书有五种笔画,主要的是直线。据统计,横笔与直笔,其出现频度近50%,它们都是直线。撇的弧度很小,基本上是直线的变形;点笔,拉长了不是左斜就是右斜,近似短的直线;折笔是直线改变方向形成的。文字的一个基本要求是便于书写。书写的过程是用一定的书写单位来组装成字的过程。书写单位愈少,书写愈快愈方便,愈容易达到规范的要求。古文字四相,到楷书剩下二相,因此,楷书便于书写应用。汉字由不易书写的以曲线为主的古文字,发展为容易书写的以直线为主的笔画文字,是历史的进步。○形态的消失,正是包含了这重要的历史内涵。唐武则天曾造字,造了一个○,指星,违背了汉字发展规律,自然不可能流传下来。(《集韵》载武则天造字18个,王观国《学林》载武则天造字今流传下来的只有"曌"一个字)。

今日我们采用○,不是返祖,而是吸收外来文化的一种进步现象。世界文化是互相影响互相促进的,我国发明的指南针、纸、火药、活字印刷,推动了世界文明的进程,同样,我们又向其他国家和民族学习了许多科学文化知识。印度数码传到阿拉伯,再传到欧洲,进而传到世界每个地方。阿拉伯数码中最重要的是0,美国科普作家阿西莫夫《数的趣谈》一书中讲:"从第一个数字符号开始记数到想出一个表示'无'的符号,竟占用了人类大约五千年时间。"我们切不可小看这0。尽管我国在唐代就接触到印度数码,但一千三百年后,直到本世纪,我们才应用这套科学的数码。这些年来,中西文化、中国与世界各国文化的交流进程加快了,正是在这个背景下,汉字数目字中才夹用○。1926年画家司徒乔作画《五个警察一个○》,鲁迅对此画曾作过评论。○的普遍使用是后来的事。○,走进了汉字的系统里。○的突破,显示中外文化交流的进程加快了。

但是,一切以应用为目的,○,在汉字系统中,它仅仅用于数字表示中补位,它不是一个可以自由应用的汉字。从形态上讲,它仍带有"非我族类"的面孔:字典如果用部首笔画来排检,它的位置还真不好安排呢。

《普通话异读词审音表》与汉语规范

《普通话异读词审音表》是教育部、广播电视部、国家语言文字工作委员会联合发布的,是语言文字方面重要的国家标准,是一个涉及汉语规范的重要文件。如何学习贯彻《审音表》(以下皆作简称),是大家关心的问题。令人遗憾的是《审音表》自1985年发表以来,有关文章寥寥。这里谈一点个人体会,以期引起学术界的关心;不正确处欢迎批评指正。

学习和贯彻《普通话异读词审音表》要做到三明白:一、明白《审音表》内容结构,了解审音的要求;二、明白汉字字音的历史发展与异读之关系;三、明白所编字典、词典注音上的要求,探求与《审音表》最佳之切合点。

下面分三个部分来谈。

一

《审音表》是按音序排列各条目的,这与《简化字总表》不同。《简化字总表》分三个表:第一表,不作简化偏旁用的简化字。如表中有"儿"。必须注意,"不作简化偏旁用"的规定,有人不注意,误把倪、霓简化作伲霓。第二表,可作简化偏旁用的简化字和简化偏旁。第三表,应用第二表所列简化字和简化偏旁得出来的简化字。《审音表》

从内容上讲,也分三个部分,即甲,统读部分,占大多数,为586条;乙,审订一个读音的如"打"dá 苏打,一打(十二个),为133条;丙,审订几个音的,如"当"(一)dāng 当地,当间儿,当日(指过去),当天(指过去)……(二)dàng 一个当俩,安步当车,当年(同一年),当日(指同一时候),当天(同一天)……为121条。

下面对三类的要求作进一步分析。

甲、统读。统读所审订的音具有排他性。各条的排他性的具体内容是不相同的。例如"法"fǎ(统读),它排斥的三个音 fā、fá、fà。在北京口语中三个音有不同的用法:fā 用于"法儿",如说"没法儿"。fá,用于"法子"。fà,用于"法国"。北京人用得很习惯,但如果用在正式的场合,就不能这么说,"法国"得说"fǎ国"。又如"导"dǎo(统读)。50年代《新华字典》导 dǎo,dào(读)。认为 dǎo 是口语音,dào 是读书音。导,徒到切,古代就读去声,为什么北京话口语读成了上声了呢?因为"道"古代读上声,浊声母,浊上变去,"道"读成dào,为区别开来,把本读去声的导,挤到上声里了。许多方言里,"导"读去声,因此,方言地区的人和老知识分子,要避免"导"读 dào。又如凹,āo(统读),凸,tū(统读),这两个以前都有流行较广的异读,凹,又读 wā、yāo;凸,又读 gǔ、dié。这种情况沈兼士称为"同义换读",就是说意义相同,读音不同。不能说哪一种读法最合理。审音时大概认为某一读音占优势,便选取作规范读音。从整个社会看,消除异读便利交际,个人的或地区的习惯要服从全社会的需要。如果自己的读音不合规范,那也得割爱了。

乙、审订一个读音的。这一类所审订的音,具有兼容性。例如"尺 chǐ",尺寸,尺头。我们知道"尺"读 chǐ 是大家晓得的,万不可到此为止。只记住一个 chǐ,这样岂不混为"统读"了。徐世荣先生说

"尺念 chǐ,为何不注统读?因尚有'工尺字'之尺读 chě。"(《语文建设》1993年2期)又如"潦"liáo,潦草、潦倒。《现代汉语词典》旧版"潦"注为 liǎo、lǎo 二音,修订版 liǎo 改为 liáo,而"lǎo"的音仍然保留。如果删去 lǎo 音,则与审音要求不合。又如"氓"máng,流氓。它所兼容的音,是 méng,如《诗经》中"氓之蚩蚩"当读 méng。现代汉语里有"群氓"一词。以往习惯读 máng,老版《新华字典》注 máng,把 méng 注为又读。1962年版才分注。根据审音要求"群氓"读 méng。有的兼容的是两个音。如"膀"bǎng,翅膀。它另读 pāng,指肿;páng,用于膀胱。

丙、其特点是所审的音具有相互性。这一类为多音字。多音字是常见的,丙类的多音字,跟一般的多音字不同,其间音义常纠缠不易分辨,造成歧读、异读。如"当"dàng、dāng,在"当年"中就有两种读法两种意义。因此,这一类要分清其间的音义关系。《审音表》有的作了说明,如所举的"当"dāng、dàng。有的虽举了例,仍比较难懂。例如"阿"(一)ā 阿訇、阿罗汉、阿木林、阿姨;(二)ē 阿谀、阿附、阿胶、阿弥陀佛。如何保证我们不将阿訇等误为 ē,阿谀等不误读为 ā?这就需要了解其音义之分工。"阿",形旁"阝",表示山,本义指山的弯曲处,引申指弯曲。"含",《说文》:"口上阿",指嘴的上腭弯曲的地方。用在人品上,指曲从、迎合。阿谀、阿附用的是此义。这个意义读 ē,平声。在古代"阿"又读入声"乌谷切",为表音字,无实义。用为词头,如阿爷、阿斗等。近代用 ā 的多为译音用字,如阿拉伯等,又用为词头,如阿姨等。北京话没有入声,在30年代,字典将此处"阿"注为去声,1953年的《新华字典》注去声。北京话声调有向阴平发展的趋势,特别是表音字,所以后来人们读 ā 的多,审音因势利导,审定为 ā。作为地名用字,内地的多读 ē,如山东的东阿县等,"阿胶"一词因为此地所产而得名。边疆多读 ā。"阿城镇"在山东,读 ē;"阿城县"在黑龙江,读 ā。"阿弥陀佛"的"阿"读 ē,是早期的音译字。

又如"冠",《审音表》:(一) guān(名物义)冠心病;(二) guàn(动作义)沐猴而冠、冠军。名词义读 guān 好理解,如皇冠、方山冠等。这里"冠心病"的冠与帽子义的联系不易明白。原来此处的"冠",是西方的帽子。冠心病指冠状动脉硬化造成的心脏病。冠状动脉是翻译词(coronary),像帽子环状形的动脉。外国的帽子,外国人理解为环状,咱们缺乏这种联想。因此,冠心病,作为一个词,多有误读为 guàn 的。谁会想老外帽子的环状义呢。

音是形式,词义是内容,辨音有时得辨义。丙类分辨的难度大于甲、乙两类。

二

从字音上看异读,可分为五类:(1)声母、韵母都不同,如尿 niào/suī,90 条。(2)韵母相同、声母不同,如辙 zhé/chè,140 条。(3)声母相同、韵母不同,如掳, lǔ/luǒ,167 条。(4)声母、韵母相同,声调不同的,如质 zhì/zhí/zhǐ,室 shì/shǐ,381 条。(5)轻声 78 条。[1]

异读产生的原因,主要是历史发展造成的。[2] 下面我们就声调异读等作一些分析。

古汉语有四个声调:平、上、去、入。声调的变化,一般有规律可

---

[1] 《审音表》中黄、牌、艘、螳、纱、跋、娲、娴等并无异读,属误审。
[2] 有误读的,如谊(yì)误读为 yí,有音变造成异读的,如法 fǎ/fā fá fà 等。这里从略。

循。由于浊声母的消失,影响声调的变化,其变化,大致是浊上变去,浊入变阳平(大多数)、去声(一部分)、浊平属并、定、澄、船、从、群等,变为吐气的阳平。以母变为零声母,声母的浊音痕迹反映在声调上,读阳平,如夷、宜、余等。

　　清入字,在北京话里,声调的分布是很乱的。林焘先生统计198个清入字,其中阴平53,阳平42,上声19,去声84。[1] 声调异读多发生在清入字。我们来讨论《审音表》中的清入字。《审音表》规定:"古代清入声字在北京话的声调,凡是有异读的,假若其中有一个是阴平调,原则上采用阴平。"

　　下面我们将《审音表》中清入字开列如下,所注的前一个音,是《审音表》审定的音,斜线后为异读的,括弧为1953年版《新华字典》的注音。

阴平	阳平	上声	去声
搭 dā/dá(dā)			发(髪) fà/fǎ(fǎ)
咄 duō/duò(duò)			霍 huò/huǒ(huò)
褪 duō/duò	幅 fú/fù(fú)	谷(穀) gǔ/gú(gǔ)	豁 huò/huō(huō)
击 jī/jí(jí)	辐 fú/fù(fú)		绩 jì/jī(jī)
芨 jī/jí(jí)	戢 jí/jī(jī)	脊 jǐ/jí(jí)	迹 jì/jī(jī)
疖 jiē/jié(jiē)	汲 jí/jī(jí)	甲 jiǎ/jiā(jiǎ)	速 sù/sú(sù)
昔 xī/xí(xí)	棘 jí/jī(jí)		刻 kè/kē(kē)
惜 xī/xí(xí)		獭 tǎ/tà(tǎ)	
鞠 jū/jú(jú)		蹼 pǔ/pú(pú)	
掬 jū/jú(jú)		雪 xuě/xuè(xuě)	
扑 pū/pú(pū)			

---

[1] 见林焘《"入派三声"补释》,载《语言学论丛》第十七辑,1992年。

戚 qī/qì(qì)

黢 qū/qú

叔 shū/shú(shú)

淑 shū/shú(shú)

菽 shū/shú(shú)

晰 xī/xì(xī)

析 xī/xì(xī)

皙 xī/xì(xī)

悉 xī/xì(xī)

熄 xī/xì(xī)

蜥 xī/xí(xī)

螅 xī/xí(xī)

锡 xī/xí(xí)

押 yā/yá(yā)

噎 yē/yè(yē)

矻 kū/kù(kū)

在《审音表》中审订的清入字45个,其中定为阴平的27个,占66%。1998年修订的《新华字典》完全采用了《审音表》的读音。从清入字看,新版《新华字典》与1953年版比较,改动的读音18个,减去褪、黢二字(1953年版《新华字典》未收),则为43字,改动的近42%。这18个字中,有11个属阳平改为阴平。日本平山久雄教授说,清入字在普通话中,读阴平、上声的多为口语音,读为阳平、去声的多为读书音。(《语言研究》1995年第1期)他的见解对我们解释清入字的异调分配有相当的适用度。

将大量阳平改读为阴平,反映了《审音表》侧重于北京口语音。将大量的轻声字拉入审订的范围,也应该视为这种倾向的一种表现。

下面谈谈声母异读和韵母异读。《审音表》中按音序排列,声、韵异读的情况分布如下:

字母	声母异读	韵母异读
B	22(b/p 异读的 21)	20
C	19(c/z、ch/zh 异读的 13)	7
DE	10(d/t 异读的 7)	6
F		3
G	1	6
H	1	8
J	10(j/q 异读的 7)	7
K	1	1
L	1	26
M	7	11
NO	4	8
P	5(p/b 异读的 4)	8
Q	9(q/j 异读的 3)	5
R	3	1
S	15	16
T	5(t/d 异读的 2)	2
W		1
X	11	11
Y	6	6
Z	10(z/c、zh/ch 异读的 7)	14
总计	140	167

异读大量集中于不吐气音和吐气音之间。这不是偶然的。古汉语里就有唇音、齿音、舌音、牙音四系中不吐气音与吐气音的配对,发展到现代汉语,不吐气音和吐气音增多了。古代浊音消失,浊塞音、

浊塞擦音,分别相应地变为清不吐气音和吐气音。加上腭化,有了舌面前的不吐气音和吐气音:j[tɕ]、q[tɕʻ]。

异读的发生,有些与历史的发展相关。如"堤"都奚切,当读 dī。但又有"杜奚切",杜为定母字,平声,反切音当读吐气的 tí。今审定为 dī。又如"鲸",古代为群母字,浊声母,平声,今日据反切渠京切,当读 qíng,然而受声旁"京"影响,多读 jīng,造成异读。现取 jīng。

吐气与不吐气,在汉语中有区别意义的作用。然而吐气不吐气毕竟发音部位相同,不同的只是发音方法,所以二者又有极强的流动性,造成异读的机会多。

韵母异读的原因多种多样,从历史发展看,文白异读的特点是:声母相同,韵母不相同。下面将《审音表》涉及古代以[-k]收尾的入声字中文白异读开列如下:

摄	韵	字	白读	文读	备考
曾	德	黑	hēi	hè	
		墨	mèi	mò	地名即墨旧读 mèi
		塞	sāi	sè	
梗	陌	白	bái	bó	
		柏	bǎi	bó	
宕	铎	凿	záo	zuò	
		鹤	háo	hè	《古今字音对照手册》háo 为第一音。
		落	lào	luò	
		薄	báo	bó	
		貉	háo	hé	
	药	嚼	jiáo	jué	
		雀	qiǎo	què	
		削	xiāo	xuē	

	药	yào	yuè	
	钥	yào	yuè	
	疟	yào	nüè	疑母字转为零声母和 n。大致在洪音前为零声母，细音前读 n。
	跃	yào	yuè	
江 觉	学	xiáo	xué	
	剥	bāo	bō	
	角	jiǎo	jué	
通 屋	熟	shóu	shú	
	绿	lù	lù	
	轴	zhóu	zhú	

这些字，文读的韵母，为单元音（不算介音），白读则为复合元音，十分整齐，掌握历史的变化，就容易分析其不同。摄，实际上是韵的更大编队，从"摄"分析，德、陌的白读与蟹摄、止摄合流，铎、药、觉的字与效摄合流，屋韵的白读与流摄合流。这又构成一个特点，它们都属阴声韵韵摄。白读音，它们从入声范围里出来，较文读音走得更远了。

《审音表》中规定读轻声的 27 个：臂（bei）、伯（bo）、膊（bo）、卜（bo）、场（chang 排场）、绰（chuo 宽绰）、点（dian 打点）、掇（duo 撺掇、掂掇）、和（huo 搀和、搅和）、荒（huang 饥荒）、箕（ji 簸箕）、辑（ji 逻辑）、斤（jin 千斤）、矩（ju 规矩）、蓝（lan 苤蓝）、量（liang 掂量）、䁖（lou 眍䁖）、喷（pen 嚏喷）、欠（qian 打哈欠）、趄（qie 趔趄）、散（san 零散）、丧（sang 哭丧着脸）、匙（shi 钥匙）、沓（ta 疲沓）、蓿（xu 苜蓿）、殖（shi 骨殖）、碡（zhou 碌碡）

轻声有的属语法方面的，如助词的、地、得、了、着；词缀子、头、们;语气词啊、吗、呢、吧等。这方面当读轻声,不存在歧读。所以27个异读轻声字中无此类。轻声有属于复音词的,是词汇问题,这方面异读分歧多,上述27个轻声皆属此类。王力先生说:"轻声产生的时期,还没有被研究清楚。首先我们应该指出,作为逻辑上的语音轻重,是任何语言和任何方言都具备的。作为语法形式的轻音,那就必须随着语法的要求而产生。因此,依我们看来,在普通话里,轻音的产生应该是在动词词尾'了''着'形成的时代,在介词'之'字变为定语语尾'的'字的时代,在新兴语气词'吗''呢'等字产生的时代。估计在12世纪前后,轻音就产生了。"[①]表语法意的轻声字产生得早、稳定。词汇领域里的轻声,多存在于口语词这个层面。书面语词语,像新词、名词术语、文言词,读轻声的少。上面27个绝大多数为口语词,有些显然是书面语的,如逻辑、千斤,《审音表》也当成口语词来对待了。《审音表》过分偏爱口语成分,这是又一表现。

三

在辞书工作中如何贯彻《审音表》的要求,这是一个值得研究的问题。

辞书的性质规模不同,在贯彻《审音表》时要努力选择最佳切合点;字典、词典规模愈大,其工作难度愈大。我曾参加一本《小学生全笔顺字典》的编纂工作,收字少,像"沓"字没有收,就不必考虑其轻声的注音问题。《现代汉语规范字典》在 tɑ 音节中"沓"字下说明:"'沓'字在'疲沓'一词中读轻声"。《现代汉语词典》(修订本)在 tà

---

① 《汉语史稿》上册198页,中华书局。

音中的"沓"未作如上说明,而是在"疲"字下"疲塌"条注 pí·ta……也作疲沓。"疲沓"是副条。这涉及异形词的规范问题。《审音表》告诉我们"疲沓"之"沓"当读轻声,词典还要考虑"疲塌"、"疲沓"以哪个词形为正的问题。

我们现在讲的语言文字规范是要贯彻国家的标准,所谓国家标准主要指《简化字总表》、《新旧字形对照表》、《第一批异体字整理表》、《普通话异读词审音表》、《标点符号用法》等。这些表,前三个是字的问题,《审音表》有字的问题,也有词的问题。如果把规范的对象列为四个级次:字、词、语、句,那么在字的范围里,规范的要求明确,一般便于操作,而进入词、语、句,规范要求就不那么具体、那么好操作了。例如"胜",《审音表》规定为"统读",作为一个化学词"胜"(shēng)《现代汉语词典》是要收的,只能注 shēng,不能按统读处理。晁继周同志写了一篇文章《〈现代汉语词典〉修订中的语言规范》[①]内容很丰富,他们的的确确在认真贯彻《审音表》的要求,但进入"词"这个领域,就不能不要"变通"一下,如"厕",《审音表》统读 cè,但"茅厕"一词得读 si。因此,在探寻最佳切合点的时候,有一个问题,即对《审音表》如何正确理解。例如"期",《审音表》规定统读 qī。但古汉语中"期年"、"期月"怎么办?像上面提到的"胜"(shēng),徐世荣先生曾是历届审音委员会委员,他说:"'胜'字指一种有机化合物,必念平声 shēng,'统读'失考。"[②]失考要改正,徐先生已作古,他无法来参加改正工作。在《审音表》没有修订前,如何正确理解和贯彻《审音表》?语文规范,字的形、音、义是一个整体,像"疲沓",《审音表》审

---

① 《语文建设》1995年第9期。
② 《〈普通话异读词审音表〉释例》,语文出版社,1997年5月。

的是"沓"读轻声,而作为词形规范,"疲塌"、"疲沓"有一个选择问题,如果以"疲塌"为规范,那么,"疲沓"作为副条,其读音的地位就与主条地位不在一个层次上了。又如"应",按《审音表》要求"应届"读yīng,但"应时"《现代汉语词典》读 yìng。二者不同从单字解释看,"应"(yìng)下《现代汉语词典》注为"顺应;适应",与复词"应时"中的"应"音义一致,而"应"(yīng)的单字解释,没有"顺应、适应"义,一个[应届]条却放在阴平单字下,与单字释义不相配,音、义失衡。怎么办?词典的音义系统非常复杂,《审音表》覆盖不了。晁继周同志说有的要变通一下。我同意他的意见。为何要变通,如何变通,变通而又不违背《审音表》的原则,需要我们探讨。贯彻《审音表》是一个复杂的研究过程。我们需要学习,努力,需要交流经验、交流体会。

(本篇文章收入《汉字的应用与传播》,清华大学 1999 年汉字应用与传播国际学术讨论会论文集,华语教学出版社 2000 年出版)

普通话异读词审音

一　问题的提出

普通话审音工作始于 1956 年,从 1957 年到 1962 年五年间将阶段性的审音成果以《普通话异读词审音表初稿》的形式分三次发表,1963 年辑为《普通话异读词三次审音总表初稿》。1966 年至 1976 年审音工作停顿。1977 年后,审音工作恢复,对《初稿》进行修订,1985 年由国家语言文字工作委员会、国家教育委员会、广播电视部联合发布《普通话异读词审音表》,作为部颁的标准,通令执行,审音工作至此画上了句号。

审音具有学术性,需要进行深入的研究。词典里的又读、语音(即白读,指口语音)、读音(指书面音)、破读等都属于异读问题。普通话既然是通用的标准语,各方面异读问题自然应该在普通话审音范围内来一个总清理、总解决(一定的共时平面)。审音研究在审音工作进行的时候或审音工作告一段落后来做,都是必要的。做好审音的研究不仅有利于《审音表》的制订或修订,而且对汉字和汉语的应用研究都具有积极的意义。问题是这项研究做得很不够。在 20 世纪 60 年代初曾有少量审音问题的文章发表,而以后的几十年几乎没有研究文章发表,尽管在 80 年代《审音表》正式公布,但未引发和推动审音问题研究的开展。这并不等于说没有可研究的问题,恰恰相反,可研究的问题很多,而且其中还包括审音原则这样的问题有待探讨。审音原则在审音工作开始的时候就被提出来了:"审音以词为对象,不以字为对象";"拿现在的北京语音作标准"。这两个规定都是可商榷的。王力先生敏锐觉察到审音原则需要研讨,在1965年写了《论审音原则》。审音问题既有理论性,更有实践性。笔者深感个中涉及的问题很多。今抛砖引玉,并借此求教。

二 审音对象

审音对象问题分两个层面:形式层面和内容层面。形式层面是指所审的音是词的音还是词素的音,或兼而有之;词、词素与汉字的关系。审音委员会规定"以词为对象",遗漏了词素。《初稿》在"危"字下列了五个异读词:危害、危机、危急、危亡、危险。其实只有一个异读的词素"危"。审音要审的是词素"危",而不是由"危"构成的复合词。所以不提出词素是审音的对象,就无法显示审音的概括性,无法准确列出审音的项目。由"危"构成的复合词还有许多:危难、危局、危重、病危、濒危、垂危等,《初稿》只列"危害"等五个词,就难免有挂漏之讥了。问题还不止于此。词素是异读的高发区,词素的异读多于词的异读。做一个小测查。《审音表》从"阿"到"臂"32字,属词素异读的21字,近70%。音的稳定性受应用制约,词能独立使用,在通常情况下字音比较稳定,出现异读多为特殊的原因,如"癌"按规律读yán,为了与"炎"有区别,普通话审音推荐读ái(李荣1990);"拔"读bá,北京土话个别地方念bǎ(徐世荣1997),等等。词素因不单独用,在复合词里意义弱化,字音特别是字调容易流动,"事迹"、"成绩"、"友谊"中的迹、绩、谊皆属此例。"冠心病"的"冠"是词素,读平声、去声的都有,存在异读。"挂冠而去"、"勇冠三军"的"冠"是词,前一个"冠"读阴平,后一个读去声,读混了意义出不来(个别人不排除有读得不对的,社会读音不存在异读)。审音对象遗漏了词素,会妨碍我们对现代汉语异读特点的认识。说审音对象不是字,为似是而非之论。汉字与词、词素的关系是记录与被记录的关系,撇开汉字,审音对象的表述就会遇到困难。1985 年的《审音表》没有撇开字:"本表所审,主要是有异读的词、和有异读的作为语素的字。"修正是必要的。不足之处是没有注意到同形字。"胜"作为语词义有阴平和去声二读,作为化学用字的"胜"读阴平,这就与语词读阴平的"胜"构成了同形字。审音定"胜"统读去声,是就语词义说的,而化学字也被拉了进来。徐世荣先生说:"胜字指一种有机化合物,必念阴平,统读失考。"(徐世荣 1965)失考的原因是没有考虑同形字问题。

内容层面,即审音的具体对象问题。第一,我们先要在词汇范围内明确:异读词是指普通话的词而非北京话里的土语词。这个道理无须申说,只要看一下普通话的定义就明白了。但是审音的时候还是把许多北京的土语词拉进来当做了审音的对象。《审音表》对《初稿》纳入审理中的土语词,采取三种处理方式:1.定为"统读",否定土语词读音。如"指",《初稿》规定在"指头"中读 zhí,在"指甲"中读 zhī,《审音表》规定统读 zhǐ;"过",《初稿》规定在"过分"(享受太过)中读 guō,《审音表》规定:"除姓氏读 guō 外,都读 guò",是一种间接的否定处理。2.作肯定的处理。如"雀"规定在"雀斑""雀盲症"读 què,不做统读处理。徐世荣说:"不注'统读',为北京口语 qiǎo 音留下余地。qiǎo 音可认为土语,统读 què 音更利于普通话推广。";同理"络"不注统读,则肯定了在"络子"中读 lào。3.不予审理。如"方胜子"的"方",《初稿》否定读 fǎng;"子口"的"口"审定读轻声。

《审音表》均置而不论。只有第三种处理是正确的:因为第一种规定,北京人做不到,他们怎么可以改变自己口语的读音呢?也没有这种必要。对非北京地区的人来说是没有意义的,因为他们本来就读《审音表》所规定的音。第二种规定把土语音提升为规范音,增加了人们学习的负担,不利于普通话的推广。如果要学习可以放到词汇中去个案解决,完全没有必要作一般性的规定。

第二,审音对象为轻声问题。轻声词有许多是北京土语词,可以不予审理,但是轻声是北京话的词汇、语法、语音上的特点之一,因此轻声的异读问题是要审理的。关键是要有正确的审音标准,这个问题留在后面再谈。

第三,审音对象为单音字(词、词素)和多音字(词、词素)问题。单音词、词素,只有一个音读,现在又出现了其他的音读,构成异读,异读音之间没有区别意义的问题,如"癌"以前有两读:yán/ái;词素"谊"yí/yì等,审订时不涉及其他词、词素的音、义问题,操作上没有太多的困难。多音词中的异读情况相当复杂。先谈一般的多音字。其读音在某些复词中有异读。又分两种情况:1.两个音义都具有常用性,一般不相混,只是在某些复词中作为词素的音相混,有异读。如"处"读chǔ,具动词性;读 chù,具名词性,在"处女"一词中,存在上声和去声两读。又如"转"有 zhuǎn/zhuàn 两读,审音中审理了"运转"的"转"之异读。在复合词中当词素的意义弱化时它的音会变得不稳定,如果是多音字,就出现上述异读。《现代汉语词典》(1978年版)"运转"的"转"注去声,"旋转"的"转"注上声,其原因盖出于此。随着汉语词汇复音化趋势的增强,这种现象会增多。2.两个音义中有一个是常用的,另一个是不常用的,后者通常是表示特殊意义的词语,如"尺" chǐ/chě,chě只用于传统乐谱中一个记音符号;"氓" máng/méng,后者只用于古籍里指老百姓;"汗"hàn/hán,后者只用于"可汗";"作"zuò/zuō,后者用于"作坊"等;"艾"ài/yì,后者只用于成语"自怨自艾",等等。特殊的多音字包括文白异读、破读等,下面分别论述。

第四,审音对象为文白异读问题。北京话里的文白异读绝大多数来自古入声字,主要是德、陌(麦)、铎、药、觉、屋诸韵字,韵母为单元音的是文读,韵母为复合元音的是白读(不算介音)。周祖谟先生说:"旧入声字有文白两读。如剥(bō,bāo),色(sè,shǎi),熟(shú,shóu),脉(mò,mài)等都是。"文白读在韵母上的分别是很整齐的。在北京话里有的采用了白读,如"轴"(zhóu,不取 zhú),"宅"(zhái,不取 zhè),"勺"(sháo,不取 shuò);有的采用了文读,如"学"(xué,不取 xiáo),"跃"(yuè,不取 yào),"克"(kè,不取 kēi),"鹤"(hè,不取 háo)。但是有些是文白音并存的。作为异读,从早期的《国音常用字汇》到后来的《新华字典》,在注音的时候,或有所取舍,或二音并取,一为正读,一为又读。从字出发只能是这样处理。从词出发,文白的问题有的不能仅限于音的取舍。例如"色"读 shǎi,用于口语,构词能力极弱;读 sè,构词能力很强,如景色、姿色、成色、色盲、色素、色彩、色调、色厉内荏等,都不能读 shǎi。"脉"白读 mài,可用来构词,如脉冲、脉搏、脉络、山脉、叶脉、矿脉等,然而脉脉含情、温情脉脉要读 mò。此类文白异读有互补性,不是一个取此音舍彼音的问题。

第五,审音对象为破读音问题。现代词汇中留下的破读音呈减少的趋势,如成语"文过饰非","文"不再变读去声。这是语言在应用中自发性的调整,是参差不齐的。有一部分破读异读沉淀到现代词汇中,需要整理,如"骑"qí,作名词时读 jì,为破读音,现统读 qí 取消了破读音。也有破读音占了优势,取破读音的,如"胜(勝)",按《说文》在力部,字的本义为"能担当",段玉裁说"凡能举之、能克之皆曰胜,本无二音二义",反切识蒸切,读平声;后指"胜利"为引申义,读去声,占了优势,现统读去声。

第六,连读变调问题。这是语音的问题,如两个上声字连读,第一个字读阳平。词典里对由两个上声字组成的复词,第一个字仍标本调,如"北纬"、"理解"、"卤莽",《现代汉语词典》对"北、理、卤"均标上声,不标阳平。问题是有许多连读变调,音变不具有划一性,变调存在于具体的词中,如儿化词有的变阴平(画片儿、法儿);轻声前的字有的变读阳平(骨·头、指·头、法·子);阳平字前的上声字有的变去声(笔直、鄙人、法国)。于是一个"法"字有四个声调。不管是什么连读变调,都不是词汇范围的异读问题,不应成为审音的对象,但是,对后一类连读变调审音中审理了一些。如"法"统读本调上声,否定其他三个变读,这三个音都是连读变调音,是不必审的,《审音表》中定"谷雨"的谷为上声,"谷"本来读上声,原来审音是为了否定连读变调阳平的,毫无章法可言。《审音表》也有把《初稿》中的某些连读变调音按不予审理来对待的(见徐世荣《〈普通话异读词审音表〉释例》),这才是正确的。

三 审音标准

既然是异读,审订时便要有所取舍,如何取舍,这就是审音标准问题。审音委员会提出"拿现在的北京音做标准",是指北京话音系,还是指北京话的具体读音?《初稿》对审音标准有较大的补充:"审音的标准,根据北京音系,可也并不是每一个字都照北京话的读法审订。"普通话是以北京音系为语音标准的,这是对方言而说的,例如北京音系中没有入声、没有全浊声母、不分尖团,异读词里不存在这些问题,因此"北京音系"这个标准对审音来说是缺乏针对性的。

我们认为审音标准有以下三项。第一,原则上以符合语音发展规律的为准。这句话是《初稿》处理"开、齐、合、撮"的读法提出来的,应该将其扩大为一个总原则;第二,音义结合的原则,异读取舍要与语义挂钩;第三,语音规范与词汇规范相结合。下面分别来讨论。

第一,符合语音发展规律问题。异读的产生是历史发展的结果。例如"侵"有 qīn/qǐn 两读,《广韵》"侵,七林切",为平声;"帆"有 fān/fán 两读,"帆"古为浊声母,按语音发展规律当读阳平。语音在发展中出现不合规律的变化是正常的。在一般情况下,我们不能说合乎规律的音价值更高。我们现在讨论的是普通话中的异读音,在取舍时要考虑到广大方言地区,这样符合语音发展规律的读音就有了特殊的价值,因为照顾这样的读音就照顾了方言;也没有忽视北京人的权益,因为北京话中有这样的读音,取这样的音,不违背北京人的说话习惯。王力先生说:"能依照语音发展规律,就能照顾全国方言,有助于普通话的推广。"这是非常深刻的见解。例如"侵"取阴平不取上声、"帆"取阳平,广东人学习普通话时,声调上便于对应。审音中很多是取了符合语音发展规律的音,如"侵"、"谊"等,也有不符合这一原则的,如"帆"取了阴平调。新加坡卢绍昌教授跟我说,"帆"订为阴平不好,不利于学习普通话,而且南方渔民忌讳说"翻","帆"、"翻"本不同音,审订后同音了,渔民在应用上不便。他的意见触及审音的标准问题。北京话里有些字的读音,不符合语音发展规律,已经为社会接受,自然无须去改动。例如有位教授说"竣"字应当读 cūn,读 jùn 与反切不合。是的,其反切"七伦切",按规律当读 cūn(同此反切的"皴",也读 cūn)。"竣"读 jùn 早已为社会认同,我们不能也没有必要改变人们的说话习惯。

古代的入声在北京话里已消失，浊入一般读阳平，清入则读阴平、阳平、上声、去声的都有，规律性不明显，异读中清入字比较难处理。《初稿》规定："古代清音入声字，凡是有异读的，假若其中有一个是阴平调，原则上采用阴平，例如'息'xī，'击'jī。否则逐字考虑，采用比较通用的读法。"《审音表》审订的清入字45个，其中阴平27字（搭咄褅击茇疖昔惜鞠掬扑戚黢叔淑菽晰析皙悉熄蜥螅锡押噎矻），阳平5字（幅辐戢汲棘），上声6字（谷脊甲獭蹼雪），去声7字（发霍豁迹绩涑刻）。1998年版《新华字典》以上45个清入字注音，全部遵从《审音表》，我们拿来与1953年版《新华字典》对照，有二字（褅黢）未收除外，其余43字，声调有改动的18字，其中11字为阳平改阴平。日本平山久雄先生说：清入字在北京话里，读阴平、上声的多为口语字，读阳平、去声的多为读书音。在文章末尾，平山久雄先生还指出，丁声树先生1975年已提及"一般的清声母中，用作动词的常归入阴平"（平山久雄1995）。这些见解对我们解释清入字的异调分配有相当的适用度。将许多阳平字改为阴平，反映了《审音表》注重口语音的倾向。有三个字（迹绩刻）是从阴平中改出来而订为去声的，"迹、绩"二字不单用，是词素字；"刻"很少单用，主要是词素字，是非口语的。将它们订为去声，正符合读书音特点。

第二，音义结合的原则，异读的取舍要与语义挂钩。离开了语义，语音便失去了存在的价值。异读有两类：异读不辨义和异读辨义。前者为单音字的异读，后者为多音字的异读。如"橇"以前有qiāo/cuì二音，异读不辨义。此类在异读音取舍时可以就音论音，橇，古有"起嚣切"、"此芮切"，折合今音为 qiāo/cuì，考虑今有"撬"读 qiào，橇取 qiāo 音，便于认读，亦于古有征。又如"癌"有 yán/ái 二音，读 yán 则与"炎"同音，不便应用，当取 ái。对多音字的异读，情况则不同。《审音表》所审订的音共839条,其中①统读的586条,②审订一个读音的132条,③审订几个读音的121条。②③为多音字的异读。这里有一个音义分配问题。多音字异读的产生是因为音义间配搭出现混乱,审音是为了纠正此种混乱,明确正确的音义关系。如②类"氓",《审音表》:"氓,máng 流氓"。在《审音表》里凡不标统读的意味着是多音字。《初稿》:"'氓'在别的地方念 méng"。古籍中"氓"指"民",属《初稿》所说的"别的地方",当念 méng,如《孟子》"愿受一廛而为氓"。《审音表》的审订旨在明确"氓"字不同的音义间的分别。音随义走,义由音显,在一般情况下,字的音义分工是不相混的,但是有些多音字,音义的分工出现了混乱,产生了异读,需要审订。对于②类,只考虑一音一义是不够的,还要顾及他音他义,"裨"《审音表》:"裨 bì 裨益 裨补",按非统读类处理,其另外的相关的音义是:pí 指次要的。③类的性质跟②类相同——也属多音字,不同的是《审音表》把相关的音义均开列出来。如"簸"(一)bǒ 颠簸(二)bò 簸箕。有的不是意义的不同,而是意义的色彩和语素的用途不同。如"色"(一)sè(文)(二)shǎi(语),前者为书面语的音义,构词能力强,后者为口语音义,构词能力弱。

根据什么来确定音义匹配关系呢?主要根据两条:理据和习惯。理据和习惯在通常的情况下是一致的,如"都"反切为"当孤切",口语读 dū,与反切音一致,北京话里作副词用读 dōu,于反切无征,是后起的音,两音两义,各得其所,然而用于副词的"大都",按理据当读 dū,社会上念 dōu 的不少。《审音表》按理据性订为 dū。也有依据习惯性的,如"迫",在"迫击炮"一词中读 pǎi,徐世荣说:"特定读音 pǎi,(属)习惯难改"(按,迫陌韵字,实为白读音)。

单音字与多音字是相对的,二者可以转换。1953年《新华字典》

"傍"注二音：bāng；bàng，"迫"注为单音：pò，1965年版"傍"注为单音 bàng，"迫"二音：pò；pǎi，这是根据当年发表的《审音表初稿》改的。上文谈到《审音表》中的"统读"是单音字，是就审订后的读音说的，对审订前的异读来说大多数属于不别义异读，如"癌"等，也有一小部分是别义异读，如"傍"、"射"、"期"等，这一类音在推行的时候遇到的问题比较多。徐世荣对"期"废 jī 音不持异议，对"射"废 yè 音有不同意见："惟称古官名仆射，仍读 yè 音"，《现代汉语词典》"期"字保留了 jī 音。

音义相结合的原则当体现在各个方面。如文白异读的处理许多令其并存，就是考虑了这一点，但也有违背这一原则的。例如"凿"统读 záo，废了文读音 zuò。《现代汉语词典》在文读 zuò 音下收了三个词一个成语：凿空、凿枘、凿凿、方枘圆凿，三个词都标了〈书〉，表示是书面语词汇。读 záo 口语音，用来表示书面语词汇，极难行得通。

第三，语音规范与词汇规范相结合。普通话是以北京语音为标准音，以北方话为基础方言，以典范的白话文著作为语法规范。普通话的词汇要排斥土语，包括北京土话。普通话异读词审音，是语音规范问题，但与词汇规范有密切的关系。如果不注意这点，就可能把北京话中的许多土语成分带进普通话，我们在上面讲到审音时要排斥土语词就是这个道理。

下面谈谈轻声。《审音表》审订读轻声的27个：臂(·bei)、伯(·bo)、膊(·bo)、卜(·bo)、场(·chang 排～)、绰(·chuo 宽～)、点(·dian 打～)、掇(·duo 撺～ 掂～)、和(·huo 搀～ 搅～)、荒(·huang 饥～)、箕(·ji 簸～)、辑(·ji 逻～)、斤(·jin 千～)、矩(·ju 规～)、蓝(·lan 苤～)、量(·liang 掂～)、䁖(·lou 眍～)、喷(·pen 嚏～)、欠(·qian 打哈～)、趄(·qie 趔～)、散(·san 零～)、丧(·sang 哭～着脸)、匙(·shi 钥～)、沓(·ta 疲～)、蓿(·xu 苜～)、殖(·shi 骨

~)、碡(·zhou 碌~)。轻声词包括两个方面,一是语法方面的,如助词"了、着、的、地、得";语气词"啊、吗、呢、吧";词缀"子、头、们"。它们读轻声,没有问题,不存在异读。另一部分为一般词语,其特点是口语词或带有口语色彩的词;科学术语、文言词、外来词、新词等很少读轻声。上面27例,大都为口语词,像"逻辑"一词,《审音表》也当口语词来看待则不妥,"逻辑学"、"数理逻辑"等完全不能读轻声。

应该制订一个普通话最低限度轻声词词表。轻声词不能太多,否则不利于普通话的学习和推广。如果以《审音表》所订27个轻声字为参照,轻声词将会收得相当宽,不利于词汇规范。轻声异读的审订,还应当考虑语音的标准。有两种轻声:一为变轻式,一为变音式。前者字的声、韵都不变,只是声调弱化,读成了轻音,上面提到的27个轻声大都属于此类。变音式轻声,是指字读轻声后,或字的声母或字的韵母有变化。如"裳"、"匙"、"殖",声母本为 ch、ch、zh,轻读后则为 sh,由塞擦音变为擦音;它们古代皆为禅母字,是很有规律的变化。韵母变化的,如"萝卜"、"苤蓝","卜"的韵母由 u 变为 o;"蓝"的韵母由 an 变为 a。《审音表》既订"蓝"为轻声,却又在标音时作·lan,保留了韵尾-n,欠周当。

四 余 论

上面指出审音中的不足,旨在从学术上进行回顾和探讨。现代汉字标准化需要四定,即定量、定形、定音、定序。定音问题与异读词问题有直接关系。应该说由于审音工作开始得早,成效大,使历史上积累的异读减少了,这对汉字的定音工作很有帮助。进行定音工作,需要把异读词的审音完善化;从定音工作本身看,重点当是多音字的整理和研究。从多音字的语用功能说,多音字的音项可分两类:自由音项和黏着音项。前者如"重"chóng/zhòng;"处"chǔ/chù。其功能是:自由应用,有造句的功能;自由构词,有造词的功能。黏着音项,既不能自由应用,也不能自由构词,只依附于一定的词语中,如"尺"(工尺 chě)、"迫"(迫 pǎi 击炮)。"薄",《现代汉语词典》列三个音项:báo、bó、bò,前两个为自由音项,后一个为黏着音项,只用于"薄荷"一词中。定音当指有功能的音项说的,黏着音项可附于自由音项下,视需要可压缩或扩充,在定量的范围里,信息用字的字音实现定量化。这是迫切要做的事。

参考文献

王　力	1965	《论审音原则》,《中国语文》第 6 期。
李　荣	1990	《普通话与方言》,《中国语文》第 5 期。
周祖谟	1956	《普通话的正音问题》,《中国语文》第 5 期。
高名凯　刘正埮	1956	《语音规范化和汉字正音问题》,《新建设》第 3 期。
徐世荣	1965	《〈审音表〉使用一得》,《中国语文》第 2 期。
———	1997	《〈普通话异读词审音表〉释例》,语文出版社。
周定一	1965	《对〈审音表〉的体会》,《中国语文》第 2 期。
张拱贵	1963	《读〈普通话异读词三次审音总表初稿〉》,《文字改革》第 11、12 期。
张　朋	1980	《关于普通话审音工作的资料》,《语文现代化》第 3 期。
文大生	1982	《关于审音问题的几点想法》,《中国语文通讯》第 5 期。
靳光瑾	1990	《北京话的文白异读和普通话的正音原则》,北京大学硕士学位论文。
平山久雄	1995	《北京文言音基础方言里入声的情况》,《语言研究》第 1 期。
曹先擢	2001	《关于普通话文白异读的答问》,《辞书研究》第 1 期。

(原载《中国语文》2002 年第 1 期)

通假字问题*

一 什么是通假字

中文字典、词典大都有通假字的内容,辞书的使用者,尤其是辞书的编纂者,应该对通假字问题有较全面的了解。什么是通假字呢?通假字是古籍中的同音替代字,即用一个同音字或音近的字去表示另一个字的字义。如《史记·项羽本纪》:"旦日不可不蚤自来谢项王。"这里以"蚤"代替同音字"早"。我们将"蚤"称做通假字,"早"称做被通假字,也称本字。

"蚤"本指跳蚤,在上例中借用来表示"早晨",这个意义称做"蚤"的通假义。辞书在注释字义的时候,重要的通假义大都收注。[①]

通假字作为有特定内容的一词近几十年才用得比较普遍。以往多称假借字。假借字包括两类。一类是本无其字的假借,即《说文解字叙》中讲的:"假借者,本无其字,依声托事。"意思是说某个词义,无法按象形等办法造字,只好借用一个同音字去表示,例如"其",古文字作 ᙡ,指畚箕,而代词[tɕi]造字有困难,便借用"ᙡ"来表示,结果

---

* 此文原为庆贺韩国明知大学教授陈泰夏 60 寿辰写的。收入本文集时作了修改补充。

① 通假义的收注方式,不同的辞书常有不同的方式,如《新华字典》、《现代汉语词典》采用"古又同某"的办法说明;而古汉语字典、词典和大型的字典、词典则用"通某"来表示,如《辞源》、《辞海》、《汉语大字典》、《汉语大词典》等。

假而不归,表示畚箕的意思便另造"箕"字。这种假借又称为造字的假借。另一类假借是本有其字的假借。汉末训诂学家郑玄说:"其始书也,仓卒无其字,或以音类比方假借为之。"所谓"仓卒无其字",言外之意,是"本有其字",只是"仓卒"间不用而已。这里实际上把"本有其字"的假借提出来了。这种本有其字的假借就是我们说的通假字。

通假字一般指文言作品中的同音替代。唐宋以来的白话作品也有许多同音替代的现象,例如《敦煌变文·佛说阿弥陀经讲经文》:"应是天王左右,助作金门"。这里"助作"即"助佐",以"作"通"佐"(今日做菜的"佐料"也作"作料")。白话文里的同音替代所反映的语言情况,是另一类问题,因此我们讲的通假字一般不包括它。

文言文始于先秦,形成于汉。文言文在开始的时候并不脱离口语,魏晋以后在历史的发展中,渐渐与口语脱节而凝固化,它虽然也吸收一些口语的营养,但其词汇、语法的体系主要是先秦两汉时代的。研究通假字主要是依据先秦两汉时代的作品,也可旁及魏晋,以后则为文言文作品。中国古代文献主要是用文言文写的,所以研究通假字意义是很大的。

传统音韵学把先秦两汉时代的语音称做古音,把隋唐时代兼及宋的音称做今音。为了揭示通假字所反映语音的时代性,也有人把通假字称做古音通假。

二 通假字涉及古代文籍的各个方面

古代文籍各个方面都有通假字,不识通假字会造成误读古书的严重后果。兹举例说明之:

史学方面的。《左传·襄公三十一年》："缮完葺墙，以待宾客。"唐李涪不识完为通假字，改完为宇。杨伯峻《春秋左传注》："完借为院。"杨注正确。今日之院，在《说文解字》有两个字，一为寏，重文为院，注云"周垣也。"一为院，从阜，完声，注云"坚也。"作周垣的寏后作院。寏、完其声旁为阮、元；而阮又从元得声，以完通院，既有音理之根据，于字形亦无扞格之处。

《尚书·周书·无逸》："其在高宗（指殷高宗），时旧劳于外，爰暨小人。作其即位，乃或亮阴，三年不言。"杨筠如《尚书覈诂》："亮阴，《论语》作谅阴。《礼记·丧服四制》篇作京闇，《大传》作梁闇。郑谓谅闇，转作梁闇。小乙崩，武丁立，忧丧三年之礼，居倚庐，柱楣，不言政事。"郭沫若从殷墟卜辞中考证，指出：殷高宗在即位后的第二年即有自行贞卜、自行稽疑、自行主祭的事，不存在殷王守丧三年不言政事的情况。亮闇之闇，通"瘖"，即口不能言；亮通谅，信也。高宗亮阴实指殷王患了严重的不言症。邓广铭先生非常推崇郭沫若的上述解释，他说："如果我们承认郭老这一创见的重要性，我们也必须承认训诂学在历史研究中的重要性。"（《北京大学学报》1983年第四期）

文学方面的。《诗经·豳风·七月》："八月剥枣，十月获稻。"宋代大文学家王安石曾将剥字误释为"剥其皮而进之，所以养老也"，后发现剥为扑的通假字，扑枣即打枣。洪兴祖注《楚辞》"緪瑟兮交鼓，萧钟兮瑶簴"的"萧"，注为乐器，后听一蜀客的意见注为"捎"的通假字，始得正确。（均见洪迈《容斋续笔·注书难》卷十五）

《诗经·鄘风·君子偕老》："其之翟也，鬒发如云。"段玉裁认为这里"也"通"兮"："兮也古通，故毛诗兮也二字，他书所称（引）或互易"，"古尚书、周易无也字，毛诗、周官始见，而孔门盛行之。各书所用也字，本兮字之假借"（《诗经小学》）。"也"是一个表示判断的语气词，

"兮"是一个表示感叹的语气词,差别很大,我们只有明白"其之翟也"实为"其之翟兮",才能领悟诗之情趣。近人洪诚教授更指出:"也这个语助词在起初相当长的时期中,只用于韵文,不用于散文,这一特征足以证明它的原始性质。也字原来是跟兮字的性质相同的语气词,韵文中容易出现,散文中可以不用。到后来,散文经过发展必须用陈述语气词时,也跟兮分开:表示陈述语气尤其是决断语气散文中只用也,不用兮;用兮的地方可以用也,因为它的原始意义一时没有消失。由此看来,也字既成为陈述语气词,为什么又能用在名词主语后表示停顿语气(赐也,始可以言诗矣),它的原因就很清楚了。"(见《中国语文》1979年5期)。早在段玉裁之前,明末黄生,在其《字诂》中已指出"也"可通"兮"了。

《史记·荆轲列传》"此臣之日夜切齿腐心也"某高中语文课文注为:"切齿腐心,咬牙痛心。"《战国策·燕策三》:"此臣日夜切齿拊心。"清王念孙《读书杂志》说上面的腐是拊的通假字,拊心就是搥胸。高中课本没有注意到"腐"是通假字。

陶渊明《饮酒》二十首序:"偶有名酒,无夕不饮",此处偶为遇之通假字,作"偶"解亦勉强可通,然《唐诗纪事》二十綦毋潜《春泛若耶溪》:"幽意无断绝,此去随所偶",则"偶"必视为"遇"之通假字方可读通。

军事方面的。银雀山汉墓竹简:"胜夜战不胜夜战。"有人理解为"胜任夜战(或)不胜任夜战"。添字释读,终非佳选。后考证出此"夜"为"亦"之通假字,即"胜亦战不胜亦战",言无后退或作别的考虑之余地,全文豁然贯通。此为文字学家朱德熙教授、裘锡圭教授在参加整理汉墓竹简中所揭示通假问题的典型例证(《语文研究》1982年第2期)。

《战国策·秦策一》:"弃甲兵怒,战慄而却",新版《辞源》在却字条下引为"弃甲兵,怒战慄而却",将怒视为本字。此处怒实为弩之通假字。《辞源》"战"字条下：[战䎐]。引《韩非子·初见秦》："弃甲兵弩，战䎐而却。"可证明《战国策》之"怒"当为"弩"之通假字。

天文学方面的。《春秋·庄公七年》"夜中星陨如雨"。某人言此次陨星下雨一般。实则大误。此处"如"为"而"之通假字，言"星陨而雨"。（见《经词衍释》）

《汉书·天文志》："辰星过太白，间可械剑。"唐颜师古注引苏林："械音函。函，容也，其间可容一剑也。"即械通函。如不识械为函之通假字，文意难明。

地理方面的。《水经注·江水·三峡》："或王命急宣，有时朝发白帝，暮到江陵，其间千二百里，虽乘奔御风，不以疾也。"某古代汉语教材（北京出版社出版）"不以"，注为"不以为"。大误。日行一千二百里，尚不以为疾速，于情理难合。此处"以"为"似"之通假字，言日行一千二百里其速度之快，即使乘奔御风也不像如此之速了。这样理解才能体味江流之湍急。《周易·明夷》："文王以之。"荀谞、向秀"以"作"似"。古人以"以"通"似"不乏用例。

《尚书·禹贡》："彭蠡既猪，阳鸟攸居"，又"大野既猪"。这里的猪，皆为都之通假字，《史记》正作"都"字。"都"是聚集的意思。《水经注·文水》："水泽所聚谓之都，亦曰潴。"我国四川的都江堰，为战国时代蜀相李冰所修建。都江者，聚集江水之谓也。现在一般人不了解"都"的这个意义了。

范仲淹《岳阳楼记》："予观夫巴陵胜状，在洞庭一湖：衔远山，吞长江，浩浩汤汤，横无际涯。"此处衔非指"接"，而通"含"，即包含。这样理解才能体会洞庭浩瀚无涯。《孔雀东南飞》"阿女衔泪答"，衔泪即含泪。其他方面的。《史记·五帝本纪》："时播百谷草木。"《集解》："王肃曰：时，是也。"《正义》："言顺四时之所宜而布种百谷草木。"《五帝本纪》:"舜曰:'弃,黎民始饥,汝后稷播时百谷'。"《集解》:"郑玄曰:'时,读曰莳'。"《正义》:"稷,农官。播时,谓顺四时而种百谷。"《史记·周本纪》:"尔后稷播时百谷。"未见注解。这里只有郑玄将"时"注为"莳"的通假字是正确的。《说文解字》:"莳,更别種也。"段玉裁:"今江苏人移秧插田中曰莳秧。"王鸣盛说得更具体:"春末下稻种出秧,至仲夏雨至,田中有水,乃拔取秧分科段更复插之,俗名莳秧。"这是农业种植上重要的进步:先集中育秧,可提早农时,便壮苗,对农业增产意义重大。所以理解"时"通"莳"有助于考察中国农业种植技术的发展。我们还可以从语言结构上指出"时"为"莳"的通假字。莳、播都是讲农业种植的,是同义词(泛义的),因此,时播又可作播时,如果"时"为代词,或指时间,用作状语,汉语中是不能既说时播,又说播时的。这是农学方面的,下面讲一个医学方面的例子。《素问·痹论》:"经络时疏,故不通",既言时"疏"(通),又言"不通",岂不矛盾?于鬯《香草续校书》说:"按,通作痛。通、痛并谐甬声,故得假借。甲乙经阴受病发痹篇作'痛',正字也;此作'通',假借字也。不省'通'为假字,则既言'疏',又言'不通',义皆反矣。"认识"通"为"痛"之假借字,则文从字顺了。

例子尚夥,不烦缕举。

三　缘何先秦两汉古籍中多通假字

我们读先秦两汉的古籍深感通假字多,其实传本古籍中的通假字,在流传中,有的已被改为本字。清段玉裁说:"壁中古文多假借字……如《洪范》以玻为好,《顾命》以莫为蔑,《牧誓》以狟为桓,皆壁中古文。今《尚书》作好、蔑、桓者,孔安国以今文字读古文而易之。"

(《说文解字段注》皈字)。清钱大昕说:"《左传》宣十二年'二憾往矣',成二年'朝夕释憾',唐石经初刻皆作'感',后乃加心旁。惟昭十一年'唯蔡于感'不加心旁,盖刊改偶未及耳。"(《十驾斋养新录》卷三)近人商承祚教授说:"三体石经(也称魏石经、正始石经,刻于公元241年,用古文、小篆和汉隶三种字体刻成)中假借字也极为普遍。如借膚为盧、借奠为鄭、借工为功、借才为在、借兽为狩、借羿为敖、借戬为捷、借麋为迷等。"(《石刻篆文编序》)高亨教授把马王堆西汉帛书(1972-1974年发现)的《老子》同传本《老子》的文字进行了比较,得出的结论是"帛书老子多用借字"。(《文物》1974年第11期)笔者曾将银雀山西汉竹简(1972年发现)中的《孙武兵法》与传本《孙子兵法》的用字进行对照,亦发现竹简所用通假字多,如轻/经(前一个为竹简用字,后一个为传本用字)、请/情、知/智、视/示、顿/钝、适/敌、皮/彼、胃/谓、臧/藏、蒽/聪、贷/忒、洫/镒、朱/铢、刑/形、段/碬、冬/终、惠/勇、生/性、生/姓、注/主、皇/况、唯/雖、辟/避、立/位、责/積、汙/迂、兑/锐、谒/遏、拳/倦、贼/测、温/愠、侍/待、葆/宝、巍/魏、若/诺、畏/威、扁/篇、古/姑、盖/阖等。

先秦两汉古籍中通假字多,原因大致有以下几点:

1. 古代字少。作为具有系统性的文字,汉字的历史可上溯到公元前14-前11世纪的殷商时代的甲骨文(按六千年前仰韶文化时期,已有近似文字的刻符,但不能表示语言,不算严格意义上的文字),从此汉字在不断增生、变化。秦汉时期是汉字变化最重要的时期。甲骨文被整理出的单字有4000多,而真正被释读的为一千多字。西汉时将秦代李斯的《仓颉篇》、赵高《爱历篇》、胡毋敬《博学篇》合编为《仓颉篇》,收字3300个。西汉扬雄作《训纂篇》,收字5340个,东汉班固续之,字数增至6120个,许慎作《说文解字》,收字9353个,异体字1163

个,合计为 10516 个。三国时代魏张揖作《广雅》,收字 18150 个。从秦代(公元前 221-前 206)至魏(公元 220-265),不到五百年的时间,汉字增加了六倍。古时字少,常要借音表意。据吉林大学古文字研究室统计,甲骨文时期,按同音假借的办法用字占 90%,唐张参说:"前古字少,后代稍益之,故经典音字,多有假借。"(《五经文字·序》)

2. 汉字规范程度较低。这要从两个方面来说,其一从汉字本身来说。汉字的增加,主要是增加形声字来实现的。形声字增加主要是靠添加声旁来实现的。形声声旁的添加扩展可分两个方面,一是横向的,即在一个平面上扩展,如父是一个会意字,它可以与不同形符结合,构成甫、斧、釜、咹、鴀、釜、布等。一是纵向的,即一代一代地发展:父→甫→尃→溥→薄→礴,呈代次性发展:

第一代　父

↓

第二代　甫　斧　釜　咹　鴀　釜　布

↓

第三代　尃　脯　莆　俌　鯆　鄘　逋　舖　圃

↓

第四代　溥　搏　鎛　博　傅　膊　癆　髆　鱄　賻

↓

第五代　薄　簿　礴

↓

第六代　礴　轠　鏷　鱛　欂①

---

① 1982 年我在中央电视大学古代汉语课讲汉字结构便提出这种分析方法。参见《古代汉语讲授纲要》,中央广播电视大学出版社,1983 年。

汉字的偏旁,在开始时是不十分稳定的,即没有完全固化。如由"甫"产生"圃"、"専",但用字时常常可以不加形旁"囗""寸",而仍作"甫"(参见《汉语大字典》"甫"字)。对古人来说只是写字的时候随意增加或省减偏旁的问题,在偏旁完全凝固化的后代,便视为不同字之间的通假了。

另一方面从汉语来看,汉字是一种音节文字。汉语的音节有一个定数。《广韵》反映汉语的中古音系,有3800个音节。上古无此种资料,姑以中古音为参考系数来考察。《仓颉篇》3300个字,一个音节分配不到一个字;至《广雅》为18000字,一个音节平均近6个字。这个数估计可满足语言分配需要。现代汉语1400个音节(北京话),通用字7000个,一个音节平均5个字。

但我们不能这么作简单的平均。汉字是一种表意文字。每个汉字都具有形、音、义三个方面,如"爱"字,有形、音、义。然而从音节看,例如《新华字典》ài 音节有六个字:爱、艾、隘、碍、瑷、嗳。从功能上看,表示 ài 的音,此六字都具有,然而表示喜爱的意思,只有爱字具备,其他字则无;同样,别的字则用来表示另外的意思。有所分工,各不相扰。而这种分工,不是一朝一夕完成的,而是在长期的使用中经过约定俗成而完成的。然而在先秦两汉和以后一个相当长的时间,同音字之间常可通借,说明字义间的分工尚未完成。这是古籍中通假字多的深层的原因:表意体系的汉字与汉语的结合处在尚未成熟的阶段。

3. 古人学习重在耳治,尚音。清王筠说:"郝敬曰:'后人用字尚义,古人用字尚音。'至哉言也。"(《说文释例》卷三)清钱大昕说:"古人以音载义。"(段玉裁《六书音均表·钱序》)所谓尚音,就一个字言,用字时不管形符(又称义符)如何,而字可达到表示语音的效果即可,就像唐陆德明在《经典释文·叙录》中所说的:"岂必飞禽即须安鸟,水族便应著鱼,虫属要作虫旁,草类皆从两屮。"也就是不管义符如何,不必拘泥。就群字而言,便是同音字之间可以通假,如以"胃"表示"谓",以"视"表示"示"等。

　　造成这种情况的客观原因是书写工具的困难。纸是东汉时代发明的,广泛应用于书写是魏晋以后的事。古时字写在竹简上、帛上,竹简笨重,帛价昂贵,因此,人们学习以及知识的传授,多凭口述耳闻。元戴侗《六书故》有言:"周礼,九岁则属瞽史而喻书名,听声音。史正书名;瞽协声音。声,耳治;书,目治也。"清王筠说:"汉儒口授,重耳学。"像《尚书》这样的重要典籍,西汉初是由一个叫伏生的儒家口讲传授的。口授是当时传授知识的基本方法。这样记录下的文字,音同音近通用的情况自然会多。唐孔颖达说:"诗又口之咏歌,不专以竹制相授,音既相近,故遂用之。"(《诗经·小雅·渐渐之石》疏)既为口授,不免有时带上方言,更增加了文字通假的复杂性。

四　通假字的类型

　　通假字尽管数量多,但从类型上讲无非是以下几类(以 A 代表通假字,B 代表被通假字):

　　1. 单项通假,即 A→B。如以"宵"通"小":《庄子·列御寇》:"宵人之离外刑者,金木讯之。"《礼记·学记》:"宵雅肄三,官其始也。"《汉书·武五子传》:"毋迩宵人。"《新唐书·吴凑传》:"中人所市,不便宵民,徒纷纷流议。"以"命"通"名"。a.起名。《左传·桓公二年》:"晋穆侯之夫人姜氏以条之役生大子,命之曰仇。"b.名称、名籍。《吕氏春秋·察今》:"东夏之命,古今之法,言异而典殊。"《史记·张耳陈馀列传》:"张耳尝亡命,游外黄。"亡命即亡名,指脱名籍而出逃。c. 名声,出名。《汉书·楚元王传赞》:"圣人不出,其间必有命世者焉。""命世"即著名于世。

2. 二字互通,即 $A \rightleftharpoons B$。如以"正"通"政":《左传·隐公十年》:"不贪其土,以劳王爵,正之体也。"《汉书·陆贾传》:"夫秦失其正,诸侯豪桀(傑)起。"又以"政"通"正":《韩非子·难三》:"故群臣公政而无私。"《世说新语·规箴》:"殷觊病困,看人政见半面。"又如以"恶"通"亚":《周易·系辞上》:"言天下之至赜而不可恶也。"《经典释文》:"荀(爽)作亚。亚,次也。"又以"亚"通"恶":马王堆汉墓帛书《经法四度》:"美亚有名,逆顺有刑(形)。"

3. 一字多通,即 $A \rightarrow B_1, B_2, B_3 \cdots$。如"矢"可通"誓":《诗经·鄘风·柏舟》:"至死矢靡它。"《论语·雍也》:"夫子矢之曰:'予所否者,天厌之,天厌之。'"可通"屎":《左传·文公十八年》:"杀而埋之马矢之中。"《史记·廉颇蔺相如列传》:"廉将军虽老,尚善饭,然与臣坐,顷之三遗矢矣。"可通"陈":《诗经·大雅·大明》:"矢于牧野。"《左传·隐公五年》:"公矢乔鱼于棠。"可通"兕"(新的资料):马王堆汉墓帛书《老子》甲本:"陵行不(避)矢虎。"又如"有"可通"域":《诗经·商颂·玄鸟》:"奄有九有。"可通"或":《尚书·多士》:"朕不敢有后。"可通"友":《左传·昭公二十年》:"是不有寡君也。"可通"为":《国语·晋语一》:"克围得妃,其有吉孰大焉。"可通"又":《诗经·邶风·终风》:"终风且曀,不日有曀。"

4. 几个通假字共一个被通假字,即 $A_1 A_2 A_3 \cdots \rightarrow B$。例如下列例句分别以"羅"、"離"、"麗"通"罹":《汉书·于定国传》:"羅文法者于公所决皆不限。"贾谊《吊屈原赋》:"嗟苦先生,独離此咎。"《诗经·小雅·鱼丽》:"鱼麗于罶。"下列例句分别以"俗"、"裕"、"谷"通"欲":《荀子·王制》:"诸侯俗反,则天王非其人也。"(按,毛公鼎铭文有"俗

(欲)我弗先王忧")《尚书·康诰》:"宏于天若德,裕乃身不废在王命。"(若德:善德。在王命:承受王命)。《老子》六章:"谷神不死,是谓玄牝。"(马叙伦《老子校诂》:"陆德明曰:'谷',河上本作'浴'……洪颐煊:'谷'、'浴',并'欲'之借字。")

5. 群字互通。例如"材"可通"才"、"裁";"财"可通"裁"、"才"、"材";"裁"可通"材"、"才";"才"可通"材"、"裁"。材→才:1.才能。《尚书·咸有一德》:"任官惟贤材。"《汉书·李广传》:"李广材气,天下亡双。"2.仅。《汉书·匈奴传》:"郅支人众中寒道死,余材三千人到康居。"材→裁。1.截裁。《韩非子·十过》:"斩山木而材之,削锯修之迹。"2.安排。《荀子·富国》:"治万变,材万物,养万民。"财→裁。1.斟酌定夺。《汉书·窦婴传》:"所赐金陈廊庑下,军吏过,辄令财取为用。"2.裁判。《史记·吕太后本纪》:"于嗟不可悔兮,宁早自财。"汉晁错《言兵事疏》:"唯陛下财择。"财→才。1.才能。《孟子·尽心上》:"有达财者。"2.仅。《汉书·李广利传》:"士财有数千。"财→材。《韩非子·外储说右上》:"用财若一也,加务善之。"贾思勰《齐民要术·序》:"殖财种树。"裁→才。仅,刚。《后汉书·班超传》:"今虏使到裁数日。"《聊斋志异·促织》:"手裁举,则又超忽而跃。"裁→材。《文选·马融〈长笛赋〉》:"裁以当笛便易持。"才→材。材料。《后汉书·马融传》:"五才之用,无或可废。"(五材:金、木、水、火、土)才→裁。1.剪裁。《盐铁论·诏圣》:"故衣弊而革(改)才。"2.裁夺。《战国策·赵策一》:"今有城市之邑七十,愿拜内(纳)之于王,惟王才之。"

现列表以说明:

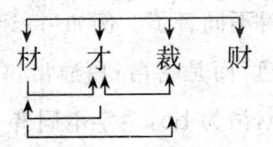

```
  材  才  裁  财
```

6. 隔字相通，即 A→B→C。例如明→萌→氓。《韩非子·主道》："臣得行义而主失明,臣得树人则主失党。"陶鸿庆注："明当为萌。本书多以萌为民、氓"（见陈奇猷《韩非子集解》第 82 页）。又如辰→时→伺。《诗经·齐风·东方未明》："不能辰夜,不夙则莫。"清马瑞辰《毛诗传笺通释》：辰通时,时通伺,"不能辰夜,即不能伺夜。"又如焉→安→颇。《荀子·非相》："公孙吕,身长七尺,面长三尺,焉广三寸。"梁启雄《荀子简释》引王绍兰解释："安焉古通",此"焉"则"颇"之借字也。

7. 二字连通。指两个通假字先后相随。如《墨子·非攻上》："往而靡弊腑冷不反者,不可胜数。"这里腑通腐,冷通烂,腑冷即腐烂。《左传·昭公十八年》："大人患失而惑,又曰:可以无学,无学不害。"章炳麟《春秋左传读》："患借为贯,习也；失,借为佚。本不好学矣,惑于众说,又曰可以无学,无学不害。"患失即贯佚,是习于安乐的意思。我们知道通假字的认读,要靠上下文,如果上下文愈明白,通假字认读就容易一些。一连两个通假字,增加了认读的困难。

五 研究通假字应注意的几个问题

第一,字音问题。原则上讲,只有同音字才能通假,因为这符合语言音同义通的原则,以"蚤"代"早",以"畔"代"叛",以"财"代"才",我们在听觉上不存在障碍,只有在"目治"上觉得不合习惯而已。

但是语音是有时代性的,古代同音的,在今日也可能同音（如蚤/早、财/才）,也可能变得不同音了。例如《诗经·小雅·六月》"白旆央央",这里"白"非指白色,而是指帛：白通帛,白帛古同音,今北京话"白"读 bái（指口语音）,帛为 bó,二字不同音。也有今音相同,古音不同的,如《诗经·召南·小星》:"肃肃宵征,夙夜在公,寔命不同",以"寔"通"实"。二字今音皆读 shí,古音"寔"为禅母职部,"实"为船母质部,声和韵都不同。

分析通假字需要音韵学知识。例如古以"能"通"耐":《汉书·食货志》:"比成,埒尽而根深,能风与旱",能通耐。古代二字双声叠韵,二字相通是很自然的,而今音二字相去甚远,不懂音韵学便很难明白二字何以能相通。

通假字反映的语音,主要是先秦两汉时代的古音,也就是上古音。分析上古音不同于分析中古音。分析中古音我们有《广韵》等韵书为依据,而对上古音来说情况有很大的不同。

在一个很长的时期,人们并不晓得语音是发展的,误认为秦汉的音和后代的音是一样的,因此像唐明皇读《尚书·洪范》"无偏无颇,遵王之义"时觉得"颇"与"义"音不相谐,竟下令将"颇"字改为"陂"字。其实在上古颇、义、陂三字都为歌部字,主要元音都是 a(为阴声韵),是完全相谐的,"颇"与"义"到唐代变得韵不相同了。改古书用字,正反映当时人们还不了解上古音。宋代大学问家朱熹,博通经史,但他所著的《诗集传》、《楚辞集注》采用"叶音"说,用宋代的语音去分析先秦的语音。直到明末陈第提出"时有古今,地有南北,字有更革,音有转移"的科学论断,中国音韵学界才开始注意到上古音问题。进入清代,经顾炎武、江永、戴震、段玉裁、钱大昕、孔广森、王念孙、江有诰等几代人的努力,建立了古音学。清代的学者中很多人知道词义是由语音来表示的,懂得在古书的训释上,应该因声求义,而不应受汉字字形的束缚。通假字是据音表义的,如果局限于字形,在释读时便滞碍难通;如因声求义,便可左右逢源,得古义之真谛。正如清戴震说:"夫六经字多假借,音声失而假借之意何以得?"(段玉裁《六书音均表序》)。清代小学昌盛,古籍中字句上的问题许多经考证而获得解决。清代朴学家运用的一个重要方法,便是因声求义,揭示通假字的义蕴,其代表人物便是王念孙、王引之父子。王引之说:"训诂之指,存乎声音。字之声同声近者,经传往往假借。学者以声求义,破其假借之字而读以本字,则涣然冰释。"(《经义述闻·序》)例如《尚书》"汤汤洪水方割"、"小民方兴"、"方行天下"、"方告无辜于上",从汉代以来,把上述"方"解释为"方方"、"四方"、"一方",离不开"方"字,受字形拘牵,王引之从音入手,认为方就是旁字,本义指普遍(见《经义述闻》卷三),把千年古籍疑义揭示出来,令人叹服。又如《礼记》:"唯某之闻苌宏亦若吾子之言也。"王引之指出"唯"是"雖"的通假字。我们可以从《史记·汲黯传》找到相同的例证:"唯天子亦不说(悦)也。"出土的汉墓竹简《孙膑兵法·势备》:"剑之为陈(阵)也,剑无封(锋),唯孟贲不敢……",同书《奇正》篇:"使民唯不利,进死而不荀(旋)踵",皆以"唯"通"雖",可见科学的推断是可以做到与地下资料相密合。王引之《经义述闻》卷三十二经文假借,集中反映了王氏运用通假字的分析去考释古籍的成果。共列通假字252条,其中属变声叠韵的109条,属叠韵的100条,变声的21条,声韵不同但从发音部位发音方法上比较相近的20条,较远的2条。我们今日分析通假字,在字音的分析上与清代朴学家是基本上相同的,只不过有某些新的进步而已。

所谓新的进步,主要指清人分析字音,比较着重在韵上,我们今日则既重韵又重声。王国维说:"近儒言古韵明而后训诂明。然古人转注、假借多取变声,然则与其谓古韵明而后训诂明,毋宁谓古变声明而后训诂明欤"(《尔雅草木虫鱼鸟兽释例·序》)。钱玄同说"窃谓古今语言之转变,由于变声者多,由于叠韵者,不同韵之字,以同纽之故而得通转者往往有之"(《文字学音篇》)。他们强调声的重要是正确的,但不宜忽视韵的重要,我们的做法是声韵并重。

清代学者重视古韵是有原因的,因为清代古音学的建立,是从分析《诗经》《楚辞》用韵开始的,从而建立了古韵部。至于声母的研究,不像韵,有系统的材料可作依据。音韵学家对上古声母的认识,主要局限于中古声母的格局,但有些学者,能够在此范围内有所突破。在清代则为钱大昕,提出古无轻唇音、古无舌上音(《十驾斋养新录》卷五)。到了近代则有新的开拓:章炳麟提出娘日二母归泥(《国故论衡》古娘日二纽归泥说),黄侃提出照系二等归精系,照系三等归端系(见钱玄同《文字学音篇》),曾连乾提出喻母三等归匣母,喻四归定母(《喻母古读考》),这些学术研究的成果,对我们分析古籍的通假字是有意义的。例如银雀山汉墓竹简《孙膑兵法》:"神戎战斧遂,黄帝战蜀禄",这里戎通农,神戎即神农:戎是日母字,农是泥母字,古代日归泥故二字相通。

第二,字形问题。通假字与被通假字,有的在字形上没有关系,如罴通疲,蚤通早等。但很多在字形上有关系。(1)通假字为声旁字,被通假字为形声字,如上面讲到的方通旁。又如以立通位:《左传·襄公三年》:"祁奚请老,晋侯问嗣焉。称解狐,其雠也,将立之而卒。"杨伯峻《春秋左传注》:"立同位,谓位置解狐。"《战国策·赵策二》:"嗣立不忘先德,君之道也。"中山王礨壶:"而臣宗易立。"以府通腑(脏腑):《吕氏春秋·达郁》:"五藏(脏)六府。"《黄帝内经·素问·热论》:"五藏已伤,六府不通。"府通俯:《荀子·非相》:"府然若渠匽櫽括之于己也。"《列子·周穆王》:"王府而视之。"可通何:《左传·定公五年》:"国亡矣,死者若有知也,可以歆旧祀?"《晏子春秋·外篇》:"天之变,彗星之出,庸可悲乎?"(清王念孙《读书杂志》:"可读曰何。")睡虎地秦墓竹简《法律答问》:"可谓驾(加)罪?"(2)通假字为形声字,被通假为该字的声旁字。如上面讲到的以夜(从夕,亦声)通亦。又如以仁通人:《论语·雍也》:"虽告之曰:'井有仁焉',其从之也?"《管子·立政》:"大德不至仁,不可以授国柄。"以匪通非:1.不是。《诗经·邶风·柏舟》:"我心匪石,不可转也。"李白《蜀道难》:"所守或匪亲,化为狼与豺。"2.不。《诗经·大雅·烝民》:"夙夜匪解。"《左传·僖公十五年》:"使我两君匪以玉帛相见而以兴戎。"(3)同声旁的形声字之间相通。例如税通脱:《左传·庄公九年》:"管仲请囚,鲍叔受之,及堂阜而税之。"(税之:解脱对他的囚缚)《孟子·告子下》:"不税冕而行。"说也可以通脱:《左传·襄公二十五年》:"不说弁而死于崔氏。"《周易·蒙卦》:"用说桎梏。"《礼记·文王世子》:"文王有疾,武王不说冠带而养。"(养:奉养)说通税(指止息):《左传·宣公十二年》:"右广鸡鸣而驾,日中而说。"《诗经·召南·甘棠》:"蔽芾甘棠,勿剪勿拜(拔),召伯所说。"又过通祸:《荀子·修身》:"人有此三行,虽有大过,天其不遂乎?"清俞樾《诸子平议》卷一二:"过当为祸。"马王堆汉墓帛书《战国策》:"齐勺(赵)循善,燕之大过。"睡虎地秦墓竹简《为吏之道》:"正行修身,过去福存。"《汉书·公孙宏传》:"虽阳与善,后竟报其过。"

辨认通假字的主要方法是因声求义,而汉字百分之九十以上是形声字,形声字的声旁是反映语音的,特别是反映古音的,因此,我们应充分利用这个条件。我们这里说的是字形问题,但实际上是说语音的问题。

第三,字义问题。在一个有通假字的句子里,如上面讲到的"旦日不可不蚤自来谢项王",这个句子有九个词:旦日/不/可/不/蚤/自/来/谢/项王。其中除"蚤"外,其他八个字词汉字的形式与词义相匹配,在阅读上不发生障碍,只有"蚤"与汉字的形式不相匹配,我们把"蚤"这个词用 X 表示,通假字用 A 表示,被通假字用 B 表示。这样我就得出这样一个结论:通假字 A(蚤)与通假词 X 具有矛盾性,即不匹配性;被通假字 B(早)与通假词 X 具有同一性,即可匹配性。

现在摆在我们面前的只有通假字"蚤",通假词是什么,我们是根据"蚤"的字音和上下文意,而认为是"早晨"。由此,我进而推定被通假字"早"。

这种推定有时比较容易,有时比较困难。比较容易有三个条件:1.通假字字义比较简单;2.被通假字字义比较简单;3.通假词义比较显豁。如果这三个条件都具备,我们就比较容易认识通假字,比较顺利地读懂文句。"蚤"通"早"便属于此种类型。

如果 A 的字义复杂,情况就困难得多。例如《墨子·观士》:"昔者文公出而正天下。"清毕沅认为此处"正"是"征"的通假字。清王念孙则指出:"毕读非也。尔雅云:'正,长也。'晋文(公)为诸侯盟主,故曰正天下。"(见孙诒让《墨子间诂》)我们说 A 与 X 在意义上不相匹配是就 A 的全部字义说的。《古汉语常用字字典》(商务印书馆)正字收了八个义项,但未收"长"这个义项,毕沅正是忽略了"长"这个意义,而认为"正"字在这里无法释读,便把"正"视做"征"的通假字。把"正天下"解释为"征服天下",似乎通顺,但实际是不正确的。把"正"释为"长",即首领,而这里又用为动词,即成为诸侯的首领,才是正确的。即"正"用的是正字,而不是通假字。

如果 B 的字义复杂,也会影响正确的释读。例如《尚书·无逸》:"先知稼穑之艰难乃逸,则知小人之依也。"清王引之《经义述闻》卷四:"依,隐也,谓知小人之隐也。《周语》'勤恤民隐'书注:'隐,痛也。'"《古汉语常用字字典》,"隐"字列六个义项,有"伤痛"义,不属主要义项(六个义项是:短墙、隐藏、精微深奥、隐瞒、伤痛、倚)。如果对

"隐"字字义一知半解,便不能识别"依"通"隐"。

还要考虑字形字义古今的变化。《礼记·典礼》:"离坐离立,毋往参焉。""离"通"丽",意思是说(遇上)两人坐着或立着,你不要走近参与其事(因为他们可能有私事)。"丽"在古代可以用来指"两人",这个意思后代写做"俪"。一般人不晓得"丽"有此义。辨认字的通假关系,要了解字的古义,不要受变化了的今义限制。

识别通假字要根据上下文的意思。上下文的意思有时很不容易判断。例如《左传·文公十一年》:"皇父之二子死焉。"就一般的句式说"之"这里当为结构助词,即皇父的二子死于这件事。但历史事实是皇父本人也死了。因此"之"不是结构助词,而是连词"与"的通假字(见王引之《经传释词》、裴学海《古书虚字集释》)。

从字义说,我们要注意通假字与同源字的关系。我们曾指出通假字 A 与通假词 X,意义上具有不匹配性,被通假字与通假词 X,意义上具有匹配性,因此,A 与 B 在字义上愈无关系,通假字与被通假字的关系就显示得愈清楚。通假字与被通假字如果是同源字,情况就不同了。同源字因为是共源的,所以其意义就有共同的地方。例如亡与忘。"亡"指遗失,消失,"忘"指思想上的消失,因此当出现这样的句子:《诗经·邶风·绿衣》:"心之忧矣,曷维其亡";《礼记·檀弓下》:"为一饮一食,亡君之疾";《韩非子·难二》:"昔者晋文公慕于齐女而亡归";《论衡·儒增》:"闻用精者,察物不见,存道以亡身。"从意义匹配上讲,忘与亡与 X 词义都是匹配的,但忘更为匹配,所以要说亡通忘。有时匹配的程度几乎是相当的,不分上下的,例如"亡"与"无","无"指没有。《论语·子张》:"日知其所亡,月无忘其所能,可谓好学也矣。"《汉书·霍光传》:"将军冠,朕知是书诈也。将军亡罪。"《列子·汤问》:"河曲智叟亡以应。"有人把"亡"看做"无"的通假字,有人认为"亡"本字可释读,不烦通假,因为消失的结果是"没有";"亡"本身也有"没有"的含义。应该把通假字与同源字区别开来。

下面谈谈通假字和同音双关的关系。《乐府诗集》卷四六《华山畿》:"别后长相思,顿书千丈阙,题(啼)碑(悲)无罢时。""题"不是"啼"的通假字,"碑"不是"悲"的通假字,因为通假字与被通假字是相互排斥的关系,而同音双关则是互补的。双关是语言上的问题:同一个语音形式,有两层含义,通假是汉字使用上的问题:"旦日不可不蚤自来谢项王"、"旦日不可不早自来谢项王",不管写的是"蚤"还是"早",说出来是一样的。因此不应该把双关与通假相混淆。《周易》是一部比较特殊的书,其中许多文句属于双关句。清焦循《易话·周易用假借论》就谈到这个问题。如"据蒺藜"这里蒺藜既指植物名,蒺又指疾,谓"疾据贤人"。可见分别同音双关和同音通假不同,在研究《易经》时是至为重要的。清皮锡瑞《经学通论》对此大加赞扬,说"蒺藜为迟疾之疾,即子夜(即《乐府诗集》中的《子夜歌》)之双关也。"

例证三个方面。(1)同类例证,即 A→B,例证愈多,愈证明使用上的广泛性。例如惠通慧。《荀子·君道》:"其知惠足使规物,其端诚足使定物,然后可。"《列子·汤问》:"甚矣,汝之不惠。"《汉书·昌邑王髆传》:"察故王衣服言语跪起,清狂不惠。"《后汉书·孔融传》:"将不早惠乎?"《世说新语·夙惠》:"何晏七岁,明惠若神。"(2)异文例证。即由通假字与被通假字在同一句式中相互通用(即某文献用通假字,另一文献用被通假字)构成异文。例如"填"通"镇","跳"通"逃",在《史记》《汉书》中形成异文:

 a.《汉书》(张陈王周传):外填抚四夷诸侯

 《史记》(陈丞相世家):外镇抚四夷诸侯

 《汉书》(高帝纪):填国家,抚百姓,吾不如萧何

《史记》(高祖本纪)：镇国家,抚百姓……吾不如萧何

b.《汉书》(陈胜项籍传)：汉王跳

《史记》(项羽本纪)：汉王逃

《汉书》(萧何曹参传)：跳身遁者数矣

《史记》(萧相国世家)：逃身遁者数矣

(3)互通例证。即有时是 A→B,有时是 B→A。此项在介绍通假字类型时已谈到,不再赘述。

小　结

读中国古文籍,需要了解通假字。对通假字的辨认,分三个圈。第一圈是最基础的,《新华字典》所注"古又同 X",一般为通假字,有七十多个。我们掌握此七十多个通假字,阅读古籍时,有很大帮助。第二圈,是中型或大型中文辞书里注解了的通假字,例如《汉语大字典》中列有通假字表,可查阅,一般可满足需要。第三个圈,即独立去辨认通假字,这需要有较好的中国文字学、音韵学、训诂学的基础,本文所述,可作参考。

让《康熙字典》焕发新的活力*

一

《康熙字典》成书于1716年,距今近三百年。它还有没有使用的价值?有的,王力先生说:"《康熙字典》收字多,材料丰富,至今还有参考的价值。"

但是,老版本的《康熙字典》在使用上很不方便。1956年我还在北京大学读书时在校园的一个地摊上买了一本1906年的《康熙字典》,是石印本,字很小,看起来很费劲,而且常常串行,深以为苦。今天,汉语大词典出版社考虑到读者的需要,出版了《康熙字典》标点整理本,使《康熙字典》可以方便查检利用了。这是很值得称道的。

汉语大词典出版社的《康熙字典》有什么特色?或者说其方便读者的地方表现在哪儿?主要有以下几点:第一,在排版方面,为16开本,分三栏,横排,我手头的老《康熙字典》每行60字,现在的每行15字,字与字、行与行之间清晰疏朗,开卷便给人以赏心悦目之感。我想,凡是用过老版《康熙字典》的,都会因新旧对比而产生这种极好的第一印象的。第二,每字后标注汉语拼音和注音符号。如"疢",《康熙字典》原注音用反切:丑刃切,今天在反切前注 chèn ㄔㄣ。查字典

---

* 本篇发表于2003年1月24日《文汇读书周报》"新学术栏"。

常常是想知道字的读音,而《康熙字典》所注的反切,对一般读者来说完全起不到注音的作用。加注拼音,仅此一项,大大提高了字典的实际效用。还要指出的是:这里的注音是北京话的读音,有利于人们学习普通话。对于语文教师等来说,则可以起到学习音韵学的作用。我们知道《广韵》反切记录的是中古汉语的读音,到今天,不同的方言有不同的今读,如"鞋",户佳切,上海话读 ha,而北京话读 xié,这是因为见系二等字在北京话里发生腭化。同理,"家"古牙切,上海读 ga,北京读 jiā,如果从反切来看注音,户佳切注 xié,古牙切注 jiā,实际起到将反切注今音(北京话)的作用。反切今读是一个很麻烦的问题,标点整理本将众多的汉字的反切注了汉语拼音,对人们学习和了解反切今读,有一定的参考作用。第三,加标点符号。如"掜"下:《汉书·扬雄传》:作《太玄》五千文,有《首》、《冲》、《错》、《测》、《摛》、《莹》、《数》、《文》、《掜》、《图》、《告》十一篇。如果删去逗号、顿号及书名号(篇名号),就会有阅读的困难,至少会影响阅读的速度。第四,字形,用繁体字,有利保持《康熙字典》原貌。繁体字中有新旧字形问题,隶古定问题等,都得到较好处理。例如"並"字,老版《康熙字典》作竝,这是隶古定,实际就是"並"字,这个字出现频率很高,因为在注反切时所引各种韵书后,常以"並"来概括。如"僵"下:《广韵》《集韵》《韵会》《正韵》竝馀招切。这个竝字曾难倒不少人。现在改为"並",小改进,大便利。事虽简单,但是以前却做不到,关键是出版者压根儿没有去想读者的困难。第五,根据《说文解字》,在相关的字头下补入小篆。如"藹"($ǎi$),其来源有二:一在言部,作譪;一在艸部,作藹。咱们现在说的"和蔼",属言部的,"态度和蔼"与艸有什么关系呢?没有;跟"言"有关,言语是最能反映人的态度的。新版《康熙字典》在言部的譪,附有小篆,很好。《汉语大字典》在"言"部此小篆失收。第六,附有四角号码索引,大大方便了查检。像"撙"这个字,从部首查,先查手部,再数"尊"的笔画,很花时间。四角号码为5302,注在408页,一步到位。查《康熙字典》最困扰人的是查字不便,现在书后附四角号码索引,体现了新版《康熙字典》对读者的关心。功德无量,功德无量。

这六个方面起什么作用呢?一言以蔽之,曰:使《康熙字典》焕发了新的活力。

二

《康熙字典》编于18世纪初,三百年来中国的社会发生了极大的变化,汉语也有许多变化,因此,在使用《康熙字典》时,要特别记住王力先生说的"还有参考的价值",注意"参考"二字,把它定位在这个地方。

既然是有"参考的价值",我们在一般情况下不能直接搬用它的注音和释文,而要经过一番比较,才能利用其有价值的内容,丰富我们的语言文字知识。例如"谅",《康熙字典》只有"诚信"义,而没有今日的"宽恕"义,可见前者是古代义,我们读《论语》"友直友谅友多闻","友谅"是与诚信的人交朋友,而绝非与能宽恕自己的人交朋友。我们读古书,常常容易以今义度古义,进行这种比较可以使我们知道古今字义的不同。又如"硕",《汉语大字典》:"《说文》:'硕,从页,石声。'shuò(旧读 shí)常隻切。"根据反切和声旁"石",硕这个字本当读 shí,为什么今读 shuò?其根据何在?《康熙字典》可以帮助我们解决这个问题。《康熙字典》除了有"常隻切"外,还收了"常灼切",这个反切折合今音便是 shuò 了。可见今音并非凭空产生的,它来自历史。

《康熙字典》标点整理本

又如我们在上面提到的"蕳",《汉语大字典》和《康熙字典》都在言部和艸部收列,《汉语大字典》言部的譐注为:"同蕳。《正字通·言部》:'譐,同蕳。'"《康熙字典》言部的譐,注为:"《说文》臣尽力之美。《诗·大雅》:'譐譐王多吉士'",并在字头后列了小篆。在"稽古"方面,略胜大字典一筹。当然从整体上讲,《汉语大字典》较《康熙字典》水平要高得多,是不可比拟的。然而尺有所短,寸有所长,今日有的字典远远胜过《康熙字典》,但是后者有时仍可补前者之不足。

三

《康熙字典》既然是一部"还有参考价值"的传统辞书,我们在重新出版时,首先要有这个基本估计,这样,在考虑如何作必要的整理时才能确定一个适当的度。完全不整理,不便读者使用;整理加工得太多,一来工作上有许多困难,难以做到,更重要的是没有这种必要。不能改变其本来面貌,否则就不叫《康熙字典》了;那样做,也失去了

《康熙字典》应有的价值。例如我们把"谅"补充了"宽恕"义,把"硕"的反切,将常灼切列在前面,将变得不伦不类,毫无价值。汉语大词典出版社的标点整理本《康熙字典》,在掌握"整理"的度上,做得是很好的。我们在上面讲到他们整理的六个方面都建立在保持《康熙字典》原貌的基础上的。正如他们在"前言"中讲的要保持"原汁原味",这是一个正确的原则。而对这一点我是经过一番思考后才认识到的。当我初次看到标点整理本《康熙字典》时,翻了几页,觉得整理得不够,例如"阿"今读 ā,来自古入声,《康熙字典》已接触到了这个问题,整理者似应作必要的说明。今天看来我的想法是不可取的。《康熙字典》的价值是保存了丰富的语言文字资料,它不是讲汉语史的。又如"這"是现代汉语里的指代词,《康熙字典》注释:"yàn,鱼变切,《玉篇》:'迎也'……毛晃曰:'凡称此箇(个)为者箇(个),俗多改用這字。'"使我们知道"這"古读 yàn,宋以后读"者",用于常语"這个",足矣。如果详细考证"這"是如何演变的,自有这方面的论文在,《字典》不必去作画蛇添足的申说。

如何更好地利用《康熙字典》,许多人做过思考和努力。商务印书馆的张元济先生在 1949 年曾编过一本《节本康熙字典》,将《康熙字典》逐字考察,"汰去其奇诡生僻无裨实用者,凡三万八千余字,留者仅得十之二弱。"这也是一种整理方法,提高了《康熙字典》使用价值。近来翻印《康熙字典》的屡有所闻,没有见到这方面的书,不能妄加评论。但是,现在见到的汉语大词典出版社的标点整理本《康熙字典》,我认为是很好的,值得推荐。

当然,不能说十全十美了,可改进的地方是有的。就拿注汉语拼音来说,涉及的问题相当复杂。例如"摘"字,最后两行的内容是:"zhāi ㄓㄞ又陟革切。音謫。取也。与摘同。"要考虑的问题是:一,陟革切反切的今读；二，这个音要适合"謫"，又适合"摘"。陟革切，北京话今读有二：zhāi，白读；zhé，文读。为什么要注 zhāi 呢，大概主要考虑"摘"的读音了。摘本来有二音 zhāi、zhé，《普通话异读词审音表》审定只读 zhāi。我认为这里是给古汉语里的通假字注音：擿通謫，通摘，当注 zhé，不必管《审音表》。注了 zhāi，就不能照顾"謫"了，因为"謫"字是不读 zhāi 的。

如何更好地利用中文工具书[*]

要想更好地利用中文工具书，我认为应处理好四种关系：小型工具书与大型工具书的关系；综合性工具书和专业性工具书的关系；现代中文工具书与古代中文工具书的关系；不同的检字法之间的关系。下面就从这四个方面进行讨论。

一 小型工具书与大型工具书的关系

工具书可分为小型的、中型的、大型的。例如《新华字典》是小型的工具书，《实用大字典》是中型的，《中华大字典》是大型的（《实用大字典》是《中华大字典》的节本）。小型、中型、大型都是相比较而言，具有相对性。例如《小学生字典》比《新华字典》要小，《汉语大字典》比《中华大字典》规模大得多，前者收字6万多，后者收字4.7万多。

中型、大型的工具书资料丰富。例如柳宗元的《蝜蝂传》，蝜蝂二字《新华字典》没有收。又如"龙钟"一词，《新华字典》注为"年老衰弱行动不灵便的样子"。但它还指"泪流的样子"，如唐岑参《逢入京使》诗："故园东望路漫漫，双袖龙钟泪不干"，遇到这种情况就需要查部

---

[*] 1988年中国社会科学院语言研究所举办"辞书编辑学习班"，本篇是我在学习班讲课的讲稿。发表于《文字编辑纵横谈》，中国书籍出版社，1992年。

中、大型工具书,特别是大型的,部头大,翻检不便。我们经常使用的是小型的。小型的工具书,有的质量高,具有精粹性。《新华字典》就是一部质量高的字典,在一般情况下能满足我们的需要,甚至是一些比较专门的问题也可以从中寻取答案。例如《左传·成公二年》:"请摄饮焉。"杨伯峻《春秋左传注》:"摄"注为"代理",王伯祥《春秋左传读本》注为"拿"、"取",二者释义不同,但《新华字典》"摄"下注三个义项:①拿、取;②保养;③代理。完全够我们选用的。

我们评论字典词典,往往喜欢用"查寻率"来衡量。某个词某个义项,能够查得到,就认为好,否则,就不好。"查寻率"是一个重要的标准,但不是唯一的标准。特别是小型工具书,它的篇幅有限,不能用这个标准去要求它。还有一个重要标准:精粹性,即主要的词、词义选收情况。《新华字典》的一个优点是精粹性,"摄"的"保养"、"拿、取"、"代理"的意思,是它的基本字义,因此都收了。

篇幅大,资料多,表现在外,容易看得到;精粹性是内在的,不容易一下子看得出来。例如上面讲到的"摄",《中华大字典》列了35个义项,归纳的功夫不够,显得支离凌乱,不便人们学习掌握,而《新华字典》与其相比则显示出简明扼要的长处。

"摄"上述三个意义都不能单独用,在现代汉语里它们是词素,是构词成分。掌握其意义,便于掌握由它构成的一连串的复合词:摄取(吸取营养或拍摄人像景物)、摄影(用设备拍取下影像)、摄食(取得食物);摄生(保养身体)、摄卫(保养使健康)、调摄(调理保养身体)、珍摄(保重身体);摄理(代理)、摄政(代理主持政务)、摄行(代行)、统摄(统管)。以上三组词,其关键词素是"摄",了解了"摄"的词素义便不难懂得上述复合词的意义。

像《新华字典》这样的小型工具书,很好地加以利用,对我们提高语文水平是很有用的。所谓很好地利用,不单是指"查疑问难",而是有意识地去作一番钻研。上面举"摄"这个字与由它构成的复合词在词义上的关系,需要有一番钻研才得明白。

在使用《新华字典》时,应注意利用它对近义词、相关词作比较,以进一步掌握字义间细微的区别。例如:定、订都有确定的意思。因此订购与定购、订婚与定婚、订货与定货是可通用的。但"订"的意义偏指"经商讨或办理一定手续后确定下来";"定"只单纯指"确定",因此写做订购、订婚、订货能更确当地表示这些复合词的涵义。像签订、订交、订立(条约)等复合词,不能换用"定"字;而定稿、定案、定价等复合词,不能换用"订"字。预定、预订,一字之差,前者指预先规定,后者指预先订购。又如钩、勾是近义词,所不同的是钩用于具体义,勾用于抽象义。炉钩子不得写做炉勾子,"把床下的书钩出来"不得写做"勾"。而勾结、勾引等不得作钩结、钩引。成语"钩心斗角"原指宫室建筑结构错综精密,后用于指人们互用心机倾轧相斗,一般写做"勾心斗角"(当然也有作钩心斗角的)。至于"钩虫"一词,有比拟的意思,不得写做"勾虫"。

《新华字典》的丰富内容需要作一番思考消化才能掌握。再举一个例子,《新华字典》:"能",④会(表示可能性):你还能不去吗?⑤应,该:你不能这样不负责任。作"应,该"讲,在现代汉语里只有否定式,没有肯定式,"不能走那条路",是"不应走那条路"的意思,但"能走那条路",用于肯定式,便不含"应该"的意思。《新华字典》的注释和举例具有深意,这反映了现代汉语的字义情况。而在古汉语里有肯定式:《孙子兵法·谋攻》:"故用兵之法,少则能逃之",少指自己的兵力少于敌方,这里是说"兵力少于敌方时应该逃避敌方"。类似这种情况的有"但"字。"但"在古汉语指"仅""仅仅",如"但使龙城飞将在,不教胡马度阴山"。现代汉语口语的"不但"保留了这个意思,如"不但数学成绩好,语文也好"。"不求有功,但求无过"、"但愿如此"均属文言句式。小型工具书也有编得比较粗糙的,不能一概而论。例如有本小词典,其春、夏、秋、冬四季解释如下:

春 四季的第一季,自立春至立夏。

夏 四季的第二季,即六、七、八月。

秋 四季的第三季,即阳历九、十、十一三个月,自立秋起至立冬止。

冬 四季的末一季,即阳历十二月、一月、二月。

我们知道"立秋"在阳历八月七至九日,这样八月算秋季之始,而上面明明说秋季始于九月。立春在阳历二月初,立夏在五月初,按立春至立夏这一时段值阳历二、三、四月,那么"五月"应算在哪个季节?四季的起讫,与我们生活关系密切,例如阳历二月举行冬季奥运会,那时中国农历已是春季之始了。气象学的最为方便:春,三月、四月、五月;夏,六月、七月、八月;秋,九月、十月、十一月;冬,十二月、一月、二月。辞书可以提供更多的信息,例如《新华多功能字典》:"春季,一年四季中的第一季。我国指立春到立夏之间为春(约公历 2 月 3 日到 5 月 7 日),也指农历的正月至三月。气象学上以 3～5 月为春,西方各国以春分到夏至之间为春(约公历 3 月 21 日到 6 月 21 日)。"

二 综合性工具书和专业性工具书的关系

《新华字典》、《现代汉语词典》、《辞海》等都是综合性的工具书,而成语词典、地名词典、人名词典等属于专业性的词典。综合与专业是相对而言的,《辞源》是一部古汉语的专业词典,但它收语词、书名、官职名、人名等,又具有综合性。对综合性词典,应该了解其特点,以便更有针对性地使用它们,对专业性工具书,应该了解专业的分类,以便在遇到问题时晓得去查哪类工具书。

这里对《现代汉语词典》作简要的介绍。它是"以记录普通话为主的中型词典""是为推广普通话、促进汉语规范化服务的"。(见该词典"前言")系统地反映现代汉语词汇的词典,它是第一部。以前也有汉语词典,但在收词上往往重古轻今,或古今杂收,不能反映现代汉语词汇的面貌。这部词典收词上虽未臻尽善尽美,但它基本上反映了现代汉语词汇面貌,这是非常值得肯定的。有了它编汉外词典就方便得多了。事实上有许多汉外词典以《现代汉语词典》为收词基本框架。有些人说"大葱"、"大饼"、"大姐"这些词都好懂,《现代汉语词典》为什么要收它们?这只能说批评的人不了解这部词典的性质和特点。

《现代汉语词典》在字形、词形、注音、释义等方面的处理,是为汉语规范化服务的。例如[耿直][梗直][鲠直]有三种书写形式,词典以耿直为正条。词典还注意词语之间的搭配关系,如"服"有"吃"的意思,注为"服,吃(药):服药、服毒",指明了"服"的使用范围。词典将文言义、口语义、方言义等区别开来深具科学性、实用性。如"向":③〈书〉将近,接近:向晓雨止。〈书〉,指书面语的文言词义。李商隐诗"向晚意不适",向晚,即将近晚上,也就是黄昏时分;病向愈,即病接近痊愈。又如"勚":①〈书〉劳苦。②器物的棱角、锋芒等磨损:螺丝扣勚了。又如"拱"字分立两条:拱[1]①两手相合:拱手。②环绕:众星拱月。……拱[2]①用身体撞动别的东西或拨开土地等物体:猪用嘴拱地。②植物生长,从土里向外钻或顶:苗儿拱出土了。口语词,有其特殊性,有些词常用,但往往不知应该用什么字写,我就曾经接过别人的电话,说猪 gōng 了圈不知如何写。分清文言成分、口语成分、方言成分,有助于更好地学习和掌握词义。

《现代汉语词典》在字词的形、音、义的处理上具有较高的科学水平。例如野的异体字"埜",许多字典、词典错成了"壄"。"予"是声旁(野,也是从予得声的),不可能是"矛"字。又如"乘",有一个意思指"佛教的教义",它应该读什么音呢?《康熙字典》注为实证切,即读 shèng,三百来年各种字典词典皆承其误,《现代汉语词典》将其订正为 chéng(即食陵切),大乘、小乘、上乘均应读 chéng。《现代汉语词典》的释义还考虑读者正确应用。例如"飨":"〈书〉用酒食款待人,泛指请人享受:飨客,以飨读者",指出"飨"应用的范围。最近报上刊载一位作家的一篇悼念文章,最后云撰写此篇"以飨读者"。悼念是为抒发自己悲痛怀念之情的,怎么会请读者"享受"一番呢? 又如"质"有询问、责问的意思,这个意思与质的其他意思不搭茬儿,词典里单立字头。《读与写》小报(1987 年 53 期)上居然有:"'辟'字注音置疑"这样的标题,"置"字显为"质"字之误。作者想纠正别人的音误,而自己却写了别字(在堂堂的标题上)。各种特殊的音、义,《现代汉语词典》都有科学的处置,细心的读者注意察辨,自会倍得收益。

对于综合性的工具书,我们应能了解其特点。例如《现代汉语词典》与《新华词典》同属中型词典,后者属语词兼百科性的,收有人名、地名、书名及各种百科条目,与前者不同。又如《康熙字典》与《中华大字典》同属规模较大的字典,前者编于 1716 年,后者编于 1915 年,后者是受欧美词典的影响编出的大字典。因此,收了一些近代科学有关的字词(如化学元素)。又如旧版《辞源》出版于 1915 年,旧版《辞海》出版于 1936 年,相距二十年,然二书实为姊妹篇,各有优长。

《辞海》晚出,采用标点符号,引书标篇名,查检方便。《国语词典》(1937年至1945年)收了不少古白话和现代白话的词汇,且重视正音(以北京话为标准)。新版《辞海》为语词兼百科的词典,更具综合性;新版《辞源》为古汉语词典,注重词语溯源并列出书证,如[官话]条:

《辞海》:旧时指汉语中通行较广的北方话,特别是北京话,也是旧时对北方话诸方言的统称,如北方官话(北方方言)、西南官话(西南方言)、下江官话(江淮方言)等。

《辞源》:旧指以北京话为基础的标准话。因在官场中通用,故称。明何良俊《四友斋丛说·十五史·十一》:"(王)雅宜(宠)不喜作乡语,每发口必官话。"张位《问奇集·各地乡音》:"大约江以北入声多作平声……江南多患齿音不清,然此亦官话中乡音耳。若其各处土语,更未易通也。"清制,举人、生员、贡、监、童生不会官话的,不准送试。参阅清俞正燮《癸巳存稿·九官话》。

辞书旨趣于上例可见一斑。

下面谈谈专业性的工具书。专业工具书可分三类:①语词性的专业工具书,如成语词典、谚语词典、歇后语词典、方言词典、虚词词典、同源字典、破读字字典、外来语词典、通假字字典,等等。②各种门类的知识性专业工具书,如人名词典、地名词典、宗教词典、历史知识词典、哲学词典、政治经济学词典,等等。③检索性专业工具书,它们是专门为检索某方面的词语、知识而编的。现在就第三类作一些介绍。

1. 索引,也称通检,引得(INDEX)。在我国,索引编纂较晚,最早的索引当推明代崇祯年间傅山的《两汉书姓名韵》。清代多了起来,如章学诚《历代纪元韵编》。索引的大发展是民国以后的事。索引大致包括以下几类：A.字句索引，专门查检字、词、句的。如哈佛燕京学社将一批古籍编了索引（称引得），主要是先秦重要古籍。如欲知《论语》中"人"、"民"二字出现过多少次，在什么篇目里，翻检《论语引得》即可。某家大出版社出版的一部书，序言中引杜甫诗："萧条异代不同情"。杜诗中有"怅望千秋一洒泪，萧条异代不同时"，"同情"云云显系作者记忆有误。遇到这种情况，翻一下《杜诗引得》，很容易找到原诗。一些大型的类书，多另编了索引，如商务印书馆"万有文库"本的《佩文韵府》，收了五十多万条语词，因编有四角号码索引，查检并不困难。叶圣陶先生的《十三经索引》，是用来检句的，一编在手，查十三经文句就不困难了。如"工欲善其事必先利其器"、"尽信书则不如无书"、"多行不义必自毙"、"大道之行也天下为公"等，按第一字去查，很快可查到它们的出处。B.篇名索引。古人引文句常常只写篇名不写书名，如段玉裁的《说文解字注》等，很难让一般读者了解其所指。杨树达先生的《群书检目》，专门为检索《十三经》、《史记》、《汉书》等古籍的篇目而编。我们现在常用的篇目索引是论文篇目索引。论文篇目索引多是按学科编的，如《中国史学论文索引》，收录清末至建国前夕国内1960余种期刊上发表的史学论文6万余篇，上编分中国历史、中国人物传记、中国考古学、中国目录学；下编分中国学术思想史、中国政治社会生活史、中外关系史、中国经济学史、中国文化教育事业史、宗教史、中国语言文字史、中国文学史、中国艺术史、历史地理、中国自然科学史、中国农学史、中国医学史、中国工程技术史，内容丰富广泛。文学方面的篇目索引有《主要文学期刊目录索引》、《中国古典文学研究论文索引》等；语言学方面有《中国语言学论文索引》，分甲乙两编，甲编收解放前的，乙编收解放后的。写文章要参考利用前人研究成果，论文篇目索引给我们提供了方便。C.人名索引,如《史记人名索引》、《二十五史人名索引》。我们如果想查寻这些书里的人名,利用索引,并不困难。D.主题索引,即按内容来编的索引,如《列宁全集索引》便是。想了解《列宁全集》中哪些地方谈到中国,我们在《主题索引》的[中国]条下就可以查到,这是大题,大题下还有小题:中国土地问题;中国小资产阶级的社会主义;中国革命等。E.报刊索引,如全国报刊索引、《人民日报》索引等。

2.书目。专门登录书名、作者等情况的书。书目的种类比较多,有综合的,如《汉书·艺文志》登录汉以前古书的情况,清代张寿荣汇刻的《八史经籍志》,将正史中的《经籍志》《艺文志》汇刻在一起,成为一套历代官修的图书总目。清代的《四库全书总目提要》规模很大,四库指按经、史、子、集四个门类来建库藏书。该《提要》著录经史子集各种书籍3458种。另外还有专类书目,如清代朱彝尊的《经义考》,专门著录经书目录(兼有介绍评价),而清代谢启昆的《小学考》专门著录清以前语言文字书目(兼有介绍评价)。近人姜亮夫《楚辞书目五种》,是研究楚辞的专类书目,孙楷第的《中国通俗小说书目》,是专门著录中国古典白话小说的书目。

书目就其编制的目的可分登记书目、选录书目,后者又可分为报导书目、参考书目、推荐书目。参考书目、推荐书目常常是指导人们学习和研究的,如梁启超曾为清华大学留学生开了一个国学基本书目。沈兼士在北大教书时曾列了一个文字学书目。最近出版的有文科学生必读书目,中文必读书目等。清末张之洞的《书目答问》,是引导人们走尊经复古道路的,现在已经没有人理会其初意了,但作为介绍基本古籍的一个书目,仍有参考价值。

3.年表。有的年表是大事记,记载每年重大的历史事件,翦伯赞主编的《中外历史年表》就属于这种类型的年表。

通常讲的年表指不同纪年的对照表。例如《辞海》附录《中国历史纪年表》,第一栏为公历纪年,第二栏为干支纪年,第三栏为王朝纪年。

纪年分自然纪年和政治纪年两种。自然纪年不受王朝更替、政治变化的限制,它有连续性。干支纪年属于这种纪年。干支本来用以纪日,正式用于纪年始于东汉,这个纪年系列一直延续至今。西汉以前的干支年份是后人逆推的。政治纪年在古代有王位纪年,即新君即位为元年;汉武帝以后又有年号纪年。世界上通行的是公历,是由儒略历修订而成,实际上是一种自然纪年。这样王朝纪年、干支纪年、公元纪年三者就有一个换算的问题。例如"庚子赔款",查阅《辞海》所附《中国历史纪年表》,清后期有两个庚子年,即道光二十年的庚子年和光绪二十年的庚子年,前者是1840年,后者是1900年,在查《中外历史年表》后知道庚子赔款指1900年八国联军攻占北京后于次年订《辛丑条约》所规定的给侵略者的"偿款"。"庚子"指1900年。

还涉及阳历和阴历的换算。例如韩愈文章,"元和七年二月一日河南少尹李公卒"指阴历,查有关的工具书可知李公是卒于公元812年3月17日。①

三 现代中文工具书与古代中文工具书的关系

古代中文工具书的内容大都被吸收到现代工具书里了,因此,一

---

① 参见汤有恩《公元干支推算表》,陈垣《二十史朔闰表》、《中西回史日历》。

般地说,我们没有必要直接去利用古代工具书。有一些人不了解这一点,例如买来一本《说文解字》,企图用来查字,是不会达到目的的。像《说文解字》,是专业书籍,很难读懂。有一位"专家"认为《说文》释义均为本义,结果将"马,武也"、"尾,微也"、"死,澌也"等声训,误作了本义。但是古代中文工具书中有一些今天仍具有重要的参考价值,如"蜡梅"一词,《现代汉语词典》等作"腊梅",《辞海》等作"蜡梅",哪家正确? 我们查陈元龙的《格致镜原》便可知道《辞海》等作蜡梅是正确的。该书载:

《黄山谷诗序》:"京洛中有一种花香气似梅,花亦五出而不能晶明,类女工撚蜡所成,人因谓蜡梅。"《岩栖幽事》:"蜡梅原名黄梅……至元祐间苏黄始命为蜡。"……《学圃馀疏》:"人言腊时开放腊梅,非也,为其色似黄蜡耳。"

可见误作"腊梅"非自今日始。

古代中文工具书主要分为以下五类:①字书,如《说文解字》、《玉篇》等,直到明末的《正字通》、《字汇》和清初的《康熙字典》。字书还包括《干禄字书》、《五经文字》等字样书,以及《古文四声韵》、《汗简》等古文字书。近代小说家冯沅君(淦女士)所写小说有一位女主人公叫"䌰华",䌰字在《康熙字典》、《中华大字典》都失收,按文字学偏旁互换规律,䌰当为"纂"之异体,然终因未找出原字难以断定。我们查《古文四声韵》(宋夏竦编著)和《玉篇》零卷(由日本传回的《玉篇》唐写本)查到"䌰",它确是"纂"的异体(按:纂 zuǎn,编纂)。②韵书,指《切韵》、《广韵》、《集韵》等。韵书保存了古代语音的资料,它还兼有释义,其中有一些内容属他书不见的。例如古代按"宫商角徵(zhǐ)羽"五音将姓氏归类,王充《论衡·诘术》讲到,新旧唐书中《吕才传》亦言及。我们在《切韵》(残本)中先韵下看到:先、田二字注云"徵姓"。在萧韵萧字下注云"商姓"。① 要研究姓氏学,《切韵》系统的韵书有特殊价值。③训诂书,指《尔雅》、《广雅》、《尔雅翼》、《埤雅》、《通雅》以及《方言》、《释名》等按照字义的类别来编的书。《尔雅》成书于战国末西汉初,是古代一部知识总汇。孔子说:"多识于鸟兽草木之名。"就是以动植物方面的知识为例说的。古人很重视这方面的学习,所以《尔雅》有很高的地位,后来编成的同《尔雅》性质相同的书,成了一个门类,叫雅书,大致与今天的词典性质相近。例如"熊猫",乃我华夏之国宝,但这个词是由外语 panda 翻译来的。据《日本语大词典》,panda 来自尼泊尔语。西方人到我国西部,发现"熊猫"这种世界其他地方绝无的动物,西语中自然没有相关的词,他们在尼泊尔见到一种小的浣熊,叫 panda,于是便用来称咱们的"熊猫",开始译为猫熊、大猫熊,后来叫成了熊猫。1936 年《辞海》的"熊猫"条的注释是:"怪兽名。产新疆。距今六十年前为法国科学家比利大卫氏所发现,至公元 1929 年美国罗斯福将军之弟始捕获之。此兽究属何类何科尚不详。"我们要问:历史上咱们对"熊猫"这种动物有何记载?其名为何?求助于古代辞书,能给我们一些有价值的信息。《说文》:"貘,似熊而黄黑色,出蜀中。"《尔雅·释兽》"貘,白豹。"郭璞注:"似熊,小头庳脚,黑白驳,能舐食铜铁及竹节。"古汉语中,庳指矮、短;脚指腿;驳,毛色杂。郭璞所描述的,与"熊猫"特征很相近了。④类书。是综合辑录多种门类资料或专门辑录某一门类的资料而编成的工具书。清代的《古今图书集成》是类书集大成之作,总字数达 1 亿 6 千万,分为六

---

① 参见周祖谟《唐五代韵书集存》下。

编，三十二典，六千一百零九部。今年是"龙"年，想要了解古籍中有关龙的各种资料，在《古今图书集成》的《博物编·禽虫典》中便可查到"龙"。《禽虫典》的第127卷至131卷共五卷书，都是辑录古籍中有关"龙"的资料的，包括引自《周礼》、《周易》、《礼记》、《吕氏春秋》、《方言》、《说文》、《广雅》等书中关于"龙"的零散资料，还有许多专门谈"龙"的文章，如汉代王充的《龙虚篇》，宋代王安石的《龙赋》，等等，另附有四幅龙的图像。你如果想写一篇有关龙的历史知识的文章，足资参考了，免去了到各种资料中一一去寻觅之劳。如果想了解与"龙"合成的语汇，那可以去查另一部类书《佩文韵府》。既可从"首字"去查，也可以从"末字"去查。"龙"字居首组成的有"龙文"、"龙音"、"龙吟"、"龙骑"等有1100个之多。"龙"字居末的语汇有"雕龙"、"攀龙"等近200条。在条目下，有的附有资料，如"攀龙"条下引了《后汉书·光武帝纪》："天下士大夫从大王于矢石之下，固望攀龙麟（鳞）、附凤翼以成其所志耳"；陶渊明诗"於赫愍侯，运当攀龙"；杜甫诗"攀龙附凤势莫当，天下尽化为侯王"。《佩文韵府》编于清代，全书收词五十余万条，现在的工具书也很少有超过它的。如果用计算机对其资料进行整理，使用起来当会更方便。

上面谈到的中文工具书可以分为三类。第一类是现代小型的字典、词典，第二类是现代的大型中型工具书和各种专业工具书，第三类是传统中文工具书。第一类，像《新华字典》这种精品，我们要经常检阅，对常用的汉字，要从字的形、音、义上作一番钻研，成为我们提高语文水平的出发点。像"阿"，有ā、ē二音，"阝"是义符，"阿"本义与山有关：指山弯曲的地方，这个意义读ē。古人说"山之阿"。"阿房宫"，房是旁的通假字，指在山弯曲处之旁建造的宫殿。"弯曲"用指社会人事，便是"逢迎"、"讨好"，有阿谀、阿附、阿其所好等语汇。

"刚正不阿","不阿"才是好的品德。阿读 ā,主要用作词缀,如阿姨、阿哥等,也用作音译字,如阿拉伯、阿富汗等。从一个字出发,可以带动学习相关的语文知识。第二类工具书,可以帮助我们解决专业知识问题,如"啊",作为句末的语气词,可以变读为呀、哇、哪,为什么会发生音变,欲明其详,可查《现代汉语词典》等。第三类,是从事某种研究时要利用的,为此需要懂得遇到什么问题去查哪类哪种书,要有目录学方面的知识。这三类工具书构成了一个"金字塔":

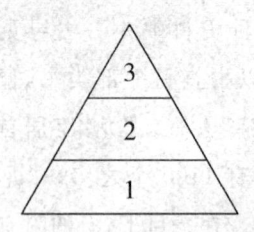

```
      3
     2
    1
```

一类是基础,二类重点在应用,三类是作研究用的。从语文方面说,大体也应该保持这样一个合理的结构。

最后讲一讲查字法问题。用好工具书还要具备查字的本领,要求会三种查字法:音序查字法、部首笔画查字法、号码查字法。

音序查字法目前用得最多的是汉语拼音查字法。汉语拼音是依据普通话语音设计的,因此,应当把普通话学好,用起来才得心应手。音序查字法的最大优点,是把汉字按音排列,基本上做到了线性化。大百科全书有十万个条目,编有一个音序总索引。例如要查"泰戈尔",在"tai"音节下找到"泰",再循"ge"音节找到"戈",只要数秒钟便可检得。《辞海》、《辞源》是按部首笔画排的,可利用其所附的音序索引查字也十分快捷。

部首检字法是传统检字法,它是根据字的部首和笔画来检字的。其基本特点是首先将字分析出部首来,在同一部首里再按笔画来排字,部首本身又按笔画多少为序,因此,部首检字法实际上应是部首笔画检字法。东汉许慎著《说文解字》,立540个部首,这是文字学的部首,无法用于检字。到明代梅膺祚的《字汇》,继承历代检字法的优点,将540部减并为214个部首,引进笔画分析,即部首按笔画排序、部首内按笔画排字。这种部首笔画检字法无师自通,无须花大功夫学习,使用价值较高,故一直沿用至今。《辞海》、《辞源》等都是按这种检字法来排列的(部首有调整改并,目前通行的是201个新部首),缺点是查检速度慢。

号码检字有许多种,比较通行的是四角号码检字法,每个字按四角取形,将形换算为数码,如:

共　4480

乐　2090

阜　2740

这种检字法的优点是速度快,但需要经过一段学习才能掌握。商务印书馆印行的大型工具书如《中国人名大辞典》、《中国地名大辞典》以及《佩文韵府》等,都附有四角号码索引。这种检字法有很大的实用性。

我们首先应熟练地掌握汉语拼音音序检字法,也应学会部首笔画检字法和四角号码检字法,如果能熟练地掌握则更好。掌握以上三种检字法,需要花费一些时间,但换来的是提高了我们查检字词的速度,是合算的。

《诗经》叠字

一 《诗经》叠字的性质和作用

1.1 叠字的词类 《诗经》的叠字十分丰富,较他书为多。叠字多为形容词和象声词。① 形容词如"青青、萋萋、采采、骄骄、洋洋、忡忡、依依"等。象声词如"关关、喈喈、薨薨、丁丁、坎坎"等。

叠字中也有名词和动词。名词有"燕燕、子子孙孙、罩罩、汕汕"("罩罩、汕汕"毛传和朱熹释作捕鱼器,马瑞辰释作形容词。现姑从前一种解释)。动词有"言言、语语、处处、信信、宿宿"。它们都是不及物动词;叠字中没有及物动词。②

1.2 叠字的形式 叠字的主要形式是某一音节的重叠:青青(甲甲式)。

《诗经》叠字中还有一种甲甲式的并列式:颙颙卬卬 秦秦萋萋 雝雝喈喈 绵绵翼翼 济济跄跄 儦儦俟俟 啴啴焞焞 缉缉翩翩 穆穆皇皇 烝烝皇皇 兢兢业业 赫赫业业 赫赫炎炎 赫赫明明 矜矜兢兢 瀼瀼訿訿 战战兢兢 捷捷幡幡 芯芯芬芬 皋

---

① 叠字形容词多能作状语,形副界限不很清楚。语法学家或称做状词(丁声树:《诗卷耳芣苢采采说》,载《北京大学四十周年纪念论文集》);或称做副词(王力:《汉语史稿》中册)。叠字以作形容词性谓语和名词修饰语的居多,姑统称为形容词。

② 这个问题丁声树先生在《诗卷耳芣苢采采说》中有论证,结论是令人信服的。有的注释家袭毛传旧诂,将"采采卷耳"的"采采",释作及物动词。本文同意丁先生意见。

皋訑訑　实实枚枚。这种并列式和现代汉语双音节形容词重叠式（漂漂亮亮）在形式上相近,但二者的性质是截然不同的。"漂漂亮亮"是复音词"漂亮"的重叠,"颙颙卬卬"是叠字"颙颙"加叠字"卬卬"。"漂漂"与"亮亮"没有自个儿独立的意义,"颙颙""卬卬"均有独立的意义。《大雅·卷阿》传:"颙颙,温貌。卬卬,盛貌。""漂漂亮亮"不能拆开,而"颙颙卬卬"等可以拆开,《小雅·采芑》:"戎车啴啴,啴啴焞焞。"现代汉语里的"婆婆妈妈""哩哩啦啦""大大咧咧"等是甲甲式的并列式,但它们结合很紧,不能拆开,这又是与"颙颙卬卬"重叠式不同的。成语"战战兢兢""兢兢业业""轰轰烈烈"（古作烈烈轰轰）等就是古代甲甲式并列式保留下来的,而它们现在已凝固为一个整体。

这种甲甲式并列式在《诗经》里为数不太多,均抄录于上。它们只出现在《雅》、《颂》里,《国风》里不见这种格式。

1.3 叠字的意义类别　从意义上说,象声词在于模拟事物的声音,叠字形容词在于模拟事物的容状。叠字数目虽然很多,但其意义范围可归纳为几个方面。

象声词:(一)鸟兽虫豸的鸣叫声或飞翔声:关关、喈喈、薨薨、肃肃、泄泄、雝雝、交交、呦呦、嘤嘤、嗸嗸、膠膠。(二)风雨江河等大自然的声响:潇潇、活活、虺虺、发发、弗弗、习习。(三)人事方面的,如车马钟鼓或劳动时捶击的声音等:丁丁、槛槛、嘈嘈、啍啍、坎坎、邻邻、将将、冲冲、玱玱、嘻嘻、登登、逢逢、咽咽、涉涉。

形容词:(甲)关于自然方面的。(一)形容花卉树木及农作物的:萋萋、夭夭、翘翘、芃芃、青青、縣縣、渭渭、依依、丸丸、灼灼、蓁蓁、莫莫、苍苍、皇皇、楚楚、桦桦、蓼蓼。(二)形容鸟兽虫鱼的形状的:爰爰、绥绥、骍骍、骙骙、跃跃、趯趯、跻跻、甫甫、唯唯、噩噩。(三)形容风雨江河山岳等大自然的:曀曀、浼浼、汎汎、悠悠、洋洋、凄凄、涣涣、瀼瀼、皓皓、煌煌、霏霏、浮浮、芒芒、崔崔、涤涤。

（乙）关于人事方面的。（一）形容人的精神状态及外貌的：赳赳、蛰蛰、振振、敖敖、肃肃、儦儦、掺掺、闲闲、瞿瞿、睘睘、皇皇、赫赫、温温、哀哀、憔憔、穆穆、勉勉、戚戚、蔼蔼、谑谑、忡忡、怛怛、悄悄、惙惙、惴惴、惨惨、懆懆、怲怲、悙悙。（二）形容衣饰车马的盛美：楚楚、央央、旆旆、粲粲、黄黄、彭彭、青青、镳镳、簟簟、旁旁。①

在《诗经》叠字中，模拟自然的声音和描绘自然的状况的叠字数类繁多，像模拟不同的鸟鸣声音的叠字就有"关关、喈喈、交交、雝雝、嘤嘤、膠膠、嗸嗸、哓哓"等。这显然和古代人过着与鸟兽为群的较原始的生活是有关系的。

象声词叠字和形容词叠字一般是不相混淆的，但也有少数属象声词还是属形容词，在训诂上有分歧，不易分辨。如"螽斯羽，薨薨兮"，传："薨薨，众多也。"《广雅·释训》："甍甍（即薨薨），飞也。"朱熹："薨薨，群飞声。"又如"交交黄鸟"，传："交交，小貌。"马瑞辰："交交通作咬咬，谓鸟声。"②这种分歧一方面是由于注释家对叠字意义的不同理解，另一方面是因为描写声音和描写状态常常是相互关联的，如"薨薨"，既模拟蝗虫的飞翔声，而这种声音又意味着蝗虫是很多的。如"大车啍啍"，闻一多的解释是："啍啍，车声……可以想见那车的笨重。"③"鱣鲔发发"，北京大学中文系编《先秦文学史参考资料》解释是："'发'在此处音拨，'发

---

① 同一叠字如"楚楚""粲粲""青青"等可以表示不同的意思。
② 本文《诗经》文字训释，主要采自孔颖达《毛诗正义》，朱熹《诗集传》，马瑞辰《毛诗传笺通释》，陈奂《诗毛氏传疏》。引用时，毛传简称传，朱熹《诗集传》等只列人名，不列书名。
③ 闻一多：《诗选与校笺》15页，古籍出版社。

发',鱼尾搧动貌,也带有象声的作用。"

1.4 叠字在句中的地位　叠字在句子中多作形容词性谓语,其次是作名词的修饰语,再次是作动词的修饰语和补语。

(甲)叠字用作形容词性谓语的:

　A　主语为名词或"名·名"词组[①]:

杨柳依依　仓庚喈喈　其叶青青　王道荡荡　衣裳楚楚　我心悠悠　彼黍离离　八鸾玱玱

　B　主语为"形·名"词组:

忧心悄悄　硕人俣俣　明星煌煌　夏屋渠渠　好人提提　绿竹青青　白石皓皓　新庙奕奕

　C　主语省略:

退食自公,委蛇委蛇。　委委佗佗,如山如河。　儦儦俟俟,或群或友。　战战兢兢,如临深渊。

(乙)叠字用作名词修饰语的:

　A　中心语为名词或"名·名"词组:

关关雎鸠　緜緜葛藟　幽幽南山　赫赫南仲　粲粲衣服　畇畇原隰　招招舟子　掺掺女手

　B　中心语为"形·名"词组:

赳赳武夫　厌厌良人　皎皎白云　温温恭人　蛇蛇硕言　英英白云　浩浩昊天　藐藐昊天

(丙)叠字用作动词修饰语的:

肃肃宵征　坎坎伐檀　蹲蹲舞我　杲杲出日　耿耿不寐　睠睠怀顾　惨惨畏咎　绰绰有裕

---

① "名·名"词组第一个名词兼含代词和数词。

(丁)叠字用作补语的:

鸡鸣喈喈　虫飞薨薨　鸟鸣嘤嘤　将其来施施

在"忧心悄悄"和"赳赳武夫"的句式中,叠字常常和它前后的单音形容词是同义的。这个问题留到下面2.2再详细讨论。

形容词叠字也有出现在主语位置上的,这时它们所起的作用近似于修辞上的指代。如"佌佌彼有屋,蓛蓛方有穀"(《小雅·正月》)"明明在下,赫赫在上"(《大雅·大明》),此处"佌佌""蓛蓛"指代"小人","明明"指代"明德者","赫赫"指代"命显者"。

二　有关《诗经》叠字的几个问题

2.1 叠字形容词的语法意义　从语法意义来看,叠字形容词表示的是情态。例如"维叶萋萋"(《周南·葛覃》),传:"萋萋,茂盛貌"。"肃肃宵征"(《召南·小星》),传:"肃肃,疾貌"。"趯趯阜螽"(《周南·草虫》),传:"趯趯,跃也",朱熹:"跃貌"。"耿耿不寐"(《邶风·柏舟》),传:"耿耿,犹儆儆也",马瑞辰:"耿耿,指心忧貌"。"委委佗佗,如山如河"(《鄘风·君子偕老》),韩诗:"委委佗佗,德之美貌",朱熹:"雍容自得之貌。"这样的例子,是不胜枚举的。在词义的训诂上,分歧意见是常见的,但是,把叠字训为某某貌,几为训诂上的通例。

从汉代的《尔雅》起,把叠字归入"释训"一类。唐孔颖达在《毛诗关雎诂训传正义》中认为释训是解释事物的情态的,他说:"训者道也,道物之貌以告人也。"并引《尔雅》的佚篇《序篇》文:"释诂释言通古今之字,古与今异言也;释训言形貌也。"王力先生把叠字归入"绘景法",他说:"说话人的用意在于很生动地描绘出一种情景,令对话人或读者俨然如见。"①都说明了叠字所表示的是事物的情态。

我们知道,语法范畴一方面要以逻辑范畴为基础,一方面又要有语法形式作为它的物质外壳。我们认为叠字形容词的情态意义是一种语法意义,是因为叠字有其共同的形式——语音的重叠。在《诗经》里,表示情态意义的还有其他单音形容词和复音的联绵字;它们不像叠字这样,有明显的一致的外部形态。

受叠字修饰和表述的往往是具体名词,如鸟兽、草木、车马、山川、宫室、衣饰等。叠字很少和表抽象意义的名词结合。这种现象似乎可以这样来解释:叠字是表情态的,在一般情况下,最具有情态特征的是具体的事物。叠字有时也和表示抽象意义的名词结合,这时,叠字有一种潜在的作用:使这些名词的意义具体化了。如"悠悠我思""忧心忡忡",这里所表示的思想感情并不是抽象的,而是一种历历可察的思念容貌和忧愁容貌。

受叠字修饰的名词多是特指的。专有名词和名词前有指代词限制性修饰语的无须讨论,它们自然都是特指的,如"亹亹申伯""穆穆文王""奕奕梁山""牲牲其鹿""勉勉我王""濯濯厥灵"等。需要指出的是:当叠字修饰类名时,这个类名就失去了它一般的类名的意义,而成为特指的,如"关关雎鸠""掺掺女手""交交黄鸟""跃跃毚兔"等,这里的"雎鸠""女手"等均是特指的而不再是泛指的。正如朱德熙先生说的:"描写性修饰语往往带着潜在的指称作用。"②《诗经》叠字具有强烈的描写意味,它们的指称作用也就更加突出。

2.2 关于"赳赳武夫""忧心悄悄"两种句式中叠字意义与单音形

---

① 王力:《中国语法理论》下册,第184页,商务印书馆。
② 朱德熙:《现代汉语形容词研究》,载《语言研究》第一期。

容词意义的关系问题

我们曾指出,在这类句子里,叠字跟前后单音形容词是同义的。如"忧心悄悄"(《邶风·柏舟》),传:"悄悄,忧貌"。"硕人俣俣"(《邶风·简兮》),传:"俣俣,容大貌"。"赳赳武夫"(《周南·兔罝》),传:"赳赳,武貌"。"明星煌煌""明星晢晢"(《陈风·东门之杨》),传:"晢晢,犹煌煌也","檀车煌煌"(《大雅·大明》),传:"煌煌,明也"。有时二者虽非同义,但意义却是相关联的,如"绿竹猗猗""绿竹青青"(《卫风·淇奥》),传:"青青,茂盛貌。猗猗,始生柔弱而美盛也"。"白石凿凿""白石皓皓""白石粼粼"(《唐风·扬之水》),传:"凿凿,鲜明貌;皓皓,洁白貌;粼粼,清澈也"。

前人曾注意到这种现象。如"翘翘错薪"(《周南·汉广》),王引之:"家大人曰:汉广篇'翘翘错薪,言刈其楚';翘翘与错薪连文,则翘翘为众多之貌。"①陈奂说得更清楚,如"夏屋渠渠"(《秦风·权舆》),陈奂:"传:夏,大也。渠渠无传。诂夏为大,则渠渠为大貌"。马瑞辰则反过来用叠字的意义去推求相关的单字形容词意义。"棘人栾栾"(《桧风·素冠》),马瑞辰:"传:栾栾,瘠貌……按:栾栾既为瘠貌,则棘为瘠可知也。"王念孙、陈奂、马瑞辰都是清代著名的小学家,他们已把上述现象视为一般法则,用它来解决词义训诂上的问题。

在"忧心忡忡"这类句子里,单音形容词"忧"的同义词比较少,而叠字"忡忡"的同义词相比之下就多得多。如"忧心忡忡"(《召南·草虫》《小雅·出车》),"忧心惙惙"(《召南·草虫》),"忧心悄悄"(《邶风·柏舟》《小雅·出车》),"忧心殷殷"(《邶风·北门》),"忧心钦钦"(《秦风·晨风》),"忧心烈烈"(《小雅·采薇》),"忧心京京"(《小雅·正月》),

---

① 王引之:《经义述闻》卷五。

"忧心愈愈""忧心惨惨""忧心悻悻"(《小雅·正月》),"忧心慇慇"(《小雅·正月》《大雅·桑柔》),"忧心奕奕""忧心怲怲"(《小雅·頍弁》)。"劳心切切"(《齐风·甫田》《桧风·羔裘》),"劳心怛怛"(《齐风·甫田》),"劳心慱慱"(《桧风·素冠》)。

在上述的例子中,表示忧愁的单字只有忧、劳两个,而表示忧愁貌的叠字有十六个。这是一个很有趣的现象。造成这种情况的原因是多方面的。例如"殷殷""慇慇"显然只是写法的不同。自然还要估计到方言的影响。例如"惨惨"和"钦钦"都属侵部,"悄悄"和"切切"都属宵部,"慱慱"和"怛怛"都属元部,而"惨惨"戴震、陈奂认为是"懆懆"之讹,那么,也属宵部字了。这些叠字的不同,可能属于方言上的细微差异。

但是,我们认为还有一个特殊的而且是比较重要的原因是:叠字的意义不够稳定,它常受前后其他单音形容词的影响。林之棠说:"吾读诗经,见其重言之多,驾乎异轶,因录而细考之,觉其用法莫不随其前后主要字以见意。"①他谈到了这种现象,但尚嫌笼统。需要作进一步分析。在形容词叠字中有两类,一类是由表性状的形容词重叠的(其中还有动词重叠的),它们的词义比较稳定,一般不受前后其他词的词义影响。如"忡忡""惨惨""怛怛"等。另一类是由表程度的形容词重叠的,如"殷殷""京京""烈烈""愈愈""奕奕"等。它们皆表示数量多,程度高,而其具体的意义则几乎依前后其他词的意义为转移。如"奕奕",《说文》:"奕,大也"。"四牡奕奕"(《小雅·车攻》),陈奂转引韩诗章句:"奕奕,盛貌"。"奕奕寝庙"(《小雅·巧言》),毛传:"奕奕,大貌。""奕奕梁山"(《大雅·韩奕》),毛传:"奕奕,大也。""忧心奕奕"(《小雅·頍弁》),毛传:"奕奕然无所薄也。"陈奂:"形容忧心之状"。马瑞辰引《广雅·释训》"奕奕,盛也"后注云:

---

① 林之棠:《诗经重言字释例》,载《国学月报》卷二,第十二期。

"则奕奕为忧盛之貌"。又如"烈烈",在《诗经》中有下列具体的意义:(1)山高难至。见"南山烈烈"(《小雅·蓼莪》)。(2)形容寒冷。见"冬日烈烈"(《小雅·四月》)。(3)威也。见"相土烈烈"(《商颂·长发》)。(4)军队雄武的姿态。见"烈烈征师"(《小雅·黍苗》)。(5)表示忧貌。见"忧心烈烈"(《小雅·采薇》)。我们说正是这类叠字是"随其前后主要字以见意"。因此就某一类表情貌的叠字说,数量就多了。严格地说它们应属表程度的叠字。

2.3 叠字在意义上与单字的派生关系问题 清史梦兰在其《叠雅》一书中,把叠字看成是一个浑然的整体,没有考虑到叠字与单字在意义上的派生关系。邵晋涵注意到这个问题。他把叠字分成两类,即叠字与单字的意义基本相同和叠字与单字意义不相涉的两类。他说:"古者重语,皆为形容之词。有单举其文,与重语同义者,如'肃肃,敬也''丕丕,大也'只言'肃',只言'丕',亦为敬也,大也。有单举其文即与重语异义者,如'坎坎,喜也','居居,恶也',只言'坎'、只言'居',则非喜与恶矣。"[①]王筠在《毛诗重言》里,把叠字也作了这样的区分。他把"重言之不取义者"辑为上篇,"兼取义者有专字者,或取引申之义者"辑为中篇。他们把叠字作这样的区分是正确的。但是,王筠的划分方法是不够科学的。他的方法大致有二。一,直观的。如"灼灼其华",他认为"灼"就是专字,"灼灼"便列入中篇。二,根据古代字书,其中主要是《说文》。如"赳赳武夫",传:"赳赳,武貌",《说文》:"赳,轻劲有才力也",由此把"赳"认做专字,"赳赳"列入中篇。凭直观有很大的随意性,至于古代的字书,只可供我们参考,不可作为完全的根据。因为这些字书以字为单位,古人缺乏现代关于词的概念,常常把字义词

---

① 邵晋涵:《尔雅正义》。

义混而为一。《说文》成书于毛传之后,许慎在释义时许多地方接受了毛传的影响。我们不能因为《说文》给"赳"注了意义,这意义又与毛传对"赳赳"的注释基本相同,就判定"赳赳"是"赳"派生的。我们认为,在研究《诗经》叠字与单字在意义上派生关系的问题时,比较稳妥的办法是以本书证本书,即对《诗经》中叠字与单字的使用情况进行考察,凡叠字的单字在《诗经》中能独立运用,而叠字的意义与单字的意义或相同,或基本相同,或相关,那么就认为这个叠字与单字有派生关系。我们发现有相当多的叠字可证明是单字派生的。①

甲,单字为形容词,前后有"有""其"形容词词头、词尾成分

忧心有忡　忧心忡忡②；有芃者狐　芃芃其麦；有杕其杰
厌厌其杰；有秩斯祜　德音秩秩；其叶有沃　天之沃沃；
有皇上帝　皇皇后帝；万舞有奕　忧心奕奕；有洸有溃
武夫洸洸；有实其猗　绿竹猗猗　凄其以风　风雨凄凄；
日月其慆　慆慆不归；雨雪其霏　雨雪霏霏③

乙,单字为形容词

卉木萋止　维叶萋萋；或肃或艾　肃肃在庙；山川悠远
悠悠苍天；汤降不迟　行道迟迟；邦之桀兮　维莠桀桀；
中心怛兮　劳心怛怛；天降滔德　汶水滔滔；其笠伊纠
纠纠葛屦；亦孔之休　良士休休；月出皓兮　白石皓皓；
其叶湑兮　其叶湑湑　彼苍者天　蒹葭苍苍；翩彼飞鸮

---

① 象声词自然不存在派生的问题。
② 所列的单字,其意义和叠字的意义,或相同,或基本上相同,或相关,这有训诂上的根据,为节省篇幅未将训诂列出。
③ 关于"有"字式、"其"字式等相当于叠字的问题,可参看王显:《诗经中跟重言作用相当的有字式、其字式、斯字式和思字式》,载《语言研究》第四期。

翩翩者鵻；	以引以翼	厥犹翼翼；	依彼平林	杨柳依依；
于赫汤孙	赫赫南仲；	月出皎兮	皎皎白驹；	出自幽谷
幽幽南山；	劳心惨兮	忧心惨惨；	温恭朝夕	温温恭人；
淠彼泾舟	其旂淠淠；	政事愈蹙	蹙蹙靡所骋；	蓼彼萧斯
蓼蓼者莪；	角枕粲兮	粲粲衣服	恭敬明神	明明上天；
宽兮绰兮	绰绰有余；	绿衣黄里	狐裘黄黄；	穆如清风
穆穆文王；	无不溃止	溃溃回遹	简兮简兮	降福简简
莫高匪山	高高在上；	德音孔昭	其音昭昭；	终风且噎
噎噎其阴；	河水清且涟猗	泣涕涟涟		

丙，单字为动词，重叠后为形容词

鱼跃于渊	跃跃毚兔；	睠言怀顾	睠睠怀顾；	载沉载浮
雨雪浮浮；	哀我人斯	哀哀父母	悠哉悠哉	悠悠我心；
汎彼柏舟	汎汎杨舟；	载燔载烈	如火烈烈；	文王蹶厥生
良士蹶蹶；	以燕天子	燕燕居息	右招我由房	招招舟子

丁，单字为动词，重叠后仍为动词

爰笑爰语	于时语语；	爰居爰处	于时处处；	敦彼独宿
有客宿宿；	于女信处	有客信信；	畏人之多言	于时言言

  我们在研究《诗经》重叠式的时候，只能从汉字出发。这使我们的工作受了很大的局限，例如重叠式在语音上有什么变化，就无法知道。此外，古代文献在流传中文字上也有变动。"字"有反映语言现象的一面，也有掩盖某些语言现象的一面。但是，从总的方面看，《诗经》这样一部重要的古代文献，还是在很重要的程度上反映了当时语言的情况。重叠式是汉语中一种重要的语法现象，而这种方式，从《诗经》叠字情况看，远在两千多年以前就已存在。

（原载《语言学论丛》第六辑）

《说文解字》的性质

研读《说文解字》，需要了解它的性质。这部书写于公元100年至121年，至今已有1800多年。这是一部博大精深的古籍，其性质具有多重性。

第一，它是我国第一部字典。字典一词始于18世纪的《康熙字典》，而字典这样性质的书早就有了；《说文》便是我国最早的一部字典。字典需要具备以下三个条件：(1)系统收字；(2)按一定的原则和方法编排条目；(3)注音释义。《说文》基本上具备这些条件。就收字说，《说文》收9353个，另收重文(也就是异体字)1163个，合计10516个。西汉的《急就篇》收字2144个，扬雄(公元前58至公元18年)的《训纂篇》收字5340个，东汉班固(公元32至92年)的《续训纂篇》收字6120个。《说文》收字远远超过它们。十三经用字6544个，《史记》用字4971个。字典收字应该超过著作用字的字数，《说文》在历史上第一次达到这个要求。《说文》中相当一批字可能是从原始材料(自然是篆文或六国古文)中钩稽得来的。《说文》也有失收的常用字，如由、志、求、希、铭、刘等字未收；但为数有限，并不从根本上影响到它收字的系统性。而且不收这些字，也有一定的原因，像"刘"字未收，自然是为了避讳(汉朝皇帝姓刘)；"志"是"识"的古文，又是汉桓帝的名，需避讳。"由"是"甹"的古文，"希"是"绨"的古文，"求"是"裘"的古文。收字多而有系统，固非易事，而更难的是将所有的字按一定的原则排列起来。汉字是一种表意文字,数以万计,形态各殊;而小篆属古文字,是由圆转的线条构成,不同于隶书楷书,对它在形体上作分析、归类十分困难。许慎首创540个部首,按部首来归字,使汉字初步具备了可检索性。这是一次历史性的突破。许慎的分类,主要是文字学上的分类,不是检字法上的分类,但毕竟具有检字法分类的成分,为后来通行的部首笔画检字法打下了基础。现代字典的部首,是经过不断归纳调整而后形成的,而其源头是《说文》部首。《说文》对每个字都作了注释。释义的方式是多种多样的。有定义式的:"蚊:啮人虫也"。有互训的:"詈:骂也";"骂:詈也"。许多释文言简意赅,如"霾:风雨土";"凡:最括也";"秕:不成粟"。这反映了许慎对词义有高度概括的能力。能区别联绵字,初步有了词的观念,如"鸳:鸳鸯也";"鸯:鸳鸯也";"离黄:仓庚也"。注意到虚字,如"矣:语已词也";"者:别事词也"。全书引古文献句例一千余条,这实际上是后代词书引书证的滥觞。在注音方面,当时还没有反切,还没有一套科学的注音方法。尽管如此,许书并未割弃这一部分的内容。书中对字音的说明采用两种方法:一、注出形声字所从的声符,它基本上属历史语音的范畴。二、用"读若","读与……同"等办法,给难字注音。这自然是很不理想的,离真正的注音相去甚远;但由于历史条件的局限,只能如此。许慎对字的注音是很重视的,单就"读若"说,有830字,占总字数的8.8%。同为"读若"拟音,其中又有多种形式:用相关字拟音;用俗语注音;用方言注音;用成语注音;以义明音。(见陆宗达《说文解字通论》第84页)

第二,《说文》是文字学不祧之祖,它收录了九千多个小篆,还收了一部分古文和籀文异体,保存了古文字可贵的资料,的确是空前绝后的。《说文》收字与甲骨文、金文对照,不少是吻合的。例如《说文》

"明",字头收"朙",古文异体作"明",在甲骨文中二体均有,六国文字作"明",说明小篆上承秦系籀文,而《说文》的古文系六国东土文字。《说文》收的字中,有的不见经传,如叕、夌、迨等,但在古文字中可得到印证。有的字在字形上与甲骨文、金文不完全相合,但释文符合古文字造字本义,如"执"字:"捕罪人",其古字的原始构形像一人两手被一刑具所铐。有的字,注文非古初之义,但字形与古密合,如:"叟,老也";即叟,就是"搜"字的初文,而《说文》所释是假借义。后来假借义通行,本义另造"搜"字。甲骨文、金文固然可以帮助我们纠正《说文》中不少错误;但是,如果没有《说文》作依傍,是难以去考证甲骨文、金文等古文字的。无《说文》,对后来隶书、楷书的发展,也难以明其流变。唐兰先生说:"古文字和近代文字的差异,有时很多,《说文解字》一书,就是这两者中间的链锁。"(《古文字学导论》下编17页)《字鉴》李文仲序:"其于字学,处说文之先者,非说文无以明;处说文之后者,非说文无以法。"《说文》有正字的作用,但不能把它看做万古不变的法式。《说文》叙是一篇古代文字学重要论著。在此之前,六书只有六种名称,许慎第一次对六书作了解说,并举了例字,论及汉字的产生和发展这种带有根本性的问题,奠定了我国传统文字学的理论基础。

第三,《说文》是一部训诂学著作。训诂学要研究形训、声训、义训。形训就是据形释义,《说文》是一本讲形训的专著。早在6世纪,北齐的颜之推就高度评价《说文》形训的作用和地位,他说:"若不信其说,则冥冥不知一点一画(按:指汉字形体),有何意焉。"《说文》也有声训,如:"室:实也";"家,居也";"幺:小也"。声训常带有很大的随意性,被释字与释字有的字音与字义之间没有必然的联系,如"家:居也"。但有的音与义间有联系,被释字与释字之间有同源的关系,如"幺"与"小"。我们不能忽略声训材料有价值的一面。上面提到的互训、定义式注释等都属于义训,内容十分丰富。《说文》保存的训诂学资料十分可观,例如其中引经有1083条,对我们考证古书中的本字、假借字和异文,都十分有用。如"祡",引《虞书》"至于岱宗祡",今伪古文尚书《虞书·舜典》作"柴"。"祡"为祭名,柴指物,《说文》所引为本字,扬雄《甘泉赋》"钦祡宗祈",也用的是本字。《说文》还保留了一些已亡佚的古籍资料,如玉部"莹"字下:"逸论语曰:如玉之莹。"一般认为,《论语》传到汉代,有齐论、鲁论和古文论语三种本子,现在所传的《论语》,是东汉末年郑玄参照这三种本子而作;许慎在郑玄之前,这三种本子尚存,而他又提到"逸论语",当别有第四种本子。书中不止一处提到的《司马法》,此书今已不传,他日地下如得发现,《说文》所引亦将放异彩。《说文》中多称引古书中的训释资料,如"蛊"下引《春秋传》:"皿虫为蛊晦,淫溺之所生也。"今《左传·昭公元年》:"赵孟曰:'何谓蛊?'对曰:'淫溺惑乱之所生也。於文,皿虫为蛊。'"二者相合。这是明引,还有暗引。如"阿"字注:"大陵曰阿",今《诗经·小雅·菁菁者莪》:"在彼中阿"。毛传曰:"大陵曰阿"。可见许慎释义多有所本,重视以前的训诂资料。段玉裁说:"说文训诂多宗毛传。"(段注三卷下段字条下)陆宗达先生说许慎是"依据经典明文,仔细揣摩语义,从生动的语言实际中,概括归纳,确定了每个字的解释。"(《说文解字通论》第6页)陆先生的话,是他对《说文》作了深入研究后概括出来的。如"缶",《说文》:"瓦器……秦人鼓以节歌。"征之文献,如李斯《谏逐客书》:"夫击瓮叩缶,……真秦之声也。"《史记·廉颇蔺相如列传》:"赵王窃闻秦王善为秦声,请奉盆缻(即缶)秦王。"杨恽《报孙会宗书》:"家本秦也,能为秦声……酒后耳热,仰天抚缶。"当然击缶之俗非秦一地所专有,然秦人喜击缶当为事实。《说文》对后世训诂的影响,十分深远。《说文》成书不及百年,已经广为流传;汉末大经学家郑玄在注《周礼》、《仪礼》时已引《说文》来解释字义。晋代晋灼注《汉书》时称引《说文》。唐、宋人作注,常引《说文》。清代是《说文》之学空前兴盛的时代。清代对古籍的整理,其规模和深度都超越前代,"家有浈长之书,人习说文之学。"(俞樾《小学考序》)《说文》在这方面起的作用是很大的。

词义是有历史继承性的,我们研究现代汉语词义,《说文》也能提供帮助。例如"拿",现代的字典、词典都没有注释"拉"义。中医所讲的"推拿",是口语词,其中"拿"即拉。《说文》中"拿"作挐、拏:"挐,持也";"拏,牵引也。"牵引,即拉。牵引,动作的方向是朝自己一方的,在复合词捉拿、捕拿、擒拿、缉拿中,还保留了这样的义素。《说文》的内容具有极强大的生命力。

第四,《说文》还是一部在研究古音方面有重要价值的著作。汉字绝大部分是谐声字,而《说文》在分析形声字时指出其所从的声符,这就为我们保存了古音资料。段玉裁说:"许叔重作说文解字时未有反语,但云某声某声,即以为韵书可也。"(《古音十七部谐表》)姚文田在《说文声系·叙》中说:"古音至江左尽变,所赖以不亡者,惟说文解字一书,其于谐声之文,枝分派别,条理秩如。"近代文字学家胡朴安认为:"其古音材料,视三百篇有过之而无不及。"(《中国文字学史》)管燮初先生利用《说文》全部谐声字(8548个),按照计量语言学要求,进行定量的分析,探讨上古声类的分布与相互关系,使上古声类的研究大大跨进了一步(文章见《中国语文》1982年第1期),也使我们看到《说文》对研究古音的巨大作用。

要特别指出《说文》在构建汉字谐声系统中首屈一指的作用。以前研究《说文》谐声系统,一个比较大的缺点是没有从历时纵面考察,主要是没有从古文字到《说文》来考察,这样就不可避免地看不到《说文》在构建汉字谐声系统中的作用。试举三例来说明。圃,在甲骨金文里作甫,是一个象形字,到《说文》里变成了一个形声字,从囗,甫声;甫,从用,父声。以父为第一谐声的,构成一个大家族(参看本书《通假字问题》),这样"圃"字就纳入了一个大的谐声系统中了;从汉语说是纳入汉语的语音系统里了。聿,在甲骨文里它是一个象形字,是"笔"的初文,《说文》将"聿"分析为以"一"为声符的形声字。"一"古音为"质部";"聿"为物部,二者韵尾都是收-t的。"聿"作为声符可构成"律",为物部。必,甲骨文里是象形字,像一个手杖其下加一短横,一种兵器,小篆为,为形声字,从弋,八声(段玉裁的解释)。八是质韵,必也是质韵。由"必"构成的形声字有秘、泌、宓等;由"宓"构成密、蜜、铋等,都是韵尾收-t的质部字。

汉字的形声化,是发展中产生的,如上所述,许慎加以整理,使之系统化。许慎偶有解释不正确的,如把"必"释为"弋"声,清代段玉裁改为"八"声,与金文合。

汉字有三要素,即形、音、义。《说文解字》正是以字典的形式全面而深入地反映了历史汉字的这三个方面。说它是全面而深入地反映,是因为字典这种形式具有系统性、完备性。许慎采用这种形式来记录汉字的形、音、义,难度极大,但也可以说是最好的形式了。正因为如此,《说文解字》在中国文化史上占有特殊重要的地位。前人有言:《尔雅》训诂书也,《广韵》音韵书也,《说文》形书也。然《说文》一书义形声兼言之。训诂书言义而阙音,音韵书言音而阙形。《说文》兼言义、形、声。于字形之所以分、字音之所从出、字义之所由立,独能元元本本,抉发无遗,此戴震所以谓《说文》为吾国之宝书也。

国学大师,大多从《说文》中汲取过丰富的营养或对《说文》进行过这样或那样的探求。现代学界泰斗蔡元培,说《说文通训定声》是他受益最深的书。陈寅恪幼年时对《说文》曾用过一番苦工夫(《陈寅恪先生编年事辑》第 48 页)。胡适之先生有时也把研究的目光投向《说文》领域。探讨《说文》一书的性质,是为了更好地了解这部重要典籍,使它在弘扬中华文化的宏大事业中更好地发挥作用。

(原载《北京大学百年国学文粹·语言文献卷》)

《说文解字》简介[*]

一 独一无二的千古奇书

1.1 王力先生说:"《尔雅》只是材料的搜集和排比,《说文解字》则真正搞成一个科学体系,写出破天荒第一部字典来"(《中国语言学史》),我在《〈说文解字〉的性质》一文中对《说文》何以成为我国第一部字典作了比较多的分析,可以参看。但是它与后来的字典并不相同,后来的字典都属于楷书字典,而楷书字典肇始于《玉篇》。如果把字典比喻为方队,那么字典史上第一方队是《说文》,而这个方队与后面的方队又有不属同一个性质的系列,后面的方队从《玉篇》到《康熙字典》属一个系列。王力先生说:"《玉篇》和《说文》虽同属字书,但是它们是不同类型的。《说文》以明字形为主,讲本义也是为了证明字形,所以只讲本义,不讲引申义;《玉篇》以说明字义为主,所以不再像《说文》那样说:'从某,某声,'同时也不限于本义,而是把一个字的多种意义罗列在一起。这样做,实际上已开后代字典的先河。"(《中国语言学史》)因此我们说它是独一无二的千古奇书。

1.2《说文》是一部特殊的古文字字典。它以小篆为头字。小篆

---

[*] 原载《古代词书讲话》,上海教育出版社,1990年。收入本编时作了较大改动。

是古文字的殿军,此后就通行隶书了。在它之前,不可能有古文字字典,因为字形混乱,像战国时代"文字异形",你无法编一部内容统一的字书。在它以后也不可能有这样的字典,因为进入了隶书时代,怎么可能编一部古文字字典呢?所以它是独一无二的。

《说文解字》成书的时代小篆早已不是使用的文字了,当时通行的是隶书,但去古为远,小篆资料尚可全面搜集到,而隶书是由篆书演变来的,相承的关系非常明显。《说文》以小篆为字头,篆字后附一个当时通行的隶书,从而把古今衔接起来。

例如①:

忠 忠 艸 艸 䍩 摇 䇽 晋
睦 睦 聊 聊 肙 長 㾦 兵

《说文》是按文字学的要求来解释字义的。例如:

(雨)水从云下也。一象天,冂象云,水零其间也。古文。

(永)长也。象水巠理之长。

(亦)人之臂亦也。从大,象两亦之形。

(秉)禾束也。从又持禾。

(夜)舍也。天下休舍也。从夕,亦省声。

每个字,先解释字义,接着分析字的形体构造。"雨",意思是水从云里落下。第一笔一横,象征天;"冂"表示云层;里面的点指雨滴。"永",表示长的意思,字形象水泾流细长的样子。"亦",指人的胳肢窝;"大"是正面的人形,两边各有一划,指明这个位置正是腋下。"秉"是稻禾一把,用一只手握持一把稻禾来表示。"夜",休息的时

---

① 前一个字是小篆,后一个是隶书,隶书后来被删去。

候,天下人这时都休息停止工作了。"☽"(新月形)表示"夕","亦"表示声音,在形体上有所省略。

《说文》根据字形结构的特点,把文字分为两大类:"文"和"字"。"文"指的是独体字。象形字和指事字都是独体字,它们的形体结构不能再分析,如果再分析,就是不具有意义的笔画了。"字"是合体字,是由两个或两个以上的独体字拼合而成的。会意字和形声字都是合体字。像上面所列举的"雨"、"永"、"亦"等字是独体字,"秉"、"夜"等字是合体字。《说文解字》意即说明独体字,解析合体字。[①]书名扼要地揭示了书的性质和内容,显示了文字学著作的特色。

《说文》注解有两个主要的特点:一、每个字都分析字形结构;二、每个字所注解的字义,多是造字的本义(受认识局限,也有一些不属于造字本义)。分析字形结构和注明字的本义,是紧密相关、互相补充的。例如上文所列举过的"亦"字,与"者"字、"矣"字一样,同属典型的虚词,但是因为许慎认为它是一个象形字,在文字学上有分析解释的必要,所以就舍弃了它的虚词义,而解释与字形相关的实词的意义。又如"辍"解释为"车小缺复合者"(车具损坏暂时停车修理),但是在古代文献中只当"停止"讲,如《论语·微子》"耰而不辍",《荀子·天论》"天不为人之恶寒也辍冬",《史记·陈涉世家》"辍耕之垄上",还有"辍斤"、"辍朝"等说法,"辍"都与"车小缺"无关。这是因为《说文》解释字义要密切结合字形,既然"辍"字"从车叕声",在说解中就一定要和"车"联系起来,它把在文献中被使用过的概括的词义具体化了。

1.3 《说文》中古音资料十分丰富而重要。汉字绝大部分是形声

---

① 王筠《说文释例·卷一》:"此书名以《说文解字》者,说其文、解其字也。《通志》曰:'独体为文、合体为字'是也。"

字,《说文》在分析形声字时,一一指出形声字的声符,这对我们了解古音非常有用。例如"江",现在读 jiāng,它的声符是"工",这"工"字对我们今天认字不起作用,而对了解"江"的古音大有用处。古代,"江"读"工"(gōng)的音,例如《楚辞·九章·哀郢》:"将运舟而下浮兮,上洞庭而下江。去终古之所居兮,今逍遥而来东。""江"与"东"押韵。这样的例子很多。又如"风",《说文》指出它的声符是"凡"("凡"与"心"、"林"、"金"同韵,今广东话仍如此,韵尾有-m)。《诗经·邶风·谷风》:"习习谷风,以阴以雨,黾勉同心,不宜有怒。"这里"风"、"心"押韵。《淮南子·说林训》:"有山无林,有谷无风,有石无金","林"、"风"、"金"押韵。1972 年出土的山东临沂银雀山汉墓竹简,有一处简文有七个字:"胜夜战不胜夜战","夜"通"亦",如果了解"夜"的声符是"亦",对这里的通假就不会感到奇怪了。

汉代以前没有韵书,研究古音除了依靠《诗经》、《楚辞》等韵文,就靠《说文》的形声系统了。沈兼士说"古音之学,清初以前为孤立的古音研究,如陈第《毛诗古音考》,自段玉裁《六书音均表》出古音学乃大显"(魏建功《古音系研究》序)。清代段玉裁说,可以将《说文》作为韵书来利用。[①] 他通过对《说文》形声系统的研究,得出"同声必同部"(声符相同的字其上古韵部必相同)的结论。这个结论大致是正确的。声符也有助于我们考察上古声母系统。例如下列字读 b/p:贫、盼;阪、版;排、徘、悲;浦、捕、埔等,它们的声符分、反、非、甫读 f。这是一种重要的现象,说明在上古 b/f 两类声母是相混的,只能有一种。经研究上古只有 b 类声母,没有 f 类声母。有些字只有依靠《说文》才能晓得其声符,如"黄",《说文》指出其声符是"光",由此,繁体

---

① 段玉裁《六书音均表·古音十七部谐声表》。

字廣以"黃"为声符就有合理的解释了。

1.4《说文》中蕴涵了丰富的古代文化知识。这个问题现在被许多人提出来,我们多谈一点。早在20世纪初程树德的《说文稽古篇》是通过《说文》收字与注解,去探讨被湮没的古史和探讨古代文化。小篆中"刑"在"井"部,注解是:"刑,罚罪也,从井从刀。"唐代的《初学记》引《说文》的注解是:"刀守井也。饮之人入井陷于川。刀守之,割其情也。"大意是:拿着刀,守护井。来取井水的人多,往往入井争水,结果纷纷落井。用刀守护一旁,人们便不敢争水了。意思是说刑的建立,最早是为了解决抢水的纷争。经程树德分析我们便对"刑"早期字形和古义有了认识,或者说有了在文化意义上的新认识。该书还讲到"它"字。《说文》:"它,虫也。上古草居患它,故相问'无它乎'?"作者联系到后代常说的"无恙乎",认为就是由'无它乎'变化来的。这是根据《史记·外戚世家》的唐代司马贞《索隐》资料而作的补充发挥。1999年出版了王宁、谢栋元、刘方合著的《〈说文解字〉与中国古代文化》(辽宁人民出版社),真可谓前修未密后出转精了。

二 《说文》的作者许慎

许慎是东汉人,《后汉书·儒林传》里有许慎的传[①],仅100多字。许慎是一位在文化史上作出了杰出贡献的人,人们希望对他的生平能有更多的了解。清代严可均作《许君事迹考》,陶方琦作《许君年表

---

① 《后汉书·儒林传·许慎》:"许慎字叔重,汝南召陵人也。性淳笃。少博学经籍。马融常推敬之。时人为之语曰:'五经无双许叔重。'为郡功曹,举孝廉,再迁,除洨长。卒于家。初,慎以五经传说臧否不同,于是撰为《五经异义》,又作《说文解字》十四篇,皆传于世。"

考》,诸迟鞠作《许君疑年录》,虽多方考证,但是能够补充的资料不多。

1986年有张震泽《许慎年谱》问世,辽宁大学出版社出版。书前有张先生"自序"指出陶方琦的《许君年表考》的简略和不确切处,继而说明自己抗日战争时期在西北大学任教时期写了本书初稿,1985年重理旧业,改写时参考了时贤大作,覆查了原始材料。《年谱》开篇有《许慎事迹简记》。接着按年编表,从光武建武三十一年(公元55年)许慎出生,历汉明帝、章帝、和帝、殇帝、安帝(安帝建光元年,许慎病,55岁。遣子许冲向安帝上呈《说文解字》15卷)。后历经顺帝、冲帝、质帝、桓帝,于桓帝建和二年(公元148年)82岁时去世。如果想了解许慎生平,这本书是应该查考的。

许慎字叔重,汝南郡召陵万岁里人(在今河南郾城)。《河南通志》卷四十九说许慎墓在郾城县东三十五里召陵城下。他大约生在汉明帝时,死在桓帝时,于是便以明帝即位那一年(公元58年)为许慎出生年,以桓帝即位那一年(公元147年)为许慎卒年,修订版《辞海》即以此为根据,把许慎生卒年标为"约58—约147"。许慎年轻时在他的家乡汝南郡任功曹,是协助郡守办理日常事务的官吏。后被推举为孝廉,到东汉京城洛阳任太尉南阁祭酒。南阁,大概是太尉官署中一个管文书的部门。祭酒,是祭祀时执礼的尊长,由品学兼优的人充任。后来又当过洨(xiáo)地的县长(汉代大县行政长官称"令",小县称"长")。许慎是著名经学家贾逵的学生,许冲(许慎子)说许慎曾跟随贾逵学习古文经学,又说向贾逵请教,著《说文解字》[①]。《说

[①] 《说文解字·叙·许冲上汉安帝表》。

文》在注释中如提到贾逵都尊称贾侍中(官名)。东汉安帝永初四年(公元110年)曾召集大批经学家"校书东观"①。这是我国历史上一次大规模的图书整理工作,许慎参加了这个工作。在东观校书结识的人中有著名的经学家马融。许慎年长于马融。许慎本传里说"马融常推敬之",估计是通过校书工作,马融看到许慎的博学,非常敬佩。当时许慎名望很高,人们用"五经无双许叔重"的话("双"、"重"押韵)来赞扬他。许慎的著述,除本传里提到的《五经异义》和《说文解字》两部书以外,还有《淮南子注》和《孝经古文说》。除《说文解字》外,其他三部书都没有流传下来。汉末郑玄曾写过《驳许慎五经异义》。在唐代,许慎的《淮南子注》曾与高诱的《淮南子注》齐名。可见在历史上这些书都曾经发生过重大影响。

三 《说文》产生的背景

《说文》是一部划时代的巨著,它的产生有重要的历史背景,这就是:汉字发展的背景、字书发展的背景、经学斗争的背景。

3.1 汉字发展的背景 最早的成系统的汉字是甲骨文,它是一种刻在龟甲和兽骨上的文字,出现在公元前14至公元前11世纪殷商时代。西周也有甲骨文。殷商时代还有一种铸刻在铜器上的铭文,称做金文(古代金指铜和各种金属)。金文主要发展于西周和春秋,一直延续到战国和秦以后。甲骨文可以作为商代文字的代表,金文可以作为西周和春秋时期文字的代表。战

---

① 东观,汉代宫中藏图书的地方。

国时期的文字,除金文外,还有货币文字、古玺、陶文、封泥、简帛、石刻等。战国时期,六国的文字称东土文字,也称六国古文。秦国地处西陲,称为西土文字,开始是大篆①,后来发展为小篆。秦始皇统一中国后,便用这种小篆来统一全国文字。隶书产生于秦,通行于汉。楷书产生于汉末,魏晋以后成为通行的文字,一直沿用下来。从甲骨文、金文到小篆,属古文字。隶书是汉字发展上一个重要的转折点。早期的古隶,与小篆等古文字相差不大,后来就变得与古文字完全不同了。隶书使古文字从具有象形意味的线条笔画变为不象形的平直方正的笔画,是由古文字发展为楷书的一个过渡阶段。

许慎生活在东汉,当时通行的是隶书,但是古文字并未绝迹,有用六国古文写的书,供学者们研究,有用篆文编的识字课本,供儿童学习。这正是汉字发展的一个关键时刻。《说文》这部书,以小篆为收字和注释的对象,小篆下附一个隶书,这就等于在汉字的发展上架起了一座桥梁,一头可通向古文字,一头连接隶书,连向后来的楷书,真正起到了承上启下的作用。先秦不可能编出这样一部书;再晚些时候,魏晋以后,古文字成了历史的陈迹,想编写这样一部书,也不可能。只有汉代,汉字在发展上处在一个特殊的历史时期,才能产生《说文》这样一部著作。

许慎以小篆为收字对象,有深刻的历史原因。小篆是一种经过整理的文字,是秦统一中国后推行的标准文字,它的规范化程度高,成系统。如果没有经过秦"书同文"的工作,在文字极不统一的情况下,是很难编出一部完备的古文字字典的。下面我们以"马"字为例,

---

① 大篆也称籀文,春秋战国时通行于秦。广义的大篆指小篆以外的所有古文字。也有将春秋到战国初期各国文字统称大篆的。

看看战国时文字的分歧:

国名	秦	齐	楚	韩赵魏	燕
例字	㠭	条茉䒫	枼生	甬甶	于

小篆与六国文字还有相同的一面,这一点容易被人忽略。清代段玉裁就指出,《说文》里篆字下没有附古文异体的,那是指小篆与古文相同没有区别。文字学家姚孝遂说:"自其不变者观之,战国时期各地区的文字基本上相同的。"[①]出土的石刻儒家经典,其中有古文,拿来和《说文》的小篆对照,相同的占 35%,与《说文》中的古文相对照,相同的只有 16%[②],由此可见古文与小篆的关系十分密切。

3.2 字书发展的背景 字书就是将汉字收集在一起编成的书,供识字用,来源很早。《史籀篇》是一部最早的字书(认为是周宣王太史籀编,不可信),近代学者王国维认为它是春秋战国间秦国用大篆编的识字课本。秦朝的李斯编《仓颉篇》,赵高编《爰历篇》,胡毋敬编《博学篇》。李斯是秦的丞相,赵高、胡毋敬官位都很高,他们编的是小篆字书,为推行"书同文"的政策服务的。到汉代,三篇东西合成一篇,称《苍颉篇》。汉武帝时司马相如作《凡将篇》,元帝时史游作《急就篇》,西汉末扬雄作《训纂篇》,东汉班固作《续训纂篇》,与许慎同时的贾鲂作《滂喜篇》。这些书除《急就篇》外都没有流传下来。

这些字书与《说文》的关系有三点值得谈一谈:

一、字体问题。《说文》正字收的是小篆,这些字书有没有用小篆写的呢?据说《急就章》是史游用一种"章草"书体写的,后来张芝等书法家传摹,使《急就章》得以流传下来。《流沙坠简》所收录的汉

---

① 姚孝遂《许慎与说文解字》,中华书局。
② 曾宪通《三体石经古文与〈说文〉古文合证》,载《古文字研究》第七辑。

代《苍颉篇》残简有数十字,是用隶书写的。使我们兴奋的是1977年安徽阜阳出土的汉文帝时《苍颉篇》竹简,是用篆文写的。这说明汉代字书是用不同的书体写的,其中有用篆文的,《说文》收字采用篆文有字书的根据。

二、字数问题。《说文》收9353个小篆,这些字从哪儿搜集来的?清代的桂馥认为全来自字书。他算了一笔账:《苍颉篇》55章、《训纂篇》89章、《续训纂篇》13章,共157章,每章60字,共9420字。这个数字与《说文》收字非常接近。我们认为,《说文》收字会参考各种字书,但完全照抄,恐怕不见得。

三、偏旁归纳问题。《说文》建立540个部首,也就是以形符为标准,将汉字作偏旁归纳,而汉代的字书已经有所尝试。《急就篇》里有这样的话:"急就奇觚与众异,罗列诸物名姓字。分别部居不杂厕,用日约少诚快意……青绮罗縠靡润鲜,绨雎缣练素帛蝉,绛缇缊绀丝絮绵,䌷幣囊橐不直钱。"这里把从"糸"(mì)的字排在一起,就是"分别部居"的做法。《流沙坠简》残简有这样一段:"黕黡黯黤黮黝黥䵞黢黤",十个字全都是从"黑"的。《说文》正是在这个基础上,使偏旁归类系统化,建立了540个部首。

3.3 经学斗争的背景 汉代学术上最重要的斗争是古文经学与今文经学的斗争,考察汉代的学术,不可能离开经学斗争的背景,而《说文》这部书的产生与经学斗争更是有直接的密切的关系。

汉武帝采纳董仲舒的意见,"罢黜百家,独尊儒术",儒家登上了"独尊"的地位,随之而来的是儒家内部的剧烈斗争,这里有派别的不同、学术思想的不同、利害不同,等等。

儒家经典在战国时代是用六国古文写的,秦始皇"焚书坑儒",把儒家的经典烧了。到了汉代,一些老儒生凭记忆把儒家经典口授给门生,门生们用隶书记录下来。隶书是汉代通行的文字,称为今文(今,现代的意思。今文,现代文字)。儒家的经典并没有被秦火烧绝,到汉代,皇帝既然重视儒学,于是藏在夹壁墙中以及其他各种地方的儒家经典,陆续被发现。它们是用战国时的古文字写的,被称为古文经。研究今文经的称今文经学家,研究古文经的称古文经学家。

今文经古文经的不同,不光表现在文字不同、版本不同,更重要的是两派学术观点、政治观点不同。今文经学家强调儒家经典的政治内容,抽出儒家经典的一两句话,去作牵强附会的解释,甚至从《春秋》里抽出一些事例,指导当时法律上的审判。他们还宣扬迷信,说日月五星的运行都反映神的启示,告诉人们应该做什么和不应该做什么。古文经学家自然也主张儒学要为封建统治服务,但他们认为,首先要弄懂经典的意思,因而对语言文字特别重视。

精通儒学可以做官,有名有利,这样,两派的斗争又成为政治上的斗争。西汉时,今文经占上风,立为官学的是今文经,做大官的是今文经学家。到东汉,古文经学逐渐占了优势。汉末,郑玄杂糅今文古文两派学说,结束了延续几百年的今古文之间的斗争。

许慎生活在古文经全盛时期,他的老师贾逵是著名的古文经学家,他自己是"五经无双"的经学大师。他编著《说文解字》,是为经学斗争服务的,是要以语言文字为武器,扩大古文经在政治上、学术上的影响。对这一点,他的儿子许冲在《上〈说文解字〉表》里讲得很清楚,他说:我的父亲原南阁祭酒许慎曾跟贾逵学古文学。圣人不妄作,所写东西都是有根据的。现在五经之学光辉灿烂,而文字是使'道'得以论述的手段。从学习周礼到当今汉的法律,都应该先学文字,进而了解其内容。我父亲担心那些花言巧语(指今文学家讲的话)会使学习的人发生疑惑,于是广泛询问学者的意见,最后考订于贾逵,作《说文解字》。典籍里需要注解的字句,都得以有通顺的解释,而天地、鬼神、山川、草木、鸟兽、虫鱼、典章制度等各种知识都包括在这本书里了。① 古文经学与今文经学的不同,一个主要点是古文经学治学讲微观,今文经学讲宏观。这两个方面都是重要的。只讲微观必然走向视野不广,满足于一得之见;只讲宏观,容易失之空疏。许慎以古文经学观点为主,但他也考虑宏观。

辨章学术,考镜源流。将《说文解字》与其前的字书、雅学书之关系分析清楚,很有意义。魏建功先生多次指出:苍学(即《史籀》、《三苍》)为目治记载文字形体的书,而雅学(即《尔雅》、《方言》)是只作训释不解释文字形体构造的书,《说文解字》将它合在了一起,是集大成之作。他说:"叔重著作之意,具见其叙文。盖苍学重目治,记载形体,但为杂字歌括,而未分析'形声相益'之体说明文字结构之所以然;为之注释诸家如杜林、扬雄亦唯随文解义,不论造字之本训;雅学重耳治,记载声音,但为训释,而亦不解文字形体构造,胪列若干转注之语言及假借之文字,未能说明此转注假借之所以然,推求语根之所在。融合二派,集成三面(形、音、义),树立文字学之始基是叔重书所以应时而作也。

吾人尝谓许书为文字学之开创,今则特表之为集成,以苍雅之学乃我国文字学导源时期之代表,《说文》实文字学成立时期之巨著,不得不辨此意。"②

---

① 《说文解字·叙·许冲上汉安帝表》:"……臣父故太尉南阁祭酒慎,本从逵受古学。盖圣人不妄作,皆有依据。今五经之道昭炳光明,而文字者其本所由生。自周礼、汉律皆当学六书,贯通其意。恐巧说邪辞使学者疑。慎博问通人,考之于逵,作《说文解字》,六艺群书之诂皆训其意,而天地、鬼神、山川、草木、鸟兽、昆虫、杂物、奇怪、王制、礼仪,世间人事莫不毕载。"
② 《魏建功文集》第四册第53页,江苏教育出版社。

四 《说文》的体例

4.1 部首与部首的排列 《说文》将 9353 个小篆按形符归类,得出 540 类,每类里打头的那个字称为部首①。如卷七:"朿"、"片"都是部首。"朿"带两个字,连同自己,共三个字,所以在本部最后标"文三"二字;"片"部八个字,标"文八",目的在防止改动;如果简片前后相乱时,也便于清点。

部首领字多少不一,如"示"领字 59,"王"(玉)领字 125,"艸"(草)领字 444,"牛"领字 46。也有"光杆司令",如"告"、"才"、"彔"等部首。

有的分为两个部首,实际上是一个字,如 𠆢(人)、儿(儿)都是人字,因为"兄"、"兒"等字下面是"儿",同"仁"、"保"、"仙"等字形体不同,需要分开。

有的部首,本来属于另一个部首的成员,如"玨"(jué,珏),可归"王"(玉)部,让它成为部首是因为"斑"、"𤫊"等字的意符是"玨","玨"如归到了"王"(玉)部,这两个字便无处可归了。见下页:

540 个部首的排列次序,主要根据字形来安排,例如卷一"屮"、"艸"、"蓐"、"茻"依次排列,卷二"止"、"癶"、"步"、"此"、"正"、"是"依次排列。但是也考虑到意义,例如第一个部首是"一",最后一个部首是"亥",古人认为万物都从"一"开始,而"亥"表示结束。再如卷十四依次排列十天干(甲、乙、丙、丁、戊、己、庚、辛、壬、癸)十二地支(子、丑、寅、卯、辰、巳、午、未、申、酉、戌、亥)的字。

---

① 这是文字学的部首,每个部首本身都是字(受认识局限,个别部首不成字),与后来的检字法的部首不完全相同。

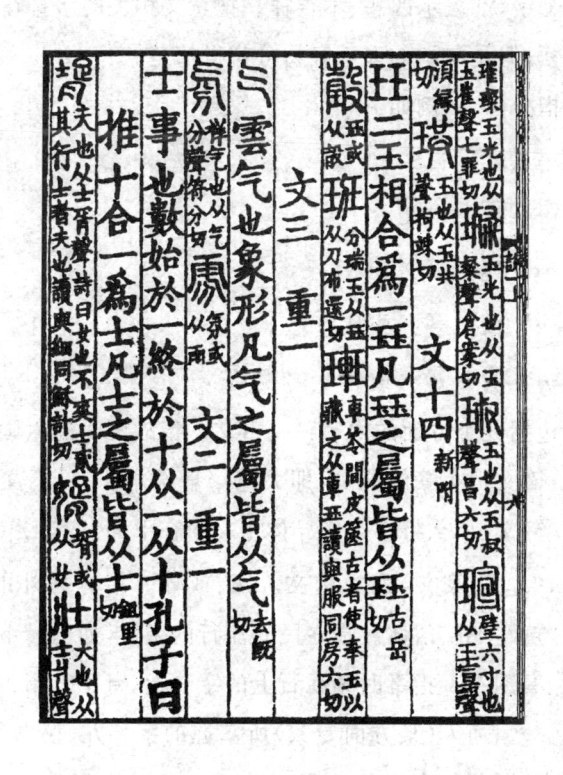

宋本《说文解字》

4.2 部首领字和重文 形声字通常归入形符所立的部首,如"被"、"襖"、"袿"、"褘"、"襞"、"衾"、"衷"、"裹"等字都归入"衣"部。也有少数形声字归入声符所立的部首,如"钩"(鉤)、"苟"、"拘"等字不在"金"、"竹"、"手"部,而在"句"(gōu)部,这是因为"句"也是表示意义的构件,从"句"得声的这些形声字意义都与"句"有关。有的部首下领字很多,这些字大多按一定的意义来排列。例如"示"部,第一个字是"祜",这是汉安帝的名;下面自"礼"至"禔"共 13 个字,都有吉祥的意思;自"神"至"禓"共 41 字,都与祭祀鬼神祖宗有关;自"祲"至

"禫"共7个字,都表示凶恶、不吉祥。把意义相关的字排在一起是为了便于检索,但是初学的人不容易分辨得清楚。

重文指异体字,例如:

一…… 弌 古文一

示…… 爪 古文示

禥…… 禥 籀文从基

䇞…… 䇞 䇞 或从宣

䕻…… 䕻 䕻 或省

重文包括九个方面的内容:一、古文。指战国时的六国文字。量最多。二、籀文。小篆的前身,即大篆。量次之。三、篆文。如果字头用古文、籀文,那么将小篆作异体重文附在下面,如"丄"(上,古文)列为字头,"上"(篆文)列为重文。四、或体。指有另外的形体,如"羴"下列"羶"。五、俗体。指在民间流行的字体,如"蠤"下列有俗体"蚊"。六、秦刻石。指秦时刻在石上的字。七、奇字。指古代某种特殊的字体。八、通人(某方面专家)所掌握的字。九、秘书(讲阴阳五行怪异的书)所用的字。

这些重文和正字在同一条下,称同部重文,寻找起来没有什么困难。还有一种称异部重文,如"心"部"恤"和"阝"部"邮",二字意义完全相同(表示"忧"的意思),是一个字的两种不同形体。其他如箴/鍼、盌/鋺、群/宭、槛/槛、倦/券、肇/肇、飙/凉、硕/陨等。异部重文的根本条件是意义相同。所谓意义相同,它的标准有时并不容易掌握,如连/联,清代王筠认为是异部重文,其实两个字的意义基本不同,是不能看做异体字的。

4.3 注释的一般格式 《说文》注释的一般格式是:首先解释字

义,其次分析字形结构,然后根据情况补充其他方面的内容,如用"读若"等标音;援引有关的解释;补充例证等。如果是部首,照例有这样一句话:"凡×之属皆从×",而部首下所领的字在释文中有"从×"这样的话,前后相呼应。"从"指形体上和意义上的从属关系。宋代郑樵称部首字为"母",称部首下所领字为"子"。解释字义、分析字形结构是注释最基本的内容。在释义时,或者用一个词(如"版,判也";"牒,札也"),或者用一个词组(如"束,木芒也";"牍,书版也"),少数用一句话来分析说明(如"牖,穿壁以木为交窗也")。释词的句尾一般用一个"也"字来表示解说的语气。后代字典一个字下的解释常常有几个意义项目,《说文》只解释词的本义,所以一般只有一个义项。如果不止一个义项,一般用"一曰"来补充。至于每个字后面的反切,这不是许慎原有的,而是后来加的。

4.4 注释的特殊格式 一、连篆为释。每个篆字是被注释的对象,但有时候,有的篆字要跟注文中的第一个字合起来,作为被注释的词语。例如:"离,黄仓庚也","参,商星也",应该分别读成"离黄,仓庚也","参商,星也"。离黄是一种鸟名,就是仓庚。参、商是两个不同的星座,参星升,商星落,永远不会同时出现在天空。参商常连用,故《说文》将它们合在一起来解释。二、复句为释。释文一般是一个句子(无论是一个词或一个词组,实际上是一个表示完整意义的句子)。少数有用两个并列的复句作解释的,前后有两个对举的"也"字,如"祸,害也,神不福也","嬾,懈也,怠也"。在流传中,复句中间的"也"字有的被删掉了,成了单句,如"寻,绎(yì,抽出)理也","标,木杪末也","睿(jùn,今作浚),深通川也"。句子变得晦涩难懂,补上"也"字,成为复句,意思就显豁了:"寻,绎也,理也"(《玉篇》注为"绎也,理也"),"标,木杪也,末也","睿,深也,通川也"。三、不加注释。

东汉五个皇帝的名字,因为避讳,没有注释,这五个字是:秀(汉光武帝名)、庄(汉明帝名)、烜(汉章帝名)、肇(汉和帝名)、祜(汉安帝名)。《说文》定稿于汉安帝建光元年,所以安帝以后皇帝的名字,不存在避讳的问题。此外,少数字或者字形无法分析,或者字义不清楚,或者字音不清楚,则标"阙"字以表示存疑,如"旁,溥也,从二,阙,方声","單,大也,从吅甲,吅亦声,阙","叚,借也,阙","晝,阙"。反映许慎做学问实事求是的态度。

五 《说文》的流传

公元121年许慎在病中派遣他的儿子许冲将《说文》献给朝廷。汉安帝赏给许冲布40匹。那时的书,字写在竹简上,少数写在帛上,流传很困难。但是,我们从一些侧面的材料得知,《说文》不久就流传开来。汉末郑玄在给《周礼》作注解时,曾引用过《说文》。政治家曹操在颁布的命令里称引《说文》。南北朝北齐颜之推在《颜氏家训·书证》里对《说文》作了很高的评价,认为《说文》对字的分析归纳井井有条,对字形字义能追本求源,如果不相信它,就糊糊涂涂不知字的一点一画具有什么意义。[①]《唐书·选举志》:"凡学馆诸生九经外,读《说文》、《字林》、《三苍》。"唐代科举考试有"书学"(即字学)一门,规定要考试《说文》。唐代著名的典籍,如《经典释文》、《北堂书钞》、《艺文类聚》、《初学记》、《白氏六帖》、《一切经音义》等都引用《说文》。反对者亦有,唐代的庾元威言许慎"穿凿贾氏,乃奏《说文》"。

[①] 颜之推《颜氏家训·书证》在谈到《说文》时说:"隐括有条例,剖析穷根源……若不信其说,则冥冥不知一点一画有何意焉。"

关于《说文》本身流传的情况,我们知道的不多。在唐代大历年间书法家李阳冰曾将《说文》刊定为三十卷,改动的地方不少。他的刊本在晚唐很流行。五代十国后期,南唐有两兄弟徐铉、徐锴,都研究《说文》。徐锴著《说文解字系传》。徐锴死于公元974年,第二年南唐亡。他哥哥徐铉在宋太宗雍熙三年(公元986年),受皇帝之命,与葛湍、句中正、王惟恭等,校定《说文》。这两个《说文》本子流传了下来。徐铉校刊的称为大徐本,徐锴的《说文解字系传》称为小徐本。现在中华书局印行的就是大徐本。

大徐本和小徐本有许多地方文字不一致。19世纪发现了一个唐代《说文》手写本残卷,有木部的188个字,称唐写本木部残卷。用大徐本与木部残卷对照,两本完全相同的有52个字,两本先后次序不同的有16个字,个别字不同的有72个字,注释不同的有32个字,篆书字体不同的有11个字。我们在上面谈到《经典释文》等多引用《说文》。用这些转引的资料同现在的《说文解字》对照,文字上有不少地方不一致。例如"诬",大小徐本的注释都是"加也",而玄应《一切经音义》卷十一、十五、十七,慧琳《一切经音义》卷五十一、五十八、八十九引《说文》,都是"诬,加言也"。《玉篇》零卷"诬"下引《说文》也是"加言也"。又如"犨"(chōu),大徐本:"犨……一曰牛名",《初学记》引作"牛鸣"。战国时赵简子的大臣窦犨,字鸣犊,古人名和字是相配的,可见《初学记》注"犨"为"牛鸣"是符合字的古义的。

《说文》在流传中有许多改动,不一致的地方比较多,清代沈涛作《说文古本考》,对各种分歧进行比较研究。这属于文字的校勘考证,比较专门,这里就不多介绍了。

六　对《说文》的注释和研究

6.1 徐锴的《说文解字系传》　徐铉的《说文解字》，对原书有简单的注释，数量很少，所以一般都将它看做《说文解字》的原作。最早给《说文解字》作注解的是徐锴的《说文解字系传》。

下面影印一页：

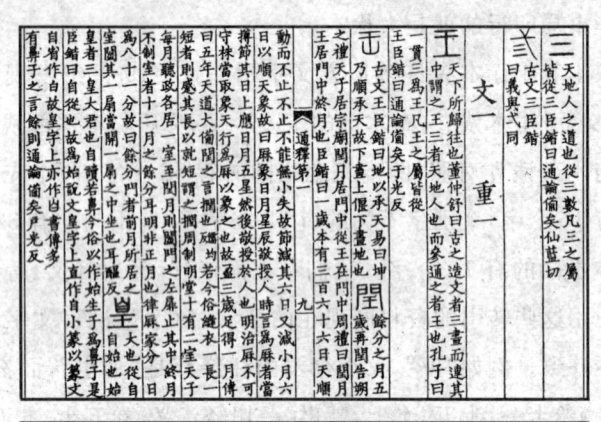

其体例每字先列许慎原来的注文、引例等,有的不补充注释;凡是要补充注释的,就加"臣锴按"、"臣锴曰"。徐锴的注释,有的引古书中的例子,作补充说明。像"祀",许慎注"祭无已"(祭祀不停,也就是周而复始地祭祀。这里指四季的祭祀:春夏秋冬,到冬以后又回到春)。臣锴按:老子曰"子孙祭祀不辍也"是也。以此来补充说明"祭无已"。"荠"字下的补充是"以今证古",《说文》"荠,蒺藜也,从艸(艹)齐声。《诗》曰:墙有荠。"臣锴曰:"此今药家所用蒺藜也。今人以此字为荠(jì)菜。"徐锴对"无已"注为"不辍"是对的,但他不清楚"巳"和"已"在古代是一个字因而就不明白许慎为什么用"祭无巳"来注解"祀"字。至于古音学,当时还没有产生,遇到字音上的问题他就常常出错。例如"元",许慎注"从一,兀声",徐锴说,不应该有"声"字,"声"字是后人加上去的。其实,古时候"兀"是"元"的入声字,在甲骨文中,"元"和"兀"本来是一个字,音义完全相同。《说文》的原注释并没有错。

给《说文》作注释的工作到清代大大发展起来,这方面的著作很多,最有影响的是四大家:段玉裁的《说文解字注》,桂馥的《说文解字义证》,朱骏声的《说文通训定声》,王筠的《说文解字句读》、《说文释例》。

6.2 段玉裁的《说文解字注》 段玉裁(公元 1735—1815 年)是清代著名的大学者,博通古籍,擅长音韵学。他从 42 岁开始作《说文解字注》,到 81 岁去世前不久完成,历时 40 年。在作《说文解字注》时,段玉裁先编了《说文解字读》。这是资料汇编性质的稿本,现在只有残卷收藏在北京图书馆。

《说文解字注》主要内容有下列五个方面:

一、订正讹误。《说文》在流传中经过众人之手,传抄翻刻,错误不少。如"赫,火赤貌",段玉裁认为,"火"是"大"的误字,清代光绪年间在日本见到唐代慧琳的《一切经音义》,其中引《说文》"赫"的注文,果然是"大赤貌"。又如"槷"字,大徐本注为"限门也",段玉裁改为"距(距)门也",后来发现了唐写本《说文》的木部残卷,的确作"距门"。又如"家"字,许慎认为"从宀(miǎn),豭(jiā)省声"(指从"豭"字截取"豕"作声符)。段玉裁认为这个解释太牵强,不合理。"家"应该是个会意字,从宀、从豕("宀"代表房舍,"豕"指猪),本是指养猪的地方,正像"牢"本指养牛的圈(juàn),后来可指关人的监牢。这样,他进而把许慎原著里的错误也纠正了。段玉裁死后八十多年,发现了甲骨文。甲骨文里"家"作"𠨗"、"𠨙",正是从宀从豕。①

二、探索《说文》的体例,研究和掌握整部书的总的组织结构。段注能够从整体上把握《说文》,在遇到某个问题时不是孤立地就事论事,而能够从全书总的体例上去分析。例如"屏"注为"屏蔽也",段玉裁指出注文里的"屏"字是原来篆字下附的隶书,隶书后来都删去了,有少数删除未尽,留了下来。又如"灵,灵巫也"、"苏,苏桂荏也",都属于这种情况。知道《说文》有复举隶书的体例,那么,就只要把注文"屏蔽也"里的"屏"字剔出,以"蔽"释"屏",就没有难懂的地方了。

三、疏通字义。主要包括以下 12 个方面的内容:(1)指出古今义的不同。如《说文》:"胄,兜鍪也。"段注:"古谓之胄,汉谓之兜鍪,今谓之盔。"(2)指出本义。如《说文》:"彻,通也。""彻"在古籍里有许多意思:裂;毁;治等。段玉裁指出"通"是它的本义,其他的意义都是由这个意义引申来的。(3)指出引申义。如《说文》:"牧,养牛人也。"段玉裁指出,引申出牧民之牧。在封建社会里把人民

---

① 元代周伯琦曾指出过"家"不应当是"从豭省声"。

视同牛马一般,管理人民叫"牧民",而管理人民的官吏也称为"牧",如"州牧"。(4)辨析同义词。如"牙"、"齿"二字,段玉裁指出,"齿"指门牙,"牙"指大牙。"驰"、"驱"都指策马前进,二者不同的地方在于,"驱"是一般赶马,"驰"是"大驱",指急速地赶马前进。我们可以由此想到:《战国策·冯谖客孟尝君》说冯谖"长驱到齐",是走远路,所以用"驱"字;《左传·鞌之战》里"不介马而驰之",是打仗冲锋,所以用"驰"字。(5)分析假借义。如"蕲"本是一种植物名称,段玉裁指出,在古书里常假借为"祈"字。(6)指出俗语词和方言词。如"枒",《说文》:"枒木也。一曰车辋会。""车辋会"就是车轮的边圈。这个意思不易理解,段玉裁解释说:"车轮之肉(边圈),今北人谓之瓦。"现在北京话还把自行车、三轮车的轮圈叫"瓦圈"。可见"枒"、"瓦"都是方言俗语词。(7)辨析名物词。名物词指表示事物名称的词,非常复杂。如《说文》里有"蒜"字,但所指古今不同。段玉裁指出,《说文》里的"蒜"又称"苀子",指小蒜。今天的"蒜"指大蒜,开始称"葫",是张骞通西域时传入的。(8)指出同源词。如指出以"农"为声符的字,大多有厚的意思:"襛"指衣厚;"醲"指酒厚(浓度高);"浓"指露水多。这三个词实际上是同源词。(9)介绍某些专门知识。如指出"芸"是一种香草,古人藏书时用它来防蠹虫,有时把它放在席子底下,避跳蚤、虱子等。(10)指出某些词素在构词中的意义。如"牛"下指出,用"牛"、"马"构成的词都有大的意思。这个意见今天看来仍是正确的,如牛藻、牛蛙、马蜂、马猴、马勺等,都含有大的意思。(11)指出汉字形体古今的变化。如"欣"字,古代作"訢";"锻",古作"段",等等。(12)用六书理论来分析汉字结构。

四、补充例证。对于字典来说,例证非常重要。《说文》原有例证1083条,段玉裁新补充了大量例证,对我们读《说文》非常有用。如"趌"(跬),《说文》:"半步"。段玉裁补充《司马法》的例证:"一举足曰跬,跬,三尺;两举足为步,步,六尺。"举足指抬脚跨步,迈出一次,今天叫一步,古汉语中叫"跬",仅是半步。段玉裁补充的《司马法》一书中的资料,加深了我们对于"跬"字的理解。

五、在每个字后面注明该字在上古的韵部。这对专门从事古汉语研究的,很有价值。

段注的缺点是有时不免武断,如"参,商星也",应读为"参商,星也",而段改为"参,晋星也"。《说文》没有"兔"字,段玉裁补了这个字,说"兔"是"兔"字减一点,兔子跑快了看不见脚,不致被人擒获,所以是"兔"的意思。其实"兔"古文字作 ⋔,像人戴了帽子,是"冕"的古字,段玉裁的解释完全是主观臆测。

6.3 其他对《说文》的注释和研究　段注影响最大,成就最高,我们作了较多的介绍。桂馥的《说文解字义证》表现为另一种风格。该书通过丰富的经过整理排比的资料,引导读者去了解和掌握字、词的意义,作者一般不发表自己的意见,只在关键的地方以按语的形式作必要的说明。朱骏声的《说文通训定声》是一部很有特色的书。书名六个字表示三层意思。"说文",指解释分析字的结构,指出字的本义。这一部分的内容是许慎原书就有的,朱骏声仅作某些补充说明。"通训",指分析字的引申义和假借义,这一部分基本上是新补充的内容。"定声",指将《说文》收的字,按古音十八部重新排列。文字是语言的符号,从古音出发来分析字义,分析字与字、字义与字义间的关系,是科学的,符合语言学的观点。这部书写得精彩的地方是根据古音来分析古义,不受汉字形体的局限。王筠的《说文句读》,吸收了段玉裁、桂馥等人的研究成果,加以提炼，补充自己的研究心得。这部书的特点是简要、平实，对于一般读者来说，似乎更实用一些。

也有就《说文》的某一个问题作分析研究的著作，如王筠的《说文释例》，是专门研究《说文》体例的。姚文田的《说文声系》，专门分析《说文》形声字的声旁系统。郑珍的《说文佚字》，专门研究《说文》遗漏没有收的字。上面提到过的沈涛的《说文古本考》，是研究《说文》各种版本差异，以考证《说文》古本的。这方面的书很多。将《说文》的注释、研究等汇编成一本大书的，是丁福保的《说文解字诂林》。这本书编成于1928年，在此以前的有关《说文》的注释、研究资料，大都汇集在里面了。

张舜徽先生的《说文解字约注》，出版于1981年。

给《说文》全书作注解，是一项难度极大的工程，像段玉裁等都是穷毕生精力从事此项工作的。桂、段、王、朱四大家代表了清代《说文解字》研究的成果。此外还有钱大昭的《说文统释》、王绍兰的《说文集注》、陈鳣的《说文正义》、陈介祺的《说文统编》，皆未遂宏志，有目无书，所可见到的是钱大昭的《统释自序》。因此张舜徽先生的《说文解字约注》有划时代的意义。张先生能写出这样的巨著，与他丰富的学术积累有关。他古文献极熟，于字词、名物、文化知识等能融会贯通。他学术上不保守，注意吸收古文字研究成果。这本《说文解字约注》是我们研究《说文》必读之书。当然书中也有可商榷的地方，主要是音近义通似宽了点。如袖，小篆作㣚，中间的是采，即穗。友人齐冲天先生说穗，长；袖即拖长之袂也。张先生认为衣袂形圜，因谓之袖，"双声义同"。"双声义同"释之过宽。此为小疵，总体上全书精彩纷呈。现举"荼"为例：

茶 苦荼也从艸余聲。同都切

條鉉曰:"此即今之茶字。"舜徽按:茶之見於《爾雅》者其不同有三。《釋草》云"荼,苦菜",此即《詩》之"誰謂荼苦"也。《釋草》又云"蔈、荂,荼",此即《詩》之"有女如荼"也。《釋木》云"檟,苦荼。"郭注云:"樹小似梔子,冬生,葉可煮作羹飲,今呼早采者為荼,晚取者為茗,一名荈,蜀人名之苦荼。"此即今呼茗飲之茶也。許君以苦荼訓荼,自謂荼荈無疑。考王褒《僮約》已有"武都買荼"之語,知漢世已盛行茗飲矣。唐以前人言及茗荈字仍作

荼。論者謂至唐陸羽著《茶經》,始減一畫作茶。錢大昕謂:余字本有食遮切之音,茶从余聲,茶乃荼之省文,流俗誤分為二耳。其說是也。

七　如何看待和利用《说文解字》

7.1《说文解字》在清代是大走红运的时期,晚清俞樾形容当时的《说文》热是"家有洨长之书,人习说文之学"①。说文学成了引人注目的学问。在那时,读书人如果没有读过《说文》,便会被讥笑为没有知识。有人甚至说:"《说文》为天下第一种书,读遍天下书,不读《说文》,犹不读也。但能通《说文》,余书皆未读,不可谓非通儒也。"②

这显然是站在读文言、读儒家经典的立场上讲的。时代已进入20、21世纪,要学新的语文、算术和各种新的知识,不可能将《说文》当做"天下第一种书"。不错,在古代,各种典籍包括《说文》是人们获取知识的重要来源,而在后代,这些典籍从知识源变成了学术源,是学术研究的对象。学术源可以转化为知识源,那就要靠研究者在研究它们后再介绍给广大读者。即使像懂文言的人也不可能直接利用《说文》。否则人们还为什么要读段玉裁的《说文解字注》呢?段注也可以说在一定程度上把《说文》的学术源经过注解变成了知识,尽管这种知识偏深,偏于读经的需要,一般人直接从中去获取知识仍有相当大的困难。

7.2 正确对待《说文》　《说文》是一部重要的典籍,它的意义是多方面的。《说文》分析字的造字结构,指出字的本义,这对我们提高语文水平很有用处。例如"纪"字,《说文》训为"别丝也"。"纪"本义

---

① 《小学考序》。
② 王鸣盛《说文解字正义序》。

指束丝的丝头,作用是使丝不乱。由这个意义引申指法度、准则,因为法度、准则是人们行为的约束,使行为不乱。在封建社会里它带有封建性,成为封建纲纪。"纪律"一词仍保留着约束人们行为的意思。"纪"另外引申出量词的意义,古代把12年称一纪,现在把100年称一世纪。"会议纪要"的"纪",有整理汇编的意思,不可写做"记"。掌握了本义,各种引申义就可以串起来。

我们还可以利用《说文》来研究汉字的发展,研究汉语词义和语音的发展。例如"舂"、"秦"、"春"、"奉"、"泰"这五个字上部是一样的,通过《说文》可以知道它们来源不同:

小篆　𦥑 𥤚 𣅺 𢍎 𠬛

隶书　舂 秦 春 奉 泰

《说文》在考古中的作用,有各种专著可以参看,这里举几个近年考古中有关的字例。在西安出土的秦始皇墓里的兵马俑,其中拉车的马,其尾部都盘了结,这种结,在《说文》里有一个字作"䭷",清代段玉裁就曾指出它是马尾结,现在果然被证实了。又如湖北随县出土的曾侯墓的竹简,其中"宫、商、角、徵(zhǐ)、羽"(表示相对音高的五个音阶)的"徵"写作"𦒱",而《说文》中"徵"的古文就是这样写的。另外一个地方把二十八宿的柳宿写作"丣",而《说文》"酉"字下有"丣","丣"就是"柳"字。总之,《说文》是大有用处的书,是一份珍贵的文化遗产。

当然,《说文》也有严重的缺点和不足之处,主要是有不少字字形分析不正确。例如"为"字,古文字作"𤓸",像一只手牵一头象,表示使役象,从事劳动,从这个意思引申出"做"、"干"等意义,而《说文》将它解释为"母猴"(即沐猴、马猴,指大猴子),完全不正确。又如"巳",

甲骨文里作"子"。"包"就是"胞"的古字,作"🐍",外作包裹形,里边是"巳"(子)。胞兄、胞弟,指同母生的兄弟,就是由"包"字的古义引申发展来的。《说文》将"巳"误释为"蛇",有的人便根据《说文》的解释去分析字义的发展变化,结果一错再错。我们不能责怪许慎,因为他并未见到甲骨文。误引《说文》的解释,也常常难免,这里的用意是说要注意到这种情况。

《说文》有的注文意思含混,不知所云,加上流传中文字的讹误,常常难以读懂。例如"有"注为"不宜有也",许多专家都不清楚这句话是什么意思,清代学者钱大昕在《说文答问》里作了解释,勉强可以说得通。一个很容易懂的常用词"有",有什么必要费那么多笔墨去分析?至于"蜎"注为"蜎也",肯定有文字上的错误。

7.3 如何读《说文》 对于一般字词上的问题,查现代字典、词典就可以解决,不必舍近求远,去翻《说文》。这里还要补充一句,即使去翻《说文》,也常常不能得到希望得到的答案。读《说文》是从事一种专门的研究,因此这里讲的,并不是要求大家去做,而只是作为一种知识来介绍的。

第一,应学好古汉语,在古汉语方面有比较好的修养,否则,《说文》里的文句和《说文》注释研究的文句都会看不懂。第二,要有必要的古文献的知识。古人引书常不标书名,古文献不熟,遇到书名、篇名,便会成为障碍。第三,先从字形入手,了解和熟悉字形结构,进而从古音上去分析形、音、义之间错综复杂的关系。为此要学习古文字学和音韵学的必要知识。第四,掌握字义是目的。掌握字义可以从不同的方面去分析研究,例如:古今字义的异同;本义和引申义问题;同义词与反义词;同源词的音义关系;相关词之间的意义关系(如年、月、日、时四字之间的关系;伯、仲、叔、季四字之间的关系),等等。第五,结合古文献来学,最好能熟悉先秦时代的一两部古书。第六,与《尔雅》、《方言》、《释名》、《广雅》等早期的语言工具书结合起来学习研究。第七,了解并逐步熟悉《说文》的体例。第八,由浅入深,循序渐进。本书"辞书札记"中有一些条目是我步入老年后学习《说文》的心得体会,深感《说文》的确是一部常学常新的经典著作,学习《说文》可以温故知新。

《说文》目部研读四问题*

一　汉字字形由横变竖的问题

"目"字在古文字里作⊙,是眼睛自然形态的描摹,典型的象形字,到小篆写作目,字形由横变竖。这不是偶然的变化,而是反映了一种必然的发展趋势,也可以说是一种规律。受这种规律的支配,许多在古文字中横书的字,如虎、马、象、犬、豕等,都变成竖写的了①:

虎　　餘一七·一　　甲一四三三　　召伯簋　　師酉簋　　石鼓
　　　説文虎部

马　　乙七〇九二　　京津一六八六　　盂鼎　　公貿鼎　　虢季子白盤
　　　説文·馬部

象　　前三·三一三　　乙九〇六　　師湯父鼎　　睡虎地簡五二·一七
　　　説文·象部

犬　　前七·三三　　甲四〇二　　犬鼎　　員鼎
　　　侯馬盟書　　説文·犬部

豕　　前四·二七四　　乙七九八五　　函皇父簋　　石鼓

---

* 本篇是 1997 年 11 月参加第二届汉字国际学术讨论会写的。
① 古文字资料采自《汉语大字典》。

㞢 说文古文　　豕 说文·豕部

这些字本当横写的,因为脚在下是动物的特点,《汉语大字典》为排版的方便整齐,皆作竖形处理,而这并不妨碍这些字具有象形的特点,仍可"察而见意"。"目"则不同,如果将⊙作目,则视而不可识,察而不知其意矣。《汉语大字典》"目"字所引古文字资料仍作横形,良有以也:

目

⊘ 甲二一五　　苜目父癸爵　　说文古文

说文·目部　　睡虎地简八　　武威简　士相見一二

朱爵玄武镜

上面的分析并非是钻牛角尖,而是想说明一个问题:我们可以把"目"字由横变竖,看做汉字由象形文字向符号文字转变的一个重要标志。

为什么要直书呢? 这是一个值得探讨的问题。大致说来,有外在的原因和内在的原因两个方面。裘锡圭说:"汉字自上而下的直行排列法,显然早在商代后期之前就已确立。所以在甲骨文里,不少原来宽度比较大的字,如……犬、豕、疒、虎等,已经由于直排的需要而改变了字形的方向。"(《文字学概要》)这是外在的原因。内在的原因,指汉字结构本身有这种需要。清代王筠说:"⊙,古文本横,小篆直之,取偏旁易于配合也。"(《文字蒙求》卷一)。"巛 固当作㐺,益,鼎 所从即是也,用作偏旁则不便书写,故直之。"(《说文释例》卷二)晚清徐灏在《说文解字段注笺》中进一步指出是因为偏旁左右合成,故字形变为纵向的。汉字偏旁,绝大多数是采用左右结构,因此,只有把偏旁的横形改作竖形,才便于偏旁的组合。《说文》目部字共

113个,其中属左右结构的88个,偏旁"目",无一例外均作竖形(如眼矇眩睐瞎䁖盼盱眊䀠睹睦相睡瞑眵眜眯眺眇曚等)。目部中属上下结构的21字,其中大多数也作竖形(如眷眥瞥督看瞽瞽盲等),有两个字作横形:罒、睘。这是古文字目字形体的"孑遗":在上下结构里尚可寻一安身之地,而在左右结构中则完全被排除了。

二　偏旁替换问题

汉字的偏旁有的可以替换。其中有形符的替换,如管,形符竹,又作琯,形符玉;歌,形符欠,謌,形符言;媿,形符女,愧,形符心。声符替换的,如绘,声符金,纭,声符今;鲫,声符即,鰂,声符则;映,声符央,暎,声符英。还有形符声符皆作替换的,如頞/齃,形符替换是頁/鼻,声符替换是安/曷。

这里谈目部字中偏旁替换的情况。目部字形符替换的有三类:

1. 与见部通换:睹/覩、眙/䚷、眮/覗、脈/覛、瞘/覸、睨/覝、睬/视;

2. 与耳部通换:瞶/聩;

3. 与日部通换:暖/暧、眤/昵。

此三类包括两种不同的性质:与见、耳替换,是因意义相通造成的,特别是与见字相通,因为"见"上部为"目"字。与"日"相通,是因字形相近书写笔误造成的,与字义没有关系。

分析声旁替换必须符合古音。如果离开音韵学要求,而仅从字形上着眼,有时可能得不出正确的结论。例如目部有"眡",南唐徐锴《说文解字系传》:"眡,古文视字"(分析为声旁可替换的异体字),显然不正确。眡,声旁氏,古音为支部字;视,声旁示,古音为脂部。段玉裁指出上古之、支、脂三部是独立的,不相通的,因此眡/视不可能构成偏旁替换的异体字。"视"的异体字是与"眡"字形相近的"眂",偏旁"氐"。视,声旁示。示、氐,古音皆在脂部,偏旁自可相通。段玉裁《说文解字注》"眂"下:"眡与眂别。眡,古文视,氏声,在十五部(脂部)。眂,氐声,在十六部(支部)。宋元以来尟有知氏、氐不可通用者。"徐锴说视/眂相通,本属不正确的意见,近代学者马叙伦却作为正确的意见加以引述(见张舜徽《说文解字约注》眂字条),并引了《周礼·太师》例证"眂瞭三百人"。经核对《周礼》此句皆作"眡",而不是"眂"。"眂"有没有用作"视"的呢?有的,宋王安石《送李著作之官高邮序》:"初,君眂(按即视字,指任职)金陵酒政,人皆惜君不试于剧,而沦于卑冗。"王安石是宋代人,此时支脂早可通用了。徐锴如果说当时眂可通视是可以的,说眂是视的古字就不正确了。

三 同源义问题

《说文解字》所注释的,大多是字的本义。本义代表一个字最初的意义,常常通过字形的构造反映出来。如"窅"注为"深目也"。我们知道词义的特点是具有概括性,那么,《说文》所注的本义是否是词义的最高概括呢?不能这么看。较本义更高的一层概括义是同源义。窅与杳、奥、幽为一组同源字,皆为影母宵部字,同源义为"深"(参见王力《同源字典》)。文献中"窅"有三个主要用法:1.指远望。《文选·谢朓〈敬亭山〉》:"缘源殊未极,归径窅如迷。"2.指深奥。《庄子·知北游》:"夫道窅然难言哉。"3.指幽静。唐李白《山中问答》:"落花流水窅然去,别有天地非人间。"对上述意义,我们也可以从字本义"深目"出发去分析,但显得迂曲;而从同源义"深"出发去分析,就能收执简驭繁、左右逢源之效。《说文》本身所注"深目",是"深"的下一个层次的意义。了解同源义才能更好地理解"说文"所注释的本义。

清代的学者在研究《说文》的时候,已注意到从同源义的高度来分析本义及其各种引申义。如"目"部的"眈"字,朱骏声《说文通训定声·临部》:"《易·颐》'虎视眈眈'马注:'虎下视皃。'《广雅·释训》:眈眈,'视也。'《汉书·叙传》注:'眈眈,威视之皃。'应劭曰:'眈,近也。'按:训下视者,纮为组下垂,耽为耳下垂,故眈为目下视。"朱骏声把眈、纮、耽视为一组同源字,同源义为"下垂"。掌握这个同源义,对处理上述不同的训释,是十分简便的;如拘泥于《说文》所注"眈,视近而志远"则扞格难通。又如"眕"字,《说文》注为"目有恨而止也"。十分费解。段玉裁则从同源义来分析,他引《尔雅》"眕,重也"。"重"就是眕、珍的同源义。这个同源义保留在今日的"珍"字里。《现代汉语词典》"珍"字第三个义项:"看重:珍视、珍重、珍惜。"《左传·隐公三年》:"夫宠而不骄,骄而能降,降而不憾,憾而能眕者鲜矣。"晋杜预注:"降其身则必恨,恨则思乱而不能自安自重。"能眕就是自重的意思。《尔雅》释义常揭示字的同源义,因此,清代研究《说文》的常常说《说文》与《尔雅》相表里,即要把《说文》研究与《尔雅》结合起来,其内容之一就是要结合同源义来看字的本义。先师王了一先生《同源字典》,是一部极具重要意义的新训诂学著作,因为它从更高的层次上揭示了字的概括义,因而有利于我们去研究字的本义、引申义以及近义字(词)之间词义的错综复杂的关系。

四 《说文》研究的两个层面

《说文》研究有两个层面。a. 研究字的内部，即研究字的构造。传统的六书，便是用来分析汉字构造的。我们上面谈的汉字宜竖不宜横问题、偏旁替换问题，都是汉字结构分析中的问题。b. 研究字的外部，即研究字的社会应用。这里想从常用与否来审视一下《说文》目部的收字情况。常用与否，这里以《汉语大字典》的注释和提供的资料为依据，凡大字典中没有例证的，我们视其为非常用字（也可以说是罕用字），这大概不会有什么不妥的。目部收字 113 个，其中 33 个在大字典没有例证①，占三分之一，也就是说《说文》目部字三分之一在古代文献中属罕用字。《辞源》收字看重例证，目部 33 个罕用字，除瞽外，《辞源》均未收，而“瞽”亦缺用例。段玉裁著《说文解字注》，他并非字字作注的，有些字他阙而不论。《段注》目部有 14 个未作注：眥、瞖、睃、盱、瞴、盰、睌、瞌、瞕、瓣、睁、瞗、睢、瞢，其中 13 个属我们提到的非常用字。可见段玉裁在研究《说文》时是注意到字的使用情况这个问题的。对于文献资料也要分析，要看使用的频率、使用的方面（分布率）。例如“睃”“眦”二字，《汉语大字典》所引皆为唐代韩愈的作品。韩愈是一个研读过《说文》的人，提出“凡为文章，宜略识字”。这里“识字”自非识普通的字，而是《说文》等中的古文字，他又好古，笔下写出人们不用的古字，很有可能。我们研究《说文》，在通常情况下主要研究文献中应用的字，也就是应当结合汉语的应用

① 暉、盱、眅、瞴、盰、睌、睊、瞕、瓣、瞻、睁、瞷、瞀、瞗、睢、睃、瞖、瞫、瞽、眏、眢、眣、略、瞣、睉、䁈、瞢、瞌、瞎、瞺、眥、瞖、矖。

来研究,文献中没有例证的字,也需要研究,而应该开拓研究的范围,把这些字作为研究的一个特殊项目。例如"罙"字,文献中无例证,段玉裁根据文献中遝逮二字相通,指定罙就是逮字,是表示"及""与"的意思。我们在甲骨文中见到"罙"字,用为"及""与",与段氏解释相合。又如"䀠"、"瞽"在传本文献中不见用例,而汉印中有"䀠"字(见《汉印徵补》);马王堆汉墓帛书《老子甲本卷后古佚书》中有"瞽"字。我们的视野有时可扩大到我国以外,联系日本、韩国等国家用字情况,例如《说文》收的糸、丙、冫(即仌)、攴、爫,当时是可以独立使用的字,而今日我们只用为偏旁,不作独立的字使用。在日本,它们是可以独立使用的字,反映了日本等国用字承古的一面。

《说文解字》的省声

一 《说文》中有两种省声

省声,顾名思义指声符有省减,如雪、豪原作䨮、豪,是形声字,声符彗、高后省作彐、高。省声字与不省声字是相对而言的。一个字,孤立地看是否是省声字,难以判断;必须找到不省声的字,才能说某字是某字的省声。唐兰先生说:"凡可省者,一定原有不省的。"[1]

《说文》中有形声字8057个,其中注明省声的299个,占形声字总数的3.6%。省声字分两类:一类即符合上面所讲的条件,可称之为一般的省声;另一类是不符合上面的条件而许慎又注明省声的省声字,可称之为解释的省声。

一般的省声又分三种情况:a.《说文》在"重文"中附有不省声的字,如"秋,从禾,龜省声。𪓰[2],籀文不省。"像这样的字共16个:秋、邁、甸、瞽、譑、融、事、闠、盬、梓、互、竈、襲、歈、属、麋。b. 其他文献中有相应的不省声的可资佐证的,共11个:

   《说文》中省声字 其他文献中有不省声字
    進   邁 《玉篇》[3]

---

[1] 唐兰《古文字学导论》第223页。
[2] 甲骨文以𩲢(龜)作秋,籀文乃其讹变。
[3] 这些字有的可能是根据《说文》而补出不省声字的。

聟	聱	《玉篇》、《万象名义》、《集韵》
咺	喧	《方言》①
斳	蘄	《经典释文·尔雅》
隟	㘕	《玉篇》、《广韵》
澂	澂	慧琳《一切经音义》
璗	璗	《集韵》
茷	蕟	《尔雅》、《集韵》
䤬	鑪	《广雅》
鈶	鉏	《字汇》
魦	鯊	《诗经·小雅·鱼丽》

c. 后代通行的是不省声的字，共 8 个：

《说文》中省声字	后代通行的为不省声的字②
輚	輚
驔	驦
縱	縱
奨	獎（简化字作奖）
酱	醬（简化字作酱）
淀	澱
浆	漿（简化字作浆）
䉬	䉬（简化字作笾）

以上三项共计 35 个字。《说文》中的省声绝大多数属解释的省声，内容复杂，涉及许多问题。

---

① 周祖谟先生认为喧是咺的古体。
② 以下诸字可参见《新华字典》、《中华大字典》等字典。

二 "解释的省声"包括的内容

1. 说明此字与某一字在字义上的关系(实际上多为同源关系)。如"岨,从丘,泥省声"。这个字本可直释为从丘,尼声,而要舍近求远,牵连到泥字,作泥省声,如段玉裁所说:"必曰从泥省声者,说水潦所止之意。"又如"甯,从用,寧省声",段玉裁:"此不云窜声,而云寧省声者,以形声包会意也。"王筠在《说文释例·省声》中将此类省声列为"声兼意"类。如䑋,《说文》:"農(农)省声,肿血,俗作膿",王筠:"凡从農者,如濃、醲类皆有厚意。"鹽,《说文》:"从䘒,鹹省声",王筠:"明是卤字而云然(指鹹省声)者,声兼意也,鹹味长,与䘒训长味合。"橺,《说文》:"从木,邊省声",王筠:"在屋之邊,故曰邊省声,声兼意也。"鑾,《说文》:"从金,鸞省声",王筠:"缘上文铃像鸞鸟之声来也,否则云䜌声矣。此形声兼会意字也。"①

2. 说明字形上偏旁省并、代换。如齋,《说文》:"从示,齊省声",段玉裁:"谓减齊之二画,使其不繁重(chóng)也。"也就是说"齋"字中的"二",是齋、齊二字所共有部分,用"齊省声"说明形符、声符的笔画重叠。又如羆,《说文》:"从熊,罷省声",顾炎武:"从熊者,意也;从罷者,声也。不可重两'能'为文,故省其一也。"② 段玉裁:"此一'能'当两'能'也。"

王筠《说文释例·省声》还指出许慎用省声来说明有这样一种关系的字:"所省之声,即以所从之字贸处其所也。"意思是说所省略的

---

① 参见万业馨:《〈说文解字〉中同声源字"省声"的初步分析》,《南京大学学报》1983年3期。
② 顾炎武:《音学五书·唐韵正》。

部分与省声字的形符正好是互换位置。如棨、啓二字均注为"啟省声",啟省去的是"口",棨、啓二字形符是木、日,此二字形符正好取代"口"。晚清徐灏进一步指出这种情况属于形声字偏旁替换。駒,《说文》:"从馬,勺省声",徐灏《说文段注笺》:"古无駒字,假的为之,后人乃易马旁,非直造駒字从马勺声。此类不可不知。"

3. 说明字音上的关系。如:

a 赽赽突缺胅疾妜

b 快蚗袂奆

在《说文》里,a组的字均注为"決省声",b组的字则注为"夬声"。从周秦古音系统讲,以"夬"为声符的字归入入声月部,至中古分化为二:快、夬在夬韵,属去声;赽、赽、突、疾、胅、缺、妜在屑韵,入声。这种分化可能在东汉已见端倪,所以许慎以"決省声"去注释中古屑韵的赽组字,而不直接说它们属"夬声"。但是有例外,蚗、奆亦属中古屑韵字,何以注为"夬声"? 这可能是分化之初,尚未形成整齐的局面,亦或有方言的影响。从主要方面看,一大批以夬为声符的字,《说文》中注为"決省声",似应认为反映了字音的分化。① 又如:

a 隨薩䴇

b 憜褡鱰隋

以上七个字都是以陸(隋)作声符的字,上古音属歌部,至中古分化为二:a组入支韵、b组入戈韵,东汉时可能已有分别,所以《说文》以"随省声"来注 a 组,以"憜省声"来注 b 组,形成两个系列,而又用"墮省声"来注随、憜二字,以此来表明两组字属同一来源。

---

① 抉,大徐本《说文》注为"夬声",小徐本为"決省声";妜,大徐本为"決省声",小徐本为"夬声"。参照上面的分析,皆当为"決省声"。袂,中古在去声祭韵。

以上二例均属韵部方面的,下面是属声类的:

a　阅鹋说

b {1.　说税浼锐
2.　脱税祝挩

以上三组字韵均属月部,不同在声类:a 组为喻母,b₁ 组为书母,b₂ 组为透母。三组共同的声符"兑"为定母元部字(元月对转)。书母为舌面音,透母为舌头音,黄侃认为书母古与透相合(见《音略》),至为密切。喻四古与定母相合,与透关系十分密切。阅、鹋二字均属喻母的字,《说文》用"说省声"来注释,耐人寻味。说,一字二音,一为喻母,一为书母,"说"的注释是:"从言、兑。一曰谈说。"说明许慎把"说"看成有两个音义的字,以"说省声"注释阅、鹋显然是把喻、书二母沟通了。其他书母字的税浼锐,定母字的脱税祝挩均注为"兑声"。这一切显示以"说省声"注阅、鹋非属偶然。①

以上三类的分析,均是从事理上作的合理的推测。

4. 以"省声"解释非常规声符。姗、珊、狦;疫、役、毅均为形声字。与相应的形符相对而居于声符位置的偏旁"册""殳",显然无表音的作用,我们称之为非常规声符。会意字删、役,分别与姗、珊、狦;疫、役、毅是同音字,许慎便将这些字分别注为"删省声"和"役省声"。与这种情况相同的还有甜(会意字)/恬(形声字)、吹(会意字)/炊(形声字)、肘(会意字)/纣(形声字)等。所以,唐兰先生所说:"凡可省者,一定原有不省的",是讲了事情的一面,还有一种"解释的省声",是为分析汉字声旁方便而以省声名之,无法将其不省声的找出来。沈兼士《广韵声系》所列附录五,"自定省声表",例如"甾",《说文》注为从𠄞、从巛、从

---

①　参见陈世辉:《略论〈说文解字〉中的"省声"》。

囟的会意字。《说文》还有一个"嬾"字,大徐本注为"从女,酱声",徐铉注:"酱,古文囟字,非声,当从匘省声。"《广韵》里有恼、碯、猱、貓等字,《广韵声系》皆按"匘省声"来对待,来解释。现代汉字也有这种情况。法,本作灋,会意字,后省作法,珐、砝均是近代新造的字。法、砝、珐三字有共同偏旁"去"。珐、砝的去,亦应视为非常规声符。也有人称这种同偏旁的字为整字类推表音。非常规声符还有以形声字的形符来充当的,如"疏",疋是声符,㐬是形符。梳,木是形符,㐬则为非常规声符,梳与疏同音,《说文》注为"从木,疏省声。"

5. 误释的。利用古文字资料可证明《说文》有一些"省声"属于误释:将象形字误释作省声的:龍、宫、蘷、黍、贞、余、要;将会意字误释作省声字的:奚、监、奔、复、受、叚、事、薅、逐;将形声字误释作省声的:望、鉣。①

有的虽属误释,但误释中包涵有合理的成分。如"送",《说文》:"从辵,伕省(声)",据考证,伕即甲骨文的𢆉,为"赠"之初文。赠为蒸部字,送为东部字,蒸东旁转。又如"家",《说文》:"从宀,豭省声",甲骨文的𠖔,即家,豕,即豭,公猪。贞,《说文》:"从卜,鼎省声",甲骨文中贞、鼎是一个字。《说文》中有23个以𤇾为偏旁的字,分为五组22个省声字:

禜營鶯	榮省声
犖	勞省声
醟券縈褮謍鎣榮燊營鎣熒袋㮣堃燾鎣	熒省声
鞕	瑩省声
梵	營省声

---

① 《字汇》误补"鉏"字。

省声中用得最多的字是熒。熒在《说文》中释为会意字："从焱冂"。甲骨文的𤇾即熒字。上例中的循环互注是不正确的，但以"熒省声"来解释大多数以"𤇾"为声符的字，是合理的。

三　《说文》省声研究的意义

以上将《说文》省声分为两类八项，其中偏旁代换问题、非常规声符问题，涉及形声字的特殊结构，这种特殊结构都很有研究的价值。还需要指出"省声"问题的复杂性缘自声旁的复杂性。如果将独体字充任的偏旁称为单结构偏旁，合体字充任的偏旁称为复结构偏旁，那么形符很少有复结构偏旁的（人、鱼、鸟、石、水、山、口、目等均是单结构偏旁），而声旁有大量的复结构偏旁。复结构偏旁有的有代次性：如帝是单结构偏旁，可组成蒂、缔、蹄、啇等字，而啇作为复结构偏旁可组成敵（啇隶定后作商）、滴、適等字，而適又可组成讁、摘等。代次之间的声符有的可通换，所以咟同喧、谪同讁。省声中许多偏旁的"省"，无非是声符代次的不同。联系《广韵声系》有"自定省声"一类，可以说"省声"这个术语是很重要的。研究省声，有助于加深对汉字声符的认识。

附　录

《广韵声系》附录五"自定省声表"[1]

---

[1]　《广韵声系》，中华书局，1985年。

五　自定省聲表

頁	字		頁	字		頁	字	
15	雄	規省聲	490	釛	別省聲	682	淀	旋省聲
135	嬰	學省聲	511	繫	觀省聲	682	腚	旋省聲
136	毊	學省聲	511	嫦	婦省聲	683	蝣	游省聲
136	鱟	學省聲	515	猷	吠省聲	686	蓳	堇省聲
136	覺	學省聲	515	猷	吠省聲	719	簁	徙省聲
136	嚳	學省聲	523	徹	微省聲	729	僗	騰省聲
136	礐	學省聲	523	徹	微省聲	729	鷟	騰省聲
136	獸	學省聲	527	棉	緜省聲	730	呪	祝省聲
169	砝	劫省聲	536	筲	䐣省聲	797	刪	刪省聲
172	麋	麋省聲	562	劉	鐵省聲	797	冊	刪省聲
270	擮	斷省聲	565	毻	隋省聲	797	姍	刪省聲
279	鉪	涉省聲	565	堕	隋省聲	802	㕞	殺省聲
323	惱	堖省聲	566	猜	隋省聲	864	霙	夒省聲
323	碯	堖省聲	566	髇	隋省聲	866	抑	抑省聲
323	猲猲	堖省聲	578	趲	戩省聲	881	固	碣省聲
359	澈	徹省聲	588	檣	牆省聲	881	鴥	雉省聲
360	澈	徹省聲	593	叟	侵省聲	881	揚	雉省聲
360	撤	徹省聲	593	梊	侵省聲	884	蠢	養省聲
363	蚮	蟲省聲	594	寑	侵省聲	884	譝憴	繩省聲
363	螐	蟲省聲	594	鋟	侵省聲	884	鼆	繩省聲
363	䖵	蟲省聲	594	髡	侵省聲	884	澠	繩省聲
417	蕫	憤省聲	641	積	須省聲	884	黽	繩省聲
417	蕢	憤省聲	663	賽	塞省聲	884	黽	繩省聲
417	覆	夢省聲	663	寨	塞省聲	897	充	兗省聲
418	簷	蔑省聲	673	摰	牽省聲	920	酳	胤省聲
456	豐灃	麌省聲	682	蜒	旋省聲	924	殳	役省聲
						924	煅	役省聲
						924	鍛	役省聲

924	蚟	役省聲	1075	鶒	刺省聲			
924	殳	役省聲	1093	筜	茸省聲			
955	燁	瞱省聲	1102	捏	涅省聲			
955	瞱	瞱省聲	1102	莖	涅省聲			
972	歖	喜省聲	1102	埕	涅省聲			
987	儹	贛省聲	1102	硾	涅省聲			
987	籫	贛省聲	1102	瘒	涅省聲			
990	𡨄	寒省聲	1102	喔	涅省聲			
990	𡨬	寒省聲	1102	腥	涅省聲			
990	𡨚	寒省聲						
994	虦	號省聲						
999	螢	熒省聲						
999	覮	熒省聲						
999	𤏛	熒省聲						
999	謍	熒省聲						
999	㡡	熒省聲						
1000	縈	熒省聲						
1040	炓	料省聲						
1043	荖	勞省聲						
1044	礜	勞省聲						
1047	梳	流省聲						
1047	旒	流省聲						
1047	蜿	流省聲						
1047	梳	流省聲						
1047	麍	流省聲						
1047	硫	流省聲						
1052	裷	旅省聲						
1052	㭇	旅省聲						
1052	駫	旅省聲						

(原載《王力先生紀念論文集》,商務印書館,1990年)

《说文解字》在研读时应注意的若干问题[*]

第一，讹误订正问题。重视并较好地解决这个问题，有助于提高我们研读的效益。也能培养我们严谨的治学精神。一般的讹误，不求助于它书，就可以发现的。例如"湛，没也"；"没，沈也"；"沈，陵上滈水也"。徐铉：今俗别作沉。湛、沈、沉三个字的关系很值得研究，这里不说，单说许书释义，"没，沈也"当为"没，湛也"。又如"駃騠，馬父赢（骡）子也"。我们知道，骡子一般不能生殖，释文中的"赢"当为驢（驴）字之误。

发现问题应主要靠自己，解决问题靠简单的比证是不够的，要借助于资料。例如"櫜，夜行所击者。"据《太平御览》兵部所引当为"行夜所击者"。《周礼·秋官·修闾氏》郑玄注引郑司农曰："櫜，行夜所击木。"这个字也作"柝"。《孟子·万章下》"抱关击柝"，赵岐注："柝，行夜所击木也。"行夜即巡夜。我曾经将古籍中所引《说文》资料有选择的注在书的旁白处，用以扩大视野。如"僅，材能也。"《文选·叹逝赋》注引："僅，犹言纔能也。"这是一种老办法，积累的资料极有限。现在我们利用《故训汇纂》，乃至光盘资料可搜集的例证多了去了。以前自己搜集例证的笨办法，对训练我们做学问的方法仍有用；不要

---

[*] 原文发表于《说文解字研究》第一辑，该刊 1991 年由河南大学出版社出版。收入本集时作了修改。

因为有了电脑、工具书等,自己就坐享其成。

　　勘误问题的真正解决,要依靠前人的成果。清人在《说文》的校勘上成绩斐然。段玉裁在写《说文解字注》前,先完成了《汲古阁说文订》,段注中一个重要的内容就是订正《说文》的讹误。这方面的重要著作有姚文田、严可均的《说文校议》,沈涛《说文古本考》、朱士端《说文校定本》、钱坫《说文解字斠诠》、田吴炤《说文二徐笺异》、苗夔《说文繫传校勘记》、王筠《说文繫传校录》等。我们需要注意的问题有以下几点:a. 清人所用的资料多为传本,而清季以来新发现的资料多有可补充的。如清末从日本发现再传回我国的古籍如慧琳《一切经音义》(100卷)(较玄应《一切经音义》(25卷)规模大得多);希麟的《续一切经音义》(10卷)、《玉篇》唐写本残卷,这些书所引《说文》释义资料十分丰富。例如"琰",《说文》:"璧上起美色也",慧琳《一切经音义》卷93"琰"下引《说文》:"王圭长九寸,执以为信,以征不义",今大小徐俱夺此文。张舜徽《说文约注》认为"宜补。'璧上起美色也'盖后人傅会琬琰之文所附益也。"b. 各书所引《说文》资料多有矛盾不一致的。清人钱大昕说:"唐人引《说文》不皆可信"(见《说文诂林》前编314页),钮树玉《说文解字校录》说"陆氏释文,孔氏正义所引《说文》多误。"其实,这里既有误引的问题,也有属引用上的体例问题。台湾学者高明先生说:"(李善注引《说文》)其通例,字形依《选》,字义遵许,有字形用通假者,而字义用《说文》本字之说解,前贤不知此例,往往致误。"(《高明文集》)c. 诸种资料不能简单采取"少数服从多数"的办法。这种办法有时是可行的,有时则不能采用。例如诬,《说文解字》:"加也"。我们看玄应《一切经音义》11、15、17卷,慧琳《一切经音义》51、58、59卷,《玉篇》零卷所引《说文》都是:"诬,加言也",似乎应该改今本《说文》。段玉裁没有改,应是正确的。段是从体例上着眼:"按力部加:语相增加也。加与诬同义互训,可不增言字。"段玉裁也没有讲得很清楚。其实,加,在上古是信、实的反义词,即欺骗。《左传·庄公十年》:"牺牲玉帛,弗敢加也,必以信。"《论衡·书虚》:"功名之下,常有非实之加。"而"诬",在秦汉也指欺骗,言语不真实。《孟子·滕文公下》:"杨墨之道不息,孔之道不著,是邪说诬民。"诬到后来产生了捏造罪状陷害人的意思;捏造,则为增加了东西。所以,"诬,加言也",实属中古时之词义,而《说文》原注不误。d. 要结合古文字资料。如耒(lěi),《说文解字》:"手耕曲木也",段玉裁据《广韵》删"手"字。陈邦怀据《急就篇》颜注"手耕曲木也",又据甲骨文、金文古文字字形,认为"手"字不当删(《甲骨文字集释》)。e. 古籍中错乱很多,不应一昧靠比较考证,而要本文献中字的实际应用情况。如镈,《说文解字》:"大钟淳于之属,所以应钟磬也,堵以二金。"王筠《说文句读》依《集韵》将"二"改为"一",而方成珪《集韵正》则又据《说文》将"一"改为"二",这种治学方法我们应避免。

　　第二,体例问题。(一)复句为释;也字的夺衍。《说文》中一般以单句为释,但也有一些是复句为释的:"祸:害也,神不福也";"嬾:懈也,怠也";"马:怒也,武也";"恤:忧也,收也";"噬:啗也,喙也"。在流传中复句中第一个"也"字也有被删掉了的,成了单句:"寻:绎(yì,抽出)理也";"庫:始开也";"标:木杪末也";"譽:急告之甚也。"如增补"也"字,成为复句,意思便贯通了:"寻:绎也,理也"(《玉篇》如此);"标;木杪也,末也";"譽:急也,告之甚也"。但是也有本为单句而衍"也"字的,如:"计:会也,筭也。"张舜徽《说文解字约注》:"说解原文当为会筭也,三字为句,乃一义,非二义,谓会合多人共筭之也。"

　　(二)关于"一曰"。《说文》用"一曰"表示字的另外的意义,或对字形结构作另外的说明(也有偶用"或曰"、"又曰"的)。王筠《说文释例》用考证的方法,认为"一曰"多为后人所附益而"为许君本文者盖寡"。王筠的考证,有的可取,有的并不可取(凡它书注解与"一曰"相同的便认为是后人补入的,失之片面)。这里不谈这个问题。"为许君本文者盖寡",说明许书有这种体例。我们看待"一曰"注释的意义,要从功能着眼——这个意义在文献是否使用,是否常用。从这一点出发,"一曰"中有不少注解是很有价值的。如"削,鞞也(即鞘字)……一曰析也。"后者才是字的常用义。"喷,吒也,……一曰鼓鼻。"吒义于文献无徵,鼓鼻则为喷的本义:《庄子》:"喷则大者如珠,小者如雾。"《战国策·楚策四》:"骥于是俛而喷,仰而鸣。"复句为释的,有的属两个义项,有的属同一词义的补充说明(肁:始也,开也;嬾:懈也,怠也),"一曰"则一般属字的不同义项。

(三)复举隶字的删存与连篆为训。《说文》原来每一篆字后附一当时通行隶字,后来,所附的隶字被删去,但也有删之未尽而混入释义的,释义因而变得难以成读,如"灵,灵巫也"、"屏,屏蔽也"、"苏,苏桂荏也"、"央,央中也"、"掐,掐掐也"(掐未删而下移),如果将混入的复举字删去,则文意无滞碍了。但是,也有本属释义的文字而误认为复举字被删去的,如"河,水也。"段玉裁认为"水"前当有"河"字,"各本水上无河字,由尽删篆下复举隶字,因并不可删者而删之也。""程,品也"段注:"大徐无程字,按此三字为句(程品也),浅人概为复字而删之。"甚至因误删而造成释文残缺的,如"鹤,鸣九皋声闻于天"(大徐本),段注于鸣前补鹤字。也有难以辨别的,如"啁,啁嘐",段玉裁认为释文中啁属"复举字未删者",徐灏则认为"非复举篆文也"。

《说文》中的篆字作字头,是被注释的对象,但有时篆字要跟注文中的第一个字合起来,作为注释的词使用,如"离,黄仓庚也","参,商星也",应分别读成:"离黄,仓庚也"、"参商,星也"。前人称为"连篆为训"。① 顾炎武将"参,商星也"句,误认为是以"商星"释"参",因而受人批评为不懂《说文》释文的体例。

(四)常规释义与非常规释义。常规释义指形训和义训。形训即通过字形分析来解释字义,这是作为文字学著作所特有的。其中许多分析是正确的,但《说文》有的地方过于牵合字形,便欠妥当了。如"指,手指也",指在手部,但指可包括脚趾,许释拘守部首义,失之。《左传·定公十四年》:"阖庐伤将指"(指大脚趾);《史记·高祖本纪》:"汉王伤胸,乃扪足曰:'虏中吾指。'"《古汉语常用字字典》"指"第一义项注"手指",欠当。又如"苗,草生于田者",此释显于常识有悖。这种情况,对后代产生了不好的影响,像王筠释牛就分析属于直视的、平视的牛,陆宗达先生对此有批评:"纠缠于一点一画的意义,一直一横的作用,就会导致把形体之学弄得支离破碎,随意妄说的地步。像清人王筠……就犯了这种错误。"(《说文解字通论》第76页)这是很正确的。但是《说文》的形训,有时表面上是不足取的,但里面含有合理的成分,这需要认真辨析。如"始,女之初也","始"何以为"女之初"?这并非牵合字形为释。王献唐《释醜》:"(始)金文字从司声,或司,以两从……古目(以)台同音,从以犹从台。"《说文》无"姒",始,即姒字,姒即姊的古称。姊,女子同辈排行在前头的,自然引申出"初、首、元"这样的意思,后成为其常用义。而此义湮没已久,无《说文》的释文难寻其源矣。

义训的问题可以从互训、义界、词的理据性等方面去分析,这里谈的是另一个问题:一般语词义与学术概念义。俄国语言学家波铁

---

① 据唐写本《说文》木部残卷用:"、"表示重复前字,这种符号后人传写可能漏夺。

布尼亚说:"一般词的意义是指两种不同的东西,其中属于语言学知识范畴的这个意义叫做词的最近的意义,而构成其他科研对象的另一个意义则叫做词的最远意义。"(柯杜霍夫《普通语言学》,常宝儒等译)《说文》中有一些字义的解释就属于"词的最远意义"。这些字有两个特点:a.属最常用最易懂的,语词上几乎无解释的必要,如数目字;b.在当时的经学、五行学说等学说中又有解释价值的,例如"一"注为:"惟初太始,道之于一,造分天地,化成万物。"就是典型的例子。这一部分字义应该另作研究,这才能正确利用资料。

非常规释义指声训和比照为释。汉代盛行声训,《说文》虽然是文字学著作,但有时也不免从声训上去解释字义,如"天,颠也"、"旁,溥也"、"帐,张也"、"户,护也"、"禁,吉凶之忌也"等。声训从总体上是应该否定的。《说文》于天干地支的释义,均用声训如"午,牾也","未,味也","申,神也"。声训带有随意性,《淮南子·天文训》:"午,忤;未,昧;申,呻",郭沫若说:"子丑之同音字如有一百,即可有一百种异说成立"(《甲骨文字研究》218～219页)。但是,声训是古人对同源义一种初级阶段的探索,王力先生说:"虽然声训是应该批判的,但是古人对语源曾经进行过探索。"清末邓廷桢作《说文双声叠韵谱》,共得三百八十多例,与王力先生《同源字典》相对照,出现在《同源字典》的占 20%。同源词除严格掌握语音条件外,在词义上共源必须有文献根据。所谓"山,宣也","狗,叩也",在文献无所徵,显为皮傅之说,但"室,实也","鬼,人所归为鬼",就是有意义的了。《左传·成公七年》"分其室",杨伯峻先生注:"室,家财。"历史上三分公室、四分公室,室就是财产,赵纪彬《论语新探》说:"春秋时代以室为财富的细胞形态或基层单位。"今成语"十室九空",仍是古义的残留。今人以鬼为邪恶、恐怖之物,古人认为人死后灵魂为鬼,《九歌·国殇》:"魂魄毅兮为鬼雄。"杜甫《赠卫八处士》"访旧半为鬼",指故人亡故;而元钟嗣成《录鬼簿》,记载了当时已故的元曲作者。人鬼之间只隔一层时间的帷幕而已。

《说文》有比照为释47条,如"凡草曰零,木曰落"、"直言曰言,论难曰语"、"有足谓之虫,无足谓之豸"、"有辐曰轮、无辐曰辁"。古籍中不乏此例,如《左传·文公十八年》:"毁则为贼,掩贼为藏",《老子》:"视之不见名曰夷,听之不闻名曰希,搏之不得名曰微。"有时,同样一对(或几个)词,有不同的比照解释,如《庄子·渔父》:"希意道言谓之谄,不择是非而言谓之谀。"《荀子·修身》:"以不善先人者谓之谄,以不善和人者谓之谀。"《礼记·乐记》"幽则有鬼神",郑玄注"圣人之精气谓之神,贤人之精气谓之鬼。"《史记·五帝本纪》"明鬼神而敬事之",唐张守节:"天神曰神,人神曰鬼。"

比照为释对我们更好地理解字(词)义是有帮助的。清人注释《说文》常采用这种方法。如"趋"段注:"徐行曰步,疾行曰趋,疾趋曰走。""型"下段注:"玄应曰:以土曰型,以金曰镕,以木曰模,以竹曰笵。""拳"字,朱骏声《说文通训定声》:"张之曰掌,卷之为拳"。"渠",王筠《说文句读》:"河者,天生之;渠者,人凿之。"有这方面的专书,如清洪亮吉作《比雅》,今人李新魁教授的《类别词汇释》(河南人民出版社),二书收集的资料比较丰富,足资参证。

第三,用字问题。A.《说文》释文中有时用古字或通假字的,如"槥,死(尸)在柩"、"怜,哀(爱)也"(如《淮南子·说林训》:"狐死首丘,寒将翔水,各哀(爱)其所生"),"疧,病不翅(啻,止)也","夆,悟(晤,相会)也","毇,䉛(段注:说文无遥字,此即遥字)击也","既,小食也(于邕:小通稍。按:此小当通少,少即今稍。古稍指渐渐)","㹶,少(通小)狗也"。

B. 字的被释与被用。如"象,长鼻牙南越大兽三年一乳",许慎对"象"字是如此注释的。我们再看看"象"在《说文》中是如何被使用的:"示,天垂象见(现)吉凶,所以示人也。"(象,表现在外的形状、样子,今有星象、旱象、现象等);"气,云气也,象形。"(象,摹仿);"效,象也"(象,效法);"屮,艸木初生也,象屮出形有枝茎也。"(象,如同,类似)。象在《说文》中的被使用义就不太单纯了。象有效法的意思,《尚书·微子》:"崇德象贤",这个意思现代词典一般没有收录。《广雅·释诂三》:"象,效也",可以与《说文》印证。至于象有类似,摹仿的意思,就很难区别。段注"象"字下:"古书多假象为像。人部曰像者似也,似者像也。像从人象声。许书一曰指事二曰象形,当作像形。全书凡言象某形者,其字皆当作像。"王筠也讨论过这个问题。其实,这是同源义的分化问题。象,有相似义,又有"使其相似义",即摹仿义;摹仿偏指自己也努力去做,即为效法。"象形",指摹仿其形状,不必改用"像";而"象屮出形有枝茎也"的象,作"类似"讲,后代通常作"像"。

有时,需要通过字的被使用情况才能了解字的主要意思。如"部,天水狄部",此释对部的字义所提供的信息量太窄,如果借助于"部"在《说文》的使用:"分别部居"、"部首"、"五百四十部",那么,我们就了解部有"类别"的意思。这也有助于进一步理解"天水狄部"的释义。又如"殿,击声也";土部,"堂,殿也"、木部,"柧棱,殿堂上最高之处也"、广部,"廣,殿也,大屋也"。我们要把后面所引的,看做对"殿"的"击声也"释义的补充。俞樾在《说文发疑叙》里就指出此类情况。如"戲",注为"三军之偏也。一曰兵也。"并无"戏谑"义,但在"謔"字下注有"戲也",由此使我们了解"戲"有戏谑义。所举例尚多,不备列。

C. 注释词。辞书的原则是以易注难,以常用词注非常用词,《说文》也不例外。朱骏声编《说雅》(附于《说文通训定声》后),为我们查检注释词提供了方便。注释词多为基本词,具有稳定性。例如"器"作为注释词在《说文》用三十次以上。《尔雅》有"释器"类。"器"在今日仍是常用字,据有的字频统计,其频度排282位(见文改会、国家标准局编《最常用的汉字是哪些》),因此,要特别注意"器"的字义。《老子》:"埏埴以为器",可见器本为陶器。《说文》"缺:器破也","尽:器中空也","罄:器中尽也","盛:黍稷在器中以祀者也"。我们明白了器的常用性,器本为陶器,对这些动词的意义理解上就会加深一步。器又泛指一切加工制成的用具,如镈、铫等是田器,罩是捕鱼器等。

第四,会通问题。(一)《说文》本书的会通。我们上面讲的已经接触到这个问题了。读《说文》不能像查今日的字典,就条论条,而要与其他条目结合起来,进行比较分析,才能有收获。会通可以在各种层次上进行,例如,一个部首中的字,要统察一下,这样,理解某一条目时,就会有较宽的视野。例如竹部,可分两类:①竹本身的:筱,箭属小竹;筍,竹胎(胎:妇孕三月,即未成形的幼体);节,竹约(约,缠束,即茎上分段处,形如缠束状)。②竹制的器物,其中又可分:与生产有关的农具、渔具;生活用具;兵器;乐器;交通工具;文具等。也可以与有关的字进行比较:简,是单独的一支竹片(编,编次简使在一起;等,齐简);篇,指简编在一起在内容上具有一定的完整性(后称卷);籍,用作登记的名册。"筭"、"算"有何不同?《说文》:"筭,长六寸计历数者也";"算,数也"。王力先生说前者是名词,后者为动词,可见许慎从词性上作了分别(其实筭筹又作算筹,文献中并不分用二字)。

(二)与汉代其他几部辞书,即与《尔雅》、《方言》、《释名》等结合起来分析考察。清人注《说文》,大都参考《尔雅》,胡秉虔《说文管见》

中列专章谈"《尔雅》、《说文》相表里"。《说文》中有一些字是据方言来注解的,如:"楣,秦名屋櫺联也,齐谓之檐,楚谓之梠。"马宗霍先生著《说文解字引方言考》。《方言》的材料可以帮助我们理解《说文》某些字的注解。[①] 用方言考证词义是古人爱用的方法,但也要应用得当,否则会牵强傅会。我们上面讲到声训,从总体上这种方法是不可取的,用《释名》与《说文》对照,可以进一步发现声训的随意性,如《说文》:"星,万物之精;辰,震也";《释名》:"星,散也;辰,伸也。"当然有些地方,《释名》可补《说文》的不足,如林,《说文》:"平土有丛木曰林"(囿于字形从并列的木),《释名》:"山中丛木为林。"

(三) 与其他书结合起来分析考察。《说文》:"潢,染纸也。"这涉及纸的应用问题。北魏贾思勰《齐民要术》言及纸染黄之术,宋赵希鹄《洞天清录》、明屠隆《考槃馀事》均载唐人写经纸"染以黄蘗,取其避蠹"。《说文》:"员,物数也",这里物指东西也包括人,而现在只用指人。理解此注文,需要参考文献资料。《汉书·赵尹韩张两王传》:"使斫埒,责以员程,不得取代。"唐颜师古误认为员主要指人的,注为:"员,数也,计其人数及日数为功程。"杨树达先生说:"员数为定数之程课,如每日斫埒若干石之类,下文云不中程云云,谓不满此数则责之也,与人数无涉。"(《汉书窥管》第 592 页)可举的例子很多,这里从略。

(原载《说文解字研究》第一辑,河南大学出版社,1991 年)

[①] 《说文》中用方言释义的一百七十多条,其中六十余条与扬雄《方言》相同或大致相同,其他不见《方言》,可使我们了解到汉人的方言资料,所传不尽相同。

《现代汉语词典》的历史地位[*]

现代汉语词典就是普通话词典。普通话是咱们民族的共同语，是一种规范、标准的语言。编纂普通话词典要达到规范的要求，在学术上和词典编纂的方法上难度极大。影响大的现代汉语词典有两部：一是1937年开始出版、延续多年陆续出齐的《国语辞典》（以下简称《国辞》）；一是1978年正式出版的《现代汉语词典》（以下简称《现汉》）。

《国辞》在注音上体现了以北京语音为标准音的原则，是一个历史性的进步。在收词上收现代的，但也有大量近代的和少量古汉语词，比较杂，规范程度不够，在词典用语上未完成从文言文到白话文的过渡。这自然有客观的原因，不能苛求先辈。《现汉》则后出转精，解决了上面讲到的问题。它以现代汉语普通话为收词对象，与文言词典划清了界线。《现汉》的虚词注释是一个亮点，是词汇问题更是语法问题，最能体现现代汉语的性质。此外，对文言词、方言词、外来词等也都是根据普通话的应用需要来安排取舍，只有学贯古今、兼通中西者方可为也。至于语音，《国辞》只解决了北京语音为标准的问题，而普通话内部的问题，口语及大量书面语中字词的异读分歧，在《现汉》中均第一次较好地作了解决。当然，这也是贯彻国家政府部

---

[*] 本篇由我与晁继周同志合写，刊载于《文汇读书周报》2004年2月27日。

门《普通话异读词审音表》的结果。《现汉》是第一部确定现代汉语词汇规范的词典。在它之前还没有这样的词典;它以后的同类性质的词典则是沿着它开辟的道路在某些方面加以改进的。从这个意义上说,《现汉》是汉语辞书发展史上的一个里程碑。

一、现代汉语词典在收词上要全面反映现代汉语的词汇面貌。一方面,它要把现代汉语的常用词汇收进词典,不要有太多的遗漏;另一方面,要分清现代汉语词与古代汉语词的界线,普通话词与方言词的界线,不要使文言词(及早期白话词)、方言词与现代汉语普通话词混杂相列。在收词上,《现汉》是照此要求去做的,而《国辞》在收词上是完全不符合现代汉语词典的要求。《现汉》对普通话词语根据常用的原则作了比较全面的收录。为查考需要,除普通话词语外,还收录少量常见的文言词语、早期白话词语和方言词语。在收词比例上,普通话词语占绝对优势。收入词典的文言词语、早期白话词语和方言词语都加上标志或文字说明,使读者很容易把它们同普通话词语区别开。

解放后,白话文在文学创作和应用文写作上都占据了绝对统治地位。为此,《现汉》所依据的语料绝大部分是现代白话语料,主要来自现代文学作品和报刊。至开始编写时,已经搜集语料卡片 100 余万张。这就使《现汉》所记录的语汇与《国辞》有很大不同。《现汉》较好地反映了现代汉语词汇的面貌,而《国辞》却是现代词语与古旧词语的杂糅。

二、现代汉语词典释义用语应该是典范的现代白话文。《现汉》是第一部成功地用白话解释词语的词典。《现汉》用准确、精练的普通话书面语解释词语,而且尽量多地采用定义说明式的释义方式,在很大程度上避免了同义词互训、递训的毛病。相比以前的词典,《现汉》的释义更加准确,在解释词的词汇意义的同时,注意反映词汇的语法和语用特征,并注意用例句显示词的意义和用法。特别是虚词,例句对于说明其意义、用法是必不可少的。

总体上说,《现汉》释义的水平在现有的语文词典中是最高的,也是最具权威性的,它开创的释义体例也多为以后的词典所借鉴。

三、汉语方言的分歧,最突出的是在语音方面,因而规定国语的标准,首先关注的自然是语音。1919年在《国音字典》上公布了第一个"标准音"(后被称为"老国音")。1932年,《国音字典》修订成《国音常用字汇》,确定了以北京语音为标准音(后被称为"新国音")。从"老国音"到"新国音"也说明:确定民族共同语的标准音要依托一种具有影响力的地点方言,即某种自然语言;而不能采取杂糅的方法,从不同方言的语音中吸收成分,形成"人造语言"。

《国辞》在推广以北京语音为标准的国音方面作出了重要贡献。但《国辞》在推广标准音方面同样也受到历史条件的限制,许多语音问题解决得不完善。全面解决现代汉语语音问题的是《现汉》。以北京语音为标准是就北京音系而言,许多具体问题的解决还要经过深入的学术研究和对实际读音情况的调查。差不多在《现汉》编写的同时,中国科学院语言研究所成立普通话审音委员会,对异读词读音进行审订。审订读音的原则中最重要的一条就是:一个字的读音在北京话里非常通行而不合北京语音的一般发展规律的,这个音仍可采用,但同时要考虑到这个音在北方方言里用得是否广泛。如一个字的读音只在北京话里通行(甚至只在北京的部分地区或部分人群中使用),既不合语音的一般发展规律,也不在广大北方方言地区通行,这个音就不应该采用。《国辞》这方面又过于迁就北京话。《现汉》在异读词注音上严格贯彻《普通话异读词审音表》的规定,并采取研究的态度,该从传统的则从传统。《国辞》处理文白异读时多偏于传统,而对人民群众的实际语言重视不够。《国辞》不加分析,全从北京话,不利于国语的普及。《现汉》对轻声和儿化现象经过调查研究作出选择,把轻声词和儿化词限定在一定范围;并采取一定的灵活性做法,把一些词处理为可读轻声也可不读轻声,可读儿化也可不读儿化。《现汉》的做法减少了学习普通话的难度,有利于普通话推广。

四、《现汉》在收词、释义、注音几个方面都超越了它以前的词典,达到前所未有的高度。但并非止步不前,而要本着为推广普通话、促进汉语规范化服务的宗旨和科学精神,与时俱进,通过不断的修订,完善自己,跟上时代的发展:一是及时反映语言的发展,一是及时吸收语言研究的成果。

词汇是语言中最活跃的部分,新词的产生,旧词的消亡等情况几乎时刻都在发生。《现汉》要通过一次次修订,及时反映汉语词汇的发展变化。首先是调整收词,把那些已普遍使用并稳定下来的新词语(包括新意义)收进词典,把一部分陈旧过时、不再使用、查考价值也不高的旧词语删除。某些词的释义,要根据词的意义、用法的变化或词所反映的客观事物的变化而加以修改。修改例句也是词典修订中不容忽视的一个方面。例句除了要能正确体现词的意义和用法外,内容也要跟上时代的发展。每一次修订,如果都能够在收词、释义、例句等方面下一番功夫,《现汉》就会常修常新,永远保持鲜活的生命力。

《现汉》在修订中还要注意吸收语言研究的新成果,不断提高学术品位。这里要说到词典标注词性的问题。早在20世纪30年代,上海的辞书,有的曾试图标词类,因困难太多,便放弃了。《现汉》初编时是准备给词(或义项)标注词性的,后来没有做下去。上世纪50

年代,关于汉语有无词类的问题还在讨论,词类划分标准研究得还不深入,这时词典上标注词性确实有困难。但在当时的情况下,《现汉》还是为全部虚词和实词中的代词、数词、量词注明了词性(不是用符号,而是把词类名称作为释义的一部分)。名词、动词、形容词虽未注明词性,但在释义行文和例句配合上大都有鲜明的特点,词性实际上是呼之欲出的。《现代汉语词典》第5版(2005年)就对所收的词作了全面的词类标注,实现了吕叔湘先生生前的愿望。

《现代汉语词典》的四个特点[*]

——祝贺《现代汉语词典》第5版出版

《现代汉语词典》有四个特点,也可以说四个特性:现代性、科学性、实用性和规范性。这四个特性还应该加修饰语:

与时俱进的现代性

研究先导的科学性

雅俗共赏的实用性

积极稳妥的规范性

(一) 与时俱进的现代性

所谓现代性,有两个要素,一是时间的,一是文化的。我们考察词典,要把握这两个方面。《现代汉语词典》是反映20世纪的当代汉语的词典。文化的现代性,指现代语言学理论的指导,现代辞书学理论的指导。《现代汉语词典》在注音、释义、举例、语法分析等多个方面,都牢牢建立在现代语言学的基础上。它的编纂方法是科学的,我们只要认真读一下吕叔湘先生拟定的《〈现代汉语词典〉编写细则》就定会有体会。在古代,每个朝代,都有当时的"现代",但是没有相应的反映共时的词典。因为那时的书面语是承古的脱离口语的文言

---

[*] 本文是我2005年7月在《现代汉语词典》第5版首发式上的发言,后收入《〈现代汉语词典〉学术研讨会论文集》(二),商务印书馆。

文,语言学、辞书编纂的理论的进步十分缓慢,所以在很长的时期里辞书进步缓慢。到19世纪20世纪相交,情况发生了根本性的变化。语文革新作为一种社会要求被提出来了,20世纪初出现了白话文运动和国语运动,这两个运动大大推动了我们民族共同语——普通话、也称国语的形成。由于西学东渐,出现了新的语言学、辞书学理论。于是编纂现代汉语词典的任务提到了日程上来,其代表便是《国语辞典》,具有重要的历史意义,然而,它的语料基本上是文言和古白话,注释用语是半文言。新中国成立后,于50年代到70年代,历时二十年,不失时机地编成《现代汉语词典》,它是我国第一部真正意义上的现代汉语词典。体现了国语运动和白话文运动这两个运动的精神,也可以说这两个运动以辞书的形式合流了,这样就大大加速了民族共同语的推广、应用和规范,在我国建设事业和社会生活中发挥了很大的作用,为我国辞书事业树立了一块丰碑:在它以前还没有如此好的词典,在它以后,同类型的词典是沿着它开辟的道路前进的。

现代性本身要求与时俱进,否则会削弱其现代性。《现代汉语词典》正是这样做了。它出版以来,已经过数次修订,这次是第五次。这次是一次大的修订,可以说面貌一新。

这次修订可以用四个字概括:增、删、改、标(标注词性)。新版收词6.5万,其中新增词6000(删旧词2000,条数净增4000)。标注词性是吕先生生前的一个愿望,今天实现了。这四个方面是相互联系的。就"改"来说,也体现了一种求新精神,体现一种科学上不断自我完善的精神。试以"通信"一词为例来说明:

78版:【通信】用书信互通消息、反映情况等。

96版:【通信】1　同78版。

　　　【通信】2　利用电波、光波等信号传送文字、图像等:数字~~。

05版:【通信】动①用书信互通消息、反映情况等。②利用电波、光波等信号传送文字、图像等。根据信号方式的不同,可分为模拟通信和数字通信,旧称通讯。

《中国大百科全书》"通信"条目有:

通信、通信兵、通信电缆、通信对抗、通信对抗系统、通信干扰、通信技术、通信转发器等,而"通讯"只有两条:通讯、通讯社。

《现代汉语词典》把原"通讯"释文"利用电波设备传送消息"的内容移到"通信"并增加新内容,完全正确,这与《大百科全书》处理是一致的。

为什么?"通信"的"信"过去指"信件",现在指"信息"(information),我们正进入信息时代。"通信"一词内容的变化,反映了新科技的发展。多么重要!

(二)研究先导的科学性

《现代汉语词典》是一部语文性词典,而不是百科词典。百科词典的内容自然有极强的科学性,它依靠各科研机构、高等学校的科研为后盾。语文词典的科学性,主要建立在对语言文字的研究上,当然要吸收社会上的研究成果,但主要靠自己,这样才能成系统,才能以词典的形式体现出来。所以《现代汉语词典》国务院交给语言研究所来编。他们不负众望,以吕叔湘先生、丁声树先生为首包括李荣先生等,是语言学大师,其他编写者也都是学界的学术功底深的语言文字专家。这就保证词典的科学性,词典的质量。试看"很"的注释和举例:

副表示程度相当高:~怯、~不坏、~喜欢、~能办事、好得~、大家的意见~接近、我~知道他的脾气。

这七个例词例句代表七种类型，其次序也是不宜改换的，我们不能说"我很知道"，但"知道"后有后续成分，就可以了。这七个例子，作一下分析，可以讲一课。多大的科学含量！

(三)雅俗共赏的实用性

以"叉"字为例。叉有四个读音：

1. chā ①名……器具。②动用叉取东西：～鱼。③名叉形符号"×"，一般用来标志错误的或作废的事物。

2. chá〈方〉挡住；卡住：车辆～住了路口，过不去了。

3. chǎ 动分开成叉(chā)形：～着腿。

4. chà 见"排叉儿""劈叉"。("排叉儿"：名食品，长方形的薄面片(多为两层)，中间划三条口子，把面片的一头从口子中掏出来，用油炸熟；"劈叉"：动体操、武术等的一种动作，两腿向相反方向分开，臀部着地。)

小学生也能看得懂，但要问 chá 为什么标〈方〉，我查了《现代汉语方言大词典》才明白。这里有语言调查的工作基础在其中。

这里再举一个"澄"chéng dèng 字。

读 chéng

澄(澂) chéng ①(水)很清：～澈。②使清明；使清楚：～清。

另见 288 页 dèng。

【澄碧】chéngbì 形清而明净：湖水～。

【澄澈】(澄彻)chéng chè 形清澈透明：溪水～见底。

【澄清】chéngqīng①形清亮：湖水碧绿～。②动使混浊变为清明，比喻肃清混乱局面：～天下。③动弄清楚(认识、问题等)：～事实。

另见 288 页 dèngqīng。

【澄莹】chéngyíng 形 清亮：雨后，月亮更显得～皎洁。

读 dèng。

澄 dèng 动 ①使液体里的杂质沉下去：～清。②〈方〉挡着渣滓或泡着的东西，把液体倒出；滗：把汤～出来。

另见 178 页 chéng。

【澄浆泥】dèngjiāngní 名 过滤后除去了杂质的极细腻的泥，特指制细陶瓷等用的泥。

【澄清】dèng∥qīng 动 使杂质沉淀，液体变清：这水太浑，～之后才能用。

另见 178 页 chéngqīng。

【澄沙】dèngshā 名 过滤后较细的豆沙：～馅儿月饼。

读 dèng 标 动，是词；读 chéng 是语素。

澄清₁ chéngqīng

澄清₂ dèng∥qīng

澄清₁可以带"事实"作宾语，而澄清₂不可以。可以说澄 dèng 得清，澄 dèng 不清，澄 chéng 却不可以。

这里释义举例都是老版的，5 版标词性后其不同更彰显出来。也可以说老版举例是极有科学性的，"澄清事实"说明"澄"作为"语素"的语用功能与作为词的功能不同。

捞： 捞饺子

打捞 ＊～～饺子（不可说）

　　　打捞沉船

　　　＊捞沉船（不可说）

复合词的语义抽象而宽泛。澄（chéng）清是复合词。

(四)积极稳妥的规范性

以前以"想像"为正条。

今以"想象"为正条。此据名词审定委员会意见而改。

"鬼哭狼嗥"、"鬼哭狼嚎"异形词整理取后者。

"嗥"字旧版《现汉》：

嗥　（豺狼）大声叫。

新版：

嗥囫（豺狼等）大声叫。

【嗥叫】囫号叫（多指豺狼等）。

加了"多指"更为缜密。我查了文献，也可说"熊嗥"的。贯彻规范性的积极主动性由此亦可看到。

又如"挟"，《普通话异读词审音表》规定统读 xié，而这个字以前也读 jiā，如鲁迅《藤野先生》："其时进来的是一个黑瘦的先生，八字须，戴着眼镜，挟着一叠大大小小的书。"《现代汉语词典》在贯彻《审音表》的同时，也照顾以前的用法，读 jiā 音列字头，但是注释为"同'夹'(jiā)②"，显示今天当作"夹"。一位中学教师说这样的处理，"可以帮助我们判定这里的'挟'得念 jiā，只是'挟'现在被当作'夹'的异体字了"(《语文建设》2000 年第 9 期)，解决了教学中的问题。

新世纪伊始说"除夕"

昔人云,除夕之夜是:"一夜联双岁,五更分二年",其在我们生活中、生命中的意义何等重要!

而今年,除夕正值新旧世纪转换,新旧千年转换,所以:"一夜联双岁,五更分百年、五更分千年!"意义更不同寻常了。

要问"除夕"之"除"作何讲?你去查现代的、古代的辞书,大概不会找到现成的答案。

"除"真的无法解读其意义吗?非也。北宋大学者沈括在《梦溪笔谈》作了正确说明:

"除"犹易也。以新易旧曰除,如新旧之交,谓之"岁除"。《易》:"除戎器,戒不虞。"以新易弊,所以备不虞也。"阶"谓之除者,自下而上,亦更易之义。

《说文》:"除,殿陛也",即"阶",为什么"阶"叫"除"呢?许慎也没有讲清楚,沈括则点出了字义的"理据":此处是上下变换位置的地方。《易经》中"除戎器",指以新换旧,防备有新的想不到的时候要用"戎器"。

除夕,过去也说"岁除"、"除岁"。一些辞书的解释只讲了是一年中最后的一个夜晚:

《现代汉语词典》:"一年最后一天的夜晚,也泛指一年最后的一天。"

《辞源》:"农历十二月最后一晚。晋周处《风土记》:'至除夕达旦不眠,谓之守岁。'"

《汉语大词典》除引《风土记》外,补有书例:《剪灯新话·三山福地志》"更及一旬,当是除夕,君可于家专待。"《燕京岁时记·除夕》"京师谓除夕为三十晚上。"余从略。

解释都是正确的,但关键字"除"之意义则未点到,补上沈括的分析使我们不仅知其然,而且知其所以然了。

(原载《北京晚报》2001年1月18日)

魏建功先生对《新华字典》的历史性贡献[*]

《新华字典》1953年出版,累计发行量逾三亿册;1999年荣获第四届国家图书奖荣誉奖。这些都是闪烁着光辉的记录。评价《新华字典》仅停留于此还不够,而应该把它放在我国现代辞书发展的进程中来考察,这样才能了解它的历史地位,才能了解这本字典编纂的主持人主编魏建功先生对我国辞书事业、对我国文教事业的彪炳千秋的历史性贡献。

我国辞书历史悠久,在汉代就有了《尔雅》、《说文解字》等,下逮清代有《康熙字典》等,它们在历史上发挥了重要的作用,但是完全不能满足现代社会的需要。进入20世纪,有识之士便开始编纂现代的辞书了。

现代辞书其特点在"现代"二字,表现在一,在辞书里引进新知识的内容;二,根据现代汉语来收词(字)、注音、释义。前者是为了更好地吸收西方先进的科学技术文化知识,后者则是为了推广民族共同语(即今日的普通话,当时叫国语),普及教育,提高民族的文化素质。这些都是关系我们国家发展的大事。前一个方面,做起来困难少一些,因为可以用"引进"的办法,通过翻译外国词典的知识性条目编入词典。至于后一个方面,则困难得多了。我们民族共同语当时的状

---

[*] 原文刊载于2001年6月21日《中华读书报》,收入本集时作了补充。

况是:书面语占主导地位的是文言文,它是脱离口语的;口语虽然有民族共同语性质的"官话",但语音的标准不明确。其统一的程度不够,其流通的区域不广。因此,欲编出现代汉语的辞书,有待两个运动即国语运动和白话文运动的发展,而现代汉语辞书的编纂,反过来又可推动它们。作用是互补的。

现代汉语辞书的编纂,困难不在辞书内部,而在外部;有待国语运动的发展和白话文运动的发展。国语运动始于20世纪初,目的是谋求"国语统一","使天下语言一律"。这"一律"要有个标准。1913年"读音统一会"决定"国音"的标准是:以北京语音作基础,同时吸收方言的一些特点;分尖团,保留入声。这是一种南北混合的音,不能成为标准,自然无法推行,只能改弦更张。1924年"国语统一筹备会"决定完全采用北京语音作为标准音。这样才解决了辞书的注音问题。因此随后编出《国语辞典》、《国音字典》。

注音问题解决了,但收词与注释的问题尚待解决。请看《国音字典》"刀"的注释:1.供切割斩削之利器。2.古钱币名,作刀形故称。3.小船。如"谁谓河广,曾不容刀"。见《诗经》。

"刀"这个字所代表的词,古今既有相同的一面,更有不同的一面。2、3都属古汉语词,注释所用的语言是文言。这说明文体革新的问题在辞书领域里有待解决。出现这种现象不是偶然的。

白话文运动就是文体革新运动。欧洲在16世纪把书面语从统一的拉丁文改为言文一致的各民族语言,促进了教育的普及和经济文化的发展。1882年日本矢田部良吉提出按东京口语写作。我国20世纪初开展了言文一致的白话文运动,但进展缓慢。1919年爆发了五四运动,白话文运动与文学革命结合在一起,才获得真正的发展,在文学创作上,白话文占据了主流地位。

然而，白话文的应用，在其他领域里十分滞后。报刊、论文、书信等方面，使用的多为文言或半文言。胡适提倡白话文，在白话文运动中作出了巨大贡献，然而他参加起草的《请颁行新式标点符号议案》，是为推行白话文服务的，而其中例句大多数是文言的；也可能文言文有典范作品在，而胡先生认为白话文还缺少典范的作品。辞书里还是文言的地盘，其原因在此。

在中国共产党领导下的苏区和解放区，情况则不同，白话文在各方面得到普遍的应用。吕叔湘先生说："大张旗鼓的提倡白话文，把白话文引进到中小学课程里去，这是20世纪20年代的事情。同时，在文艺创作上，由于有白话小说的传统，白话很快就占领了全部阵地。在应用文方面，30年代白话就在共产党统治区取得胜利，又随着解放区的扩大推行到全国。"(《语文近著》147~148页)

1949年中华人民共和国成立，中国的历史翻开了崭新的一页。为了推广民族共同语，普及教育，为了适应广大工农学习文化的需求，编一本新的]字典是势在必行的了。1950年7月，应中央人民政府出版总署叶圣陶副署长的邀请，魏建功牵头组建"新华辞书社"，任社长。在接受任务时，如何擘画，他早已成竹有胸。1953年《新华字典》出版。

《新华字典》以崭新的面貌出现在读者面前。"新"的地方很多，例如用现代语言学的观点来处理字、词的收录、编排、收常用字，释义简明而准确，注意词义的引申关系，等等。但是《新华字典》一个非常重要的特点而很少为人道及的是：主要依据白话文语料来收字、分析词义。请看"刀"字的注解：1.用来切、割、斩、削的工具：一把菜刀、刀刃、单刀、镰刀。2.纸张的单位（数目不定）。

《国音字典》出版于1948年，与《新华字典》相隔五年，而二者文风则完全不同了。

现代汉语辞书的发展,是一个渐进的过程。《新华字典》具有里程碑的意义:在它以前没有一部能称得上完全合格的现代汉语字典,在它以后的现代汉语字典,是沿着它开辟的道路而不断改进的。《新华字典》最早的"凡例"上说:"本字典编写的目的主要是想让读者利用这本字典对祖国语文的语词能得到正确的理解,在书面上和口头上都能正确地运用。"书面指白话文,口语则是指民族共同语普通话。国外把方言称做母亲的语言,人生下来从母亲那里学到的,把民族共同语称做教师的语言,是进入学校后学的。把书面语和口头语并提十分正确。老舍先生曾经说过:"语言的统一有很大的政治作用,文艺作品会有力地帮助语言的统一。意大利的但丁、英国的乔叟和咱们的曹雪芹都在这方面有很大功绩。"(1955年10月31日《人民日报》)学习典范的文学作品,学习书面语,是学习普通话的重要途径。为了学习,要利用字典在语言文字上释疑解惑。《新华字典》对帮助读者学普通话,作用是很大的。

编一本精品字典主编起决定性的作用。魏先生是怀着为新中国文教事业服务的满腔热情来从事这项工作的。在1948年北平解放的前夕,他约请周祖谟、金克木等著名学者,商量编一本字典献给新中国。他们在讨论中把编字典和新中国的建设联系在一起:"中国的未来系于儿童和文盲,危险在于无知。语言文字是普及教育的工具,字典是语言文字的工具。我们不会别的,只能咬文嚼字。谈论字典等于谈论中国的前途。"(金克木的话,见1995年4月29日《新民晚报》)魏先生是怀着语文革新的崇高理想来从事这一工作的,他决心让语言文字大众化,成为大众的利器。他说编这本字典要"建立一个中国人民大众语科学系统。"所以用白话的语料,释语用白话。魏先生是一位久负盛名的大学者,精通文字学、音韵学、训诂学。常见的是大学问家编大字典大词典,而魏先生是大学问家编小字典,并认真热情地从事这一工作,因此使《新华字典》成为高质量的精品,在中国辞书史上写下了灿烂的一页。

魏建功作出的贡献,并非偶然。他早年毕业于北京大学。北京大学在五四时期,是新文化运动的大本营,集中了胡适、钱玄同、刘半农等新文化运动的健将,他们提倡白话文,推进国语运动。胡适提倡国语的文学,文学的国语。文学不能离开活的语言;国语断非简单的京腔京调,而是有文学的文化内涵。国语除口头学外,要通过作品来学。这样就需要字典、词典。魏建功1946年在台湾推广国语时,就考虑要编一本新字典。

我们听到台湾同胞讲国语时,用词比较典雅。这大概就是文学的国语了。2007年6月24日《文摘报》登载章含之《美国翻译给我们上了一堂文化课》。文章回忆20世纪70年代尼克松总统访华时一个小的片段。尼克松在讲话中说:"我认为我们美国和中国在国际事务中的利益是paralle。"我们的翻译直译paralle为"平行"。尼克松的翻译林里曼请求发言,说:"贵方的翻译刚才翻译得不够确切。我们两国的利益是平行的。'平行'这个词在中文里是永远不相遇的,就像双杠,永远不会碰在一起的,我们总统的意思是虽然是不同的目标,不同的方向,但最终是有共同点的。所以用'平行'这个词不合适。如果让我来翻译的话,我会说我们总统的意思是我们两国的利益是殊途同归的。"周恩来很赞赏这位翻译,事后说:"你在什么地方学的中文?"回答在台湾。周总理很感慨:"台湾地区把中华传统文化保持得比大陆好。"

现在我们再来读《新华字典》当年说的:本字典的宗旨是"让读者

利用这本字典,对祖国语文的词语能得到正确的理解,在书面上和口头上都能正确地运用"。这话讲得该多好啊。

这是《新华字典》成功的所在。魏建功先生是引领现代辞书潮流的杰出学者。

参考文献

新华字典　周世琦　中国大百科全书条目

"伍记"与《新华字典》　周祖谟　南京师大文史资料

关于"伍记"　金克木　《新民晚报》1995年4月29日

《新华字典》五十年感言　陈原　《人民日报》1998年9月15日

大专家和小字典　苏培成　《语文建设》1993年12期

小小工具书风雨几十年　胡中文　《中华读书报》1997年5月7日

漫话《新华字典》　徐祖友　《文汇读书报》1999年10月30日

我与《新华字典》　赵宪初　《新民晚报》1994年12月10日

李学鳌与《新华字典》　李海燕　《北京晚报》1989年10月15日

《新华字典》的编者　狄兆华　《扬子晚报》1994年10月8日

五位语言学家与《新华字典》　《新民晚报》1995年3月28日

源流并重　博大精深

——谈《汉语大字典》的特色

一

有了文字,才有文明,才有文明史。汉字之功绩至伟至巨。我国是一个文明古国,自殷周春秋战国,历秦汉魏晋南北朝隋唐五代,下逮宋元明清民国而至于今,上下几千年,政令的传递、经济的发展、文化的传播、教育的实施,哪一项能离开汉字?我们的历史是靠汉字记录而一代代传下来的;在今天,汉字更迎接了信息时代的挑战,将走向更伟大的明天。我们多么需要一部详备的大字典!不错,在17世纪有《康熙字典》问世,其规模不可谓不大,本世纪初,出版了《中华大字典》,字义分列义项,收进了一些反映新知的内容,向现代辞书跨出了一步。然而,受时代的局限,它们无论是收字,还是注音释义,都不能满足今日之需要。历史在呼唤:源远流长的汉字,应该有一本足以反映它面貌的大字典。

今天,终于有了这样一本大字典。四川、湖北二省《汉语大字典》编纂组的诸位专家和全体工作人员,历十五个寒暑,艰苦奋斗,不负社会各界殷切的期望,使八卷本的《汉语大字典》终于胜利编就问世,完成了一项具有巨大历史意义的文化工程。这是一件值得我们大家庆贺的大事。

二

汉字数以万计,但字的功能很不相同。据计算机统计,2500个常用字覆盖率达97.97%,1000个次常用字覆盖率为1.51%,合计3500字覆盖率达99.48%。[①] 我们编字典,需要特别注意常用字,又不忽视非常用字,正像《汉语大字典》的前言中所讲的:"在字义方面,不仅注重收列常用字的常用义,而且注意考释常用字的生僻义和生僻字的义项。"常用字覆盖面大,也就是其词义、词素义的覆盖面大。词义是复杂的,注意常用字可以收到以简驭繁的功效。但绝不可忽视非常用字、非常用义,因为,人们常常是在学习工作中遇到困难时才去查字典的,其中很多是非常用字非常用义,字典如果处理有误,就某个字某个义项说,其错误率就是百分之百了。既注重常用字常用义,又注意常用字生僻义和生僻字,这个要求合乎科学精神,合乎求实精神。

本文在写作时,主要看了一些常用字条目,也看了一些非常用字条目,采取两结合的办法。常用字条目,我着重看的是160个最常用字。[②] 无论是常用字还是非常用字,从全书条目看,我看过的数量是很少的。如果把《汉语大字典》比做一座巨大的宫殿,本文只是从一

[①] 见国家语委《现代汉语常用字频度统计》。

[②] 选自北京语言学院出版社出版的《现代汉语频率词典》表七《汉字频率表》,其前160个最常用字:的一了是不我在有人这他们来个上地大为上来就你说到和子要么得去也那会主时出下国过为好看生可以还学起都年小没能多天工家都动用对中作自发又同民面想样成义后她头经产道十什进心现然只种老事从分前些点开而很方于行长见水两走高三象回实当气问它给手全部二力正定意命几机党所向战己知物理声等打话本社边外法化之如情候眼无但呢使重叫身间业反真明

160个最常用字其覆盖率达50%,请参看陈原主编的《现代汉语定量分析》(上海教育出版社出版)序论,该书第9～10页。

个窗口,一个视角较大的窗口,一睹其宏伟精奥而已。

三

《汉语大字典》总的特色是:源流并重,博大精深。下面从四个方面作一些具体分析。

第一,内容贯通古今,是名符其实的大字典。一般认为大字典的特点是收字多。《汉语大字典》收字54960个,较目前收字最多的《中文大辞典》收字49905个,还多5065个。但大字典主要的特点不应仅仅指收字多,而应该是内容,也就是字的注释内容。内容上是古今贯通的,才称得上大字典,否则,不合格。

《康熙字典》收字47043个(王竹溪教授统计),但注释内容偏重于古汉语音义,严重忽视唐宋以后汉字音义的新发展。《中华大字典》略有改进。《汉语大字典》从根本上改变了这种状况。例如"打"字,在宋代已广泛使用。欧阳修《归田录》:"今世俗言语之讹,而举世君子小人皆同其缪者,惟'打'字尔。其义本谓考击,故人相殴,以物相击,皆谓之打,而工造金银器亦谓之打可矣。盖有槌挝作击之义也。至于造舟车者曰'打船'、'打车',网鱼曰'打鱼',汲水曰'打水',役夫饷饭曰'打饭',兵士给衣粮曰'打衣粮',从者执伞曰'打伞',以糊粘纸曰'打粘',以丈尺量地曰'打量',举手试眼之昏明曰'打试'。至于名儒硕学语皆如此,触事皆谓之打,而遍检字书,了无此字。其义主考击之打自音滴耿。以字学言之,打字从手,从丁,丁又击物之声,故音'滴耿'为是。不知因何转为'丁雅'也?"欧阳修不懂得语言是发展的,打由滴耿反(děng),变为丁雅反(dǎ)并不足怪。经他介绍我们晓得今日的"打"在宋代已广泛使用了。《汉语大字典》"打"

（dǎ）字注了三十八个义项，可谓洋洋大观了。然观昔日之《康熙字典》却拘泥于《广韵》的都冷切（děng），对宋元以来广泛使用的打（dǎ）字，转引《项氏家说》："其于打字用之尤多。凡打叠、打听、打量、打睡无非打者。"寥寥数语。《中华大字典》有所补充。还收进了"美语谓十二曰'打臣'"。但仍很简略，赶不上欧阳修对打字字义的说明。这种情况凡使用过《康熙字典》、《中华大字典》的都是清楚的。

《汉语大字典》补充了大量近现代汉语的内容，只要翻阅一下这部字典，就会留下深刻的印象。

下面谈谈字形。一部大字典，在字形方面，应该顾及汉字形体古今的演变。《集韵》、《字汇》、《正字通》、《康熙字典》等，收录了隶定的古字，然无从认识古文字原字样。清末书商在翻印《康熙字典》时，大多增加了《说文》的小篆，台湾省出版的《中文大辞典》，单字下列了甲骨金石文字和草书字形，偏重于书法艺术，从文字学看，很不够，且多取自二三手资料。《汉语大字典》则不然，它给自己提出了这样的任务："楷书单字条目下收列了能够反映字体演变关系有代表性的甲骨文、金文、小篆和隶书形体，并简要说明其结构的演变。"（《汉语大字典》前言）这个工作做得很好。例如"家"字（图见下）：第一行为甲骨文，第二行为金文，第三行为战国文字，第四行前一、二字为小篆，第四行第三字至第五行，显示隶书的演进：由古隶向八分、新隶体变化。

家 家戈父庚卣　家 京津二一五二　家 前七·三八一

家 枚家卣　家 幾父壺　家 毛公鼎

家 中山王鼎　家 秋氏壺　家 说文古文

家 说文·宀部　家 嶧山碑　家 老子甲四一

家 曲成家行鐙　家 熹·易·家人　家 衡方碑

家 曹全碑

新隶体写得正规一点就是楷书了。到了楷书,汉字字形就基本上稳定下来。字典提供汉字字体演变的实体字样,很有意义,大大丰富了字典内容。还要指出,字典提供的古文字字样,是精选的,连同所作的说明,有很高的学术性。就拿"家"字来说,《说文解字》的结构分析是"从宀,豭省声"。元代周伯琦、清代段玉裁均指出解释为"豭省声"不合理,应该同"牢"一样,是一个会意字。此后,众说纷纭,莫衷一是。甲骨文发现后,看到"家"的最古形体,宀下不是豭,没有问题了,但也不是豕,而是豭的古字。于省吾先生说"才(按:豭的古字)、丬(豕)构形不同,在卜辞中出现的频率都很高,大概不是无意为之。才象牡豕(公猪)之形,有人释豭,至确。"《汉语大字典》采用的是文字学研究新成果,使以往对家字结构不正确的解释,得到廓清。

《汉语大字典》收列了两汉魏晋的字形资料,辑入了一些简体字,如"为",见于孙家寨汉简;"献",武威汉简已具雏形;"长",见于汉流沙坠简,"还",见于居延汉简;"辞",见于西晋《三国志》写本,使这些简体字出现的年代大大提前,有助于对简体字的研究。

在字音方面,《汉语大字典》给汉字注音时,分现代音、中古音、上古音三段,中古音以《广韵》、《集韵》的反切为主要依据,并标声、韵、调。上古音只标韵部。字音与字形、字义都有密切的关系,分别字音的历史层次,对正确分辨字形、正确理解字义,是有意义的。例如大家都知道的"罷"可通"疲",如知道上古均属歌部字,则不难理解了。又如上面提到的家,甲骨文里的才是豭。豭、家都在鱼部,字形分析有古音根据作支持,更为稳妥。上古声母的研究未臻成熟,上古字音不标声类,不失为稳妥。

形、音、义,三位一体,古今贯通;大字典规模恢宏,应该从这个根本点出发去认识和理解。

第二,广泛吸收文字、音韵、训诂等各方面的研究成果。《中华大字典》与《康熙字典》比,一个明显的优点就是吸收了乾嘉以来小学研究成果,丰富了字典的内容。《汉语大字典》这方面的工作做得更系统全面。例如"釆"(biàn)字:

《中华大字典》:辨别也,象兽指爪分别也。见《说文》。[段注]仓颉见鸟兽蹄远之迹,知文理之可别异也,遂造书契。釆字取兽指爪分别之形。

《汉语大字典》:(一)biàn《广韵》蒲见切,去裥並,元部。辨别、分别。《说文》:"釆,辨别也。"席世昌读说文记:"《尚书》'釆章百姓',郑云:辨,别也。伪孔传误作平,遂训为和。《史记》作便章。釆、便同音假借字也。《尚书大传》作辨章,郑注《周礼·冯相氏》引《书》'辨秩东作'云:辨,别也。与下文'南讹西成'句皆作辨,是郑本釆章之釆作辨也。釆读若辨,是釆古文也,辨今文也。"(二)biǎn《集韵》邦免切,上狝帮。①兽爪。《集韵·狝韵》:"釆,兽悬蹄。"《六书正讹》:"釆,兽指爪也。"清王筠《说文释例》卷十:"釆字当以兽爪为正义,辨别为引申义,以其象形知之。"②拣别。《集韵·狝韵》:"釆,拣别也。"

学术研究有时代性。语言文字研究的成果,与字典编纂关系密切的有三个方面:古文字的研究;唐宋以来俗语词的研究;虚词的研究。这三个方面在《汉语大字典》均有充分的反映。下面谈谈俗语词问题。

俗语词的研究是近代发展起来的,张相的《诗词曲语辞汇释》和蒋礼鸿的《敦煌变文字义通释》为成就最大影响最大的两部著作,大字典吸收了他们以及其他人的研究成果。如"却":

⑪助词……2.用在动词后,相当于"了"。张相《诗词曲语辞汇

释》卷一:"却,语助词,用于动词之后。"清施闰章《蠖斋诗话·杜注》:"注杜诗者,谓杜语必有出处,然添却故事,减却诗好处。"3.嵌于两个词素义相同的复合动词中间,只起调整音节的作用。《降魔变文》:"适看布金事已了,是以如今还却归。"蒋礼鸿通释:"还却归,就是还归。"

俗语词有其特殊性,按常规字义多难解释,需要从事专门的研究才能释读。

第三,字义分析精当,义项安排合理。字义分析精当,作为大字典则特别表现在对那些既是常用的又是深层的意思能够注释出来。下面举几个例子。

从

大字典:⑤率;带领。《韩非子·难三》:"夫六晋之时,知氏最强,灭范中行而从韩魏之兵以伐赵。"三国魏曹植《苦思行》:"中有耆年一隐士,须发皆皓然;策杖从我游,教我要忘言。""从"的这个意义,在甲骨文中已见。甲骨文中常见的"从×(数目字)犬",即指带领多少犬(去打猎)。《庄子·盗跖》:"盗跖从九千人,横行天下。"《新唐书·李贺传》:"从小奚奴。"但这个意思一般词典均未收列。《汉书·何并传》:"并自从吏兵追林卿。"杨树达先生指出"从",为率领义,并批评清王念孙不识此义(见《汉书管窥》第592页)。

指

在古汉语里,指既指手指,也指脚趾,用例甚夥,然《古汉语常用字字典》《辞源》等均未收列。大字典:"指②足趾:《左传·定公十四年》:'阖庐伤将指,取其一履。'杜预注:'其足大指见斩,遂失履,姑浮取之。'《史记·高祖本纪》:'汉王伤匈(胸),乃扪足曰:"虏中吾指"。'《西游记》第五十四回:'揩了眼泪,强整欢容,移指近前。'"

却

杜甫《羌村》三首:"娇儿不离膝,畏我复却去。"已故郭在贻教授考证此处却即"回"的意思,发前人所未发。大字典已将此义收入:"③回;返。《史记·封禅书》:'(新垣)平又言:"臣候日再中。"居顷之,日却复中。'唐李白《对酒忆贺监》:'金龟换酒处,却忆泪沾巾。'金(代)段克己《鹧鸪天·青阳峡对酒》:'百川尚有西流日,一老曾无却回时'。"

大字典对字义的分析,其精细程度超出了一般的字典、词典。如"猜":①恨;嫉恨;②怀疑。③恐惧;害怕。④猜测;猜想。⑤语气词。由古及今,猜字的义项可以说网罗无遗了。

义项的排列,反映了义项间的关系。正确排列义项,有助于读者理解和掌握字义。义项的排列,或根据古今义的发展,或根据常用义与非常用义,或根据本义、引申义,以上几种,有时综合使用,并无定法,总之要显示字义间的条理性。像上面"猜"字的义项,显示了字义的发展;猜测、猜想是后起义居后,作语气词,既是后起义,又是僻义,故放在了最后。

借助于义项排列来显示字义的来龙去脉,是深入分析字义的有力手段,因此,义项排列绝非技术性的。这里举"明"为例:①光明;明亮。与"昏暗"相对。②修明;严明。指心地光明,政治或法纪清明。③指松明,照明物。④照亮。⑤点燃;点亮。⑥眼睛;视力。⑦明了;通晓。⑧分辨;区分。⑨明白;清楚。⑩彰明;显示。⑪聪明。⑫贤明;贤能。

明第一义项"光明、明亮"是它的本义,也是常用义。明,用指人事、社会的情况,便是修明、严明了。第三义项松明,是名词。第四义项照亮、第五义项点燃,均是动词。第六义项,为"明"的转义,指眼睛,视力。因为"明"靠眼睛才能察觉出来,失明,看不见光明,也就是眼无视力了。第七义项明了、通晓,指对事物的了解、学问的掌握。五官相通,五官与人脑相通。眼睛可以看见东西、学习知识,所以明有明了、通晓义。这里要特别分析⑦~⑩义项的关系:

⑦明了;通晓。《广雅·释诂一》:"明,通也。"《韩非子·外储说右下》:"爵禄生于功,诛罚生于罪,臣明于此,则尽死力而非忠君也。"《南史·隐逸传下·刘慧斐》:"慧斐尤明释典,工篆隶。"《三国演义》第一一六回:"(爱邵)素明《周易》。"黄节《宴集桃李花下》:"我少学兵法,亦明古武备。"

⑧分辨;区分。《玉篇·明部》:"明,察也。"《正字通·日部》:"明,辨也。"《左传·隐公五年》:"昭文章,明贵贱,辨等列,顺少长,习威仪也。"《史记·老子韩非子列传赞》:"韩子引绳墨,切事情,明是非。"梁启超《国家思想变迁异同论》:"民族主义……国之独立,使能率由此主义,各明其界限……。"

⑨明白;清楚。《玉篇·明部》:"明,审也。"《战国策·齐策一》:"此不叛寡人明矣。"明王世贞《艺苑卮言》卷三:"《檀弓》简,《考工记》烦;《檀弓》明,《考工记》奥。"鲁迅《书信·致田增涉》:"评论《铁流》的作者,底细不明。"

⑩彰明;显示。《字汇·日部》:"明,显著也。"《易·系辞下》:"因贰以济民行,以明得失之报。"三国蜀诸葛亮《兵要》:"数里之外,五人为部,人持一白幡,登高向外,明隐蔽之处。"清邹容《革命军》:"自格致学日明,而天予神授为皇帝之邪说可灭。"

这里⑦⑧二义项、⑨⑩二义项各为一组。⑦为"明了"义,使其明了,则为"分辨"义了。明贵贱,就是使贵贱让人们明。⑨为"明白"义,使其明白,则为"彰明、显示"义了。再看大字典"明"字第⑩义项:

"贤明;贤能。《书·尧典》:'明明扬仄陋。'蔡沈传:'上明(即第一个明字),谓明显之;下明,谓已在显位者。'"第一个明就属第⑩义项,蔡沈用使动义来解释,有助于我们体会⑩义项与⑨义项的关系。

上述"明"字义项排列,系统严整,可以画一张树形图以形象地显示字义间的关系。像这样的例子并非个别的。重视义项排列,是《汉语大字典》的一个重要特色。

第四,书证源流兼顾。书证是字典的有机组成部分,缺少书证,或书证欠当,释义便失去了依托。例如"夺",段玉裁在《说文解字注》正确指出有脱落的意思。但他的举例是"'礼记曰编简烂脱'脱音夺"。十分勉强,无说服力。有一部词典的释义与举例是:㈢失误,漏去。《荀子·富国》:"罕兴力役,无夺农时,如是则国富也。"释义欠佳,例亦欠当。《汉语大字典》:"②遗漏;脱落。《后汉书·党锢传·李膺》:'本谓膺贤,遣子师之,岂可以漏夺名籍,苟安而已。'南朝梁江淹《张黄门协苦雨》:'燮燮凉叶夺,戾戾飂风举。'"书证如何,关乎字典的质量。

书证是为印证释义的,由于字典的性质与规模不同,要求也就不同。《汉语大字典》是一部通古今的字典,因此,在书证安排上显示了源流兼顾时间跨度大、覆盖面宽的特点。

㈠有些字义是由古及今的,书证安排体现了古今贯通的"历时性"。如"叫"字:

①呼喊。如:大喊大叫;拍手叫好。《说文·口部》:"叫,呼也。"《诗·小雅·北山》:"或不知叫号,或惨惨劬劳。"毛传:"叫,呼。"汉蔡琰《悲愤诗》:"慕我独得归,哀叫声摧裂。"唐杜牧《阿房宫赋》:"戍卒叫,函谷举。"清洪昇《长生殿·禊游》:"问朱门绣阁,卖花声叫的殷勤。"

②鸣叫。如:鸡叫;汽笛叫。汉马融《长笛赋》:"猨蜼昼吟,鼯鼠

夜叫。"唐李白《九日登山》:"胡人叫玉笛,越女弹霜丝。"鲁迅《准风月谈·秋夜纪游》:"凉风,月光,然而也有狗子叫。"

第一义项例句,有周代的、东汉的、唐至清的;第二义项,有汉的、唐的、现代的。完美地体现了时代的序列性。

㈡有的字义用于古代,现代已不用,但字义的时代下限,也很重要。例如"指"指"脚趾",现代不用了,《汉语大字典》最晚的书证是《西游记》,无异告诉我们在明代"指"仍可用指"脚趾"。此类书证很珍贵。

㈢有的字或字义是后起的,例证能大致告诉我们这个字或字义产生的年代。例如"就",《现代汉语词典》释义中有:"⑤一边儿是菜蔬、果品等,一边儿是主食或酒,两者搭着吃或喝:花生仁儿就酒。"这是一个口语词,它很早就有了。《汉语大字典》在这个义项下的书证:三国吴陆玑《毛诗草木鸟兽虫鱼疏》上:"藦……可糁蒸为茹,又可用苦酒淹以就酒。"《红楼梦》第四十九回:"宝玉却等不得,只拿茶泡了一碗饭,就着野鸡爪子,忙忙的爬拉完了。"魏巍《谁是最可爱的人》:"我见到一个战士,在防空洞里,吃一口炒面,就一口雪。"

㈣有的字开始用假借字,后来才造本字,书证可以告诉我们假借字使用情况。例如桌这种家具产生于宋,开始写做卓(卓,高。桌较几高,故名),后作棹,再作桌。《大字典》"卓"下作:⑤几案。后作"桌"。宋史绳祖《学斋占毕》卷二:"盖其席地而坐,不设椅卓,即古之设筵敷席也。"《金史·礼志六》:"俟有司置香案酒卓讫。"鲁迅《书信·致窦隐夫》:"我只有一个私见,以为剧本虽有放在书卓上的和演在舞台上的两种,但究以后一种为好。"后一个书证也同样有意义。后起本字产生后,在一个很长的时期,原假借字(即古字)仍旧使用,这在汉字发展上是常见的现象。

著名的法国《新小拉鲁斯字典》前言中有这样的话:"一部没有例子的字典就是一具骷髅。"可见例子的重要。业师王了一先生主张字典应该配有例证,否则就不清楚某一字义"是什么时代的产品"。他指出提供适合的书证"是极艰难的工作,但是,字典如果做不到这一点,决不能达到最高的理想"。(《理想的字典》,见《龙虫并雕斋文集》第一册第371页)。

我国字典有重书证的传统,《说文解字》一书的例证达一千多条,从那以来,字典的书证不断丰富,但像《汉语大字典》如此系统全面此前则是没有的。

四

《汉语大字典》问世后,必将在教育、文化、国际交流等各个方面发挥巨大的作用。一部好的工具书,有一个维修的问题。想借此机会讨论今后字典修订中有关的问题;从辞书编纂学来说,似也有探讨的价值。谈三个问题:

一、近代汉字探源讨流问题。我认为一部大字典在说明古今字形演变时,不仅要讲甲骨金文到小篆、隶书的演变,也要考虑到中古以后汉字的新发展与变化。当然,不是指所有的汉字,而主要是就常用字说的。《汉语大字典》对中古以后字形发展注意得不够。如虱是蝨变来的:蝨→蚤→虱。蝨在质部,声符卂(xùn)在文部,阳入对转,所以蝨从卂得声。一变为蚤,再变为虱,形声字变为一个不伦不类的字了。《广韵》、《中华大字典》均有蚤,《汉语大字典》未收蚤,这样虱为何同蝨?丢了此中间一环,不得其解矣。又如"么",《大字典》注为:同幺;麽的简化字。这样注释形音关系未得说明。么的变化来自：麼→麼→么。麼是一个形声字，从幺，麻声，结果形旁变为么，作麼，再则声旁脱落，作么，这个残存的形符的音来自"麻"，而它又作声旁去构成"仫"字。么是幺的讹变。又如丐，本作匄，段玉裁已指出：匄，俗作丐。唐写本《切韵》匄作丐，已见其端倪，证明段说不误。又如"蛋"，元时尚无此字。元倪瓒《云林堂饮食制度集》"蟹鳖"条："次以鸡子或凫弹入盐少搅匀浇之。"元韩奕《易牙遗意·盏蒸鹅》："以鸭弹三五枚洒在内。"《说文·新附》："蜑，南方夷也"（按：延，属喻四，通定，故诞从延），后以蜑表示鸟卵的意思。延，声符讹变，后作"蛋"，而表示"南方水上居民"的蜑，又变作疍（见《现代汉语词典》）。又如耶，它是"邪"字变来的。《汉语大字典》邪下录曹全碑邪作耶。并引段注："汉碑'琅邪'字或加玉旁。近人隶书从耳作耶，由牙耳相似。"然而《大字典》"耶"下却完全不谈耶本为邪之讹变，其注释是"同'邪'。不正当。《字汇·耳部》：'耶与邪同'。《敦煌掇琐·太子入山修道讚》：'众生命，尽信耶言，不解学参禅。'"这里离开字形的变化，就舍近求远了。其实唐人写的就是"耶"这样的字，是一个隶变的"邪"字。《广韵声系》正是将声符"耶"归在邪母之后，而不在喻母。明乎此，铘同鋣、琊同邪，以及古籍邪/耶异文，便迎刃而解了。又如"着"，今台湾仍用著。台湾电视片《昨夜星辰》，字幕"穿着衣服"，写做"穿著衣服"。"着"是"著"的讹变。裘锡圭教授指出："著字表示的意义很多，除不常用的意义外，其读音可分两系。一系读去声，如显著的'著'、著作的'著'（zhù）。一系本读入声，如著衣、附著和著落的'著'（zhuó）以及助词'著'（·zhe）。后一系的'著'现在一般写做'着'（读zhāo和zháo的'着'所表示的各种意义，都是本读入声的'著'的引申义。）'着'本是'著'的异体（在汉魏六朝文字里，'日'旁有时讹变为'目'旁，如'莫'也作'莫'。《干禄字书》以'着'为'著'的俗体，如果把它的艸头写得低一点,斜撇写得不出头,就成为'着'了)。宋王雱《俗书证误》在'着'字下注:'原"著",今"着实"。'似乎在宋代的通俗文字里已经出现了'著'、'着'分用的倾向。"①旧版《辞源》、新修订的《辞源》都未收"着",而在"著"字下注"俗作着"。旧版《辞海》将"着"立字头,注"著俗字",新版《辞海》、《新华字典》等均收"着"。一般人早已不知"着"与"著"的历史关系了。《汉语大字典》"着"下有四个音zhuó、zhāo、zháo、zhe,而"著"注了六个音,除注 zhù、chú 外,余下还注四个音是 zhuó、zhāo、zháo、zhe,然而完全不谈著、着二字的关系。作为小字典这样做亦未必妥当(按《新华字典》"着"字字头后附"著",作异体字),而作为大字典更应该说明二者的关系。这是读者学习中的难点。

　　《汉语大字典》在有些字头下,也注意字形的变异,如仉:"同'掌'。《正字通》人部'仉,古掌字。本作爪,《玉篇续考》讹作仉。'清雷浚《说文外编·玉篇上》:'徐锴系传曰,覆者用爪,仰则见掌,故反爪为爪。爪、掌古今字,仉即爪之变形,钱氏大昕说。'"这里无古文字知识的,难以看懂。小篆爪作爪,反爪则为爪,它就是掌。爪→仉,小小的隶变,十分清楚。如果仉上附小篆爪,并略加说明,读者就清楚"仉"何以是"掌"字了。

　　二、现代音的收列问题。《汉语大字典》的"凡例"说"注音分现代音、中古音、上古音三段。现代音用汉语拼音方案标注。"然而什么是现代音?例如"敦"字,《现代汉语词典》注两个音 dūn;duì,而《汉语大字典》注了十个音:dūn;duī;tuán;diāo;dùn;dào;zhǔn;tūn;duì;tún。这里有一个标准问题。现代音可分两种,一种是口中说的,如

---

① 《文字学概要》第 225 页,商务印书馆。

敦的dūn音。另一种是古代的词,现代汉语中不讲了,如敦(duì),古代盛黍稷的器具,现代不用了。其余八个音都非现代音,而是古籍中的通假音。《字学举隅》里"敦"有十三个音,《中华大字典》减为十一个。那时还没有"现代音"这个观念。咱们处理这个问题,得有个标准。我初步的想法是,将上述八个音注在义项里,不与现代音混在一起。

三、关于收字问题。《汉语大字典》收字54960个,是目前收字最多的字典了。但是,仍可以作补充。例如䨟、䨺、䨻、䨽、䨾、䨿、䩀,这几个字是我从四川都江堰的石碑上抄下来的,《汉语大字典》没有收。这些字我赞成不收。另外,如鏋,它是一个化学用字,即锰字最初的写法(见《中国语文》1953年四月号袁翰青先生文章),又如繘,这个字见五四时期著名作家淦女士(冯沅君先生笔名)小说人物的名字,《康熙字典》《中华大字典》和《汉语大字典》都未收。它是繘的异体字(小篆"乃"隶变可作"冂")。《古文四声韵》缉韵有繘字。这些字我主张大字典应该收。汉字的功能就是使用,凡实际使用的、或曾经使用的,就是说它具备实际功能,应该收入字典。没有使用过的,自可不收。汉字归根结底是表示汉语的。语言是一种流,因此,汉字总是与其他汉字结合在一起去使用的。如果它不能与其他汉字结合去用,那就是说它不具备表示汉语词或词素的功能。囍这个字,我们常见,它无法与其他字结合来构词或造句,因此,现代的字典、词典没有收它。

一部大字典,出自众人之手,难免有个别失当的地方。例如"水"字《汉语大字典》第⑪义项:水星。太阳系九大行星之一。《左传·庄公二十九年》:"火见而致用,水昏正而栽,日至而毕。"应当指出《左传》此处的水,不是行星的水星,而是恒星的定星(营室),即飞马座的

$\alpha\beta$两星。《诗经·鄘风·定之方中》:"定之方中,作于楚宫。"毛传:"定,营室也。"郑笺:"定星昏中而正,于是可以营制宫室,故谓之营室。"《左传》的水星就是定星,它傍晚出现在南方天空时,是十月,是营造房屋的时候。杨伯峻先生《春秋左传注》"庄公二十九年"此文字下正确指出:"水即昭十九年传之大水,即定星,亦即营室。"又如《汉语大字典》"聲"字:①乐音。《说文·耳部》:"声,音也。"段玉裁注:"'音'下曰:声也……《乐记》:知声而不知音者,禽兽也。"我们知道,"声""音"统言不别,析言则不同。声是指人、动物发出来的音,而音则是合于拍节的音乐。所以《孟子》上讲"闻其声而不忍食其肉"。《诗经》上说"鹤鸣于九皋,声闻于天"。《乐记》中讲"知声而不知音者,禽兽是也"。可见"音"只有人类才懂。如果将声释为"乐音",代入《乐记》中引文所讲的,就解释不通了。《礼记·乐记》还说:"声相应,故生变,变成方,谓之音。"《说文解字》"音"字下注释:"宫商角徵羽,声也;丝竹金石匏土革木,音也。"这就是说人唱的是声,乐器发出的是音,这是"声""音"又一层意义上"析言有别"。今日将有乐器演奏的音乐总称器乐,而将歌唱的音乐(可以有乐器伴奏)称声乐。古义仍存于今复合词中。又如"眼",《汉语大字典》引《说文》:"眼,目也。"接着引了徐灏注笺:"戴氏侗曰:'眼目中黑白也……合黑白与匡谓之目。'"《说文》注释是不妥的,因为眼,古指眼珠子,元戴侗指出"合黑白(即眼珠子)与匡"才是"目"是正确的,然而《大字典》在目下却注为:"目,眼睛",注的是今义,下面所引《史记·吕太后本纪》:"太后遂断戚夫人手足,去眼,辉(熏)耳。"这里眼,是指眼珠子,是古义。下面的一个书证是明代高明《琵琶记·听女迎亲》:"泪眼滴如珠",这里眼是后代的意思,指目、眼睛。古今词义细微的差别不可不察,不能混在一起。

部首表(一至四卷)七画的采,均误作采。二卷部首目录"四画"栏攴(夂),括弧里的当作夂。有些异体字,属隶古定与隶变的不同,因为不识隶古定,而不知其与通行的隶变字的关系,如禘,是一个隶古定字,就是通行的楠字。字典分属两处,没有打通。类似的还有柿、枾、枾三字本为一字,但缺少必要的照应。

随手所记,不一定正确,提出来供参考。

(原载《汉语大字典论文集》,四川辞书、湖北辞书出版社,1990年)

与《辞天》编委的谈话[*]

一 辞书要推陈出新,要有自己的特色

近几年出现辞书热,出了不少辞书,但好的不多,有些辞书还存在严重问题。因此,编辑辞书一定要根据实际情况,发扬自己的长处。辞书并非越大越好,关键是质量。编辞书有两种方法,一种是研究为主的方法,积累大量的资料,进行研究比较,在研究的基础上编成辞书。这样编成的辞书是能够站得住的,如《现代汉语词典》,但这种方法不是《辞天》的强项。另一种是依靠专家的方法,凭借专家多年积累的学识和经验编写词条,汇成辞书,如《中国大百科全书》。在这方面《辞天》有各方面专家的优势,而且能够从新的角度来做文章,汇入大量当代新词汇,这可以形成《辞天》的特色。

二 编辞书要加强质量管理,实行责任制

"软管理出不了好辞书。"编一本好的辞书很不容易,要付出大量的艰苦劳动。《辞天》计划的规模大,条数多,要想保证质量,管理是

---

[*] 1997年3月29日《辞天》编委会部分委员见访,我谈了些意见。1997年5月20日该编委会内部刊物《辞书通讯》发表了这次谈话的内容。《辞天》是一部大型的语词兼百科词典,后来因种种原因,未克蒇事。

关键,在管理工作上不能讲情面。应该实行责任制,谁写的稿,谁审的稿,要负责任,在稿纸上签上自己的名字。或者作者之间相互审一下稿,签上名字。现在有的作者写完稿,连看都不看一遍就交差完事,太马虎,这是不负责任的做法。我认为作者写完稿至少应该看三遍。要提倡严谨的治学态度,特别应该学习过去老一辈学者那种认真的一丝不苟的精神。

三 做好基础工作,避免走马灯

"编辞书最怕走马灯"。所谓走马灯就是在编写辞书开始时把关不严,书稿质量不过关,然后审过一遍不行又审一遍,编辑审定完又找专家审,书稿转了一圈又一圈。这样做浪费了大量的有效劳动;增大了人力物力的投入,很不经济,书的质量也不见得好。不能把希望都寄托在专家审稿上,尤其是大型辞书。专家的时间、精力都有限,一般不可能审得很仔细。好的做法是把基础打扎实,在写第一稿时就按定稿的要求写,有严格的标准,并进行监督检查,书稿的质量好了,这样请专家审,才能发挥专家的作用;如果错别字,文理不通,也得专家把关,就难以发挥专家真正的作用。我认为不一定非要搞什么三审五审;审得多了不一定仔细,反而浪费钱财和人力。

四 关于《辞天》名称

《辞天》这个书名不好,天的意思无非是取其大,但天固然大,可它也空啊,同时这也是我们国家辞书取名的普遍问题,总是喜欢用通名,比较空洞抽象,如《辞林》《辞海》《辞源》,现在又叫《辞天》,再下面还叫什么呢？应该用专名，属于我自己专有的，如《韦氏大辞典》等。我个人建议，可以叫《新世纪大辞典》，正好跨入新世纪嘛，也可以采用公开征集书名的做法，定下好的书名。

五　关于民办经营

这是改革开放以来辞书领域出现的新特点，这样大的辞书由民办经营，发动社会力量参与，本身是一件很有意义的事情。过去编写辞书靠国家拨款，官办机构来运作。有它的优势，也有不足的地方。《辞天》是民办经营，希望立足这一点发挥民营的优势，充分利用经济手段的作用，更好地配置社会的资源，加强管理，讲究质量，讲求效益，走出一条高质量高效益的路子来。

六　宣传工作问题

宣传工作要做，但不要夸张，不要过分依赖专家的名气与影响，最根本的还要抓好书的质量，书的质量好了，就能立得住，社会自然就会承认你，人们就会赞誉你。"桃李不言，下自成蹊"嘛，讲的就是这个道理。

真正的鸿篇巨制*

鸿篇巨制指规模大的著作。现在市场上规模大的著作不少,有些是装帧极好的豪华本。我并不看重这样的著作。我认为鸿篇巨制应该是精品,规模大只有与精品挂钩才有意义。《故训汇纂》正具有这样的品格,是真正的鸿篇巨制。

下面谈三点感想。

(一) 具有圆梦意义的重要选题。

整理古籍,研究汉语的历史,编纂辞书,都需要参考古人的注释,包括字形、字音、字义,特别是义,需要参考的地方更多。我们的文献,是靠汉字记录的,不了解或不真正了解字的形、音、义,还谈什么研究和整理工作呢?古文献的注释大多是分散的,将这些注释整理汇集起来,其作用就大了。古人早就认识到这个道理。唐代陆德明的《经典释文》也是属于这种性质的书。玄应、慧琳的基于佛藏的《一切经音义》,也极有价值。宋代有贾昌朝的《群经音辨》,偏于音读,而终封建时代集大成之作是阮元主持编纂的《经籍籑诂》。其缺点显而易见,如按平水韵排字,字随韵走,如遇上多音字,得排在不同的地方,如"否",在纸韵有,在有韵也有。在纸韵,出两个字头,一个首注"闭也",另一个首注"恶也",前者为符鄙切,并母字,后者为补美切,

---

* 本文是《〈故训汇纂〉论文集》的代序。该书由商务印书馆 2006 年出版。

帮母字。检索不便。另一个不足是重汉唐古注,而轻宋学,资料不全。最后,将《说文》注解等作为"补遗"列出,也不妥。我们知道训诂学有两种文献资料,一种是训诂专著,如《尔雅》《说文》等,一种则是注解性著作,如经传诸子的注疏。清代学者将两类书沟通,他们给训诂学专著作注解时,引古籍用例;在为古籍作注时尽量引训诂专著如《说文》《尔雅》等,既讲未进入句子的词义,又讲进入句子后的词义,这是符合现代语言学观点的。《说文》等训诂专著的注解,代表一个方面军,后来补入当然好,如果像《故训汇纂》摆在前面岂不更好?国学大师黄侃早就看到《经籍籑诂》的不足,希望能编一部新的汇纂。这也代表了学界大家的愿望。

由于《故训汇纂》的出版,终于实现了黄侃先生的遗愿。现在有那么一些人,于国学一窍不通,却狂妄否定清儒,否定章黄,否定王力等国学大师。这本著作出版之后,请这些先生看看,咱们传统的语言文字学是何等博大而精深。我们要尊重传统,并利用现代语言学去发展它,这才是正确的。本书的出版说明,我们要好好学习并发扬我们语言文字学的传统,与时俱进。丢掉了历史,也就谈不上与时俱进了。

(二)高难度高要求的文化工程。

编这部汇纂,其理由极充分,但是做起来谈何容易,难度大、要求高,在市场经济条件下应该如何进行运作?光靠钱不行,还得有为发展学术而勇往直前的精神。

如果光从钱考虑,不赚大钱的书不编,不出版,那就没有今天的《故训汇纂》了。所幸我们有一批秉承先辈志向的学人,从崇高的使命感出发,以学术为重,以民族文化事业为重。武大的宗福邦诸位先生便是这样学人的杰出代表。矻矻十八载,无怨无悔,团结奋斗,全力以赴,他们的精神感人至深。而商务印书馆,以弘扬中华文化为己任,秉承涵芬楼之精神,唯华夏文化之芬芳是爱,出力出资,强强联合,使这部巨著问世。要特别指出的是,现在我们要强调实学精神,《故训汇纂》在编纂中,连《经籍籑诂》的资料也要重新查对。我认为这种精神非常可贵。要推动辞书事业,推动古籍整理工作,没有这种精神是做不好的。

(三)惠今泽来的可贵成果。

这是一本极有价值的书,是一个百宝箱,从事教学的、研究的、辞书编纂的都可以获取有用的资料,学习到语言文字知识。其中有的是开卷可得的。例如"性"。今天所讲的"性教育"的"性"、"性感"的"性",古代是没有的。但上世纪30年代北京大学一位张教授却说"人之初,性本善"的"性"就是英文的sex。周作人指出作为sex的"性"是经日本传来的(见《知堂书话》)。而我们翻看一下《故训汇纂》,问题解决得更彻底。又如,《韩诗外传》"季遂立而养文王",一本很有影响的词典把这里的"养"注为"生育"。只要看看《史记·周本纪》就清楚,季历立位前就生了文王,怎么是立位以后才生文王呢?《故训汇纂》告诉我们,这里"养"指教养。读《故训汇纂》,有的地方要经过一番研究消化才能受益。例如"朵",花朵的"朵"。《说文》注:"树木垂朵朵也"。《慧琳音义》:"树木花垂朵朵也"。《玉篇》:"朵,木上垂也"。《广韵》:"朵,木上垂也"。综合观察接近"朵"的本义。"朵"的本义指事物的凸延。朵的凸延,其方向可以向上下左右,方向不拘。明乎此,花朵之朵,有向下的,也有向上的;耳朵则是向左右凸延的。《易经》上"朵颐",《王力古汉语字典》注为"鼓腮大嚼",鼓腮,腮向左右凸延。朵可以作量词用,用于有凸延性的东西:一朵花,一朵蘑菇,一朵祥云,故可说云朵。用这个本义我们可以将"朵"的名词义、量词义、动词义串起来。当我打开《故训汇纂》见到《玉篇》《广韵》所注"木上垂"时,我们感到对"朵"本义探讨有诂训根据是不可或缺的。《故训汇纂》有时还纠正了《经籍籑诂》之误,此举一例。《经籍籑诂》"色"下注:"缝也"。此注本《广雅·释诂》:"繎、色,缝也。"王念孙指出:曹宪作"音色",给繎注音,各本色字误入正文。惟影宋本、皇甫本不误。《故训汇纂》"色"下未引误注,纠正了《经籍籑诂》之误。

《故训汇纂》是一部精品之作,但有些问题需要进一步研讨。一部好书并不是为我们提供了一切正确的结论,而是为我们研讨开辟了前进的道路。我想我们应当用这个态度来学习、利用这部巨著。例如"拆"当为"坼"的后起字,《故训汇纂》注"chè",与"坼"同音,这是普通话"拆"的文读音(《国音字典》),《现代汉语词典》注"chāi"则为白读音。周煇《清波杂志》卷一"解坼",中华校注本"商本作拆"。可见直接说明"拆"和"坼"的传承关系是必要的。《故训汇纂》提供了材料,理解还得靠我们自己。又如1833页"耶"字引《玉篇》:"耶,邪俗字。"其实四川辞书出版社出版的《秦汉魏晋篆隶字形表》已经明明白白告诉我们"耶"是由"邪"讹变而来的。牙(牙)讹变后成"耳"。由此我们看《故训汇纂》"耳"字下第㉔义项"耳读为耶"引王先慎说,此读是靠不住的,因为先秦时代没有"耶"字。

本书所收资料截止到晚清、民国以后,即20世纪只能付诸阙如。不知以后能不能编一个补编,将后来的续上,把章炳麟、王国维、黄侃、陈寅恪等大师的诂训贡献编在一起,让人们方便地查到。

附记:对训诂学我素乏研究,我是没有资格写这篇序的。为什么我又写了呢?要作点说明。2003年8月在北京举行了《故训汇纂》出版学术座谈会,我因行期已定,到日本去探亲,时间冲突,不能与会,失去一次难得的学习机会,深以为憾。那时我还在担任中国辞书学会会长(再过三个月,即2003年11月我就不担任此职了）。史建桥编审两次电话，要我谈点感想，作书面发言。我只好从命，仓促写成一篇发言稿。今年建桥同志说此发言稿要作为论文集的序，要我改一改。我再次从命，本想作进一步大的修改，限于学力和精力，实难做到，以上内容基本上与发言稿相同。承乏之作，希方家不吝指教。

指路灯[*]

——学习《〈现代汉语词典〉编写细则》的体会

吕叔湘先生是《现代汉语词典》的前期主编(1958～1960),他撰写了《〈现代汉语词典〉编写细则》,共180条,四万余字。吕先生生前没有正式发表,只是在内部以"试用稿"、"修订稿"的形式流传。我是上世纪80年代托人得到一份复印件,如获至宝,凡是跟我谈辞书编纂的,我就要向他们推荐《细则》,我还多次复印送给朋友。现在《细则》已收入《吕叔湘全集》,嘉惠学林,真是大好事。

《细则》是专供指导《现代汉语词典》的编写工作而拟定的,共分八个部分:总则;语汇;条目;字形、词形;注音;释义;举例;标志、标点、其他格式。把词典编写中的各方面问题包罗无遗,对每个方面的问题条分缕析,具有很强的针对性和可操作性。《细则》的拟定距今近半个世纪,但是其中所体现的辞书编纂的原则和方法,仍具有指导意义。它像一盏明灯,指引我们去做好中文辞书的编纂工作。下面谈谈自己的学习体会。

(一)定位问题。《细则》第一条开宗明义提出:"本词典的任务是为推广普通话、促进现代汉语规范化服务。"我们知道词典的基本任务是注音、释义,在什么范围内注音、释义,这就是收词的范围。

---

[*] 本文写作于2006年。

《细则》上述明确的定位就把收词、注音、释义的范围、标准,从根本上解决了。这就是在普通话的范围内收词,按照北京语音为标准的要求注音,按照普通话的要求释义,对语料不是毫无选择的照搬过录,而是在充分占有语言材料的基础上,按照规范化的要求有所取舍。反观此前的词典,特别是为推广民族共同语服务的词典,在定位上有两个根本的不足,一是古今不分,有崇古倾向,开明一点的把近代汉语拉了进来,二是不讲规范。因为定位正确,《现代汉语词典》成了我国第一部记录了现代汉语的词汇和与此相关的语音语法的词典,是一部规范性的词典,是引导几亿、十几亿说汉语的人去正确使用本民族共同语的词典。定位问题,对我们今天编纂现代汉语辞书仍是有意义的。最近我接触到一本字典,说本字典以现代汉语为主,兼收古汉语。怎么个"兼"法? 古今矛盾了怎么办? 我建议改为:本字典以现代汉语为标准,对那些在现代汉语中还用的古汉语成分,也酌情收录。

不同的词典有不同的定位。例如《王力古汉语字典》所收字和注音释义,都是古汉语的,就单字说,用它和《现代汉语词典》比较,古今的不同,泾渭分明。例如"刀"字,前者收了古钱币名和小船义,后者没有;后者收了形状像刀的东西(冰刀)和计算纸张的单位的意义,前者没有。二者共有的义项是:兵器,泛指切、割、砍、铡的工具。《现汉》在"兵器"前加了"古代"二字。如果是古今兼收的历时词典,那就要反映词的历史的变化。吕先生是《汉语大词典》的首席学术顾问,他认为大词典是古往今来汉语词汇的档案库,"比方说有那么50万个词,每个词有个档案,它是什么时候产生的,原来是什么意思,它后来意义有变化,不出现了,不用了,或者只用这个意思,不用那个意思了。每个词写个档案袋,放在这个库里头,放在《汉语大词典》里头。

《汉语大词典》就是这么个东西。"①《汉语大词典》体现一个"大"字，这是大家能想到的，但是要分析词的发展变化，许多人不一定能想到，而要做到则非常难了。像"时间"的二字组合，汉代已有。时，指 time；间，指 space。胡适说："余尝以为 time 当译为'时'，space 当译为'间'。《墨子·经上》云'有间，中也。间，不及旁也。'今人以时间两字合用，非也。"②其实到汉代时、间二字已经连用，但不是一个词，《史记·张耳陈馀列传》"将军毋失时，时间不容息"，时指时间、时机，间，指间隔，已经由指空间，转指时间上的间隔了。今日时间作为一个词，最早用于佛经的翻译，《大悲经》卷三："若于善逝修慈者，若昼若夜少时间。"一部词典的定位很重要。《现代汉语词典》出版已经近三十年，在不断的修订，是遵照《细则》的要求进行的，个别欠妥的地方，则是偏离了《细则》的定位，像"猭"字，《汉语大字典》没有收，是一个僻字，1994 版却补了进来。以前是有意不收，绝非失收，补进是没有必要的。

（二）收词和立条。词典的性质和任务决定收词的原则和范围。《细则》"语汇"一节用 16 个小节，对收词（包括单字。我们下面所谈不涉及单字）作出说明，包括三个方面：1. 要收的，是"普通语汇"（属普通话的核心语汇）以及"口语语汇"；2. 要有选择收的是北京语汇和方言语汇、现代书刊中出现的文言词、成语、专科语汇、简称；3. 不收的是俚语以及生造词。《现代汉语词典》是为促进现代汉语规范化服务的词典，在收词上自然要坚持规范化原则，这个道理是不言而喻的，问题是如何体现这个原则，解决起来难度很大。《细则》的规定和

---

① 《吕叔湘全集》第 13 卷第 117 页。辽宁教育出版社，2002 年。
② 《胡适学术文集》（语言文字研究）第 113 页。中华书局，1993 年。

说明值得我们认真学习。例如对文言词分为三类:1.作普通语汇处理的,如败绩、斑斓、斑白、暴虐、奔驰、比附。2.标〈文〉的,如白丁、白皙、班师、板筑、暴戾、不啻。3.不收的,如偃塞、步趋、豹变、博洽、包苴。这里已经涉及词的语用功能了,这三类词语用功能有差别,当分别对待,以体现词典的规范性。对成语从规范性考虑,只收"现代常用的";有用字差别的,收"最通用的一式",必须照顾的,立副条,如"揠苗助长"为主条,"拔苗助长"为副条。《细则》分"普通语汇"和"口语语汇",是极有见地的,最能体现语用功能的不同。例如"爸爸"、"妈妈"是口语词,"父亲"、"母亲"是普通词,意义完全相同,语用功能则有差异,父亲节是不能说爸爸节的。口语词标〈口〉,1996年修订时把〈口〉这一类删了,读者有意见,现已恢复。收词问题还涉及词语的结构问题,《细则》在"关于重叠形式和四字格"小节中指出,例如全部重叠式要收为条目的有三类:1.单字不能单说,必须重叠的,如往往、悄悄等;2.重叠后与单字意义有别的,如谢谢、嚷嚷等;3.重叠式不能在同类字中自由推广的,如偏偏与偏,痒痒与痒,偷偷与偷等。不收的是重叠式可以自由推广的,如吃吃、逛逛、家家儿、慢慢儿等。能提出这样的问题,并能作出如此精辟的分析,是因为对汉语构词是作过深入研究的。从语词结构来考虑收词问题,扩大了我们的思路。例如"名+名"有多种语义关系。"牛刀"指宰牛的刀,六畜为马牛羊鸡犬豕,《现代汉语词典》收了"牛刀",没有收羊刀、鸡刀、犬(狗)刀、猪刀,为什么?因为"牛刀"特殊,有"杀鸡焉用牛刀"、"牛刀小试"等,为什么又收了"马刀"?因为其语义关系特殊,"马刀"指骑马时用的刀,也叫战刀,是骑兵冲锋时的武器。在"马"的字头下收的"马表"因"最初用于赛马计时,因而得名";"马裤"是"特为骑马方便而做的一种裤子,膝部以上肥大,以下极瘦";"马灯"是"一种手提的能防风雨的煤油灯,骑马夜行时能挂在马身上"。学习《细则》应注意学习吕先生研究问题的方法,从词语结构来考察收词,有相当多的问题有待我们去探讨。

词选工作完成后,下一步是在词典中怎么表现,这就是"立条"问题。这一部分内容很丰富。例如"和¹"同"和²",都读 hé,形、音相同,而意思不同,"和¹"指平和等意义,"和²"指日本。这样的字称"同形的字头"。外语称"同形同音异义词"(homonym),如英语的 see1、see2。以前的中文辞书不见有这样做的。后来文字学著作称做"同形字",以方便称说,《细则》第 4 节"字形、词形",谈的也属于"立条"问题。立条问题实际是对字词从语言学、词典学出发以规范为目的的一种处理,大大提高了词典的科学性和规范性,例如我们现在讲的异形词问题,《细则》称之为"合成词和成语中互用的同音字","互用的同音字,如果是第一字,应有副条"(如厉害为正条,利害为副条)。如果是"多音词"而有异体,则采取[阑干](栏杆)。比起目前异形词的处理,我认为更科学。现在将"鬼哭狼嚎"为推荐词形,"鬼哭狼嗥"为非推荐词形,那么,"狼嗥"一词怎么办?《新华字典》第 10 版的修订中,"嗥"下有例词"狼嗥",删了这个例词,"嗥"下无例词可举。按《细则》所说的属于成语中同音字的问题,"鬼哭狼嚎"可以选"嚎",不涉及"狼嗥",这既方便,又不引起别的问题。裘锡圭先生认为"异形词"这个名称是不科学的。郭绍虞先生 1938 年在《中国语词的弹性作用》一文里,提出应区别"字本位的书面语"与"词本位的口头语"的不同。吕先生在《细则》里把上面讲的异形词,称之为互用字。我对这个问题是通过向前辈学习后才明白的。

(三)注音释义和举例。这是词典的核心。注音问题主要有两点,1.按北京语音的实际读音来注音,例如轻声就非常复杂,难度极大,这个问题要参看《现代汉语词典》的凡例来了解。如"看见"注作 kàn//·jiàn,"起来"注作 qǐ//·lái,表示在"看见""起来"中,"见"字"来"字轻读,在"看得见、看不见"、"起得来、起不来"中,"见"字"来"字重读。北京话中的轻声很多,要有选择,例如"百灵"只注本调,读轻声的,则视为俗读,不照顾。轻声不能不收,但是也不能滥收,否则会影响普通话词汇的规范性。2. 异读词问题。《细则》规定"有异读的字,读音取舍根据普通话审音委员会的决定,但个别异读在一般人口语中极普遍的,酌予保留,在又音的音节加副条"。我们知道"以北京语音为标准音的问题",在20世纪初开始讨论,花了十几年时间,到30年代,得以解决,但是普通话内部的异读问题怎么办?到50年代这个问题被提出来了,1954年的"现代汉语规范问题学术会议"提出"组成普通话审音委员会,研究并确定普通话常用词汇的语音"。审音所审定的音,要靠辞书去推行,《细则》的规定十分必要。现在异读大大减少,《现代汉语词典》等工具书,功不可没。但是审音在个别地方也有不合实际的,怎么办?这个问题现在还存在争论。《细则》所讲的"酌予保留",是适宜的,科学的。例如《普通话异读词审音表》规定"厕"字统读 cè。厕所一词以前有读 cèsuǒ 的,也有读 cìsuǒ 的,现在规定读 cèsuǒ,正确,这个读音使用比较普遍。但是规定为"统读"则不合适,因为"茅厕"不可能读 cè。所谓异读词,顾名思义,有两个或两个以上的读音,审音选取其中的一个,"茅厕"从来读 máosi,没有读 máocè 的,现在"统读",统到"茅厕",既无必要,也没有推行的可能。从学理上讲也是站不住的。"厕"有两个来源,厕$_1$本作廁,初吏切,读 cì。厕$_2$阻力切,读 cè,清代钱大昕认为是"侧"字的变体,至确。"厕所",读 cè,而"茅厕"读 cì 初吏切,这个音在方言和北京话里都存在,不应该也不可能被废除。《细则》处处体现了严格的科学精神,是最值得我们学习的。

注释和举例。词典的水平,很大程度上取决于释义的好坏,而释义要做到准确、妥帖,难度极大。词汇的量大,五花八门,注释必须既有总的要求,又要针对不同类别的词提出更细的要求。《细则》对释义的规定,"一般原则"共10条,都是至关重要的,例如:"作注解时必须参考已有的字典、词典";"分析词义,以现代汉语为标准";"分析词义要适当运用概括的原则。如不加概括,会流于因例为解;过分追求概括,也会流于笼统";"分析义项的详略与能否单用有关";"注解词义要有正确的观点";"注解行文要求明确、通顺、简洁,应该避免用方言、文言、生造词、翻译腔";"注解词义必须贴切"等。这些,今天对我们仍有很强的指导意义。例如"支那"一词,是对中国的蔑称,《日本语大辞典》注解中说,是日本大正年以后对中国的蔑称,二战结束不再用,而我们中国自己编的词典却注解为"古代印度、希腊和罗马以及近代日本都曾称中国为支那"。奇怪,支那是两个汉字,印度、希腊怎么用它称中国?要说用近似"支那"的音是可以的,那得用罗马字母等来表示,而不应用汉字,用汉字,只有使用汉字的国家,即我国和日本等。我国古代文献有用"支那"的,但不必扯到古代。具体说,就像《日本语大辞典》那样说近现代,就可以了。注解"要有正确的观点",包括很多方面,就"支那"条说,就是要尊重历史事实。"一般原则"外,《细则》用很大的篇幅,分门别类讲了各种词语的注释要求,包括同义词、反义词、词的比喻用法、成套词、专类词等等,内容极为丰富,都是必须注意和遵循的,稍一不慎,就会出问题。例如有一本词典注解春夏秋冬,加起来不是12个月,而是13个月。又如标注词性问题,《细则》说"本词典暂不标词类,但虚词如不利用词类名称,会给注解造成困难,可以把词类名称用作注解的一部分",这个问题,我花了二十多年才悟出来,而吕先生早就明确指示我们了。《细则》还提出单字可以独立用的是词,义项前用〇表示,不能独立用的只用来构词的,是语素,义项前用□表示。这条规定《现代汉语词典》编纂中没有采用,但是有的词典,如顾士熙主编的《现代汉语常用词用法词典》就按《细则》的要求,把词和语素分开,我在为这本词典写的序里说,"在给单字标词类的时候,增加语素这个层次,便配套了。标出语素有助于揭示字的语用功能,也有助于区别字的古今义",这段话,既是我学习《细则》的心得,也是我多年从事汉语教学的体会。

《细则》对举例要求的说明,言简旨深,如"举例的作用是补释义之不足"、"用举例来阐明词语的用法,包括跟别的词语的搭配关系"等。《现代汉语词典》的举例,有许多可以说是"经典式"的,如"很":"副词,表示程度相当高:~快|~不坏|~喜欢|~能办事|好得~|大家的意见~接近|我~知道他的脾气"。副词"很"的用法很复杂,上面七个举例把"很"的不同用法基本上包罗了,而且其先后的次序大致也不可调换。作为表示程度的副词"很",首先介绍它用在形容词前,由很快一例可以类推出像很长、很冷等。"很"一般不能修饰动词,但是可以修饰某些表示心理活动、表示情态、状态的动词,如很喜欢、很感激、很接近等。有些动词带了宾语,可以用"很"修饰,例如不可说"很知道",但是可以说"我很知道他的为人"。"很"还可以修饰助动词。把上述举例完全掌握了,也就基本掌握了"很"的语法功能。例如有文章分析茅盾的句子"很说了一番好话",讨论是常规用法,还是非常规用法,循上面的举例,问题便会迎刃而解。

(四)词典的标点格式和各种标志。《细则》专门用一章的篇幅作了详细的规定和说明。例如153节"括号……括号用于",列了十项用法,有的通过举例,再作细分,其中第七项为:注解后补充说明意义色彩,如:［布匹］……(总称):例。［王八］……(骂人的话)。［老头子］……(含厌恶意):例。［特殊］……(跟"一般"相对):例。《细则》用八节篇幅说明"另见、见、参考"的用法。吕先生是一位善于概括的圣手,词典所用的各种符号,多而复杂,吕先生能通过概括而使其井井有条。这些规定看似技术性的,实际上蕴涵了很深的内容,浅学者难以窥其堂奥。例如:"外国人名、地名——……自称和通称不一致的二者兼注,先自称,后通称,都加语别,如〔匈牙利〕。……〔匈 magyar,英 hungary〕"。这些规定体现了一种严谨的学风。不同的词典,格式符号会有不同,但是用严谨的态度来对待上述问题,则是有共性的。

(五)《细则》所体现的基本精神。我的体会是一个坚持,两个结合。一个坚持就是坚持语文革新的方向。20世纪开始的语文革新运动,主要的内容是言文一致的白话文运动和国语统一的国语运动,编纂现代汉语词典,和两个运动关系至为密切。国语运动的成果是最终确定了以北京语音为标准音,在词典里反映为《国语辞典》用标准音来注音,这是一个历史性的进步。但《国语辞典》收词是文言、古白话、现代白话的混合型的,注解用语是浅近的文言,也就是说白话文运动的精神未能在词典中得到完全体现,《细则》明确要求收词"以普通语汇为主体","分析词义,以现代汉语为标准","注解行文一概不用文言词语"。《现代汉语词典》正是按这样的要求做的,也就是按照现代白话文的要求收词、释义、行文,这样,国语运动和白话文运动汇合了,使《现代汉语词典》成为第一部民族共同语即普通话的词典,在我国辞书史、文化史上树立了一块丰碑。两结合是指规范性和科学性相结合,语言本体的分析和词典应用的要求相结合,上面介绍"很"的释义和举例,就体现了这种结合。有些词典,语言本体分析不到位,用一个"甚"来解释"很",也没有例证;有的词典又详细介绍"很"的各种用法,离开了词典的便于读者应用的要求。

学习《细则》应该"三结合":结合《现代汉语词典》,结合吕先生的著作文章,结合自己辞书编纂工作。我学习《细则》有很多年了,常学常新。我还要继续学习。

《中华字海》出版献辞

中华字海,皇皇巨编,
抚今追昔,感慨万千。
我国字典,《说文》肇端,
辞书史上,世界领先。
楷书字典,始自《玉篇》,
孙强改易,已非旧观,
欲窥原貌,唐写残卷。
《广韵》《集韵》,字按韵编,
别具一格,古音薮渊。
降至有清,《康熙字典》,
独擅尊荣,二百余年。
二十世纪,史开新篇,
现代辞书,功能超前,
《中华大字典》,实著先鞭。
现代社会,改革为先,

嗟我汉字,亦须过关。
汉字改革,话分两边,
狭义改革,汉字废焉,
历史公允,此论免虓。
广义改革,成绩可观,
注音符号,拼音方案。
汉字简化,字形规范,
各界应用,咸称方便。
汉字历史,流长源远。
地不爱宝,甲骨发现:
沉睡地下,三千余年,
十万甲片,举世惊叹!
敦煌石窟,唐写宝卷,
简俗文字,大可探研。
友好使节,远行邦外。[①]
伟哉汉字,其功绵绵,

---

① 汉字在历史上曾传到韩国、日本、越南等,成为这些国家使用的文字。日本现在使用的是汉字与假名混用的复合文字。

如河行地,如日经天。
信息时代,挑战逾前。
电脑用字,刻不容缓。
人随时进,事随人迁,
奇迹再创,人定胜天。
展望未来,信心倍添。①

《中华字海》,今日出版,
八万余字,规模空前,
诸多创获,巨大贡献,
字典史上,喜谱新篇,
谨缀数语,以志盛焉。

---

① 1986年美国《新闻周刊》(News Week)发表题为《古老的文字终于赶上电脑时代》的专文,预言"古老的文字和硅世界的奇特的结合,将给亚洲的经济和文化生活结构带来巨大的变化"。今天,已进入手机时代,网络时代,我们已感觉到这种大变化了。

中文辞书发展述略[*]

本文将中文辞书分为古代辞书和现代辞书两部分。古代辞书的发展分为三个时期：秦汉为萌芽开创时期，魏晋至宋元为发展时期，明清为成熟终结时期。现代辞书萌芽于清末，开始于民国初年。民国时期重要的辞书有《中华大字典》《辞源》《辞海》《国语辞典》以及各种专类词典。中华人民共和国成立后，辞书事业在不断发展，出版了《新华字典》《现代汉语词典》等各种语文词典和大量的专类词典，《辞源》《辞海》进行了大规模修订。《汉语大字典》《汉语大词典》和我国第一部百科全书正在编纂中。文章拟分三期发表：第一期为古代辞书秦汉至宋元部分，第二期为古代辞书明清部分，第三期为现代辞书部分。

我国辞书发展得很早。辞书随时代的发展而发展。古代辞书从内容到形式都与现代辞书有很大的不同。现代辞书包括字典、词典和百科全书。从语言上说，"字"大部分是词或词素，字典译为外文就是词典。百科全书（encyclopaedia），意思是知识总汇，它用词典的形式来编排，其解释不在词的一般意义，而在介绍有关专业知识。还有"辞典"，它也收字，收一般语词，这一点与词典是相同的；它与词典

---

[*] 这篇文章写于 1986 年，二十多年来辞书事业有很大的发展，对中文辞书史的研究也有不少成果，文章需要修改充实，目前我无暇顾及，只有俟诸他日了。

不同之处在于更多地收知识性条目,注释也偏重于介绍有关知识,具有小百科全书的性质。古代辞书,大致包括以下七个方面:字书(包括字典);韵书;雅学书;方言俗语书;音义书;类书;其他具有辞书性质的专类书。

中文辞书由古及今,历经了漫长的发展道路,源远流长,篇籍浩繁。这里仅作一简要的介绍,以便勾勒出中文辞书发展的大致轮廓。

一 古代辞书

汉以前尚未出现辞书,但辞书编纂的条件已在酝酿,辞书的萌芽已经有了。春秋战国时期的古籍中,有不少训诂资料(可参看《经籍籑诂·序》中引例),秦统一后,实行"书同文"政策,这些对后代辞书的编纂都有重要的影响。相传为周宣王史官作而实为春秋战国秦人作的《史籀篇》和秦代的《仓颉篇》《爰历篇》《博学篇》是识字课本,将汉字作初步的编排,实为字典之嚆矢。[1]

在汉代,古代辞书几部奠基之作相继问世,使两汉成为辞书发展史上的开创阶段。《尔雅》相传为周公所作(还有别的说法),实为西汉初年学者缀集旧文而成,是我国第一部词典。该书按意义类别将全书分为十九篇,前三篇释诂、释言、释训,为一般语词,其他十六篇为释亲、释宫、释器、释乐、释天、释地等,为各种门类的词。后代的雅学书大多采用这个词表框架。在条目安排上多采用类聚的办法。例如

---

[1] 王国维称《史籀篇》为"字书之祖"(见《观堂集林》卷五)。《流沙坠简》中有《仓颉篇》残简 20 字,其中的字已作偏旁归类,直接影响了汉代的《急就篇》等。《说文解字》所创部首分类,不能说与此无关。

释诂、释言、释训,多采用同义词、同训词①类聚:卬、吾、台、予、朕、身、甫、余、言,我也(《释诂》);殷殷、惸惸、忉忉、慱慱、钦钦、京京、忡忡、惙惙、怲怲、奕奕,忧也(《释训》)。其他十六篇常采用相关词比照为释,如《释地》:"邑外谓之郊,郊外谓之牧,牧外谓之野,野外谓之林,林外谓之坰。"《释虫》:"有足谓之蟲,无足谓之豸。"这也属一种类聚,形成词的各种义类聚合。扬雄的《方言》是第一部方言词典,该书既重视文献资料,更重视口语资料。作者用27年实际调查编成此书。这部词典的优点,在历史上很少被人认识到。已故语言学家罗常培先生说:"扬雄以后,懂得这部书是拿语言作对象的,前有郭璞,后有王国维;跟他所用的调查方法不谋而合的,只有一个刘献廷(1648—1695)。"②东汉许慎的《说文解字》是我国第一部字典,是一部文字学经典著作,也是一部训诂学著作,并有古音学方面的价值。后来的字书便向各个不同的方面发展,包括字典、字样书、分析汉字结构的六书类专著等,而清代对《说文解字》的注释,主要属训诂学著作。汉末刘熙的《释名》是一部声训语源学词典。《小尔雅》成书年代和作者均存在问题,它当属增补《尔雅》之作。汉末服虔的《通俗文》,偏重收口语词汇,是一部很有价值和特色的词典,如"失蹑曰跌""连阁曰棚""柴垣曰篱""肉中蟲谓之胆",从辑佚本里能看到吉光片羽,令人宝爱。

汉代辞书有以下几个特点:一、各具特色,形成辞书门类的多样性;二、互相补充,相得益彰。例如《尔雅·释诂》:"初、基、首、祖……

---

① 同训词指甲词可用乙词来训释,构成同训关系,二者又不属同义词,如:台|言|我;殷殷|钦钦|京京|忧。

② (见周祖谟《方言校笺·罗序》)。刘献廷,清初学者,通拉丁语等,著有《广阳杂记》。

始也。"《说文解字》的注解是:"元,始也。""祖,庙始也。""首,头也。""初,始也……裁衣之始也。"注文内容基本相同,《说文》突出了它文字学著作的特点,注重字形分析,说明字的本义。又如《尔雅·释诂》:"如、适、之、嫁、徂、逝,往也。"而《方言》的注释是:"嫁、逝、徂、适,往也。自家而出谓之嫁,由(犹)女而出为嫁也。逝,秦晋语也;徂,齐语也;适,宋鲁语也;往,凡语(即通用词语)也。"作为方言词典,其特点在说明词语的地区性。《尔雅》采取同义词同训词类聚的办法,有助于说明词(字)义之间的联系性。三、我国的文言文形成于秦汉时期,开始并不脱离口语,后来逐渐凝固化,直到本世纪才结束了它在书面语里的统治地位。两汉辞书正是反映秦汉语言的,也就是反映文言词汇的,所以在文言占统治地位的封建社会中,在语文教学、古籍注解等方面居于非常重要的地位。

魏晋至宋元为古代辞书的发展时期。所谓发展主要表现在以下四个方面:第一,反切的产生,解决了辞书注音问题,推动了辞书的进步;第二,出现了一大批属《尔雅》系统的雅学书和属《说文解字》系统的字书;第三,增加了其他辞书品种;第四,检字法问题的解决有进展。

一般认为反切创始于三国时魏的孙炎,这和佛教东来、拼音原理输进有关。注音释义是辞书最基本的内容。有了反切就解决了汉字注音的手段问题。在采用音素符号以前,没有其他的注音方法比反切更好的了(尽管反切不易掌握,但它的准确性是没有问题的),所以一直沿用到本世纪初(中经一些改进)。分析反切上字和下字,可归纳出汉字的声类系统和韵类系统,这就出现了韵书。韵书有的只是韵表,有的兼有释义(释义详略不等),后者便是按韵编的辞书。

一般认为最早的韵书是魏李登的《声类》,此书失传。此后历代多有编纂，均未得流传。现存最早的韵书是隋代陆法言的《切韵》(残卷)。《切韵》的增订本很多，影响大的是宋代陈彭年等人奉诏撰修的《广韵》(1011年)，它代表《切韵》的语音系统，从辞书上说，也是一本有价值的书。丁度等人奉诏撰修的《集韵》(1067年)，时间稍晚于《广韵》，在音韵学上的地位不及《广韵》，但它收字多，保存的词汇资料十分丰富。《礼部韵略》(1037年)是丁度等据邱雍、戚纶所定的《韵略》重修而成，供科举考试时用的(兼字书韵书的作用)，因科举属礼部主管，故有此名，有很高的权威性。书已失传，现在见到的是《附释文互注礼部韵略》(有郭守正的重修序)和毛晃、毛居正父子的《增修互注礼部韵略》。汉字多音字量大，音异义别；按音序排的辞书，对多音字的处理是一个重要的问题。多音字音义关系十分复杂，上列书名中"互注"二字就是指对多音字采取互注参见。毛氏父子的书又简称《增韵》，其中字义词义训释资料丰富，一向为人所重视。金韩道昭的《五音集韵》(1211年)，韵部160部，少于《广韵》，反映了北方语音。宋末刘渊的《壬子新刊礼部韵略》，将《集韵》206韵减并为107韵，书不传，其韵目见《古今韵会举要》。宋末元初黄公绍编《古今韵会》(1292年)，引证繁芜，同时代人熊忠编为《古今韵会举要》(1297年)，内容丰富。流传下来的是后者。

《说文解字》系统的字书，可从三方面来叙述。魏张揖编《古今字诂》，晋吕忱编《字林》，北魏江式编《古今文字》，阳承庆编《字统》。《字林》在唐代曾与《说文》齐名。这些书均亡佚。流传下来是梁顾野王的《玉篇》，改变了《说文》文字学的方向与内容，先用反切注音，然后释义(不限于本义，而是罗列各种意义)，以通行的楷书为字头。王力先生说："实际上已开后代字典的先河。《玉篇》在这方面有它的创造性。"(《中国语言学史》97页)隋代的《桂苑珠丛》，唐代的《字海》

等,是规模很大的字书,均亡佚。此后辽释行均编《龙龛手鉴》(997年),收异体字多。宋司马光、王洙等编《类篇》(1066年),收字、注音、释义,更注重一般人查字的需要。金韩孝彦编《四声篇海》(1208年)。再说《尔雅》系统。魏张揖为增广《尔雅》编著《广雅》,它是《尔雅》的补编(补充它而不包括它)。清桂馥说:"尔雅主释经,多正训,广雅博及群书,多异义。"这是《广雅》内容上的特点。宋代陆佃的《埤雅》,罗愿的《尔雅翼》,专释鸟兽草木之名,属专类性质的雅学书,注解既引典籍,也重实证。《埤雅》受王安石《字说》影响,将形声字解释为会意字,丢掉了语言,是缺点。

字书的另一路是字样书,是专门辨正字体的书,指导人们正确使用汉字。字样书始于隋代曹宪的《文字指归》(已亡佚),发展于唐代,重要的有唐颜师古《字样》(亡佚),颜元孙《干禄字书》,张参《五经文字》,玄度《九经字样》;宋代有郭忠恕《佩觿》,张有《复古编》,李从周《字通》;元代有李文仲《字鉴》等。

用六书的理论来分析汉字结构,这种字书比较偏重于文字学。北宋郑樵发其端,有《象类书》《六书证篇》,未得流传。南宋末王伯《六义字原》(亡佚)。元有戴侗《六书故》,杨桓《六书统》《六书溯源》,元末周伯琦《六书正讹》,赵㧑谦《六书本义》。

这一时期出现的辞书还应特别提到的是类书和音义书。类书是按资料类别编成的专书,具有知识总汇的性质,相当于后代的百科全书。最早的类书是三国魏的王象等编的《皇览》,此书失传。流传下来的类书有隋代虞世南(此人入唐,但书撰于隋)的《北堂书钞》,唐代欧阳询等编的《艺文类聚》,徐坚等编的《初学记》,白居易的《白氏六帖》(后加宋代孔传的六帖,成为《白孔六帖》)。宋代有李昉等人编的《太平御览》,王钦若、杨亿等编的

《册府元龟》(该书初名《历代君臣事迹》,说明其内容限于政事方面)。元代有阴时夫的《韵府群玉》,此书据宋《书林事类韵会》《史韵》等增益而成,它按韵编排,便检阅,作为辞书,大大前进了一步,但内容偏重于辞藻典故,又是与上列诸书不同的。汇集注释典籍字音字义的书称做音义书,有唐代陆德明《经典释文》,玄应《一切经音义》,慧琳《一切经音义》,辽希麟《续一切经音义》,均保存了大量语言文字资料。

汉字是一种衍形文字,辞书的排检是一个不易解决的问题。韵书的出现,使汉字开始用音来排列,颇便检索。受韵书的影响,像《说文解字》这种"形书",到宋代居然出现了按韵排的本子(李焘《说文解字五音韵谱》,此书据徐锴的《说文解字篆韵谱》来编的)。按形检字的问题,也在摸索中前进。《说文解字》创540部首,这主要是文字学的。使部首编排有利于检字,首先需要减少部首。唐玄宗的《文字音义》,三十卷,部首320,此书亡佚,我们不能看见部首归并的具体情况。辽《龙龛手鉴》,部首减为242,部首以平上去入为序排列,部首所统的字再按四声排列。将音和形结合起来排字,虽不大便利,但也是一种有意义的尝试。金《四声篇海》,按三十六字母来排字,同一声母的部首按四声为序,部首下统字,按笔画多少来排字。用三个层次来排字,不太简便,但是,将笔画检字用在辞书里,这是非常有意义的。如果部首也按笔画来排列,这就是后代的部首笔画检字法了。迈出这一步,是四百年后由明末的《字汇》来完成的。

二 明清时代辞书的成就

类书。明清时代辞书的成就首先应提到类书。15世纪初,明永乐皇帝下令编《永乐大典》(该书初名《文献大成》),参加的有两千多人。按韵目分列单字,"用字以系事"(该书纂修凡例),将上自先秦下迄明初八千余种书分门别类编为一部统一的大类书。全书22877卷,目录60卷,约三亿七千万字,规模之大,属世界之冠。类书相当于后世的百科全书,而《永乐大典》"完全具备了百科全书的性质"(目录学家王重民语)①,书的正本毁于明末,副本入清后渐散失。1900年八国联军侵入北京,大部分遭焚毁,其余多被劫走。现征集到的钞本、仿钞本、传钞本、影印本等七百余卷,中华书局出版了影印本。18世纪清代康熙皇帝下令编的《古今图书集成》一万卷,一亿六千万字,是现存最大的类书。全书分为六汇编,三十二典,6109部,内容丰富,区分详明。这样大的部头,用铜版活字精印,印刷史上也值得记上一笔。康熙时编的《佩文韵府》《渊鉴类函》《骈字类编》(专收二字条目,字起到领词的作用。)《子史精华》(后二书成于雍正年间)都是重要的词语汇编型类书。这些官书多是在前代某些书的基础上扩充增补而成,以规模大资料多取胜。陈元龙编的《格致镜原》,其旨趣如宋代的《事物纪原》,是追溯名物来源的辞典。该书条理清楚,便于查考,非稗贩拼凑之作。

字书。明末梅膺祚编《字汇》,总结了历史上检字经验,将部首减

---

① 王重民《〈永乐大典〉的编纂及其价值》,该文收入王重民的《中国目录学史论丛》。中华书局1984年第1版。

并为214部,按笔画排列部首和部首下的单字。这种检字法普通人都可使用,第一次真正解决了汉字检索问题。卷首有"运笔"一项,指示写字的正确笔顺,卷末有"辨似"一项,辨别形似的字,都是为提高书的实用性而增的项目,有点像今日字典里的附录。稍后张自烈编《正字通》,体例照搬《字汇》,征引稍博,有时也失之杂芜。这两部书在通俗性方面迈出了可喜的步伐,守旧文人一概斥为"浅陋",并不公允。清代康熙皇帝命令编的《康熙字典》,体例一遵《字汇》《正字通》,广引古代字书韵书的资料,在注音、释义、引例、辨析字形等方面,多有改进,是我国古代字书集大成之作,流行广,影响大,但疏漏不少,虽名为"字典",其实并非皆可奉为典则。字典一词本为这部书的专名,后来发展为类名了。

字样书在明代有焦竑的《俗书刊误》,是古非今,正字的观点是落后的。叶秉敬的《字孪》,认为有些字如孪生兄弟,外貌很相近,但不容混同,疑似之间应辨别清楚。这本书重点在分析形似义殊的字。清代龙启瑞编《字学举隅》,辨正字形,虽鄙视俗字,但不完全以六书为标准,比较切用。

根据六书理论来分析汉字的专门著作,在明代有汪克宽的《六书本义》、魏校《六书精蕴》、吴满有《六书正义》《六书总要溯原》、杨慎《六书练证》《六书索隐》等。至清代,如文字学家唐兰说,六书学"没有重建"[①]。但是,清代对《说文解字》的研究空前兴盛起来,多属训诂学。注解《说文解字》的书很多,最负盛名的是段玉裁、桂馥、朱骏声、王筠,他们主要研究字的本义、引申义和假借义,以及名物制度等。明代赵宧光著《说文长笺》,其成绩

---

① 唐兰《中国文字学》,25页。

无法与清代诸家相比。

雅学书。由《尔雅》发展下来的雅学书,分为五个支派。(1)专类雅学书,也就是专类词典,这是继宋代《埤雅》《尔雅翼》后的进一步发展。明代有朱谋㙔《骈雅》,专收复音词(许多是复合词),并以复音词作注释。清吴玉搢《别雅》,专收异形词(如消摇、捎摇,逍摇也),解决汉字通假造成同词异形的问题。史梦兰《叠雅》,专收叠字(如冲冲、忡忡、轰轰、烈烈、洋洋等)。其他还有龙彪《稗雅》(收俗语词较多)、倪倬《农雅》、寂园叟《匋雅》、周春《佛尔雅》、杨柳官(冯登府的别号)《梵雅》、唐詠裳《译雅》等。(2)综合雅学书。明末方以智著《通雅》,是继《广雅》后又一重要的雅学书,其特点是:将词义注解和名物考证结合起来,多为研究成果。作者学识淹通,视野广阔,如"地势分五大洲,曰欧逻巴、曰南北亚墨利加……"收进了世界地理的内容。清代夏味堂《拾雅》,是为《尔雅》拾遗补阙的。(3)给《尔雅》《小尔雅》《广雅》等作注释的。此类著作在清代盛行,重要的有郝懿行《尔雅义疏》、邵晋涵《尔雅正义》、胡承珙《小尔雅义证》、王念孙《广雅疏证》、钱大昭《广雅疏义》等。(4)将某一书的字词注解资料,依《尔雅》十九类,排比成册,以资查证比较。如清代陈奂《毛雅》(据《诗经》毛传),朱骏声《说雅》(据许慎《说文解字》),程先甲《选雅》(据唐李善的《文选》注),俞樾《韵雅》(据《广韵》的某些注解)等。(5)汇编类。明郎奎金编《五雅》(将《尔雅》《小尔雅》《广雅》《埤雅》《释名》汇为一编),张萱编《汇雅》。

清末魏源仿《尔雅》词目分类编童蒙识字课本《蒙雅》,以"雅"为名,实为另外种类的书了。

韵书。明清时代的韵书,分为两个系统,一类是中原雅音的系统。元代周德清著《中原音韵》,分十九韵,反映早期北方官话的语音，与《切韵》音系的书完全不同。此书只排列韵字，无释义。明代兰茂的《韵略易通》，毕拱辰的《韵略汇通》和清代樊腾凤的《五方元音》，均属反映中原雅音的韵书，后两部更接近现代普通话语音。删汰异体字，注释简约，方便儿童和一般人学习，也是它们的特点。明初洪武年间编的官书《洪武正韵》，受《中原音韵》的影响，韵部有较大简化，但又保留入声和浊声母，显然属存古之举。此书从地区上讲，并不反映北方语音，而是反映了南方语音，为曲韵南派之祖；字义注释，多采自《增修互注礼部韵略》，没有多少自己的特色。另一类是反映《切韵》系统的韵书。清初在编《佩文韵府》时，为便于查韵检字，另编《佩文诗韵》，是承平水韵的韵书，为"官本诗韵"，影响大。今日写旧诗，遵循的诗韵，仍出自此系统。李光地等编的《音韵阐微》，其重要特点是改良了反切，使反切上字尽量用开音节（无辅音韵尾）字，下字尽量用影、喻二母（以元音和半元音开头）的字，反切上下字间没有多余的成分，便于上字声母与下字韵母拼合。近代《辞源》《辞海》均采用它的反切。

方言俗语词典。随着白话文和市民文学地位的提高，明清时代出现了大批方言俗语词典。俗语方面，有明代陈士元《俚言解》、陆嘘云《世事通考》、周梦旸《常谈考误》、张存绅《雅俗稽言》、清代翟灏《通俗编》、钱大昕《恒言录》、钱大昭《迩言》、郝懿行《证俗文》、顾张思《土风录》、外方山人《谈徵》、郑志鸿《常语寻源》等。上述《骈雅》实际上也是俗语词典。方言方面，有明代岳元声《方言据》、李实《蜀语》，清代杭世骏《续方言》、程际盛《续方言补正》、毛奇龄《越语肯綮录》、胡文英《吴下方言考》、李调元《方言藻》、茹敦和《越言释》等。这些方言著作多是以方言词与古籍中的词比照作释，并非真正的方言词典。

清代阮元主编的《经籍籑诂》,是一本训诂词典,按平水韵排字,每韵一卷,计106卷。每字详列这个字在古籍中的各种注解,"检一字而诸训皆存"。以词典的形式将分散的资料集中起来,是一部成功之作。也有错误。如"色"字下注"缝也",引《广雅·释诂二》。宋本《广雅》并无此内容,是曹宪作"音色"窜入,王念孙曾指出其误。

虚词方面专著,元代卢以纬《语助》开了头,到清代这方面的著作多了起来,水平也大为提高。袁仁林《虚字说》,收60个单音词,只能算做札记性的。刘淇《助字辨略》,收字470多个,按四声编排,是第一部系统的虚词专著。王引之的《经传释词》,以精审著称,但规模不及刘著。吴昌莹《经词衍释》是为补充《经传释词》而作的。较多从上下文揣摩字义,归纳概括的功夫不够。清末有吕坚《虚字浅说》一卷。

明李时珍的《本草纲目》、徐光启的《农政全书》、宋应星的《天工开物》,清代吴其濬的《植物名实图考》,均属科技类的辞典,是世界学术界公认的人类优秀的科学文化遗产。

辞书主要有两个特点,即可检索性和收词注释的完备性,正是在这两个方面,明清时代的辞书同以往辞书相比,显示了它的成熟性。但是,从另一面讲,它也走到了尽头。19世纪下半叶,封建社会的崩溃已成必然之势。明初洪武、永乐二帝,清初康熙、雍正、乾隆等皇帝,都以大修辞书来标榜其文治,这种条件在19世纪以后不复存在。就辞书本身说,古代的辞书是为读经和科举服务的,是经学的附庸,它的形式(包括字书、韵书、雅学书等的分类,以及注解体例和排检方式等)不便将各种知识,尤其是现代科学知识,用辞书的形式编纂起来(《尔雅》的十九类何以能容纳社会科学、自然科学以及工程技术等广泛的内容?),辞书的变革势在必行。

古代辞书也可称做传统辞书,发展到明清已趋成熟,受时代和其本身的限制,难以再有新的发展。到晚清,在西学东渐的影响下,现代辞书破土而出,预示中文辞书将进入一个新的历史时期。这是民国以后的事了。

三　现代辞书的萌芽

清末,在西学东渐的影响下,出现了现代辞书。现代辞书的主要特点是:(1)辞书的分类与欧美辞书取得一致;(2)内容上系统编入新的知识;(3)以字领词,字起到排检词的作用。宣统三年(公元1911年)上海国学扶轮社出版的《文科大词典》和《普通百科大辞典》可作为现代辞书萌芽的代表作。前者有翻译家林纾的序,后者有翻译家严复的序。现将《普通百科大辞典》两条注文抄录于下:

汽车　火轮车　火车　Train

从两铁轨以蒸汽力载客及货物之车。轨之距离不同,七尺乃至二尺。置汽机为各车原动力者曰机关车,载客者曰客车,载货者曰货车,客车货车非单行,每在二辆以上连结牵引,是为列车。最大速力,一时间平均四十哩,用此速力者曰快车。

词书

排列词类一定次序而解释其意义用法之书籍,与字书略异。盖字书逐字解释,而此则已成词类也。或称词典——词汇。我国向无此名,而类书性质与相近,而东西洋人其名每与字典——字书相混。

在历史上有重大影响的现代辞书《中华大字典》《辞源》出版于民国四年(1915年),始编于光绪三十四年(《辞源》)和宣统元年(《中华大字典》)。

四　民国时期的辞书(1912—1949年)

进入民国以后,现代辞书取代传统辞书而发展起来。下面我们从五个方面来介绍这一时期辞书的情况。

(一)大型字典和综合性词典。1915年有两部重要的辞书问世,这就是中华书局出版的《中华大字典》和商务印书馆出版的《辞源》。《中华大字典》收字四万八千多个,较《康熙字典》多一千余字,后来居"大"。新增的字除异体字、俗字、古字、方言字外,引人注目的是增加了一些表示新概念的字(如化学元素字)。在释义方面,补充了清乾嘉以来语言文字学家如段玉裁、王念孙等研究的成果,在新的科学知识方面,"于天象地质理化等科之字皆取新说"(该书凡例),纠正了《康熙字典》的许多错误。在编排上,义项编号,分清序列,有所创新。当然这还是不够的:义项虽分列,而概括归纳功夫不够,如一个"壮"字,不分主次,排出18个义项,未得要领。注释内容上多有新旧杂糅的毛病,如"脑"字,指出脑"主知觉运动"(古代长期误认为心是主管思维的),又引旧说:"真气之所聚也。"《辞源》是一部兼收语词和百科条目的综合词典。百科条目,既有传统的典章制度、山川名物方面的词、词语,也收了大量的声光电化等现代科学知识的条目,将新旧知识融为一编,在"中学为体、西学为用"的思潮影响下,成为那个时代的"知识库"。能够做到这一点,同它采用以字领词的编排形式有关。将各种知识用辞书的形式编排起来,有字顺法和分类法。分类法能容纳的限度大大不及字顺法,检索也不方便。清《骈字类编》采取以字领词,但字是用分类法编的;《佩文韵府》以字领词,但是逆序的,字按韵排,也不便使用。上面提到的《普通百科大辞典》等,按字领词,采用字顺法,但收字不全,是选择性的。《辞源》按部首排列一万多汉字,字有释义。字下领词,字起到排检词的作用;不管什么词语都可收进来。继《辞源》出版之后,各类词典大多采用这种编排形式。中华书局的《辞海》出版于1936年,与《辞源》属同一类型的词典,在收词上更注重收知识性条目(如"钨"字下,《辞源》收钨锡一条,《辞海》增钨华、钨酸、钨矿、钨锰铁矿)。在编排上,也有不少改进,如《辞源》仅以"。"号表示简单的句读,《辞海》改用新式标点;《辞源》引例只标书名,《辞海》加标篇名。《辞海》自然不能代替《辞源》,两本书各有优长,实为姊妹篇。1945年出版的《国语辞典》,是一部以收白话词为主的语文词典,中国大辞典编纂处编。编纂工作最早要追溯到1928年,当时拟编一部《中国大辞典》,这本词典是其中的一部分,原名《国音普通辞典》,主要是为正音用的,后来注文增多,与普通词典无别,1935年改为现名,1937年出第一册。北平沦陷,在极困难的条件下继续工作,"在民三十四年(1945年)春,冒险全部出版"(《国语辞典》1947年版牛文青跋)。这是一部重要的词典,它编纂方针等是由著名语言学家黎锦熙制定的,基础工作是抗战前在黎先生主事下完成的。它有以下特点:1.按音序编排,采用注音符号声母的序列;2.采用北京话语音系统;3.用注音符号和国语罗马字两种符号注音;4.条目全部注音,词组、成语按词分写,标声调和轻音(如灭良心:ㄇㄧㄝˋㄌㄧㄤˊ·ㄒㄧㄣ);5.注意从白话作品和口语中选词;6.释文简约。我国辞书,过去注音用反切,与口语多不合(特别是从普通话语音系统看),多在文言古籍里选词。"五四"以后这种情况有改变,《国语辞典》在这方面的进步是具有代表性的。

(二)专科性辞书。民国时期编出的专科性辞书,数量不算少,如唐钺、蔡元培等编的《教育大辞典》,丁福保的《佛学大辞典》《古钱大辞典》,谢寿昌的《中国古今地名大辞典》,杨家骆的《四库大辞典》,孔庆来的《植物学大辞典》,杜亚泉的《动物学大辞典》等。语词类的专科词典,重要的有以下几部:

《词诠》,虚词词典,杨树达著,1928年商务印书馆出版。收常见的虚词五百多个,按注音符号顺序排列。杨树达是位训诂学家兼语法学家,在分析虚词时,能透彻了解古文句意,熟悉字的通转流变,又能从语法上去分析和说明。不足处是有些地方归纳概括工作做得不够。

《辞通》,古汉语异形词词典,朱起凤著,1934年开明书店出版。所谓异形词,主要是复音节的异形词,有合成词,也有单纯词,前者如颠危/阽危(表示倾覆),后者如透迤/威夷/透夷(表示路的迂曲绵长)。从单个汉字看,主要是字的通假问题。该书用丰富例证,爬梳整理,分析字形的流变,字音的通转,落脚在字(词)义的相承性一致性,是一部很有实用价值的书。该书有章太炎、胡适、钱玄同等人的序,也是亮点之一。不足的是语音分析欠准确(如误认为沙、粟在古代同音)。

《联绵字典》,符定一著,1943年商务印书馆出版。作者受外语影响,把字典和词典看成一个词。所谓联绵字,实际上是复音节的单纯词,有双声叠韵的,也有以叠字构成的。实际收词超出联绵字范围,如亮直、倡和,都是复合词。作者注重对字的分析,能抓住理解上的难点。如亮直,指出亮正字作谅,谅古指诚实,一经点出,词义就清楚了。"倡和"指出"先发声者为倡,后应声者为和"。在因声求义方面,能说明音的通转,这里有方言问题,同源问题,字的通假问题。语音分析不够精细,如伴奂即跋扈,仅指出"伴跋声同、奂扈声近",没有作进一步分析。

《金元戏曲方言考》,徐嘉瑞著,1948年商务印书馆出版。收词语六百多条,通过例证比照归纳,探讨词的意义,使金元戏曲中许多难懂的语词为人所理解,在俗语词研究上是较早的一部著作。俗语词问题在汉语词汇史研究中占有重要地位,作者荜路蓝缕之功应该肯定。

(三)普及性辞书。这方面的辞书品类多。以正音为主要目的的,有1919年读音统一会编的《国音字典》,按北京音系注音,1921年改编为《校改国音字典》,加添了入声,1926年再改,称《增修国音字典》,恢复北京音系,1932年出版《国音常用字汇》。赵元任的《国语正音字典》,采用国际音标,别具一格。以正形为主要目的的字典有顾雄藻《字辨》(1933年),周天籁的《白话字辨》(1934年),新辞书编译社编的《实用辨字辞典》(1936年)。以指导写作为目的的辞书,有杨喆的《作文类典》(1920年),陈鹤琴的《语体文应用字汇》(1928年)。新名词方面的辞书,有吴念慈《新术语辞典》(1930年),邢墨卿的《新名词辞典》(1934年)。成语词典,有庄适《国文成语辞典》(1916年),王野村《实用成语词典》(1936年),吴廉铭《中华成语词典》(1936年),何槐青《分类成语手册》(1947年)。综合性的辞书,有陆尔奎《新字典》(1912年),傅运森的《新字典》(1917年),方毅《实用学生字典》(1926年),王云五《王云五大辞典》(1930年),洪超《中学生百科辞典》(1931年),王云五的《少年百科辞典》(1933年),陆衣言的《中华国语大辞典》(1940年),汪荣宝《新辞典》(1940年初版,1947

年三版),翟健雄《词典精华》(1945年),蔡丐因《启明辞林》(1948年),东北书店出版的《实用大众字典》(1948年)。

(四)检字法问题。这一时期的检字法数量很多(参看卢震京《图书馆词典》),主要的有三种:1.部首笔画检字法。《中华大字典》等均沿用《字汇》以来的214部,部首间次序小有调整。部首改良是很困难的,孙伏园《平民字典》,减并为110部,黎锦熙创"国字四系七起笔新部首",似乎并不便于使用。2.音序检字法,有用传统的平水韵的(如朱起凤的《辞通》)。既方便又科学的,还是按北京音系的注音符号检字法,《国音字典》是代表。3.号码检字法,影响最大的是四角号码检字法,商务印书馆出版的《王云五大辞典》首创,王在辞典序中说:"自从第二次改订四角号码检字法出世以来,两年之间,采用的人多至百万。"它的确是一种方便快速的检字法,在国内外都有很大影响。商务印书馆出的辞书,多附有四角号码检字索引。

(五)民国时期的辞书,主要是1937年以前编的。抗日战争爆发,日本帝国主义入侵,辞书发展大受影响。这里举两个例子。商务印书馆1936年打算编一部收词目60万条的大型《中山大辞典》,预计分44册出版,五千万字。战争中六百万张卡片和一部分撰稿毁于战火,留下的稿子,1938年在香港出版《中山大辞典'一'字长编》,收词目五千余条,近百万字。上面提到的《国语辞典》,作者牛文青说:"在八年间蜷伏困顿的情况中,选词作解,多感不便。"有的书批评这本词典收词不全面,如收了"普奥同盟",没有收"同盟国"。这个批评无疑是正确的。在日伪统治下,编词典是不自由的。"多感不便",饱含了辛酸。

五　新中国成立以来的辞书（1949——　）

新中国成立以来，辞书的发展可分三个阶段来叙述。

从1949年建国至1965年为一阶段。中华人民共和国诞生，我国辞书的发展进入了社会主义新时期。广大人民群众随着政治经济上的解放，迫切要求在文化上得到提高。解放后出版了各种普及性的辞书，影响大的有《四角号码新词典》(1950年)，《学文化字典》(1952年)，《学生小字典》(1952年)，《新华字典》(1953年)，《同音字典》(1956年)，原《国语辞典》，保留该书北京话词汇和有翻检必要的古汉语材料，改名《汉语词典》出版。为配合干部和知识分子学习理论的需要，出版了各种类型的知识词典。在语文专类辞书方面，产生重要影响的有陆志韦的《北京单音词词汇》(1951年)，张相《诗词曲语词汇释》(1953年)，蒋礼鸿《敦煌变文字义通释》(1959年)，北京大学中文系语言学教研室编的《汉语方言字汇》(1962年)，《汉语方言词汇》(1964年)。与此同时辞书的"重点建设"在扎扎实实进行。解放前我国影响最大的两部词典《辞源》《辞海》分别于1958年和1959年开始进行大规模的修订。为了更好地发挥辞书的作用，在社会主义制度下，协调分工，将《辞源》修订为一部大型的古汉语词典，《辞海》修订为兼收语词和百科条目的大型综合性词典。《辞源》在1964年出版了修订本第一分册（全书四个分册）。《辞海》1961年按学科出分卷本，共十六个分册，经过修改统编，1965年出版按字顺检查的未定稿（三卷本）。中国科学院语言研究所负责编纂《现代汉语词典》。规范的现代汉语词典，过去没有，这是第一部。这部词典反映现代汉语词汇构成，用规范的标准来处理词的音、义，贯彻汉字简化的要求，涉及各种问题。始编于1956年，至1960年出版了"试印本"，1965年出版"试用本"。

1966年至1976年是十年动乱时期，辞书编纂工作受到极大的干扰和破坏。到1970年，书店里已无辞书供应。在周恩来总理的直接关怀下，《新华字典》于1970年修订出版，从那以后出版了《学习字典》等小型字典、词典，各地开始编一些辞书，辞书工作有所恢复。但是，工作上困难重重。"四人帮"利用辞书反党，攻击《现代汉语词典》，制造了极大的混乱。1975年5月，国家出版局在广州召开了中外语文词典编写出版规划座谈会。周恩来总理对辞典出版工作十分重视，在医院里审批了这个规划。这个规划确定要编《汉语大字典》《汉语大词典》等，计划出一百六十部中外语文词典。这样就为粉碎"四人帮"以后，辞书工作大干快上，赢得了时间，并在人员组织等方面作了准备。

1976年至今，是我国辞书欣欣向荣大发展的时期。新修订的《辞海》《辞源》以崭新的面貌相继问世。《现代汉语词典》正式出版。历时十年的《汉语大词典》，今年将出版第一卷（全书共十卷，三十五万条词目，五千万字，预计1990年出齐）。这是一部巨著，古今兼收，源流并重，在七百万张资料卡的基础上经众多的专家研审编纂而成。《汉语大字典》今年将出版第一、二卷（全书共八卷，预计1989年出齐），是我国目前最大的一部字典，也是由众多专家广为收集资料编纂而成，我相信其质量会超过以前的《康熙字典》《中华大字典》。我们在历史上曾经编出《永乐大典》这样古代的百科全书，但进入20世纪了，还没有一部现代百科全书；现在开始有了。《中国大百科全书》预计70卷（每卷100—150万字），目前已出版的有《天文》《体育》《纺织》《采矿冶金》《环境科学》《外国文学》《法学》《戏曲·曲艺》等卷。在

《中国大百科全书》出版同时，出版《中国百科年鉴》，把一年来世界政治、经济、军事、科学、文化的新情况和新成就，分门别类收集在一起。此外，还出版了《中国医学百科全书》和《科学技术百科全书》。

十年来，出版的中文辞书品种之多，数量之大，超过了历史上任何一个时期，在这篇文章里难以作具体介绍。想了解建国以来各时期出版的辞书书目，可参看1980年1期《辞书研究》方厚枢的《建国三十年来出版辞书编目》和1981年以来《中国出版年鉴》。这一时期出版的辞书，大致有以下一些特点：1.门类比较齐全，包括大中小辞书，综合辞书和专业辞书，现代辞书和古代辞书，普通话辞书和方言辞书，通俗普及的辞书和专门的辞书，自编的辞书和翻译的辞书，等等，形成了比较完备的体系；2.出现了一些新辞书门类和一些质量高的辞书；3.既有统一的计划，又有一定的"自由"竞争。大辞书基本上由国家统一安排，在人力财力上得到保证，中型小型辞书，许多是个人选目，各出版社分别出版。有一些显得重复，价值不大。但总的看，通过比较会有筛选，将推动辞书的发展和提高。当然出版社加强管理也是必要的。

香港和台湾的出版界也出了不少辞书，如台湾出版了《中文大辞典》，对旧的《辞海》《辞源》《国语辞典》进行了修订。香港出版了《李氏中文字典》等。

可以预计，在实现四个现代化的伟大事业中，中文辞书必将会有更大的发展。

（原连载于1986年《中国语文天地》一、二、三期）

中日常用汉字笔顺的小考察

一 考察材料

中国——《常用汉字笔顺字典》,北京市语言文字工作委员会办公室编,北京教育出版社出版。日本——《必携汉字辞典》,三省堂编修所编,三省堂出版。

二 考察方法

中国常用字 3500 个,日本常用汉字 1945 个。为便于考察,我们以日本常用汉字 1945 个为考察范围。笔顺的异同,具有类型性,因此比较的字数并非愈多愈好。我们认为在 1945 个字的范围内进行比较,大体上是合适的。

不考虑字的繁简和字形的异同。例如稳、亚,这是中国的简化字,日本作穩、亞,笔画不同,但笔顺原则无矛盾。稳/穩、亚/亞,就笔顺说属相同类型。

三 考察结果

A. 笔顺相同的:1769 字,占 91%。

B. 笔顺不同的:176字,占9%。

四 几个问题的说明

1. 笔顺原则问题。汉字的笔顺原则是在历史的发展中确定下来的,这就是:从左到右,从上到下,先横后竖,先撇后捺。这个原则在比较的材料中,都得到了体现。正因为笔顺原则是一致的,所以百分之九十以上的字笔顺是相同的。有一些字字形结构不同,但笔顺原则却显示出一致性,如骨,里面的"㇀",是一笔(从左到右、从上到下可以顺着写下来),日本汉字"骨",里面"冖"作两笔(笔顺的原则仍是从上到下,从左到右)。写法和笔画数不同,笔顺无异。

2. 异中有同、小异大同。对176个笔顺不同字作分析,每字中笔画顺序相同的仍是大部分,不同的是小部分。例如"卵":

中国 ´ ㇈ ㇋ ㇌ ㇍ 卵 卵

日本 ´ ㇈ ㇋ ㇌ ㇍ ㇎ 卵

　　1 2 3 4 5 6 7

"卵"字七笔,两国笔顺不同在第六、第七两笔;前面五笔是相同的。又如"隹":

中国 ´ 亻 亻 广 亻 亻 隹 隹

日本 ´ 亻 亻 广 亻 亻 隹 隹

　　1 2 3 4 5 6 7 8

隹字8笔,两国笔顺不同的在5、6、7三笔,其他5笔笔顺相同。隹是一个常用的部件,下面这些字都含有部件"隹":维、雅、穫、歡、携、椎、雇、護、顧、催、雜、雌、集、准、準、礁、進、推、濯、奪、稚、難、奮、躍、唯、雄、擁、曜、離、羅（皆属1945个常用字范围里的）。因此176个笔顺不同的字，就每个字的所有笔画的笔顺说实为"异中有同、小异大同"。

3. 笔顺不同的原因。

a. 书写习惯。如"田"字：

中国 丨 冂 日 田 田

日本 丨 冂 冂 田 田

    1 2 3 4 5

分歧在第三笔，中国先写横，体现了"先横后竖"的原则，日本先写竖，竖笔起点高，体现了"从上到下"的原则。从笔顺的原则讲，都是没有问题的。又如"升"字头：

中国 丿 二 千 升

日本 丿 丿 千 升

    1 2 3 4

分歧在第二笔：中国的笔顺体现"从左到右"的原则，日本的笔顺体现了"从上到下"原则。

皆属习惯使然。

b. 历史影响，主要是篆体结构对笔顺的影响。例如"必"：

中国 丶 心 心 必 必

日本 丶 丿 必 必 必

"必"字五笔，笔顺完全不同。中国的笔顺，从左至右，体现从俗的原则（方便）；日本的笔顺，先写弋，再写八，体现承古原则。隶书"必"：

字的结构分两部分：弋、八这种结构直承小篆。《说文解字》："必，分极也，从八、弋，八亦声。"（按从段玉裁说。大徐本为"弋，亦

声。")可见"必"本由弋、八构成,日本"必"的笔顺正体现"必"历史上的结构特点。又如"右":

中国 一ナナ右右

日本 丿ナナ右右
　　1 2 3 4 5

不同在第一笔:日本先写撇(丿),中国先写横(一)。我们知道右字上面的"ナ",古文字作又。右字的写法是这样演进的:

刁 名 右 右

日本右字先写撇,正是"遵古"精神的表现。

c. 书法的影响。例如"臣":

中国 一丆𠂆𦣝𦣝臣

日本 丨厂𠂆𦣝𦣝臣臣
　　1 2 3 4 5 6 7

日本"臣"字先写竖,七笔,中国先写横,六笔,日本写法显然是受书法影响。上面提到的"隹"也属书法的影响。

(原载《语言教学与研究》1996 年第 2 期)

字典三特点[*]

字典有三个特点：可检索性；资料汇编性；注释性。可检索性，指字典要设计一套方便而准确的查检系统，按这个系统来安排字典的内容；资料汇编性，指将资料汇集在一起，这些资料不是随意取舍的，而是反映了一定系统性；注释性指字典主要内容是注音释义。字音字义存在于语言文字应用之中，编纂者要科学地选取和归纳。这三个特点反映了字典的编排特点、取材特点、撰写特点。评价一部字典抓住这三点就抓住了主要的方面。

现在呈现于读者面前的这部《表形码编排汉语字典》，它的一个显著的特点便是在汉字的检索上。全部汉字用26个拉丁字母和1、2、3、4、5五个数目字共31个符号表示，以此来排字。这是一套全新的汉字检索系统。作者告诉我："拼形字母极容易学会，具有中等文化程度的人只需花两三个小时把字典开头的检字法从头到尾认真看一遍就行了。而且查字速度快，同英汉字典一样，可以直接在页角上查到。"只劳读者试一试，就可以对这种检字法是否方便实用得出结论。我这里要讲三点意见：一、汉字拼形字母是为汉字输入电脑设计的，因此，学会汉字拼形字母并熟练地掌握它，平时可以用来查字典，而在接触电脑时，就掌握了一种汉字电脑输入法，一举两得。二、汉

---

* 本文是为《表形码编排汉语字典》作的序，发表于《语文研究》1992年1期。

字拼形字母的主要奥妙是将汉字离析为26个拉丁字母和5个阿拉伯数码。我们汉语拼音采用的也是拉丁字母。世界各国交往日益频繁密切,采用拉丁字母与阿拉伯数码,符合国际化的方向。三、进一步解决汉字检索问题,是时代提出的挑战。汉字有许多优点,其中有些优点是最近才被我们认识的。但是,检索不便则是它的一个缺点。这个问题的解决,是很不容易的。公元2世纪的《说文解字》首创部首分类;而将部首分类与笔画结合起来,成为部首笔画检字法,则是17世纪的《字汇》完成的①,花了一千五百年时间。封建时代,生活是慢节奏的,检字法问题的解决也快不起来。进入本世纪,社会发展的节奏加快了,为了更好地使用汉字,就要进一步解决汉字检索问题。于是各种检字法应运而生。有音序检字法,如注音符号音序检字、汉语拼音音序检字等——绕过字形,由音到字。号码检字法有多种,其中影响最大的是四角号码检字法。部首笔画检字法,承《字汇》《康熙字典》的214部首,在使用上部首多寡略有增减。部首检字的改良是困难的,如孙伏园《平民字典》减并为110部,黎锦熙创《国字四系七起笔新部首》等,均未得通行。另有丁西林的"笔形查字法"。现在我们进入了以计算机广泛使用为标志的信息时代,在科学技术的推动下,众多的汉字编码方案也就是汉字的检索方案出现了。有人说,目前是汉字编码的战国时代。汉字检索问题成了科技发展的一个大问题,这是以前始料不及的。经过选优竞争,终归有最佳的方案被历史所认定。因此,这本字典检索上的创新,固然是字典编纂上的事,更是计算机汉字输入的事,其意义十分巨大。

---

① 此前,《篇海》、《四声篇海》将每个部首收的字,按笔画多少进行分段排列,明释真空将部首也按笔画排列,实为《字汇》的先河。见忌浮《字典史上一块丰碑——〈四声篇海〉》,载《辞书研究》1987年1期。

我们讲的字典第二个特点是资料的汇编性。古人对此早就有认识，例如《说文解字》将一、二、三这些最容易懂的字也收了进去。这是很正确的，否则字典收字还有什么系统性可言？我这里只是为了把问题讲得明白一点而举最浅显的例子。其实，收字的系统性作为一般小型字典其主要表现应该是将常用字通用字尽可能完备地收入。有些人查字典，遇到一个字没有查着，便掩卷而叹，觉得十分遗憾。这要分析。例如《汉语大字典》收字可谓多矣，但是，如寶、雫、霙、蜀、霾等字《汉语大字典》没有收入。这些字是我从都江堰石碑上抄来的，文献中压根儿不见。《汉语大字典》没有将它们收入是正确的，否则收不胜收。然而，有一本古汉语词典，没有列"融"字。这属于失收了，因为它属于古汉语常用字（现代汉语仍是常用字）。这本《表形码编排汉语字典》收字 7133 个，其中 7000 个为国家语言文字工作委员会和新闻出版署联合发布的《现代汉语通用字表》的字，其余为参照原国家标准局的《信息交换用汉字编码字符集·基本集》（6763 字）等而收的，无疑具有很高的科学性和实用性。这 7133 个字，被分为四级：一级常用字 2500 个，二级次常用字 1000 个，三级一般通用字 2500 个，四级罕用字 1133 个，这种做法值得称道。3500 个常用字，其覆盖率达 99.48%（见《现代汉语定量分析》一书第 115 页）。汉字学习和应用，主要在这个范围内进行的。但不能有这样的误解：只需重视常用字，而可以忽略非常用字。3500 个常用字其覆盖率达 99.48%，是就整个社会而言，个人用字不可能局限在这样一个平均数范围内。例如甙，是一个非常用字，一位药物学教授告诉我，他的讲义里用甙构成的词 4000 多条。显然，对他和他的学生来说，甙就是一个常用字了。又如塬、峁，是黄土区域典型地貌专用字，地理工作者属常用字。因此，字典所收的三级字、四级字，对某些专业或地区的人(有些字是地名用字)来说则为常用字了。"隔行如隔山",这些字对其他专业的人来说较陌生,碰到这些字则多要求助于字典。常用字其特点出现频率高;而构词能力强的字,也大多集中于此。非常用字出现频率低,专业性强。字分四级,反映了字的不同功能,了解字的级次有助于我们学习和应用。

现在来谈第三点。字音和字义客观存在于社会应用之中,字典编纂者在注音释义时要进行科学的选取和归纳,不容个人随意去发挥自己的见解。我曾见过这样的字典的注释稿,在"茶"字下,例词有茶山、茶花。茶花例词欠当,带上了主观随意性,因为茶花除指茶树的花外,还包括山茶和油茶的花,而且,通常特指山茶的花。如何才能做到科学的选取和归纳,首先要做扎实的资料工作。这本字典在撰稿前将八本字典、词典的字的注音释义材料,剪贴成长编。现在编字典的,舍得花这种笨功夫、硬功夫的似乎不多。资料还要靠人来应用,因此,关键是编纂者的业务水平。这本字典主编蒋文钦同志,1954年考入北京大学中文系时,与我同住一个宿舍。后来他分在了新闻专业,我分在语言专业。他读书多,语文功底深厚,那时便给我留下了深刻的印象。在本字典的编纂中,宝刀不老,显示了他巨大的功力。例如"争"字,古文字作争、争,争是上下两只手,〳是被争夺的对象。它的本义指力求获得,互不相让,引申指争执、争论,再引申指对抗、冲突(词义抽象化,不再指争具体的东西),如战争、斗争、抗争、争斗、龙争虎斗等。对抗、冲突义以往字典未列,是这本字典新补的,补得很好。这本字典对每个条目的注释,都经过认真研究。对以往字典词典的注释,能择善而从,不故意立异鸣高;但以往注释确有不妥的,也实事求是,敢陈新解。例如"莫须有",以往多释为"也许有",本字典据浙江方言,将"莫须"解释为大体、大概,例子是:莫须有(大体

上有);讲一个莫须(说个大概)。又如"棵儿"这个常用而又不起眼的词儿,一般释为"植物的大小"或"植物大小的程度",本字典解作"植株(按,植株指成长的植物体,包括根、茎、叶等)"(这花棵儿小|拣棵儿大的菜拔),其差异就不言自明了。

纵观全书,释义确切,例词繁富,做到以字为经,以词为纬,相互印证,相得益彰,构成了一个完整的诠释网络系统。

最后,还要指出,这本字典在体例编排上多有创新。例如每字前有一个小表格,上栏填这个字的汉字编码,下栏内容有三,依次为部首、除部首外的笔画数、字级。这些可统称为字的属性。汉字是一个系统,字的属性便是指一个字在整个系统中的地位。它的属性有的是人们规定的(如编码),有的反映字的应用功能(如级次)。需要列哪些属性,自然由字典的性质和规模决定。汉字属性问题,在汉字信息处理中占有重要的地位,列出这方面的内容,无疑是很有意义的。

编者与读者的互动[*]

一部字典,包括编和用两个方面,编是编写者的事,用是读者的事,这两个方面既有区别,更有联系。就拿编写者来说,必须了解读者的需要。这本字典在"前言"中有这样的话:"本字典密切联系小学生识字、造句、作文、阅读等多方面的学用需要,遵循国家教育部颁发的《全日制义务教育语文课程标准(实验稿)》倡导的'工具性和人文性'相统一的科学精神,贯彻有关现代汉语汉字字音、字形、笔画、笔顺、部首以及词形等各项国家标准和规范,帮助读者在识字、读写、习文时认清字形、读准字音、辨明字义、掌握用法。"这个出发点很正确。对读者来说,我认为应该采取正确的观点和方法,这样才能更好地了解和掌握字典的内容,了解字典编写者的意图,从而达到读者和编写者之间的互动,更好地发挥字典的作用,使读者更多地受益。

正确的观点是指要明白文字与语言的关系。汉字是表示汉语的书面符号,我们学习汉字的形、音、义,一定要联系汉语,联系我们的民族共同语普通话,采取这样一个观点就能对字典的注音、释义、举例有更好的了解。例如"吧"这个字,这本字典有两个注音:bā ba。第二个音是轻声,字典列了四个义项,你就要按轻声的发音,结合字

---

* 本篇是为蔡富有教授主编的《当代汉语小学生字典》(接力出版社,2006年版)写的"序",题目是新加的,内容没有改动。

典的例句,实际念一下,体会其发音和表示的语义。轻声又叫轻音,涉及语法和词汇,是北京话的重要特点。普通话是民族共同语,它高于方言,北京话也是一种方言,普通话中的轻声,是从语言规范化的要求来选取的。这本字典就是按这个要求来处理轻声的。例如"玻璃"的"璃",指出一般读轻声,有时也可不读轻声。又如"逻辑"的"辑",可读轻声,也可不读轻声,但是在"逻辑学"里就不能读轻声。下面再谈读阴平的"吧",共四个义项,第一、二义项为拟声词。第三义项为:供人买酒饮酒的场所(音译自英语 bar):吧台|吧客|酒吧|泡吧(经常待在酒吧)。第四义项为:提供某种时尚或休闲服务的商业场所:网吧|书吧|迪吧|咖啡吧。这本字典,书名冠以"当代汉语",我的体会是要强调在字典注音、释义、举例上注意联系汉语词语在当代的新发展。"吧"的第三、四义项正反映了这一精神。字典注意吸纳新的语义是很重要的。可惜以往有一些辞书常常忽略这一点。辞书的编写者要注意收列新义新用法,使用辞书的读者也要留心这方面的内容。联系语言,一个"吧"字就有这么多的内容是可学习的。不同的字义,指不同的语义,是以义项的形式排列的,在使用字典的时候,要注意义项。义项有新的,也有传承的,有来自古代的,还有来自口语的。像"斯",读 sī,我曾问一位小朋友"是什么斯呀",回答"是斯里兰卡的'斯'"或"是俄罗斯的'斯'"等;如果问大朋友,回答就联系到书面语了,如"斯文""逝者如斯夫""生于斯长于斯"的"斯"等。联系义项要由易到难,要结合应用的需要,绝对不能死记硬背。这本字典强调遵循《全日制义务教育语文课程标准(实验稿)》,非常正确,我们学习、使用字典,应该密切联系语文学习的实际需要。

话又说回来了,联系汉语更是编写者的事。魏建功先生是《新华字典》的主编,在 1950 年《新华字典》开始编写时,魏先生就提出这样的编写总原则:"以音统字,以字统义,以义统词。"我在20世纪70年代曾跟随魏先生学习辞书编纂,上面十二字原则,我早就知道,但是体会不深,直到今天我才明白,这就是:从汉语出发来对待汉字,通过注音、释义、举例等又回归到汉语。这本字典所坚持的也正是这样一个原则。编写者与读者都注意联系汉语,这便是互动。

下面谈谈学习的方法。学习的方法很多,比较的方法是学习语言文字的基本方法。可以作各种比较,如形近字之间的比较,大家较熟悉的例子如"己""已""巳"的细微差别;还可以对近义语素和反义语素进行比较。此外,词的用法、词的搭配关系等都可以作适当比较。对一个字,其不同的义项间,也可以进行比较,像上面提到的"吧"字。如果进行比较就会对其意义理解得更透,用法掌握得更好。语言文字是一个系统,所谓比较,就是从一定的系统出发,揭示字的形、音、义之间的关系。如"傍",这本字典的释义是:①(空间上)挨着;靠近:傍边儿|依傍|轮船傍岸|依山傍水。②(时间上)临近;接近:傍午|傍晚|傍响。③(关系上)依附;依靠:傍大官|傍大款|傍人门户。三个义项都有夹注,是从比较上说明三者的不同,收到画龙点睛之效。对意义相近的字,字典常常作比较性的说明,如"爆—瀑—曝—暴"的辨析,通过比较,深入浅出地说明这一组字意义的差异。字音也是可以进行比较的,这个问题以前人们注意得比较少。有一些字有两个以上读音,称做"多音字",常常不容易掌握。字音比较指分辨不同的读音之间的关系。像"薄",有三个读音:bó/báo/bò,这本字典对"薄"三个读音的字义和用法作了简明的注释和辨析,读去声,只用于"薄荷"一词;读 bó/báo 属文读和白读的不同,读 bó 属文言读法,用于书面语,读 báo,属白话读法,用于口语。"薄"的三个读壇,经过分析,就从知其然进到知其所以然。从认识论上说,感觉了

的东西,并不一定理解它,只有理解了的东西,才能更深刻地感觉它。有的分析需要有专业知识,如刘备的儿子刘禅(shàn),字公嗣。"禅"有两个读音,读 chán 指有关佛教的,读 shàn 指帝王传位。"嗣"指继承。古人的名和字,意义是相关联的,分析刘禅的名和字的字义,便会知道这里"禅"当读 shàn,读 chán 就属误读了。初学的同学,能做到把字音与字义或相关的词联系起来就可以了。

值得强调的是,本字典结合字义、语义、语境配了几百幅图。插图都是些形象生动、活泼可爱的卡通图,充满童趣和观赏性,有助小学生学习语文知识和文化知识。这是一种新的尝试。

本字典的主编蔡富有先生和其他几位编者都是我的朋友,他们或从事语言研究工作,或从事语文教学工作,有辞书编纂经验。我抱着学习的态度,看了部分样稿,获益良多,也有一些感想,写了出来,向同志们求教。

2005年4月于北京　补拙斋

"编者与读者的互动",是改进和提高辞书质量、更好发挥辞书效益的一个重要问题。我收到一份稿子,其中批评《现代汉语词典》"滥用隔音符号":

《汉语拼音方案》规定"隔音符号' '必要时要放在 a,o,e 前头,使音节界限很清楚。"但那是为了防止音节混淆,中间不得不用(也就是说"必要时")。言外之意,那就是说,不必要时,不能乱用。如下列词(从本书(指《现代汉语词典》)中略举几例,以示端倪,恕不一一列出)中,就没必要用:博爱 bó'ài,驳案 bó'àn,不安 bù'ān,垂爱 chuí'ài,刺耳 cì'ěr,从而 cóng'ér,蹙额 cù'é,错案 cuò'àn,错讹 cuò'é,大案 dà'àn,大鳄 dà'è,定案 dìng'àn,定额 dìng'é,斗殴 dòu'ōu,发案 fā'àn,偷安 tōu'ān,议案 yì'àn,伏案 fú'àn,腐恶 fǔ'è,附耳 fù 'ěr,割爱 gē 'ài,苟安 gǒu 'ān,孤儿 gū 'ér,古奥 gǔ 'ào,果饵 guǒ 'ěr。

我记得《现代汉语词典》多音的注音有相关规定,一查果然说明批评者没有认真读该词典的"凡例"。该词典"凡例"[3.10]说:(a)相连的两个元音,不属于同一个音节的,中间加隔音符号,如[答案]dá 'àn,[木偶]mù 'ǒu。(b)前一个音节收-n 尾或-ng 尾,后一个音节由元音开头的,中间加隔音符号,如[恩爱]ēn 'ài,[名额]míng 'é。读者可以就"凡例"的规定提出讨论意见,但不可以不看"凡例"就认为词典的注音属"误注"。这就是没有做到"互动"。此外,《汉语拼音方案》"五　隔音符号"的说明是:"a,o,e 开头的音节连接在其他音节后面的时候,如果音节的界限发生混淆,用隔音符号(')隔开,例如:pi'ao(皮袄)。"并没有"必要时"字样。

我这篇序是就《小学生字典》说的,内容比较窄。如果就整个辞书编纂说,可谈的问题很多。现在批评辞书的书多有出版的,动辄几百条几千条,但常常是离开了辞书的"凡例",这就没有达到批评的目的。也有一些批评属真知灼见。辞书真正的错误属硬伤,材料摆出来,大多没有讨论的余地。

下 编

辞书札记

哀兵必胜

1969年"文化大革命"期间,军宣队交下一个任务给北大中文系:毛主席著作中有"哀兵必胜"一语,要求查出其出处。这是政治任务,克期完成。系革委要倪其心和我查书解决。我们二人翻遍了各种引得及有关的类书,未获结果。军宣队决定向教授们请教。那时每天都有政治学习,教授们像上班一样来。军宣队讲明了要求。有人说大概只有游老能解决了。大家把目光投向游国恩先生。游先生一向沉稳,才不外露。他说:"给我半小时容我想一想。"没过多久,游先生说:"大概在《老子》里,是抗兵什么的。"我们一翻书,果然不错。《老子》六十九章:"抗兵相加则哀者胜矣。"问题解决了。大家笑了,游老也笑了。北大中文系五五级修订《汉语成语小词典》,把这个成语收入,并注明出自《老子》。以后语文辞书也大都采用。

四不像的鏖

解析鏖字的结构与音义。形：从鹿、从金，属会意字或形声字？音：读 áo，从字形结构上看不出音的来源。义：指长时间激烈战斗，常见的用例为"鏖兵"。

沿流溯源，由源察变。形，《说文解字》作䥏，后变作䥈，三变作鏖。䥏，从金，䧹声，是形声字，作鏖，已无形声字的痕迹。本义指加温用的器皿，用为动词指熬，再转指"苦击多杀"（唐颜师古的解释），再引申指今义。鏖在《广韵》为"於刀切"，同小韵的字还有爊，影母字，当读 āo，后变读为 áo。

麋鹿俗称"四不像"，"鏖"可以说是一个四不像的形声字。

奥陶纪/寒武纪

《新华词典》1版(七)地质年代表有"奥陶纪"、"寒武纪"等。奥陶纪为中国学者所译,寒武纪为日本学者所译。20世纪的《地质专报》刊登文章,讨论译名问题。当时许多地质学名词为日本人用汉字从西文翻译过来的。章鸿钊主张完全接受日本人的译法,而丁文江有异议,他说:"日本人把 Cambrian 译为寒武纪,把 Devonian 译为泥盆纪,按日语发音音译,在他们是声言相符,对我们则是文理不通了。"

翁文灏则持另一种意见,他认为在矿物学上日本几乎使用中国古书的旧名,如石英、长石、云母、方解石等;古书所无,使用新名翻译,采用汉文形式,如角闪石、磷灰石等。在岩石学、地质学等,迫于需要才创造了一些专名。翁主张:"日本既沿用中国矿物旧名,我们自也可袭用日本的岩石学新语。古生物学与现代生物学有密切之关系,更不好自立异";"日本名词为中国所无者,中国自应通用;中国名词为日本所未有者,日本亦必接受";"中国人沿用寒武纪,但 Ordovician,日本无汉文译名,我们译为奥陶纪,日本人也应采用";"科学必须求节省时间,最宜免各立门户"。

翁文灏的意见是正确的。

"蚌",通过本字找到读 bèng 的反切

在现代汉语里蚌有两个读音:蚌₁读 bàng,其中古的反切是步项切,蚌₂读 bèng,难以直接找出它的反切,所以一些注反切的字典,就只注今音,不注反切。《古今字音对照手册》没有这么做,而是注出其反切"蒲幸切"。这是经由找出蚌₂的本字,从形切入,循形明音。

《广韵》蒲幸切的小韵列三个字:鲄、蠯、蠯。找本字要查《说文解字》。《说文》:"蚌,蜃属";"蠯,阶也。修为蠯,圆为蠇"。简单地说"蚌"是上位词,蠯是下位词,指一种长形的蚌。到了宋代,徐铉说:蠯俗作鲄。到明末《正字通》把鲄的音义并入蚌。蚌于是有了二音:音棒、音莑(bèng)。《正字通》的注释:"蛤属,蚌、蛤同类异形,圆者曰蛤,长(cháng)者曰蚌。"清理了 bèng 这个语素字形的复杂变化,今天蚌₂的反切无疑当是蒲幸切,指一种长形的蚌,今为地名用字。老《辞海》[蚌埠]条注释:"相传尝采蚌取珠于此,因名蚌埠集。"要把字的古今音对照清楚,有时必须把音韵学、训诂学、文字学汇通起来。

比 及

　　《新华字典》"比"字⑥(旧读 bì)靠近、挨着：～邻、～肩。[比比]一个挨一个：～～皆是。[比及]等到：～～敌人发觉，我们已经冲过火线了。[比来]近来。[朋比]互相依附，互相勾结。

　　比本指靠近、挨着，是就空间上说的，其引申的用法有二：一为指抽象的关系：[比比][朋比]都属此类；一为指时间，时间挨近，即等到的意思，接近的意思：[比及][比来]都属此类。后一种用法还有[比至]"等到到了……。"《史记·陈涉世家》："比至陈，车六七百乘，骑千余，卒数万人。"顺此线索分析，相关的语汇皆不难了解。以上的用例多采自《新华字典》。经过分析，字典释义举例似可作新的调整：⑥(旧读 bì)指空间上靠近、挨近：比邻｜比肩｜比比。引申指人际上贴近：朋比为奸。另引申指时间上挨近：比及｜比来｜比至。

豳州→邠州→彬县

今陕西彬县,唐代为豳州。开元十三年改豳州为邠州。邠为豳的异体字(见《说文解字》)。唐代另有幽州,与豳字形相近易混,故改豳为邠(见郭忠恕《佩觿》)。1964年改邠县为彬县,因"邠"字较"生僻难认"(见《简化字总表》)。豳→邠→彬,二度易字,皆有原因,而旨趣则异。

"不"字音的一变再变

"不"字《广韵》反切为"分勿切",当读 fú。"分勿切"小韵有 20 个字,如弗、绂、绋、黻、綍、芾、帗、浂、髴、柫等,皆读 fú,而"不"今读 bù,属特殊的变异。这种变异其来有自。在宋代口语中,"不"的读音已经脱离"分勿切"而跑到"逋骨切"里了。"不"是一个多音字,《广韵》里还有其他反切,如"方久切"(fǔ)、"甫鸠切"(fū)等。宋项安世的《项氏家说》谈到"不"有补没切、甫勿切、甫九切、甫鸠切。"补没切"是新起的口语音。宋代孙奕的《示儿篇》说"世俗语言及文字所急,惟'不'字极关利害。韵书中如甫鸠、方久二切,施之于诗赋押韵无不可者。至于市井相与言,道途相与语,官吏之指挥民庶,将帅之号令士卒,主人之役使仆妾,乡校之教训儿童,凡一话一言出诸口而有该此言者,非以逋骨切呼之,断莫能喻"。由"分勿切"到"逋骨切"这是一变。分析这种变化需要从音的系统性来看。《古今字音对照手册》64 页"分勿切"与芳无切、防无切、方六切、房六切都读 fú,都是合口三等。62 页"分勿切"与博故切、普故切、裴古切、薄故切都读 bù,"分勿切"是合口三等,而其他四个反切都是合口一等。按规律合口一等读[b],合口三等读[f]。"不"反切"分勿"读[b],不合一般的演变规律。王力先生说:"常用字往往在音变上是一种'强式',不随着一般的变化。'不'是一个典型的例子。"(《汉语史稿》上册)古无轻唇音,"不"的声母维持了上古重唇音的读法。宋代的"逋骨切",到北京话的读音,为第二次的变化。

"逋骨切"与"补没切"相同,为帮母没韵。司马光的《切韵指掌图》的"没"韵所列的字:

见	溪	群	疑	端	透	定	泥	帮	滂	并	明	精	清
骨			兀	咄		突		不		勃	没	卒	猝

从	心	斜	影	晓	匣	喻	来	日
			忽					

"没"韵在北京话里韵母有两个:[u]、[o]。凡是声母属舌音、齿音、喉牙音的,读[u],如突、卒、猝、骨、忽等;声母属唇音的读[o],如没、勃。"不"属唇音字,循例当读[o],但是它却跑到读[u]的队伍里,读 bù。对此种变化《手册》在脚注里加了说明:"'不'字切韵指掌图列没韵帮母,与今音较切合。""较切合"三字具体所指,即小异而大同。"不"与"勃"的不同,又属特殊之变异了。

"不得不"与"不可不"

"不得不"与"不可不"都含有"必须"的意思,请看例:

他已经把话说到这一步,我不得不说一下事情的原委。

(不得不:必须)

前面的路滑,你开车不可不留神。

(不可不:必须)

二者的不同:不得不,表示被动;不可不,表示主动。请注意上一例是"我"说的,下例是他人说的,如果对换一下:

他已经把话说到这一步,老李,你不可不说一下事情的原委。(请对方主动讲一讲事情的原委。)

是的,你讲得对,我开车不得不留神了。(迫于路面情况的变化,自己开车要留神了。)

"不得不"与"不可不"两种短语,古已有之,用例极多:

《列子·天瑞》:"终者不得不终,亦如生者之不得不生。"(指死和生都是客观造成的,是被动的。)

《史记·外戚世家》:"窦太后好(hào)黄帝老子言,帝及太子、诸窦不得不读黄帝老子,尊其术。"(指受窦太后的影响,是被动的。)

《庄子·在宥》:"天道之与人道也,相去远矣,不可不察也。"(指应主动去观察了解。)

《史记·项羽本纪》:"旦日,不可不早自来谢项王。"(指应主动一大早来谢项王。)

两种短语分别使用,例子不难找,但有没有同时用在一篇文章中而显示二者的不同用法呢?有的,在《世说新语·简傲》中正是二者并用的:

王戎弱冠诣阮籍,时刘公荣在坐,阮谓王曰:"偶有二斗美酒,当与君共饮,彼公荣者无预焉。"二人交觞酬酢,公荣遂不得一杯,而言语谈戏,三人无异。或有问之者,阮答曰:"胜公荣者,不得不与饮酒;不如公荣者,不可不与饮酒;唯公荣可不与饮酒。"

阮籍用"不得不"被动式,以反衬对方地位高;用"不可不"表示主动,以说明对方地位低。在逻辑上,也设有了一个圈套:给人酒喝,两个条件:或为敬酒,或为赏酒。王戎辈分低,当为赏酒;刘公荣二者都摊不上,不给酒喝名正言顺。正因为如此,刘公荣毫不介意,谈笑如常。

在《世说新语·任诞》篇里有一章:

刘公荣与人饮酒,杂秽非类。人或讥之,答曰:"胜公荣者不可不与饮,不如公荣者亦不可不与饮,是公荣辈者又不可不与饮。故终日共饮而醉。"

这里是三类人:胜刘公荣的,不如刘公荣的,刘公荣同辈的,用了"不可不",即都得主动给酒喝,无敬酒、赏酒之别了。

至于用"不得不"被动式表示对方的"高""好",现在也有这种用法。有一首流行歌曲叫《不得不爱》,意在说对方美、对方是自己追求的。此属"抑己扬人"的表达手段了。

(原载《语言文字》2007年8月创刊号)

不 乏

《汉语大词典》的注释是:【不乏】不缺少。《后汉书·吴祐传》:"吴氏世不乏季子矣。"晋陆机《演连珠》之二十:"是以轮匠肆目,不乏奚仲之妙;瞽叟清耳,而无伶伦之察。"郑观应《盛世危言》附录《新闻报论粤省有三大害》:"如第一害之汉奸,则上海亦不乏其人。"鲁迅《〈朝花夕拾〉后记》:"这种意见,恐怕是怀抱者不乏其人。"

《现代汉语词典》的注释是:不缺少,表示有相当数量:～其人|～先例。

"不乏"作为一个词组,表示的是否定的意思,指"不缺乏",而当凝固为一个词时,表示的是肯定的意思,指"多有"。《汉语大词典》的释文"不缺少",适用于前面两个古文献的例子,不适用于后面两个近现代汉语的例子。此二例当释为"多有"。用"多有"可代入例句,用"不缺少"则不能代入。《现代汉语词典》释文中"表示有相当数量",是肯定命题,正确,不可忽略。《汉语大词典》收词既含古今,那么释义当分别古今的不同。似可如此处理:【不乏】$_1$ 不缺少;【不乏】$_2$ 指多有。原引例顺此分别列入。

不坏、不错、不愧……

"不"字后面如果带有消极含义的字,那么,否定的否定,则表示肯定的意思。像坏、错、愧(惭愧)、赖(坏)、吝、惜、朽、差(chà)等,从认知上说是消极词,与"不"结合,则情况发生了一百八十度的转弯,转指积极的肯定的意思了:

不坏:好;很不坏,即很好。

不错:对,正确。口语里也说"没错儿"。

不愧:担当得起,完全够格,如不愧为当代英雄。

不赖:好,如他的英语说得不赖。

不吝:慷慨,无保留,如请不吝指教。

不惜:舍得,如不惜牺牲自己的生命。

不朽:永远存在,如建立了不朽的功绩。

不差:好,如他的字写得不差。

不刊:立得住。"刊"古代指削去简牍上的错误。"不刊之论",指站得住、经得起检验的立论。

不避:(敢于)面对,如不避艰险。

叉的四个读音

叉的四个读音表现为声调的不同：chā、chá、chǎ、chà。四个读音具有不同的性质。读 chā 是本音，符合古反切初牙切。读 chá 来自方言，指挡住，卡住。读 chǎ、chà 是本音 chā 的变读与发展，用指不同的意义：读 chǎ 为动词，指分开为叉形的（叉开腿坐在地上），读 chà 是名词性的语素，指呈叉形状的东西或姿势（排叉；劈叉）。下面是用叉的四个读音写的一段话：他拿着刀叉（chā）在吃西餐，看见对面一个小孩叉（chǎ）开腿坐在地上，向他要排叉（chà）吃，正在这时，前面的一辆小汽车被叉（chá）在马路口，因为路上的红灯亮了。

"叉"在古代为平声，今大部分方言读阴平。

拆

某词典注稿"拆"字释义：①把整体的东西分开；开启：～毛衣｜～信。②特指毁掉建筑物：～房子｜过河～桥。

按拆不等于"毁"，②义项有问题。因为"毁"指"使不存在"，如烧毁、焚毁、捣毁。《现代汉语词典》"拆"②拆毁：～墙。拆毁是动补结构。拆为主要动词，毁是补语，拆而使其不存在。注稿为避免与《现汉》相同，将"拆毁"改为"毁掉"，在释义中"毁"成了主要动词，偷换了概念。"拆"如何能等同"毁"呢？拆房子与毁房子，过河拆桥与过河毁桥意义不相等。"拆迁户"更不可说成"毁迁户"。词义的细微之别，即"微殊"，十分重要。

夫差的差之读音

大约是 2004 年某天,《现代汉语词典》编纂组朋友问及:夫差的差,查词典注音 chāi,但中央人民广播电台的字音专家说也读 chā。我说读 chā 有可能,需要查阅资料作判断。

chā 与 chāi,不同在韵:读 chā 在麻韵,读 chāi 在佳韵。利用电脑光盘资料查了《全唐诗》,罗虬《比红儿》:"越山重叠越溪斜,西子休怜解浣纱。得似红儿今日貌,肯教将去与夫差。"马戴《校猎曲》:"意在绝飞鸟,臂弓腰镆铘,远将射勾践,次欲诛夫差。"汪遵《越女》:"玉貌何曾为浣沙,只图勾践献夫差。"都是押麻韵,在唐代夫差的差读 chā。

何以又读 chāi?《正字通》有记载:"夫差,吴王名,本读扶钗(chāi),亦读叉(chā),引宋之问《浣沙篇》'一行霸勾践,再笑倾夫差。艳色夺人目,效颦亦相夸'。"

根据以上材料,大概可以说明清时代读 chāi,唐代读 chā。

有人说"夫"也有读音问题,认为应读阳平 fú。阴平、阳平是入派三声的后代才有的,古代为平、上、去、入四声。如果说读今天的阳平,那么古代为奉母(浊声母)字,读阴平则为非母(清声母)字,其语音属性是声母的清浊问题。时代不同,字音的属性不同。

场

在分析"场"的音义时当注意其历史的发展。在现代汉语里"场"有二音二义。《现代汉语词典》(2005年版):

场(場、塲)cháng ❶ 图平坦的空地,多用来翻晒粮食,碾轧谷物:打～|起～|～上堆满麦子。❷〈方〉图集;市集:赶～。❸量用于事情的经过:一～透雨|一～大战|空欢喜一～。

场(場、塲)chǎng❶适应某种需要的比较大的地方:会～|操～|市～|剧～|广～。❷舞台:上～|下～。❸指某种活动范围:官～|名利～|逢～作戏。❹事情发生的地点:现～|当～|在～。❺指表演或比赛的全场:开～|终～。❻量戏剧中较小的段落,每场表演故事的一个片段。❼量用于有场次或有场地的文娱体育活动:三～球赛|跳一～舞。❽量电视接收机中,电子束对一幅画面的奇数行或偶数行完成一次隔行扫描,叫做一场。奇数场和偶数场合为一帧完整画面。❾图物质存在的一种基本形态,具有能量、动量和质量。实物之间的相互作用依靠有关的场来实现。如电场、磁场、引力场等。

从历史上看,古代"场"读平声,没有上声。《王力古汉语字典》:

場 cháng 直良切,音长,平,阳韵,澄。阳部。

一平整的场地。诗 豳风七月:"九月筑～圃。"又:"十月涤～。"引申为祭神的场地。汉书 郊祀志上:"能知四时牺牲,坛～上下,氏姓所出者,以为宗。"颜师古注:"积土为坛,平地为场。"又为多数人聚集的地方。文选汉扬雄剧秦美新:"遥集乎文雅之囿,翱翔乎礼乐之～。"南朝宋谢灵运 游名山志序:"岂以名利之～贤于清旷之域耶?"
❷量词。一事起讫的时间为一场(后起义)。唐高适邯郸少年行:"千～纵博家仍富,几处报雠身不死。"

《康熙字典》"场"字只有平声,没有上声。《汉语大字典》列上声chǎng,没有相应的古反切资料,也从侧面反映是后起的音,该字典注意到"场"音的古今变化,在场cháng的第三义项特作提示:"泛指进行某种活动的场所(今读chǎng)。"

《汉语大字典》处理"场"cháng/chǎng 二音也有可商榷的地方。例如将"电子场"、"电磁场"列在"cháng"下,而《现代汉语词典》列在chǎng 下。《汉语大字典》另一方面又将当读 cháng 的,误列在"chǎng"下,如引用宋陆游《小舟游近村舍步归》:"斜阳古柳赵家庄,负鼓盲翁正作场。"这里"场"为韵脚,与庄、郎相谐韵,自然是平声字。

场读 cháng、chǎng,都可用作量词,以下是《现代汉语八百词》的分析:

场(cháng)〔量〕事情经过一次为一场。

a)用于风雨、病、灾、农事活动等。

下了两～雨(雪、雹子)|刮了一～大风|生了一～病|受了一～虚惊|发了一～大水|这～大火整整烧了两天|发生了一～革命|经过一～大战|掀起一～风波|经受了这～大风浪的考验|轧了一～麦子|打了三～谷子

b)用于某些言语行为,后面不能接名词。

大哭一～|闹了两～|责备了我一～|这才不辜负父母辛辛苦苦培养你一～|我决心在建设地铁的战斗中大干一～

【习用语】一场空　比喻希望和努力完全落空。

旧社会农民辛辛苦苦劳动一年,到头来往往是一场空。

场(chǎng)〔量〕1. 戏剧演出、体育活动等完整地进行一次为一场。

三～戏(电影、演出)|这个星期只演出四～|我看四点半的一～|这出戏公演以来～～都满座|这部片子星期天有早～、下午～、晚～,还有夜～

2. 一出戏中小于"幕"的片段。

这出戏一共有五幕十～|这个话剧分几～?

3. 用于考试等。

昨天考了两～|今天还要考～物理

场 cháng 作量词,唐代有用例,属于"后起义",到现代又产生了读 chǎng 的量词,为新的后起义了。在语义上看,作为量词,基本的意义是指"一事起讫的时间为一场"。小有分工:读 cháng 时,偏指自然方面的事物(风雨、病、灾、哭、闹等),读 chǎng 偏指非自然的事物。"病了一场"读 cháng,不能读 chǎng;一场(chǎng)精彩的学术报告,不读 cháng。

"钞"字的一个义项

《应用汉语词典》【钞】③指作品,多用作集子的名称:《现代诗钞》。也作抄。我认为这个义项应是:选取,选编:《革命诗钞》、《田间诗钞》、《汶川诗钞》(此例选自互联网)。《说文解字》:"钞,叉取也",即有选择地获取。引申指选取,选编。《十八家诗钞》一书,注为"曾国藩选纂"。选纂,即对"钞"的注解。唐代虞世南的类书《北堂书钞》,其特点是采摘群书名言隽句编纂而成。这个义项,许多辞书没有收列,《应用汉语词典》能列为一个义项,实难能可贵。

谌作为姓氏时的读音

《新华字典》(1965年版)"谌，Chén 姓"。2002年版删去了姓氏义，注为"①相信。②的确，诚然。"《现代汉语词典》(2005年版)："谌 chén①〈书〉相信。②〈书〉的确；诚然。③Chén，也有读 Shèn 的。图姓。"

《现代汉语词典》对"谌"姓氏的处理，我认为是比较妥当的。我曾参加《新华字典》1971年的修订，当时有读者反映，作为姓氏"谌"还有实际存在读 Shèn 的。

"谌"古代反切为氏任切，平声侵韵，禅母，《广韵》："谌，诚也"，今音 chén。词典的注音、释义，传承有自。读 shèn 如何解释呢？从音韵学说可以作一个合理的分析。禅为浊声母，北京话浊平变为阳平，所以读 chén，而仄声就读 shèn。在古代只是声调不同，发展到北京话变成声母、声调的不同。类似的如"禅"古代指禅让，读仄声，今读 shàn，用在禅宗上读平声，今读 chán；"单"作为姓氏，古读仄声，今读 shàn，作为外来词，读平声，故"单于"的单，读 chán。

姓氏文化是华夏文化的重要内容。从这方面考虑，需要作进一步研究。如果编姓氏大字典，应该有音韵学家参加。

称谓

《现代汉语词典》的注释:"人们由于亲属或其他方面的相互关系,以及身份、职业等而得来的名称,如父亲、师傅、厂长等。"《中国科技术语》杂志编辑魏星同志与我讨论:"星座的名称可不可以叫称谓?"我一时难以回答。查检资料,发现在历史上"称谓"所用范围较广。《文献通考》卷一四七:"宫调称谓不可淆乱"(音乐上的名称);《文献通考》一五七卷:"官号物名,与今称谓不同"(官吏名称);《水经注》卷一:"同名异域,称谓相乱"(指地名);《水经注》卷三九:"虽称谓有殊,言归一水矣"(江河的名称);《大唐西域记》卷二:"若乃阴阳历运,日月次舍,称谓虽殊,时候无异"(历法上的名称)。《史通·内篇·称谓》:"晋楚并称侯伯;七雄力战,齐秦俱曰帝王"(国君的名称);《史通·内篇·六家》:"唯《东观》曰记,《三国》曰志,然称谓虽别,而体制皆同"(书的名称)。一共找了17条用例,"称谓"所指包括各个方面,远非仅限于身份、职业等名称。

在现代,"称谓"的用法,范围缩小了。这是一个习惯问题。

"称谓"可不可以用于星座名称呢?从学理上讲,是可以的。

撑

撑在《说文解字》中作"歨",在止部:"歨,歫也,从止,尚声"。段玉裁:"俗字歨作撑。"《玉篇》手部有撑字:"撑,撑住。"段玉裁还说:"车歨,《说文》全部作车樘。"而这个樘字在《集韵·庚韵》有:"樘或作掌。""撑"后变成"撑",是近代的事。《正字通》:"撑,俗撑字"。

由歨到撑,经过几度变化。《简明古汉语字典》(四川人民出版社)撑字列了三个异体字:撑、掌、歨。倒过来看,由歨到撑正反映字形的历史变化。

歨的变化从文字结构上说在形符上,由止→牙→手。支撑用脚、用手,都有理据可言。用"牙"是无理据性的,只是形的讹变。"掌"字出现于《玉篇》(成书于南北朝时期的梁),由东汉至南北朝正是汉字隶变时期,字形变化有时随书写走,不管理据。这几个异体声符都是"尚"。以"尚"为声符字可读 chēng,也可读 táng(堂、棠)。以"堂"为声符的也可读 chēng,如瞠、憆。掌古曾作樘,声符尚、堂属一个系统。对于声符,有时不能就一个具体字说,而要从声符的系统上去着眼,才能清楚异中有同。

承望/不承望

《汉语大词典》对"承望"的注释：

❶迎合；逢迎。《后汉书·鲍永传》："都尉路平承望风旨，规欲害永。"明王琼《双溪笔记》："至是会议，鸿儒托礼部尚书毛珵、户部尚书石玠承望内阁风旨。"清蒲松龄《聊斋志异·吕无病》："妇以远游咎无病，无病鞠躬屏气，承望颜色，而妇终不快。"❷指望。《敦煌变文集·李陵变文》："结亲本拟防非祸，养子承望奉甘碎。"元武汉臣《玉壶春》第二折："离了嘉禾旧朋党，断却苏州刺史肠，再要相逢莫承望。"❸料到。元马致远《汉宫秋》第二折："谁承望月自空明水自流，恨思悠悠。"《红楼梦》第六三回："小道也曾劝说：'功夫未到，且服不得！'不承望老爷于今夜守庚申时，悄悄的服了下去，便升仙去了。"梁斌《播火记》四七："老头子一辈子省吃俭用，不是容易，不承望落个这样的结局。"

《现代汉语词典》对"承望"的注释：料到（多用于否定式，表示出乎意外）：不～你这时候来，太好了。

从历史的发展看，"承望"指"料到"义是后产生的。《汉语大词典》所举三个例子，第一例是元代的，而二、三例为清代到现在的，其特点是只用于"否定式"。《现代汉语词典》的释文正反映了这一特点。

徐世荣《北京土语辞典》收"不承望":

不承望 bù chéng wàng 犹言没想到,居然,含有喜出望外的意味。如:"～被选中了。""～还有这一天!"也说"不承想"。

"不承望"在今天是"惯用语"。《现代汉语词典》似当为"不承望"立目,以有利读者查检和进行历史比较。

乘(大乘、小乘)的读音

《现代汉语词典》大乘、小乘的乘注 chéng。然而此前读 shèng。《康熙字典》乘字下小乘、大乘皆去声。丁声树先生主持《现代汉语词典》编纂工作时,将此订正读 chéng。刘庆隆先生见告,当时讨论中还想到"上乘"多念 chéng;统一读 chéng,可消除 shèng/chéng 之歧异。现实的根据是,北京的大乘巷胡同,小乘巷胡同,百姓口中均读 chéng。

铜臭与臭味相投

1978年版《现代汉语词典》以上两个条目的"臭"都注为chòu。1996年版的《现代汉语词典》把"铜臭"的"臭"注为"xiù",2005年版仍之。

"臭"这个字甲骨文已有,上面的"自"指鼻子。狗嗅觉比人灵敏,造这个字表示两个意思,用为动词指闻,读xiù,用为名词指闻的对象:气味。气味为上位概念,腐臭的气味为下位概念,后者《说文解字》作殠,读chòu。后来殠被淘汰,以"臭"表示。这样《新华字典》读xiù时,注为"气味",读chòu时注为气味难闻。一个字二音二义,一般不相混。遗臭万年,读chòu;空气是无色无臭的,读xiù。

在"铜臭"一词中有了问题。"铜臭"一词出自《后汉书》,似乎读xiù比较合理。清代王遵坦《古镜》:"世间铜臭久尘埋,圆璧千年出洛街",这里显然当读xiù了。

"臭"(xiù)在古代用指"闻",被嗅替代了。有了"气味"一词,用为名词的臭一般就不用,只有在四字格时才派上用场:无色无臭。但是读chòu,是单音词,为强势音义,因此"铜臭"读xiù指铜的气味便讹变成读chòu,指铜钱的臭味,成为一种比喻的用法。同样,成语"臭味相投"本读xiù,也由读xiù变成了读chòu。但"乳臭未干",乳有特殊的气味,故保留下来必读xiù。

铜臭与臭味相投为一类,都应读 chòu;与"乳臭"不属同一类,不宜将铜臭改为铜 xiù。

仇 chóu/qiú

在古代"仇"读 qiú，是"对象"的意思，用在好的地方指配偶（如《诗经》"君子好仇"，也作逑），不好的地方指仇敌。类似今天"对象"用法（有恋爱对象，也有革命对象）。读 chóu 的字本是雠，这个字也有"仇敌"的意思。

受"雠"的影响，"仇"后来也有 chóu 的读音了，并成为常用音；而读 qiú 成为非常用音，留存在姓氏中。"仇"由读 qiú 变为读 chóu，不迟于唐代。颜师古《匡谬正俗》卷八说："怨耦曰仇，义与雠同；'尝'试之字，义与'曾'同；'邀'迎字，义与'要'同，而音读各异，不相假借（指唐以前音不同。只是义相同），今之流俗，径读仇为雠，读尝为曾，读邀为要，殊为爽失。"

需要对颜师古的话作以下补充：仇因雠而增加了 chóu 的读音。尝后代仍读 cháng，没有新增 céng 音。邀与要，都有"於宵切"音，读 yāo，并不存在改读问题。

"禅"音解读的管见

单纯先生在《文史知识》(2005年第7期)发表的《佛教坐禅修炼》一文,读后长我知识。文章很有内容。文章中提出"禅"的音读问题,说:"'禅'字在西方文献中被用以标识中国佛教的禅宗'禅'时,用了'chan',而指日本佛教禅宗中的'禅'时,用了'zen'。同一个字,在不同的文化传统中以同样的读音方式标明时却发生了明显的差别:Dhyana、chan、zen,这种情况倒是值得学者们进一步地思索。"

Dhyana,为原生音(词),不必去探究,需要研究 chan、zen 的不同。chan 为现代汉语的读音,由古汉语发展来的;zen 是日本语读音,由中国传去的。因此要联系古代"禅"字的音读。

咱们很早就有"禅"字,指禅让,古代反切为时战切,今日读 shàn。汉末佛教传入中国,佛经中的 Dhyana,翻译中就用"禅"字来表示,读市连切,为音译。禅让与禅宗的两个"禅"字,读音声母相同,韵也相同,只是声调不同,前者为去声,后者为平声。用平声去翻译外来语,一般比较稳妥,像"阿波罗"、"阿拉伯"的"阿",1953年《新华字典》标去声,后来改为平声了。因为一般说,外语无声调的区别。又如"打"读 dǎ,上声。但用于音译时读阳平 dá,一打(英语 dozen)、苏打(英语 soda)。周有光先生说音译字是"借音舍义"。改变声调,我认为也可起到甩掉原来字义的作用。"禅"读市连切,是后产生的音。反切只表示音韵地位,实际读什么音,需拟测,市连切可拟为

[zĭen]（见郭锡良《汉字古音手册》，北京大学出版社）。这个字东渡传到日本，汉字仍是禅，假名标音为ゼン，用罗马字表示则为 zen。请注意，禅的声母为浊音，韵母有韵尾-n，这些在日语中都体现出来了，与古汉语"禅"的读音一脉相承。这个字据《日本语大辞典》只有音读（即据汉字的读音而定的音），没有训读（即意义是原汉字的而读音是日本本土的）。汉语在发展，到北京话里，浊音平声字变成了吐气的阳平，这就是说 zĭen→tṣʻan。用汉语拼音表示是 chán。

我们知道，我国的汉语拼音方案是1977年经联合国地名标准化会议采用为拼写中国地名的国际标准。1982年国际标准化组织采用为拼写汉语的国际标准。各国都有罗马拼音的国际标准，日本有自己的一套罗马拼音标准。因此在西方文献中标识中国的禅宗的"禅"时用 chan，标识日本禅宗的"禅"时用 zen。其不同中有同：二者均来自中古汉语的"市连切"，源自梵文的 Dhyana，指冥想。源流既明，音读的不同则可晓矣。

（原载《文史知识》2005 年第 10 期）

床的本义与床的构词能力

《说文解字》分析字义的时候,注重分析字的本义,如"标,木杪也,木末也",标的本义指树梢,这是从物形出发来诠释的。"初,裁衣之始也",结合字形(从衣、从刀)讲本义:"初"指用兽皮作衣,第一道工序是裁,故初有始义。制衣有一系列工序。"初"是一定系列中的初始环节。农历记日,第一个十天称"初":初一、初二等。这是因为古代以十天干纪日,一月中有三个甲日、三个乙日,后来演变为第一个十天的数词前加"初"。

《说文解字》:"床,安身之坐也"。这是从床的功能出发来解释字的本义。安身指使身体安稳。词义扩大,凡是能起稳定作用的底坐都可以用"床"名之,如机床、车床、道床、笔床、琴床、槽床等。制印中有"印床"。老舍夫人胡絜青曾师从齐白石学画,她说:"看齐老人刻印是一大享受……不用印床,而是一手握石,一手持刀,全靠腕力"(《齐白石三百石印·前言》)。历史上以"床"构成的词相当多。文学史专家扬之水说:"唐代家具中最为特殊的就是床,如茶床、食床、禅床等"(《中华读书报》2008年6月18日)。该报同天所载刘麟的文章说:"《李太白全集》收作者的各体诗词千余首,诗句中带'床'字者大约二十句,主要含义有三:(1)卧具,即普通的床铺;(2)坐具,如胡床、交床、绳床;(3)水井的护栏(摆按:水井的护栏床字由稳定作用转指保护作用)。宋代陆游的《入蜀记》:"二十日,倒樯竿,立艕床",艕即橹,指安装在船侧比桨要大的划水工具,需要设底坐以固定,这种底坐称做"橹床"。

床之为用可谓多矣。北魏贾思勰《齐民要术·养羊》:"白羊三月得草力,毛床动,则铰之。"毛床指毛贴近羊身的部分。现代讲的齿龈,通称牙床,是包住齿颈的黏膜组织。现代生命科学有术语"着床",指受精的卵子在子宫中找到自己"安身"的地方。床在这里不具有"可视性",完全是功能义了。

了解床的功能本义,庶几对床的超常的构词能力能有更好的理解。

从

《王力古汉语字典》:"从,同從"。從(cóng)字列四个义项:跟随;听从;参与其事;介词,由。

与跟随的意思相伴的还有"使跟随"的意思,这个意义后代消失了,但秦汉文献中不乏用例。"使跟随"即"率领"、"带领"。

《汉书·张敞传》:"偷盗酋长数人,居皆温厚,出从童骑,闾里以为长者。"唐颜师古注:"以童奴为骑而自从。"从,《说文》:"随行也。"自从,意为自随,即随自。这里的"从"指"使……跟随",即"带领"的意思。相同的用法如《汉书·胡建传》:"建从走卒趋堂皇下拜谒。"《萧望之传》:"仲翁出入从仓头庐儿。"《冯奉世传》:"本始中,从军击匈奴。"(按冯此行为主将,从军即率军)《史记·春申君列传》:"吴之信越也,从而伐齐。"司马贞《索隐》:"刘氏云:从犹领也。"近代学者杨树达在《汉书窥管》卷八说:"《汉书》从字有二义:其一为己从他人,又其一则为使他人从己。如《何并传》'并自从吏兵追林卿'及此文(按:指《尹翁归传》'遂召上辞问,甚奇其对,除补卒史,便从归府'),皆使人从己之义。"

除《史记》、《汉书》外,其他的书亦有用例。《庄子·盗跖》:"盗跖从九千人,横行天下。"《韩非子·外储说左上》:"昔秦伯嫁其女于晋公子,令晋为之饰装,从衣文之媵七十人。"《战国策·赵策一》:"知伯从韩魏以攻赵。"(按:下章有"知伯帅赵韩魏而伐范中行氏"。从、帅互文)。《新唐书·李贺传》:"每旦日出,骑弱马,从小奚奴,背古锦囊。"

"从"带领义,可上溯到甲骨文金文。《殷契粹编》924片:"不雨,弗禽,其从犬廿,禽又(有)狼。"从犬,即带领犬。[1] 交鼎"交从兽来□,王锡贝,用作宝彝",兽,有释作畜(chù)的。"从兽来",意为携带了畜牲来。

(原载《语言学论丛》第十七辑,商务印书馆,1992)

---

[1] 杨树达《积微居甲文说》"释从犬"。中国科学院出版。

报答、答复与答理、答应

《普通话异读词审音表》：答（一）dá 报答　答复　（二）dā 答理　答应。这完全是北京话的分别。答字其反切为都合切，为清入字，北京话入声消失，清入字读阴、阳、上、去的都有，也有点小规律：阴平、上声多为口语音义；阳平、去声多为书面的音义。答读阳平是书面语语素，读阴平是口语语素。我们看《现代汉语词典》答读阴平所领的词语是：答茬儿、答理、答腔、答言、答应、答允。答读阳平所领的词语是：答案、答拜、答辩、答词、答对、答非所问、答复、答话、答卷、答礼、答数、答题、答谢，与我们的分析大致是正吻合的。"答非所问"为成语，文言结构，不得读阴平 dā 更显而易见。

"大"的 dà/dài 反切选择

在普通话里"大"有两个读音：读 dà，是主要音项、自由音项，读 dài 则是黏着音项，使用上是受限的。请看《现代汉语词典》的注音释义：大 dài 义同"大"(dà)，用于大夫、大王。《普通话异读词审音表》大(一)dà 大夫(古官名)大王(如爆破大王、钢铁大王)(二)dài 大夫(医生)大王(如山大王)。《审音表》把音的不同与词的不同揭示出来，"大夫"₁"大夫"₂；"大王"₁"大王"₂，字形一样，读音不同，意义有别。现在回到与古音对照的问题。《广韵》"大"字有两个反切：徒盖切(今读为 dài)，其下有释义；唐佐切(今读为 duò)，是又音，没有释义。取"徒盖切"以表示读 dài 的来历，没有问题。问题是读 dà，取什么反切？有的字典只取"徒盖切"；有的取"徒盖切"，再补上"唐佐切"。《古今字音对照手册》兼取这两个反切。兼取是对的。方言中"大"的读音，多数方言为[a]，而广州、长沙、南昌为[ai]，上海话为[u]，苏州话为[əu]。在文献中，"大"读 dài，可找到的佐证不乏用例，如"大"通"代"："李陵家历大(代)为将军"(敦煌变文)；通"袋"："胡秘监旦学冠一时而轻躁喜况(评价)人。范应辰为大理评事，(胡)旦画一布袋中藏一丐者以遗范(应辰)，题云'袋里贫事也'(以袋里谐大理)"(宋王闢之《渑水燕谈录》卷一〇)；通"待"："安排些香卓儿去，我大(待)烧炷夜香"(元关汉卿《拜月亭》)。"大夫"₁与"大夫"₂从用例看，后者要晚，如[大夫]dàifu，顾炎武《日知录》卷二九："北人谓医生为大夫";清赵翼《陔馀丛考》卷三七:"今江南医生尚称郎中,而北俗则称医生为大夫。"读 dàfū 指古官名无疑则早得多。再说"大人"一词,《陔馀丛考》卷三七:"宋时犹以大人称父母,元时达官已有大人之称。"今天西安话"大人"一词,指长官时读[a],指双亲时读[uo](见《汉语方言大词典》,江苏教育出版社),为共时的并存。方言中读唐佐切有不少蛛丝马迹的用例。"大"今读 dà,如何而来,是汉语史中的一个问题,缺乏研究,无发言权。我从事辞书编纂,面对今音,参考古音,认为《古今字音对照手册》在"大"下列唐佐切、徒盖切,两个反切,不失为稳妥,有助于我们对今音的理解。

大都(大多)

《普通话异读词审音表》"都"是如此审定的:(一)dōu 都来了(二)dū 都市、首都、大都(大多)。这个括弧提示我们"大都"是副词,而不是名词的元代大都,因为元代的大都,读 dū,不会有误读的,而副词的"大都"可能误读 dōu,所以要审定。果不其然,我们见到一则误读的例子。《现代汉语词典》1978 年版副词"大都"注音为 dū,而 1996 年修订本改为 dōu。这个改动违背了《审音表》的规定,于学理也不合。都,古代为当孤切,指汇集、总汇,后来分化出副词义,指总括。读 dōu,没有反切资料,说明是晚近产生的。读 dū 的"都",前面加"大";大都,指大多。表示总汇、总括的字,如凡、概等,前面加了"大"其总括的程度降低了,如大凡、大概的总括程度低于凡、概(如凡在场的都同意他的意见,大凡在场的多表示同意他的意见;概莫能外,大概没有例外)。"杜甫的诗都(dōu)写于安史之乱前后",是一个不符合事实的命题;"杜甫的诗大都写于安史之乱前后"就正确了。大都,指大部分。大都 dū 与都 dōu 在意义上有分工,语音也不同,所以音不能混淆。《现代汉语词典》2005 年版恢复了 1978 年的注音 dū。

倒 计 时

《现代汉语词典》1978年版没有"倒计时"条目,后来补收。近年出版的新词新语词典大多收了"倒计时",《新华新词语词典》还给了英文 countdown。

"倒计时"是外来词,牛津等英语词典有 countdown。

倒计时是一种计时的方法。"倒计时"这个词是外来的,但倒计时这种方法咱们古代早就有了。《周易》中的卦是倒着向上说的。《周易》有六十四卦,第一卦是"乾":

☰ (乾下乾上)

乾:元亨,利贞。

初九:潜龙勿用。

九二:见龙在田,利见大人。

九三:君子终日乾乾,夕惕若。厉,无咎。

九四:或跃在渊,无咎。

九五:飞龙在天,利见大人。

上九:亢龙有悔。

用九:见群龙无首,吉。

乾卦指天,一横画为阳爻,称九。乾卦有六画。称六爻。称说"爻"时,由下往上说。初九指倒数第一爻为阳爻,九二、九三分别指倒数第二、第三阳爻。上九,指最上阳爻。

为什么要由下往上说呢?《说卦》作了说明:"数往者顺,知来者逆,是故《易》逆数也。"意思是说讲述以往的事,是顺着由上向下的,如果预测未来,就要由下而上逆行了。《易》是预测未来的,所以要逆数。

　　我们来解读一下《说卦》的说明。

　　"倒"与"顺"相对,必须确定方位才有倒顺的问题。例如从上到下是顺,从下往上是倒;从前到后是顺,从后到前是倒。

　　然而,时间是物质运动的存在形式,它难以说有什么方位。人们为了称说方便,给了时间以方位:今天、昨天、前天、大前天;明天、后天、大后天。今年、去年、前年、大前年;明年、后年、大后年。以往的时间用"前",未来的时间用"后"。所以唐代诗人陈子昂唱道:"前不见古人,后不见来者,念天地之悠悠,独怆然而涕下。"

　　也可以用"上""下"。上午、下午;上个月、下个月;上周、下周,等等。

　　我们在讲述历史的时候,是顺着说的,即由上往下,由前往后。由古代而近代、现代、当代。但时间不停地在前进,今天会变成昨天。这样我们就看到了另一种运动形式:

大前年 2005 年

前年 2006 年

去年 2007 年

今年 2008 年

明年 2009 年

后年 2010 年

大后年 2011 年

未来的时间是倒着向上"走"的,为了强调未来某一时段、时点,就把它固定下来,以现在的时间为起点,倒着数,数到一定的数,确定时间就到了。这更能反映时间的变动。

(原载《语文建设》1997 年第 8 期)

试说"朵"

字义的分析,靠综合字的用例,但有的时候从综合用例入手,很难把字义"提取"出来。像"朵"就是一例。归纳法行不通,得求助于演绎法:从历史上探寻,由源讨流,然后再到现实中印证。

"朵",《说文解字》注:"树木垂朵朵也。"唐代的《慧琳音义》:"树木花垂朵朵也。"怎么个"垂"法?下垂、上垂?通常理解是"下垂",但古人认为还有"上垂"的。《玉篇》:"朵,木上垂也。"《广韵》:"朵,木上垂也。"需要综合一下。下垂、上垂,无非指东西的鼓凸、凸延。凸延的方向可以向下,也可以向上或指向左右。至此,可以将"朵"的本义"提取"出来:指事物的鼓凸、凸延。花朵,有向下的,也有向上或向左右的。耳朵,就是"耳",后有"耳朵"一词,"耳朵"的"朵"有意思吗?难以回答。现在我们知道"朵"本义指鼓凸、凸延,那就好回答了:有的,"耳朵"不正是头的两侧向左右凸延的部分吗?《易经》上有"朵颐"一词,"颐"指面颊和下巴。在《说文解字》里正字作⊟,"颐"是⊟的异体字。现在异体字成为正字。⊟可用作字的偏旁(如宧)。⊟本是横写的⊟,属"象形"类,指面颊与下巴,后来竖写作⊟,象形的意味没有了。"朵颐",《王力古汉语字典》注为"鼓腮大嚼"。你想,腮帮子吃得鼓出来了,真是吃得多、吃得痛快呀。成语有"大快朵颐",这个成语重点字义是"朵",这里用作动词,指鼓出。"朵"可以作量词,用于有凸延性的东西:一朵花、一朵蘑菇、一朵祥云。也可说"云朵",云朵正是呈凸延状的云块。抓住了朵的本义,可以将"朵"的名词义、量词义、动词义串起来,使我们对这些用法的意义由知其然变为知其所以然了。

"朵"还可以作为偏旁去造字,如"垛","朵"的鼓凸义也跑到这个形声字里了:麦垛、柴火垛,都是呈鼓凸形的。

在小篆里"朵"写作🌳,"从木象形",其字义蕴涵在🌳的形体中:用𠂇表示鼓凸、凸延的意思,古人造字可以说是苦心孤诣、费尽心思的。文字是抽象的符号,"大快朵颐"需要联系花朵的形象义吗?不需要。具象造字,抽象用字。到楷书里作"朵、朶",今规范字作"朵",是历史的进步。

(原载《语言文字》2008年第1期)

恶

四个读音,两个层次

四个读音:è、ě、wù、wū,两个层次:a.现代汉语读音 è、ě、wù b.文言读音 wū。

a 类当从词性分:

形容词 è 与"善"相对,善有善报,恶有恶报。

动词 wù 与"好"(hào)相对,好恶不同。

ě 只用于"恶心"。以前也作噁心。

b 类,文献中用例。①疑问代词:先生又恶能使秦王烹醢梁王?②叹词:恶,是何言哉!

以上分析旨在注意字音的时代性;字音与字义的关系;语用功能。恶的 è、ě 二音,李荣认为皆来自古代的"乌各切"(见《音韵存稿》第 48 页)。何以成为二音二义,我的粗见是:乌各切为清入字,在北京话里清入字变阳平、去声的多为书面音;变阴平、上声的多为口语音。读 è 书面音,ě 口语音,后者再分化出新义,成为一个后起词。

更　夫

《现代汉语词典》(1978年版)注释:"旧时打更巡夜的人。"郭良夫先生说不应加"旧时",他说:"1981年6月24日《人民日报》第四版登了一条新华社的电讯,其中说:'李玉堂原系德都县龙镇基建厂的更夫。……黑龙江省高级法院审判委员会最近按监督程序对此案进行审理,认为李玉堂的行为是履行更夫职责,是在特定条件下的正当防卫,决定撤销对李玉堂的原判,宣告无罪。'显然,'旧时'就把'更夫'一词的运用限死了。"见《立目与立解》(《语言学论丛》第十辑)。

举例重要,有了例证便可说明为何不宜加"旧时"。那时写文章找例子,很见功夫。现在网络化了,例子一般不难找到。"更夫"一词,2005年我在"网易"上查到629页资料,举其中数例:1.72岁更夫被害,警方通过模拟画像抓到嫌犯;2.淮安信息职业技术学院保卫处:更夫人员必须牢固树立全心全意为国家集体和人民生命财产安全服务的思想;3.哈师大新闻网:假期将至,为了强化学校门卫更夫的责任意识……举办全校门卫更夫培训会;4.重伤更夫敲桌报案,警方悬赏一万元征集破案。

《现代汉语词典》(1996年版)将[更夫]条删去。

郭先生文章题目为"立条与立解",此两点相互联系,他文章讲的是"立解",指释义中不应有"旧时"二字。现在条目删去,属"立条"问题。"更夫"是否应立条?我认为保留为好;而立解中当然不应有"旧时"二字。立目与立解二者相互间有密切的关系。

贞观的观怎么读

2007年3月语言研究所词典室朋友电话里问及：贞观的观读什么音。我说只能作一粗浅的回答。"观"有二音：读 guān，指看。如果用于使动，使人看，即显示的意思，如"观兵于周疆"，则变读 guàn。"贞观"的"观"当指显示义，臆测读 guàn。朋友说《现代汉语词典》"贞观"的"观"注音 guàn，有读者建议改注 guān。"贞观"一词，出于《易经》，查了《易·系辞》，当读 guàn。原注音是正确的。今俗读为 guān，如果从俗读，那是另一个问题。

查《汉语大词典》"贞观"条：

【贞觀】❶谓以正道示人。贞，正，常。观，示。《易·系辞下》："天地之道，贞观者也。"韩康伯注："天地万物莫不保其贞以全其用也。"孔颖达疏："天覆地载之道以贞正得一，故其功可为物之所观也。"陈梦雷浅述："观，示也。天地常垂象以示人，故曰贞观。"

"贞观"虽没有注音，但释义明确指出"观"为显示义，由义推音，读 guàn 之理由亦明。这是从学理上讲应该把"贞观"的观读 guàn。从应用层面说，误读 guān 的很多，具有社会性，是否要改注 guān 呢？成语"掩耳盗铃"，古作"掩耳盗钟"。后世通行"掩耳盗铃"，现在成语词典只收此条目。我认为贞观的"观"其注音可改为 guān，并作一括注：旧读 guàn。

"胡"考随录

《现代汉语词典》"胡"的释义：①古代泛称北方和西方的各民族：～人。②古代来自北方和西方各民族的（东西）：～琴｜～桃｜～椒。

《辞源》"胡"的释义与上大体相同。"胡人"条有新的内容：①我国古代对北方边地及西域各民族的称呼。《史记·秦始皇本纪》引贾谊论："乃使蒙恬北筑长城而守藩篱，却匈奴七百余里，胡人不敢南下而牧马。"②汉以后也泛指外国人。晋干宝《搜神记》："晋永嘉中，有天竺胡人，来渡江南。"

据第一义项，"胡人"即"匈奴人"，训诂学上叫"互文见义"。据第二义项，"胡人"指外国人，把印度人称为"天竺胡人"。语言学上叫"词义扩大"。

下面是三位大学者对"胡"的考证：

顾炎武认为战国时将戎称为胡，"是以二国（赵国和燕国）之人而概北方之种（种族），一时之号而蒙千载之呼（称呼）"，他说《考工记》说："粤无镈，燕无函，秦无庐，胡无弓车"出现了"胡"字，"以此知《考工》之篇亦必七国以后之人所增益矣。"（见《日知录》卷三二）

陈寅恪认为："胡本匈奴（huna）专名，去 na，著 hu，故音译曰胡。后世以通称外族。"（《五胡问题及其他》）胡为什么指匈奴，语音学上的道理说明白了。

王国维有《西胡考》，指出胡本指匈奴。汉代人称西域人为西胡，反谓匈奴谓东胡。后汉以后,匈奴衰落,胡则专指西域诸国。胡人的特点是深目多须。唐人便把须称为胡,后又造"鬍"字。王国维与陈寅恪从中西交通的高度分析"胡"的字义的变化,故有创见,这是现代考证学的大优点。

洄

《现代汉语词典》:"洄,〈书〉水流回旋。"然而有的字典"洄"释为"逆流而上"。我认为"洄"没有"逆流而上"的意义。为此需要结合"游"字来了解"洄"义。《诗·秦风·蒹葭》:"溯洄从之,道阻且长;溯游从之,宛在水中央。"洄与游概括了水流的两种形态:洄,从回,即呈回旋状的水流;游,从斿,为长貌,即呈长条形的水流。《后汉书·王景传》:"十里立一水门,令更相洄注,无复溃漏之患。"李贤注:"洄,郭璞注云,旋流也。"《水经注》卷一八:"两川交会,波流潆洄。"指两川汇合时,水流作洄旋状。注为"逆流而上"也不是没有根据,估计可能受《尔雅·释诂》的影响:"逆流而上曰溯洄,顺流而下曰溯游。"这里当注意三点:1.《尔雅》言"逆流而上曰溯洄",并未言"逆流曰洄"。2.郭璞的《尔雅》注已作纠正:"洄,旋流也"。3.更重要的是文献中洄用指"旋流"者不乏用例,而指"逆流而上"者无例。现代语汇中有"洄游"一词,指鱼类等水生动物,因环境的影响和生理需要,作定期、定向的规律性游移。水流的形态无非是条状的或回旋状的,鱼类游移离不开此两种水流的形态,因此以"洄游"概括其整个的游移迁徙的活动。

霍乱和虎列拉

老《辞海》(1935年编)霍乱条的注解是:"(cholera)病名。译名虎列拉,又名绞肠痧、瘪螺痧、吊脚痧等……。"《汉语大词典》:"[虎列拉]英语 cholera 的音译。病名。急性传染病霍乱的旧称。"岑麒祥先生《汉语外来语词典》:"虎列拉,[日]korera〈英 cholera〉,一种急性传染病。"岑先生书指出 cholera 是经日语而译成虎列拉的,有助于我们理解。在日语中,"虎"读"ko",所以用虎来译英语的 cho[kɐ] 是自然的;汉语"虎"读 hu[xu],与英语的音对不上茬。只有联系日语才能了解何以把 cholera,说成"虎列拉"。

相似的有"瓦斯",《现代汉语词典》:"瓦斯。气体,特指各种可燃气体,如煤气、沼气等。[日,从英 gas]。"瓦,在日语音读为"ga",汉语瓦读[ua],与英语读音相差大,《现代汉语词典》特别标"日",就是为了帮助我们对"音译"的理解。注出音译词,对读者理解词义是有好处的。"霍乱"一词,古已有之。《汉书·严助传》:"夏月暑时,欧(呕)泄霍乱之病相随属也。"但与今日的"霍乱",是不能画等号的。今日之霍乱,指因霍乱菌感染所致,而霍乱菌是1883年为德国细菌学家发现。霍乱一词的意义古今有变化,有发展。

这属于词的理据性问题。音译词有外翻汉的,也有汉译外的。汉语译成外语,有的也不好理解。例如"澳门"西文译名为 Macao,与澳门的读音相差甚大,其理据何在?老《辞海》有说明:"澳门……

其地有天后宫,土人称为妈阁,故西文译名为 Macao。"

老《辞源》《辞海》比较注重词的理据性说明,这一点对我们仍有启发作用。例如"电"这个词,古已有之,而今日用的"电"则是近代才有的。老《辞海》对此有不同的说明:"电,见《说文》。桂注引《五经通义》:'电,雷之光也。'按:电之旧义乃指空中带电之云放电时所发之光。今则谓电为物质中固有之能,电之英名(electrocity)原出希腊语。古时希腊人摩擦琥珀,发现其有吸引及推斥作用。希腊语谓琥珀为 elektron,故有今之英名。"

(原载《语文建设》1997 年第 8 期)

家父、令尊与舍弟、令弟

谦称与尊称常常是配套的,"家"用于谦称自己的亲属,"令"用于尊称对方的亲属,于是有家父、家母与令尊、令堂相配的谦尊之称谓。

"令"自己不再有系统中的分别,令尊、令弟皆可,而"家"不同,它还有系统里的长幼之别;家用于称自己亲属中辈分高的,故有家父、家兄等,而辈分低的用"舍",如舍弟、舍侄等。

据说中央电视台一位节目主持人将对方的父亲误称家父,一时传为笑谈。我是一个编词典的人,认为我们也应该反思:没有把家、令;家、舍这两个层面讲清楚。在这两个层面中都有"家":"家"与"令"相对,指谦称;"家"与"舍"相对又有尊敬的意味,稍不注意就出现误用。这种误用还表现在"家"、"舍"不分。如杜甫《月夜忆舍弟》,社会科学院文学研究所《唐诗选》注解:"舍弟,家弟。"

把家、令;家、舍的语义关系讲清楚,出现误用的可能性会小得多。辞书工作者义不容辞。

键字众多反切及其今读

"键"在《类篇》列了六个反切：

一　纪偃切　见阮上开三　jiǎn
二　巨偃切　群阮上开三　jiàn
三　九件切　见狝上开三　jiǎn
四　巨展切　群狝上开三　jiàn
五　渠建切　群愿去开三　jiàn
六　渠焉切　群仙平开三　qián

在《康熙字典》列了八个反切：

一　渠偃切　群阮上开三　jiàn
二　巨偃切　群阮上开三　jiàn
三　其辇切　群狝上开三　jiàn
四　纪偃切　见阮上开三　jiǎn
五　九件切　见狝上开三　jiǎn
六　渠焉切　群仙平开三　qián
七　渠建切　群愿去开三　jiàn
八　巨展切　群狝上开三　jiàn

众多的反切，其今读实为三个音：jiǎn、jiàn、qián。

《康熙字典》

鍵鑓 jiàn ㄐㄧㄢˋ《唐韻》渠偃切。《韻會》巨偃切。並音楗。《說文》:鉉也。一曰車轄也。又《韻會》:籥牡也。《禮·月令》:修鍵閉。註:鍵牡閉牝也。疏:凡鑲器入者謂之牡,受者謂之牝。俗云鎖須閉者,鎖筒也。《周禮·地官》:司門掌授管鍵。《小爾雅》:鍵謂之鑰。又揚子《太玄經》:菹鍵挈契。註:菹,乖也。鍵,析也。又星名。《前漢·天文志》:鍵閉一星,近鉤鈐,主關籥,謂之天鍵。又通作健。《前漢·司馬遷傳》:大道之要,去健羨。服虔曰:門戶健牡也。又《廣韻》其輦切。《集韻》《韻會》《正韻》巨展切。並音楗。又《廣韻》《集韻》並紀偃切。音湕。jiǎn ㄐㄧㄢˇ 又《集韻》九件切。音蹇。qián ㄑㄧㄢˊ 又《廣韻》《集韻》《韻會》《正韻》並渠焉切。音乾。jiàn ㄐㄧㄢˋ 又《集韻》渠建切。音健。並籥牡也。《玉篇》:亦作鑓。

上列反切反映出两个问题:1.反切用字多。同一个声母或同一个韵母,理想的是用一个汉字来代表,而实际上常用多个汉字来表示。如纪、九都是见母字,巨、渠、其都是群母字。辇、展、件都是狝韵字。2.古代韵书反映的汉语音节数较后代为多(《广韵》3800小韵,即3800个音节,北京话的音节数一般认为连声调说是1400个左右),主要是韵母数量多。如巨展切与巨偃切,反切今读 jiàn,为一个音节,古代为两个音节。二者声母相同,韵母小异:"展"的韵母为 ǐɛn,"偃"的韵母为 ǐɐn,后者韵腹的开口度略小于前者。

共赴时艰、共克时艰

2008年5月12日发生了汶川八级地震,媒体报道中有"共赴时艰"、"共克时艰"等。"时艰"指影响整个国家的大灾难、大灾祸。

《现代汉语词典》:"艰:困难"。《古汉语常用字字典》:"艰:艰难,困难。"均以补出"难"字来解释"艰"。

难有二音二义:nán,指困难;nàn,指灾难。"艰"多用指"困难",如"创业维艰"、"国步维艰"。但"艰"也有指"灾难"的意思。甲骨卜辞"嫛贞无咎"。嫛即艰。即为灾祸而贞卜,结果"无咎",没有灾殃。在《易·泰卦》"艰贞无咎"中,出现"艰"的本字。古代重孝,视父母之丧如灾难。"丁艰"、"丁忧"指遭父母的丧事。

"艰"表示灾难的意义,今天并没有独立的语音形式,但是从甲骨文与《易经》的用例看,证明其来源甚古,而在"共赴时艰"(与共赴国难对比)中,证明它还留存在语言中。难读nán,指困难,读nàn,指灾难。"艰"从意义上既指困难,也指灾难,但只有一个语音形式jiān。辞书要不要补出"艰"的灾难义,似可研究。

唐代多匠人

《现代汉语双序词语汇编》(武汉大学出版社，2003年，刘兴策)收有工匠、木匠、石匠、锁匠、铁匠、铜匠、瓦匠等8个。《实用解字组词词典》(上海辞书出版社，1986年，周士琦)收有木匠、银匠、铁匠、铜匠、锡匠、漆匠、瓦匠、石匠、鞋匠、皮匠、画匠、篾匠等12个。《倒序现代汉语词典》(商务印书馆，1987年，语言研究所词典室)收有花儿匠、画匠、篾匠、木匠、泥瓦匠、皮匠、漆匠、石匠、铁匠、铜匠、瓦匠、锡匠、小炉儿匠、鞋匠、银匠、油漆匠等16个。敦煌文献中关于工匠的类别有石匠、铁匠、木匠、索匠、瓮匠、皮匠、鞋匠、金银匠、玉匠、泥匠、灰匠、塑匠、鞍匠、弓匠、箭匠、胡禄匠、画匠、纸匠、笔匠、染布匠、毡匠、帽子匠等22个(见马德《敦煌工匠史料》，甘肃人民出版社，1997年)。唐代的匠人蔚为大观矣，后代有些式微了。

维 摩 诘

梵语为 Vimalakirti。诘,古为去吉切,读[kiet](见郭锡良《汉字古音手册》),韵尾收[-t],与梵语原词正相匹配。

字音在变化,诘今读 jié。但懂佛经的人认为"维摩诘"的诘当读 qǐ。钱世明《严文井先生的隽语》(《光明日报》2007 年 3 月 16 日)说:"我们聊佛学时,他(指严先生)问我:《维摩诘经》的'诘'到底念什么?我说 qǐ,他点头说'是。有人念 jié,我也觉得不对'。"

按照反切今读,诘当读 qī 或 qǐ,今天读 jié 是变读,估计是受"结"等的影响所致。我们今天对"维摩诘"的诘读 jié,取变化之音;但内行人知道读 qǐ 其来有自,外行人也不要简单否定。从学理上说 qǐ 更合理,但积非成是;社会读音有时比学理更重要。

介(不介马)

《左传·成公二年》:"齐侯曰:'余姑翦灭此而朝食',不介马而驰之。"不介马,一般均释为"不给马披甲"。本自杜预注。马如何披甲?我存疑问。言马披甲的还有《诗经·郑风·驷介》等。"驷介彭彭"毛传:"介,甲也。"段玉裁《说文解字注》骱字条的分析,对我们有启发。

《说文》:"骱:系马尾也。"段:"此当依《玉篇》作结马尾,《广韵》作马尾结也。结今之髻字。《太玄》曰:'车輓马骱可以周天下。'……按:远行必髻其马尾。骱与髻音义同。诗曰'驷介',《左传》曰'不介马而驰之',疑'介'即古'骱'。"(顺便据《辞源》补充一个用例:《宋史·路振传·祭战马文》:"名驹大骱,衔尾入塞。")

1984年冬赴西安参加训诂学年会,有幸得参观秦始皇兵马俑,见到陶马的尾巴都是呈编结状的:挽车的似盘状;单骑的呈辫状。返京后给西安同志奉函求教。次年吾友清波教授转来兵马俑博物馆编《秦俑》(5月出,未标期数),刊载问樵同志《秦俑马尾巴为什么要挽结》一文,分析了马结尾的原因。文章指出,马尾巴有两个功能:自由甩动以驱赶蚊蝇等;在高速奔跑时,高高扬起以利平衡。"挽车的马由于尾旁有鞘辔挽具革索,如果任马尾随意摆动,则尾梢容易缠绕在绳索上,轻者扯伤马尾,重则会因马护痛而引起惊车事故,所以要用挽结,并用带子束起来。而骑兵的战马就不需要考虑这些,马尾巴梳成长辫形,当马高速奔驰时,尾巴可以扬起,起到平衡作用。"秦时去春秋不远,秦陶马俑的尾鬐,无疑对解释"介马"问题是具有说服力的。近代学者陶鸿庆也曾认为"不介马"的"介"不当释为"甲"。[①] 清刘文淇《春秋左氏传旧注疏证》对《鞌之战》里齐侯在败逃时"骖絓于木而止"有疑问。现在这个问题可以有合理的解释了:因为不结马尾,所以才导致慌乱中"骖絓于木"。《左传》文章最善前后照应;应该将文章前后联系起来考虑。

(原载《语言学论丛》第十七辑,商务印书馆,1992年)

[①] 陶鸿庆《读书志疑·左传别疏》,中华书局。

䌹

《王力古汉语字典》："单衣。也作'褧'。《礼记·玉藻》：'禅为䌹'。郑玄注：'有衣裳而无里'。"该字典"褧"字："用麻或轻纱所制单罩衣。"后者释文有"罩"；前者释文当补"罩"字（已通知出版社修订时补上）。无罩字条出自本人之手，深为愧疚，原因是学养不够。后来在注释《新华多功能字典》"䌹"字时，认识到"冋"还有表义功能。

这本字典对"䌹"字义介绍有这样的话：冋指远郊。以冋为音符的字多含远的、在外的等意义，如坰、泂、尣、扃（从外面关门的闩、钩等）、埛等。也有例外，表示明亮的炯，以冋为音符。以上介绍是本人写的。

百废具兴与百废俱兴

1978年版《现代汉语词典》以"百废具兴"立条,2005年改为以"百废俱兴"立条。《王力古汉语字典》:用作副词时,古多说成"具"(其遇切,去声)。如《诗·小雅·节南山》:"民具尔瞻"。后来,俱、具有了分工:二人以上同做事叫"俱"(举朱切,平声),一人把一切事物都处理了叫"具"。"俱"指主语的范围,"具"指宾语的范围。《史记·项羽本纪》:"项伯乃夜驰之沛公军,私见张良,具告以事(不说俱告以事),欲呼张良与俱去,曰:'毋从俱死(不说具去、具死)也。'"《新华多功能字典》:"到了现代,副词'具'已经不用,副词'俱'语义虚化,表示全、都,指主语的范围,如:两败俱伤、万籁俱寂。"

《现代汉语词典》第5版改为"百废俱兴",反映现代汉语用字与古不同,正确。

克　扣

《现代汉语词典》对"克扣"的注解是:"私自扣减应该发给别人的财物,据为己有。"再探寻一下,"克"是什么意思?"克扣"是一个复合词,"克"作为一个词素,应该是有意义的。《现代汉语词典》单字"克"所注释的意义有:能;克服,克制;攻下据点、战胜;消化;严格限定(期限)。没有一项适合于"克扣"的。《新华字典》收了[克扣]一词,放在④义项:"严格限定:～期,～日完成。[克扣]私行扣减,暗中剥削:～～军饷。""克扣"之"克"与"严格限定"看不出意义上的联系性。其实这里的"克"是削减的意思。这个意思本作"剋"。剋用指削减,可单用,如《金史·百官志四》:"凡监临使司、院务之商税,增者有赏,亏者剋俸",也可与"剋减""剋扣"合用。明谢肇淛《五杂俎·地部二》:"工匠浸没于外,厨役剋减于内。"《中国歌谣资料·太平军快到苏州城》:"宦承恩,剋扣钱粮米独吞。"

现在"剋"字已并入"克",那么就应该在"克"下增加"削减"这一个义项。《新华字典》影响很大,已经把[克扣]归入"严格限定"的大范围里了,一般人就不去深究了。但是,《普通话异读词审音表》"克"有审音的内容:"克 kè 克扣"。我们晓得"克"本身只有 kè 一个音读,不存在异读,何以要审音呢?原来这里审的是"剋"的音。剋又读 kēi,克扣,读 kèkòu,不能读 kēikòu。这一探寻,使我们把"克扣""克"的"本字""剋"找出来了,从而也把"克"真正的含义弄明白了。

绕了多大一个圈!

把圈绕得再大一点:"克"字本身就有"削"义。《说文》:"克,肩也,象屋下刻木之形。"历来对许慎所注理解不一,众说纷纭。清黄以周说得最为平实,他说"克"有戡、刘、杀等义,"亦有削义"(见《释克》)。成语"克己奉公"现在都把"克己"解释为"克制",欠当。(这对"克己复礼"成语中的"克己"来说是合适的)此处"克己",即削减自己的要求、欲望、享受、获得,等等。《后汉书·祭遵传》:"遵为人廉约小心,克己奉公,赏赐辄尽与士卒,家无私财。"克扣,是削减他人之应得而归己;克己,是削减本人之应得而奉人、奉公。"克"之义指削减,则是相同的,其不同是语用上有异而来。

(原载《语文建设》1997年第8期)

狼牙棒

《汉语大词典》对"狼牙棒"有较详细的注释,并配有图:

【狼牙棒】古兵器名。用坚重之木为棒,长四五尺,上端长圆如枣,遍嵌铁钉,形如狼牙。宋曾公亮《武经总要前集》卷十三:"取坚重木为之,长四五尺,异名有四:曰棒,曰榆,曰杵,曰杆。植钉于上,如狼牙者,曰狼牙棒。"元孟汉卿《魔合罗》第四折:"右壁厢一个青脸獠牙,朱红头发,手拿着狼牙棒。"《水浒传》第三四回:"〔秦明〕祖是军官出身,使一条狼牙棒,有万夫不当之勇。"姚雪垠《李自成》第一卷第十六章:"有的在演习单刀或双刀,有的在演习枪法,有的在演习狼牙棒。"

【狼牙棍】即狼牙棒。《水浒传》第五五回:"〔秦明〕出到阵前,马上横着狼牙棍。"参见"狼牙棒"。

狼牙棒（宋代）

读《新京报》在解棒球的棒时说:"由细到粗,形如拉长的水滴,重心前置,打击有力。""狼牙棒"又作"狼牙棍",其特点正是"重心前置",加上嵌上铁钉,杀伤力便很大了。

小议"蠡"的字义

《新华字典》:(1953年第1版):"蠡lí,贝壳做的瓢:以蠡测海(喻见识浅薄)。"到2004年《新华字典》(第10版)一仍50年前的注释:"蠡lí,贝壳做的瓢:以蠡测海(喻见识浅薄)。"我对此注释,现在有了疑问。《现代汉语词典》(1978年第1版):"蠡lí①瓢。②贝壳。"2005年《现代汉语词典》(第5版)蠡lí的释义与第1版完全相同。该词典的"管窥蠡测"释义说"用瓢来量海",取"蠡lí"释义的第一义项。

《说文解字》:"瓢,蠡也"。清代段玉裁说"一瓠劙为二曰瓢。亦曰蠡。"说明蠡就是瓢,构词的理据是"劙为二",动词"劙"转作名词"蠡"了。《故训汇纂》在lí的音项下引例繁富,皆为"瓢"义。有没有"贝壳"义呢?有,是间接的资料。《故训汇纂》在luó音项下"蠡,蚌蛤也。《文选·东方朔〈答客难〉》'以蠡测海'张铣注"。张铣仅个人的随文之注,无其他用例。《广韵》"蠡"有落戈切,小韵16个字,读luó,如螺、蠃等。《集韵》戈韵"蠃,蚌属,大者如斗,出日南涨海中。或作蠡。"刘洁修《成语源流大词典》"以蠡测海"注为:"用瓢来量海水。蠡,匏,对半剖开可做成瓢。一说古蠃字,今写作'螺'。用螺壳或蚌壳舀水亦通。"

"蠡"可以指瓢,也可以指贝壳,但是说是"贝壳做的瓢",欠当。

理念——拟稿留存

2002年《新华字典》修订,要补少量复词条目。我参加"理念"的拟稿。三步曲:找材料、作思考、向别的同志学习。有收获。

甲、我在拟稿前有几点想法:a.要在大量用例的基础上试写注释稿。通过搜狐网我查理念用例有418366个,只能从中选一些典型的用例来考察。b.要与相关的词作辨析,如[理想]、[信念]等。[理念]与[信念]的相似性更多些。"念"指一种看法、认定。"信念"的"信"偏指确定性;"理"偏指对某种目标、原则、方法的理解和追求。"信念"有更多的共指性,而"理念"更具有"个性化"、"特殊性"的色彩。c.举用例,很不容易挑选,我提出的供参考的如教育理念、市场营销理念、股票投资理念、现代企业经销理念等。d.适当参考外语词典。

乙、通过互联网我选择的"理念"用例,如:

1. 法学——促进学术交流,传播法治理念
2. 超级蓝筹登场,重塑投资理念
3. 聚焦现代都市人居住新理念
4. 一个市委书记和他的舆论监督理念
5. 近期社会上出现了一些新鲜的与以往不同的教育理念
6. 爱看《花花公子》,布什的政治理念受到日本书的影响
7. 数学教学……

(一) 基本理念

①义务教育阶段的数学课程应突出体现基础性、普及性和发展性……

——人人学有价值的数学；

——人人都能获得必需的数学；

——不同的人在数学上得到不同的发展。

②数学是人们生活、劳动和学习不可少的工具……

③学生数学学习内容应当是现实的、有意义的、富有挑战性的（其他从略）

8. 春兰集团"大服务"理念

丙、我的拟稿。[理念]对目标、原则、方法的认定和追求。

丁、定稿。[理念]思想，观念。强调对目标、原则、方法的认定和追求：投资理念｜营销理念。

定稿显然优于我的撰稿。以"思想，观念"释理念，非常重要，与外语词典的释义能对上茬儿。

立(安身立命、立命之本)

1948年出版的(新部首索引)《国音字典》"立"字有七个义项:①直身不动。②直竖,如言把棍立在门后。③建树。④成。⑤设置。⑥缔结。⑦即时。1953年出版的《新华字典》补上"立"的存在、生存义,并举自立、独立为例词。这个补充很值得肯定。可进一步联系的成语有"安身立命"、"誓不两立"等。像《论语》"三十而立",此义当为独自生存于社会,即事业有成。中国第十届全国美术作品展览中有一幅获铜奖的作品,题目是"立命之本"(招贴画),唐家路创作,画的是一个粗瓷碗上面有一双筷子(见《光明日报》2004年12月12日画刊)。民以食为天,生存的最重要的条件是有饭吃。立命之本即存命之本也。

卯金刀为劉——并不正确的结构分析

《三国志·吴书·虞翻传》中引《翻别传》："古大篆'卯'字读为柳。"该传的裴松之案语："古柳、卯同字，窃谓翻言为然。然《汉书·王莽传》论卯金刀，故以日辰之卯（mǎo），今未论详正。世多乱之。"

以上引文的大意是：虞翻指出卯读柳。裴松之就此完全肯定虞翻的说法，并进而指出，在《汉书·王莽传》里已经把"劉"分析为卯金刀了，以讹传讹，世多乱之。

是的，劉读 liú，何以以卯（mǎo）为声符？这是说不通的。然而问题出在卯、卯的形体讹混上。

今天留、贸、劉三字，上面都有"卯"字，而这个"卯"有两个来源，卯₁来自卯，在《说文解字》是"酉"的重文；卯₂来自卯，是反对着的户（戶），表示门开了，东西出来，读 mǎo。在楷书里卯写成卯，卯写成卯。然而留、貿的上面讹变为卯，这样以"卯"为声符的字有的读 liu，如留、劉、柳；有的读 mào，如贸。

虽经虞翻、裴松之辨析，这"劉"说成卯（mǎo）金、刀之误，延续千年，未得纠正。这里纬书起了不好的作用。《古微书》（丛书集成初编·哲学类）："卯金刀帝出，复禹之常"，以卯金刀指劉，以劉指汉代。《全后汉文》卷二："而狩获麟，谶曰：'乙子卯金'，即乙未岁授劉氏。"

锊

下面是一部词典内部征求意见的注稿:

锊〔鋝〕(lüè)古量名,义同"锾"。约合今六两。《考工记·冶氏》:"重三锊。"郑玄注引《说文》:"锊,锾也。"按,今本《说文·金部》:"锾,锊也。"

这部词典出版多年,打算修订,把修订稿的一部分寄给我。对上面的注稿我核对辞典的原注释,发现"约合六两",并没有"今"。难道原注释漏了"今"字?查《现代汉语词典》等皆为"古代重量单位,约合六两。"无"今"字。现在补"今"字倒补出问题来了。一、原注讲"古重量单位",其内容只能介绍一种比例关系:"约合六两"。这"六两"自然是古代的。"两"实际重量历代不同:秦汉一两15克;唐宋一两40克;民国一两31克;现在一两50克。锊所注为秦汉时代的,六两为90克,今日六两为300克。这只是从折算上说,如果硬要了解"锊"的实际重量,可查《汉语大词典》附录中的《中国历代衡制演变测算简表》,但没有"锊"字。原释文"约合六两"既准确又简明,我认为无须改动补"今"字。

辞书要修订,要作改动时必须谨慎从事。《新华词典》1979年由我通读定稿,其中[论语]注释"儒家经典之一。由孔子的弟子编纂的有关孔子言行记录,共二十篇",到1988年修订版,此条"二十篇"改成了"二十章"。差之毫厘谬以千里矣。《论语》篇下分章,如"学而"

篇包括十六章。汉以后篇有改称卷的，《论语》二十篇可称二十卷，绝无称二十章的。

再回到"锊"字。《新华字典》以前没有收"锊"，在1998年版见到"锊"，注为"古代重量单位，约合六两"。2003年的第10版改为了"古代重量单位，约合旧制六两"。改出了问题。"约合六两"是指古代的两。汉代的《小尔雅·衡》："二十四铢曰两，两有半（即1两半）曰捷，信捷曰举（三两），信举曰锊（六两）。"既为古代的，不必去讲"旧制"。"两"的新旧制发生在1959年，以前旧制一斤16两，新制一斤10两。一斤16两从战国延续到20世纪，编者如果要说"此两为一斤16两"，可说"约合传统六两"。"传统"二字可以上推到古代，旧制则不可也。

纶 綍

某词典"纶綍"的注释是：

纶綍 《礼记·缁衣》："王言如纶，其出如綍。"后因称皇帝的诏令为"纶綍"。柳宗元《代广南节度使谢出镇表》："捧对纶綍，不知所图。"参见"丝纶"。

纶音 皇帝的诏令。贡奎《敬亭山》诗："增秩睹隆典，纶音播明庭。"参见"纶綍"。

《礼记·缁衣》原文有四句："王言如丝，其出如纶；王言如纶，其出如綍。"注释为节省篇幅没有引出前两句。这两句是不可省去的。这是一组递进复句，后一个复句"王言如纶，其出如綍"是前一复句的进一层，也可以说是建立在前一复句的基础上的，由此才能显示出"人贵言重"的意思。只说"王言如纶，其出如綍"有"人贵言重"的意思，但只有加上前面的"王言如丝，其出如纶"才能充分显示这个意思，才能显示"纶綍"所含丰富的哲理性。《汉语大词典》此条引了《礼记·缁衣》四句，则圆满了。

甍

《说文解字》："甍，屋栋也"，历代辞书多承此解释。也有将"甍"释为"屋脊"的（见《汉语大字典》）。屋栋、屋脊二者的异同如何？

甍是建筑学上的用字。古建筑学家清华大学建筑系教授杨鸿勋说："早期是茅茨屋盖，局部用瓦，屋脊用瓦，就是那个'甍'字。"（见《文津演讲录》之五，第210页，北京图书馆出版社）"栋"是建筑学上的用字，也是一个常用字。《王力古汉语字典》："栋，房屋正中的大梁"。《现代汉语词典》："栋，脊檩；正梁"，该词典"房"下绘制的房屋结构图，看图识字，一目了然。

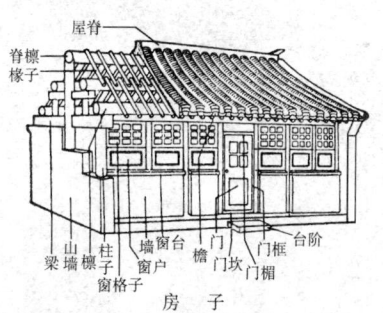

上古没有全用瓦的屋盖，只有茅茨的屋盖，古语有"茅茨不翦"。杨先生说屋脊是用瓦的，使我们理解加深了。段玉裁《说文解字注》："栋自屋中言之，故从木；甍自屋表言之，故从瓦。屋极（最高处）为分水之脊。"《释名》："甍，蒙也。在上覆蒙屋也"，指出甍是覆扣在屋脊上的瓦。《说文解字》此字入"瓦"部，表示其为黏土烧制的建筑材料。

栋、甍都处在屋的最上部,前者自屋内言,后者自屋外言,因此有相通之处,《说文解字》"甍,屋栋也",是按照其相通处说的,这正符合段玉裁的"统言不别析言则别"的理论。好个高明的段玉裁把甍、栋之别分析清楚了,令人叹服。

难　免

《现代汉语词典》:"不容易避免:没有经验,就～要走弯路|搞新工作,困难是～的。"

释义和举例都是正确的。但是在现实生活里还有一种否定式用法:没有经验,就难免不走弯路。一般认为是病句,逻辑上不能成立。但是可不可以从解释上做点文章?此难免为偏义复词,只有"难"的意思,如果能成立,则难免$_1$是"不容易避免"的意思,难免$_2$是"难"的意思。

难免$_1$　难免要走弯路,意思是走弯路不容易避免。

难免$_2$　难免不走弯路,意思是不走弯路,难。也是指走弯路不容易避免。

在用法上"难免$_2$"后面要跟否定式;或者说,后面如果是否定式,则前面是"难免$_2$"。

语言与逻辑关系密切,但并非一回事,对"恢复疲劳"的说法,20世纪50年代讨论得热烈,因为疲劳如何恢复?但如果解释为"源自宾语",即从疲劳中恢复了(体力),就无碍了。汽车医院,可以指修理汽车的医院;也可以解释为在汽车上为人治疗的医院。从语义入手去分析语言形式,可以解开语言上的许多死结。

诺/画诺

画诺,表示同意。《后汉书·党锢列传》序:"汝南太守范孟博,南阳宗资,主画诺。"(指宗资批文书画诺,将功劳推给范孟博,其任善之名,播海内)宋曾巩诗:"嗟予据案但画诺,遇事缩手方蒙成。"《民报》25号:"得俄皇立宪一纸之画诺。"古代也有写作"若"的。出土于长沙走马楼的孙吴时代木牍公文左上有一浓墨草书"若"(诺)。(见《文史知识》1999年第3期79页)

棚

《说文解字》："棚，栈也"。清段玉裁注："《通俗文》曰：'板阁曰栈，连阁曰棚。'"阁，木条、木板。平面状放置木条并固定之叫栈，如栈道、马栈等，是二维的（有前后；左右）；连阁曰棚，木条还往上置放并固定之，是三维的。栈车就是棚车，不同的是栈车偏指用竹木条编成栈置于车厢下部，而棚车偏指其立体状，字也作辀，又称楼车。在现代，棚车指火车、汽车等上面装顶的货车，保留了古义。也作篷车。

坪

　　词典的学问在词典之外,今举一例。《现代汉语词典》:"坪,平地(原指山区或黄土高原上的,多用作地名)"。为什么要加这个括注?我查了"国学宝典"光盘,含一亿多字的文献资料,的确,坪是指自然的地貌,且多用于地名,如宋·刘汝钧诗:"草坪闲见乌犍点,畲水飞来白鹭双";《徐霞客游记》:"度草坪驿";《清史稿·尹继善传》:"自叙州新开滩,至永嘉黄草坪。"今日所见校园草坪,以及停机坪等,均属从西方引进的,为人工所为,与古籍所用草坪义不同。现在利用网络技术,用光盘,查资料比较方便,而《现代汉语词典》编纂时靠手工制的卡片,靠读书记识,所以,在上面括注中所写的内容,一定是凝结了艰辛的劳动,反映了在读书基础上的可贵的识断。

荓

《汉语大字典》没有收录，黄征的《敦煌俗字典》有，指出是"菩萨"的合文。胡适在20世纪初，考释"荓"是"菩萨"的简写：

> 昨天在图书馆抄得一卷唐人写俗文，其标题为"持世荓第二"。大家都不知道这个"荓"是个什么字。于是归纳先生来了。归纳的材料有如：
>
> 荓之人物不要。
>
> 荓荓师兄兄。
>
> 誓为荓之门人。
>
> 荓慈悲莫疑虑。……
>
> 原来这是"菩萨"二字的简写！这种简字可谓最别致的了。

（见《胡适学术文集·语言文字研究》，中华书局，1993年）

"菩萨"一词二字，如何简化为"荓"呢？是否是受梵文的影响？拼音文字如英文，其简写取第一字母与最后一字母相合而成，如 Dr 为 Docter 的简写形式。如果推论可成立，用在汉字上，遂出现菩萨→荓了。

合文在古文字中用例甚多，如小臣作 $\stackrel{\text{小}}{\text{臣}}$，二千作 $\stackrel{\text{二}}{\text{千}}$ 等。到元代周伯琦的《六书正讹》所列合文山岚作禫，器皿作罂，似乎既受古文字影响，也受佛经"荓"的影响。至于"菩提"的合文简化作"薹"，则是梵汉合璧。薹，古有此字：读 tí、tái，与合文"薹"为同形字。合文"薹"，《敦煌俗字典》收录。

菩 萨

菩萨是梵语 bodhi-sattva 译音菩提萨埵之省,佛教指修行到了一定程度、地位仅次于佛的人。《说文》里有菩字,没有萨字。张舜徽先生在《说文解字约注》"菩"字下说:"今语所称菩萨,梵书本作扶薛。菩乃扶声之转,薩(萨)为薛之形讹。俗书薛作蕯、作薩,又于其右下多一画,因作薩矣。后又增改为薩。"张先生所言至确。《敦煌变文集》"八相变"中"薩埵王子"的薩,该书所附"北京图书馆藏变文影印首段",萨作蕯字,十分清楚。1996年2月笔者参观日本奈良博物馆时,看到1143年的朱书法华经,笔迹清晰,我特别留意其中的"薩"字作蕯。从字音上说,"薛"的反切是私列切,"萨"的反切是桑割切,声母相同,皆为心母;韵则相近,韵尾皆为[-t]。用薛、萨来解释以上梵汉对音,了无滞碍。

(原载《语文建设》1997年第8期)

年轻、年青、青年

年轻、年青都表示年龄不大。年轻与年青的区别在"轻"、"青"的含义有所不同。轻,重量少的,转指年龄少的;青的文化含义指东方,指春天(赤指南方、夏天;白指西方、秋天;黑指北方、冬天),故引申指有生机的、充满活力的。如"北京是一座古老而又年青的城市",言北京充满活力。"这是一门年轻的学科",指学科建立时间不长。上述北京例,年青不可改为年轻;后一例年轻如改为年青,便兼指充满活力的意思了。年青是形容词,语素倒置为青年,是名词,年轻不可倒置作轻年。人的一生分为童年、少年、青年、壮年、老年,青年指充满活力与生机的年龄段。青春指充满青色的春天,如杜甫诗"青春作伴好还乡";青春又用于指充满活力的生命期。青春期指男女性的生理系统发育进入成熟的阶段。

热带雨林

热带雨林,《中国大百科全书》收此条目,英语作 tropical rain forest。tropical（热带）,rain（雨、降雨）,forest（森林）。为便于称说译成汉语为四字格"热带雨林",其音步为 2-2:热带/雨林。雨林单说不成词。四字格有整体表意的作用,不必分解,所以使用上并不感到有什么不妥。

石 油

《汉语外来语词典》(岑麒祥编著,商务印书馆,1990年)将"石油"视作外来词:"石油[英 petrol(拉丁 petr(a)岩石 tol(eurn)油)],一种可以燃烧的油质液体。"

石油并非外来词,而是我国古已有之的词。《辞源》收有[石油],有全面的注释:"一种天然液体燃料。宋沈括《梦溪笔谈·杂志一》'鄜延境内有石油。旧说"高奴县出脂水",即此也。……此物后必大行。'我国石油之名,始见于此。"从构词法分析,"石油"为偏正结构,即取之于矿石之油,而英语 petrol 的语源也正是如此。如果不看到沈括的《梦溪笔谈》所记载的,自然容易将"石油"视为 petrol 的意译词了。沈括是一位卓越的科学家,其所著《梦溪笔谈》是"中国科学史的坐标"(英国李约瑟博士语)。

"石油"一词的定名沈括起了重要的作用。文献记载,汉代已经认识到石油可燃烧的作用,还没有名称。《汉书·地理志下》:"(上郡)高奴(地名,在今延安东北)有洧,水可爇(然,即燃)。"洧就是后来的延河。水可燃指河上漂浮的石油可燃烧。到唐代段成式的《酉阳杂俎·物异》开始立名,称做"石脂水"。沈括始称"石油",沿用下来。明代李时珍《本草纲目·石一·石脑油》说:"石油所出不一……国朝正德末年,嘉州开盐井,偶得油水。可以照夜,其光加倍……近复开出数井,官司主之,此亦石油。"

手续　相对　热带

赵朴初先生在《俗语佛源》一书的前言里说:"'手续'一词,一向被认为从日文引用进来的外来语,我早就怀疑它与佛教密宗经典有关……(现)证明它不是外来语,而是源自佛典。""'相对'、'绝对'二词,一般也被认为引自日文的外来语,其实也是源自佛教经纶。'相对'、'绝对'的'对'字,应该是'待'字。佛经用的'相待'、'绝待',比世俗用的'相对'、'绝对'好得多。你待我而有,我待你而有;主人待客人而有主人,客人待主人而有客人。这是相互依存的缘起的道理。日本读'对'字,音与'待'字同,因而误写了……如今中日两国人民都已用惯了,只好将错就错用下去了。"

日本爱知大学荒川清秀教授,1997年春来中国讲学,在《近代日中译词交流与罗存德的〈英华字典〉》报告中指出:刘正埮、高名凯合编的《汉语外来词词典》把"热带"一词说成是来源日本,是不正确的。他指出在日本用"热带"一词前,1866年在香港出版的罗存德《英华字典》中已有"热带"一词了,而使用"热带"一词更早的则是明末清初的艾儒略:

分为五带,其赤道之下,二至规以内,以一带者日轮常行顶上,故为热带,夏至规之北至北极规,冬至规之南至南极规,此两带者,因日轮不甚远近,故为温带,北极规与南极规之内,此两带者,因日轮止照半年,故为冷带。

——《西学凡职方外纪·天学初函》

结论:日本所用"热带"一词是由中国传去的。

中日两国文化上的交流源远流长。在古代,日本从汉语引进了大量的借词;近代,汉语也通过尽量借用日本的译名来吸取西洋的词汇。但是也存在一种误解,"以为中国近代以来使用的大量译词都是从日本移植过去的。"(见荒川的报告)荒川先生说80年代前后,在日本这种误解有了改变。日本学者过去认为"病院"(即医院)一词是日本翻译荷兰语产生的,后来发现在明末汉语中已有"病院"一词了。推进这方面的研究,中日两国学者都有责任。赵朴初先生和荒川清秀先生所谈的可谓不谋而合。

(原载《语文建设》1997年第8期)

属的从属义、统领义和类别义

属指连属。两个或两个以上相连属的事物,其间关系无非是两种:a. 主从的;b. 并列的。

属多用于主从关系方面。分析主从的关系,以甲为主体,则乙为附属。在进入具体的使用层面时,如果是就乙讲的,那么对甲来说,乙便是从属的,如家属、眷属、亲属、军属、属员、属吏等。例如问:"他是谁的家属",回答"他是老王的家属"。老王是甲,如果是就甲讲的,甲对乙便是统领、统属的意思。逻辑学上的属概念,有两种含义:a. 指统属其他的概念,即上位概念,如"学校"是属概念,而"大学"、"中学"、"小学"是种概念,即下位概念。b. 指被统属的概念,即下位概念,那么相对的种概念就是上位概念。后一种用法以前有,现很少见了。

《说文解字》在给作为部首的字作注解时有一句习用语"凡……之属皆从……"。如"一"部:"凡一之属皆从一"。"玉"部:"凡玉之属皆从玉"。这个"属"就是统属的意思。清王绍兰《说文段注订补》:"属,连也。谓连其字使有所统";"文字繁多,各有统属"。《说文解字》立540部首,统属9353个汉字。

如果不是主从关系而是并列关系,这时出现的"属"指"辈"、"类别"。如《汉书·高帝纪》:"不者,汝属且为所虏"。唐代韩愈《顺宗实录》五:"从某谋,吾属(即吾辈)必死其手。"清代潘荣陛《帝京岁时纪胜》之"六月六日"条:"至于骡马猫犬牲畜之属,亦沐于河"。

数目字的大写

数目字通常采用小写：一、二、三、四、五、六、七、八、九、十、百、千。但是记账等有时需采用大写：壹、贰、叁、肆、伍、陆、柒、捌、玖、拾、佰、仟。

采用大写，一般认为始于唐代武则天。顾炎武《金石文字纪》三《岱岳观造像记》中说到敦煌的唐天宝四年(745年)文书云："绵等总壹萬肆仟陆佰柒拾捌屯匹。"诗人白居易《长庆集》卷四三《论行营状请勤魏博等四道兵马却守本界事》："况其军一月之费，计实钱贰拾漆捌萬贯。"清人褚人获的《坚瓠续集》卷二说：明初洪武年间，户部尚书开济向朱元璋上奏，要求大写数目字用于"官私文书"，"以防奸胥改窜"。朱元璋奏准。《西游记》第十一回，讲唐太宗李世民游地府事。李世民病重，魏征已知他下到阴间，故托阴间旧友崔珏(判官)设法营救。崔判官到司房查阅天下万国国王天禄总簿，见到南赡部洲唐太宗皇帝的注定死期是贞观一十三年，大吃一惊，如不窜改死期，太宗便回不了阳间。急中生智，便在一十三年的一上添了二画。阎王见生死簿上太宗名下注定为三十三年，还有二十年阳寿，便让李世民返本还阳了。

《西游记》成书于明代，数目字大写已通行，用一则虚拟的故事讲述大写在唐代尚未通行，结合唐代的文书(敦煌藏)，使我们了解到大写数目字始于唐，到明代初年正式确定为规范用法，历经六百多年。

现在完全通行了,《新华字典》等均收入。

　　大写数目字的来历。壹贰秦汉已有。叁字本作参,就是参(cān)加、人参(shēn)的参。"参"是一个多音字:sān、shēn、cēn、cān、càn(见《王力古汉语字典》)。《新华字典》只收 cān、shēn、cēn 三个音,读 càn 指鼓曲,通常不用。读 sān 今仍存在,但字形作叁。《国音字典》(新部首索引),"叁"作"参"sān 的异体处理,到《新华字典》始独立出来。"肆"古指散开、陈列,用于数目字为同音替代。"伍"古指五人,来自军队的编制。陆,古入声字。陆、六同音。今"六"白读音 liù,文读音 lù。柒是树名为同音替代。《山海经·西山经》:"多柒木"。清郝懿行笺疏:"柒,以代纪数之七字。"捌,从"别",《说文》"别,八也"。古八、别音近。后选"捌"作为"八"的大写。玖,玉名,用其音,作"九"之大写。"拾",拾掇,用其音,作"十"的大写。"佰""仟"皆表示百人的队伍、千人的队伍,借来作大写,亦顺理成章。

提

提有二音 tí/dī。通常读 tí,古代反切杜奚切,定母(浊音)平声,今读吐气的阳平,反切今读与实际读音吻合。读 dī,是特殊读音,1978年版《现代汉语词典》注为〈方〉,另外在"提防"一词中也读 dī。这个读音也有历史根据。唐代李肇的《唐国史补》卷下:"今荆襄人呼提为堤"。中古有清浊之分,堤为端母字,"呼提为堤",就是将浊音的定母读成端母清音,而发展为北京话则为吐气音(tí)与不吐气音(dī)之别了。可见此种方言音读唐代已有了。

同形字

同形字这个概念，裘锡圭的《文字学概要》（商务印书馆，1988年）是这样说的：

同形字这个名称是仿照同音词起的。不同的词如果语音相同，就是同音词。不同的字如果字形相同，就是同形字。同形字的性质跟异体字正好相反。异体字的外形虽然不同，实际上却只能起一个字的作用。同形字的外形虽然相同，实际上却是不同的字。

对同形字的范围，可以有广狭不同的理解。

范围最狭的同形字，只包括那些分头为不同的词造的、字形偶然相同的字。例如：古代有一个"铊"字（音 shé 或 shī，也作"鈶"、"鉇"），当矛讲（丈八蛇矛的"蛇"可能就是它的通假字）。近代有一个"铊"字（tuó），是秤砣之"砣"的异体。现代化学家又造了一个"铊"字（tā），用作一种金属元素的名称。这三个"铊"字就是属于最狭义的同形字之列的。

范围最广的同形字，包括所有表示不同的词的相同字形。按照这种理解，被借字和假借字，如表示本义的"花"和表示假借义"花费"的"花"，也应该算同形字。甚至用来表示本义的和用来表示派生词性质的引申义的同一个字，如当道路讲的读 xíng 的"行"和当行列讲的读 háng 的"行"，也可以看作同形字。

在语言学里有同形词（homograph）。《现代语言学词典》（英国

戴维·克里斯特尔编著,沈家煊译,商务印书馆)"同形词"的解释是:
"语义分析用来指词(即词位)的拼写形式相同而意义不同。同形词是同音词的一类。同形异义(homography)的例子有 wind(风)和 wind(上弦)。"

就辞书编纂说,古人只有字的观念,说到词是指没有实义的虚字。近代从语言学的词的视角来看待字,20世纪30年代刘半农讲到单字中的同形词问题,他说:

尤有一事须注意者,即同一形体之字,有时应分作两字论,不应混为一字。例如"这"字,《广韵》作"鱼变切",《玉篇》训"迎也",后人用以代"者个"之"者"(其原因不明),形体不变,而音义全非,此实两个根本不同之字,不能认为一字之流变也。又如"佛"字,《说文》谓"见不审也";古书中或用为"仿佛"之"佛",与"髣髴"同;或用如"挟"字,或用如"逆"字,则又与"拂"字可通。自汉世佛法传入中国,人取此字之音以译"Buddha"一字,遂使吾人今日所见之"佛"字,几悉为此新兴之义所独占。其实此中无新旧义之可言,只是两个不同之字,共一形体,而又共一声音而已。在外国语中,此种情形亦甚为普通。例如法语"Si"字,一训为"若",出于拉丁语之"Si";一训为"如此",出于拉丁语之"Sic",字书中分作两字论也。英语"Can"字,一训为"能",出于盎格罗撒克逊语之"Cunnan";一训为"罐",出于盎格罗撒克逊语之"Canne";字书中亦分作两字论也。

《编纂〈中国大字典〉计划概要》(见《辞书研究》1979年第一辑)

20世纪50年代吕叔湘在《现代汉语词典》编写细则里提到与上面内容相同的问题:

没有形和音的分歧,但所含多项意义中有彼此不相联系的情况,就把这一条分成几条(在字的右肩上加 1、2……为记),每条包含一个意义或互有联系的几个意义。如"和"分四条,"帮"分三条。

(见《吕叔湘全集》第 12 卷)

《现代汉语词典》就是按此规定来处理汉字字头的。如"和"字:

和¹(龢)hé❶平和;和缓:温～|柔～|～颜悦色。❷和谐;和睦:～衷共济|弟兄不～。❸结束战争或争执:讲～|媾～。❹(下棋或赛球)不分胜负:～棋|～局|末了一盘～了。❺(Hé)姓。

和² hé❶连带:～衣而卧(不脱衣服睡觉)。❷介词,表示相关、比较等:他～大家讲他自己参加抗战的故事|柜台正～我一样高。❸连词,表示联合;跟;与:工人～农民都是国家的主人。❹和数:两数之～。

和³ Hé 指日本(日本古代叫做"倭国":"和"就是"倭")。

另见 hè;hú;huó;huò。

这"和¹""和²""和³",称它为什么呢?可供选择的如同形词、同形语素、同形字等;也有人称其为字项的。我认为称之为同形字较妥。

上述和¹ 和² 和³ 均是同音的。也有人把异音的也拉进来称为同形字,如"和"有五个读音(据《新华字典》) hé、hè、huó、huò、hú,如视为同形字,就与多音字相混了,是不妥的。

至于同形字的别类,难以详述。启功先生《论书绝句》考证,明末清初画家朱耷其画后常署名为"驴"、"驴屋"。可推"耷"即晚明时"驴"字之俗体,与古文字"耷"(意为大耳)字无涉。这是很具趣味性的同形字,是艺术用字,与普通同形字不相同。

弯弓、关弓、贯弓

三个词都指拉弓(射箭),用了弯、关、贯三个不同的字。《辞源》的解释是:[弯弓]拉弓。[贯弓]弯弓。"贯"通"弯"。[关弓]未列词条,在"关"字下有解释:"关……又通'弯'。《孟子·告子下》:关弓而射之。"

《辞源》以"弯弓"为主条释关弓、贯弓,正确。《说文解字》:"弯,持弓关矢也。""弯"在今天指弯曲(上位概念),古代指弯弓(下位概念),它的义符"弓"是表示本义的。《说文》释文"持弓关矢",注释字"关"指把矢搭在弓弦与弓之间,正像段玉裁说的:"凡两相交曰关,如以木横持两扉也。"所以关弓就是弯弓。"贯"指贯通。弓弦和弓之间由于箭搭上就贯通了。古文字射作 ⿰身⿱丶又,又 指手: ⿰弓又 就是弯弓之形。

文曲星的曲读 qū、读 qǔ?

商务印书馆汉语编辑室的朋友问我上面的问题。音是由义决定的,我只能笼统地回答:要确定"曲"是什么意思。我开始了查寻,也是一次学习。

曲读 qū,指弯;读 qǔ,指乐曲。"文曲"一词,可以用指文章:《荀子·正论》:"今子宋子严然而好说,聚人徒,立师学,成文曲。"杨倞注:"文曲,文章也。"文曲也可以用指乐曲。董仲舒《春秋繁露·楚庄王》:"缘天下之所新乐而为之文曲,且以和政,且以兴德。"近代作家林语堂有《苏东坡传》,说:"一个道士向徽宗奏称,曾见苏东坡的灵魂在玉皇大帝驾前为文曲星,掌诗文。"

文曲星的曲与"弯曲"义无关;与文章、乐曲义有关,因此当读 qǔ。

钵

"钵(xǐ)"是"玺"的异体字,产生在战国时期,但进入字典、辞典是晚近的事。"养在深闺人未识",一朝文字学家指出此字的来历,情况才发生了变化。裘锡圭《文字学概要》说:

"战国玺印大多数是铜印,此外比较常见的还有银印、玉印等。齐、楚、三晋等国的古印多把'玺'字写作'鉨'。这个字不见于《康熙字典》等旧字书,但是在近代金石学者和考古学者的著作里却常常可以看到(《现代汉语词典》已收入此字)。"

这个字有三点值得注意:本字的流传;字的形符;字的声符。

"鉨"产生于战国,但是东汉时代的《说文解字》收的是壐、玺,历代字书都没有收列。《集韵》荠韵在"枲"下说"枲,或从金",是"枲"的异体字,而不是印玺的鉨。

鉨的形符是"金",《说文》的壐、玺,形符是土、玉。《古文字谱系疏证》中"壐"有六个字,而"鉨"有 140 个。汉字的形符又称义符,对字义有时有说明的作用。鉨以"金"为形符,言其为铜等金属材料。"壐"从土,《说文解字》释义是:"壐,王者印也,所以主土,从土"。段玉裁说:"玺,古者尊卑通称,至秦汉而后为至尊之称。'王者之印',举汉制也。"

壐在汉字简化中作"玺",声符作"尔",这既是简化,也是反祖,因为最早声符是"尔"。"爾"字是一个形声字,由三个部件构成:形符冂、爻;声符尔。

"钵"其形符"金"反映"印玺"质地的变化与进步;声符是古老的。"钵"字湮没了两千多年,经古文字材料发现并经文字学家介绍(这里指上述裘先生的介绍和《古文字谱系疏证》的收列),才重见天日。字典偶尔要补充一些新字(这里指以前字书中没有的),如新的化学元素用字。"钵"是一个新补充的字,是一个长了长长胡子的新字。

絏、紲与屉、屜

为避唐太宗李世民讳，《左传·僖公二十四年》"臣负羁絏"，由本来作絏，改为紲，一直传至今日（见《十三经注疏》阮元校勘记）。唐张参《五经文字》："紲本从世，缘庙讳偏旁，今经典准式例变"。这样，指鞋垫子的屟改作屧，这个字本读苏协切 xié，后来发展出他计切音，读 tì，指抽屉，这是宋元以后的事，故不再避讳"世"。读 tì 的屧作屜，再简化为今日的屉。

谢

先探讨其本义。《说文解字》："谢，辞去也"，这并不是谢的本义；谢的本义是由《汉书音义》的作者训诂学家晋灼揭示出来的："以辞相告"。辞就是语言。从文字上说"谢"以"言"为义符，字形义与词义正好相合。晋灼的话先后被注《史记》的裴骃、注《文选》的李善、注《汉书》的颜师古所称引（见商务印书馆《故训汇纂》2141页）。这个本义含两个义素：a.相告；b.以言辞。以什么言辞？在不同的语境里有不同的内容，由此衍生出不同的分支。

1.以劝诫的话相告。古诗《为焦仲卿妻作》："多谢后世人，戒之慎勿忘。"

2.以问候的言辞相告。《汉书·赵尹韩张两王传》："广汉尝记召湖都亭长。湖都亭长西至界上，界上亭长戏曰：'至府，为我多谢问赵君（广汉）。'亭长既至，广汉与语，问事毕，谓曰：'界上亭长寄声谢我，何以不为致问？'亭长叩头，服实有之。广汉因曰：'还为吾谢界上亭长，勉思职事，有以自效。'"

3.以感激的话相告。《韩非子·外储说左下》："解狐举邢伯柳为上党守，柳往谢之。"

4.以道歉的话相告。《史记·项羽本纪》："旦日不可不蚤自谢项王。"

5.以离别的言辞相告。《礼记·曲礼上》："大夫七十而致事，若不得谢(不被批准辞去的请求),则必赐之几杖。"

这五个意义在现代汉语中保留下来的是后面三项,其中"感激"义可用来构词也可单用,如感谢、致谢、谢谢你的关心等。而道歉义和辞去义,只可用来构词(如谢罪、谢绝)不可用来造句。

言辞是一种美的语言。感谢的话自然是"美言"。谢罪是用好话向人认错;谢绝指用委婉的话表示拒绝。本义如同基因一般,影响字义其后的变化和发展。

"旭"的反切资料与"旭"的字义

"旭"许玉切,读 xù,指太阳初升的样子。两千多年来,音与义十分稳定,几乎没有变化。

"旭"还有另外的音和义,似属枝节,但也不可置而不管。

段玉裁《说文解字注》说除"许玉反"外,还有"许九反"。花了一番考证。此"许九反",见诸徐邈的《毛诗音义》,还说不知何时"许九"误成"许元"(反),许元又误为"许袁",今日看到的徐邈《毛诗音义》便是"许袁切"。古代字书的集大成者《康熙字典》除许玉切外,还有许元切和许皓切。

段玉裁认为许九切读音为 xiǔ,音朽,而朽有"好"的意思,那许九切的意义当指好了。《康熙字典》的"许皓切",就是"好"的反切。

"许九切"反切的意义还在于分析"旭"字的结构。《说文解字》:"旭,从日,九声"。"九声"与反切"许九切"密合,与"许玉切"差一点。

段玉裁过人之处还在于把阴声韵"许九切",指出其入声韵是"许玉切"。这是一个很重要的见解,"旭"既以"九"为声符,而反切为许玉切,并不相矛盾。

像这种入声韵与阴声韵相配的还可以补充"宿"字。宿,息逐切。住宿。今有文白二读:sù,文读;xiǔ,白读,北京人指一夜。中古宿有息救切,读 xiù 指星宿。息逐切与息救切是入声韵与阴声韵相配。

"旭"的许玉切与许九切与"宿"两个反切正属同一类型。但发展不一样，"宿"的阴声韵发展下来，而旭的"许九切"中途夭折。但是其意义在历史上还是留了痕迹。一是从本字上看《文选·扬雄〈甘泉赋〉》："杳旭卉兮"，张铣注："旭，美。"另外是从借字上看，《孟子·梁惠王下》："畜君者好君也"，此"畜"本字当为"旭"：其义指美，其音当为许九切，读 xiǔ。

炫、眩辨析

炫、眩。同音形近,义不同,但有时相通。

炫以"火"为义符,字义指光线强,如炫炫上天,光炫夺目,日光炫目等,再引申义指显示、夸耀,如游士炫其谋(武人张其功),自炫、炫示等。

眩以"目"为义符,字义指眼昏乱,视力受阻,如视日者眩(听雷者聋)、心乱目眩、头痛目眩、眩瞀、瞑眩等,再引申义指迷惑,如眩于名利、目眩美色、眩惑。

字义有相通的地方,如不注意辨析则会产生误用,如"太阳拨开云雾,人们几乎无法忍受那眩目的光芒"(高中《语文》第一册),"小星星发出强烈的眩目的白光"(初中《语文》第二册),两"眩"皆属误用,当用"炫"。这是因为"眩"是一种感觉,是发自自己,两"炫"的刺激,来自外界。钱锺书《管锥编》第三册第"五十二"段有"美人炫惑"条,专门讲美女如何对人产生刺激,使人炫惑失常态。"回顾百万,一笑千金……孔子倾于阿谷,柳下忽而更婚,老聃遗其虚静,扬雄失其太玄。"然而自己的感觉和来自外界的刺激是交互作用的。

这种交互作用,是自己反应为主还是外界刺激为主?需要从词语的结构关系上来分析。"目眩",主谓结构,偏指自己的反应,如《列子·周穆王》:"光影所照,王目眩不能得视。""炫目"是动宾结构,表示使动义,是外因所致。《晋书·张华传》:"大盆盛水,置剑其上,视之者精芒炫目",《元史·后妃传》:"(胡)帽旧无前簷,帝因射,日色炫目,以语后,后即益前簷,帝大喜,遂命为式。"上面所举中学语文教材的"眩目",为动宾结构,当为"炫目"。

养

《现代汉语词典》"养"的第七个义项:"修养:教～|学～有素。""教养、学养"的"养"是"修养"的意思吗?该词典"修养"的释义是:"①指理论、知识、艺术、思想等方面的一定水平。②指养成的正确的待人处事的态度"。这两个义项如何用于教养、学养中?难以得要领。此"养"的第七义项意思乃指"(在品德、学业、艺术等方面的)良好的积累"。以此作解,皆无滞碍。学养指在学识上良好的积累,教养指在礼让上的良好积累,修养指在修身和知识技艺上的良好积累。"涵养"则指包涵、容忍性方面的良好积累。《说文解字》:"养,供养也",其本义指采取某种手段使某种东西得以成长,用于自己便是经过努力使自己某些方面得以提高和改进,像孟子说的:"我善养吾浩然之气",作名词性语素则指"良好的积累"了。

再回到它的动词义:采取某种手段使某种东西得以成长,这个意思仍保留在语素义中,如"养兵"。指采取手段供养和训练士兵,以保持和提高战斗力。"养地"指采取施肥、轮作等手段提高土地肥力。"养病"、"养伤"的病、伤属原因宾语,指因病、因伤而休养,通过"养"使自己恢复体力提高健康水平。

可说一年半、一天半；不可说一月半

2008年4月在平谷金海湖宾馆开会，漫谈语言文字工作和语言文字研究。某与会者说，汉语走向世界，汉语研究应跟上，说：一位韩国学生提问，为什么可以说一年半、一天半而不可说一月半？教师难以回答。请教专家亦莫能答之者。

当晚思考再三，认为似可作以下解释：一年、一天，是"基数词＋名词"，年、天是特殊的名词，可直接与数词结合，中间排斥量词，可以说一年、两年、五年。也可以把年、天视为特殊的量词，语义上可以自足，不需要另有名词。而"月"不同，"一月"的"一"是表示序数的，一月即"第一月"。"月"的前面，如果表示数量，需要加量词，说成"一个月"。因此与一天半、一年半相平行，月要说成"一个半月"，加"个"，消除"一月"的"一"序数词性质。《现代汉语词典》第5版，年、天都有表量词的义项，而"月"没有。吕叔湘先生在《汉语语法分析问题》中将年、季、天、夜、块（元）、毛、分、卷、章、节、页，视为特殊的量词，其中没有"月"。量词后可加"半"，包括临时量词，如一桌半、五碗半、三车半等。吕先生分析得好。

墉

《诗经·大雅·皇矣》:"以伐崇墉"。西汉毛亨《传》:"墉,城也。"东汉许慎《说文解字》:"墉,城垣也",与毛传所释相同。《王力古汉语字典》:"墉,城墙。"《说文解字》"墉"字后附古文,作㞇,此字甲骨文作㞇,金文作㞇。

清华大学古建筑专家杨鸿勋教授,从建筑考古研究出发,认为㞇不是城门,而是屋顶(见《文津演讲录》之五,第211页,北京图书馆出版社)。验之《诗经·召南·行露》:"谁谓鼠无角,何以穿我屋;谁谓鼠无牙,何以穿我墉。"墉与屋互文见义,皆指屋之顶盖。到汉代墉由屋顶义产生城墙义,属字义的变化。

彟/嬳

《现代汉语词典》将二字收列。这两个字属异体字。在古文献中通行的是嬳,而"彟"是《说文》收列的。《王力古汉语字典》收"嬳",并注明《说文》作彟。为什么《现代汉语词典》将古体的彟收入呢?估计是为照顾简化字的"偏旁类推"。彟本作彠,偏旁"寻"按《简化字总表》二表的要求,作偏旁用时类推作"寻",这样便出现一个新的简化字,这个字形压根儿不见诸古籍。这是不合理的。彟既为简化字,身份亦有变化:是规范字了,而古籍中通行的嬳便挤入异体字了。武则天的父亲"武士彠"得写"武士彟"。简化汉字是为现代人服务的,似不宜管古人的事。在古文献中只有武士彠没有武士彟。此种类推的实用价值何在?不止一个"彟"字,有一批这样的类推字:今天一般用,而古籍又没有这种字形。添乱了。

札、礼、曰的声符分析

札、礼的"乚",来源不同。札的"乚",声符是乙(yuè。影母月部),礼的"乚",声符是乙(yǐ。影母质部)。"曰",小篆作曰,《说文》从口从乚,乚亦声。这个"乚"是乙还是乙,很难判断。乙,小篆作乚;乙,小篆作乙。曰右上的乚,很难从字形看出是"乙"或"乙"。得求助于字音。"曰",王伐切,喻三月部。既为月部字,当归入"乙"部。黄德宽主编的《古文字谱系疏证》(商务印书馆,2007年)将札、曰归在月部,使我得到古文字的印证。

沈兼士先生的《广韵声系》编排以声纽为纲,乙、乙皆在影纽。下一步要考察的是札、曰跟主谐字"乙"走呢,还是跟主谐字"乙"走呢?《广韵声系》安排在"乙"下。此种安排欠妥当,因为"乙"是质部字而札、曰为月部字,如安排在"乙"月部字下,声符与谐声字的韵母一致性才得显示出来。

《古文字谱系疏证》将"礼"入"乙"下的质部,我很赞同。礼为脂部字,其声符乚为质部,质是脂的入声,音理很切合。《说文解字》:"禮,从示、从豊,豊亦声。"今禮写作礼,偏旁豊换成乚,笔画少了,固然值得称道,但不能忘记声符的表音作用:"乚"在质部,可以间接表示礼为脂部字。

正/政

《战国策·赵策三》:"彼则肆然而为帝,过而遂正于天下,则(鲁)连有赴东海而死耳。"《古代汉语》(中华书局出版)教材说:"这句话不好懂,疑有误字。"《史记·鲁仲连列传》作:"过而为政于天下。""正"、"政"古籍中常通用。《墨子·亲士》:"昔者文公出走而正天下。"《吕氏春秋·顺民》:"汤克夏而正天下。"这里关键的问题是对"正"的理解。《尔雅·释诂》:"正,君也";"正,长也。""正"之具体级别,可大可小。郝懿行:"正为官长之称,故宫正、乐正、射正、酒正之属皆以正名。"《墨子》里的"正",是诸侯盟长。商汤代夏"正天下",则为君临天下矣。《战国策·赵策三》所云"遂正于天下",便是指秦统一中国,君临天下。为政即为正。《左传·宣公二年》:"畴昔之羊子为政,今日之事我为政。"为政,指成为事情的主管。《论语》里"为政以德"、"子奚不为政",都不是简单指从事一般政治活动,而是指去做官长。"为政于天下",即是在天下范围内"为政",此为政,便是当君主。

孙中山先生将"政治"释为管理众人之事。过去我们分析问题,常联系阶级斗争,孙先生的解释不被人重视。其实这个解释是正确的,抓住了"政"的核心义。《现代汉语词典》对"家政"的解释是"指家庭事务的管理工作"。"管理"二字,乃关键所在。

(原载《语言学论丛》第十七辑,商务印书馆,1992年)

牛生五趾

《易林·否之艮》:"牛生五趾,行危为忧",一本字典将"趾"解释为"脚指头"。我们知道"趾"秦汉时代指"足",后来才指"脚趾"。《易林》是汉代作品,应该指"足",而不是指"脚指头"。正好汉代王充的《论衡·讲瑞》篇提到"五趾":"西巡狩得白骥,一角而五趾。角或时同,言五趾者,足不同矣。""五趾"如指五个足趾头,大概在中古以后。如《全宋诗》72册毕田《神鼎山》诗:"玉趾分明印绝巅,药成仙去几千年。深藏宝鼎今方出,合得丹经与世传。"误将"趾"理解为"脚"还出现在别的地方,例如有一本字典对"刖"的注释是"古代一种砍掉脚或脚趾的酷刑"。一般字典"刖"的注释均指砍掉足(脚)的酷刑。这本字典加"脚趾"是不妥的。古代的"刖"刑,也直接说成"断足"、"断趾"。如《史记·孝文本纪》"今法有肉刑三"孟康注:"黥劓二、左右趾合一",即断左右足之刑算其中之一。《全后汉文》卷二五:"卞和献宝,以离(遭到)断趾;灵均纳忠,终于沉身。"[①]《唐六典·尚书刑部》:"本死刑,武德中改为断趾。"死刑改为刖刑,绝非改为"断脚指头"也。

在秦汉,"指"指手指,也可指脚指头。指在脂部,趾在之部。支脂之分为三韵,在秦汉不相混,中古后才混。有的字典将《易林·困之鼎》"踝踵足伤,右趾病疡"的趾认为是"脚指头",而我见到文本为

---

① 王充《论衡·变动》:"卞和献玉,刖其两足。"可见"断趾"即"刖其两足"。

"指病疡",说"脚趾病疡"得用"指",如用"趾",那估计是后代改的,汉代一般不会这么用的。

周₁和周₂

今日的周,在《说文解字》里是两个字:周₁作周,指周密;周₂作匊,指周遍。周密、周遍是两个同义并列式复合词,周₁义为密,周₂义为遍。《周易》书名,循名求实是"言易道周普(遍),无所不备"。在《汉书·艺文志》中所著录的《周政》、《周法》,道家的《周训》,小说家《周考》等都有个"周",即周遍,指书的内容具有综合的性质。《周孔》又称《周官》,讲官吏设置的全书。有人将其理解为周公致太平之书,是一种误解。

密言其内,遍言其外,二义又有相通之处。

甲骨金文只有周₁、无周₂。唐兰说"匊,引申有周密的意思",指出二字可相通(见《唐兰先生金文论集》)。王力《同源字典》分析更为到位:"周、匊实同一词。《说文》以匊为周币的正字,是强生分别。"

字形问题数例

（一）曾在李荣先生家见到丁声树先生手订《新华字典》（是1962年版），其中有数处"缺"字误作了"缺"。如字典393页"缺"字：

旁边的缺，是丁先生亲笔改。

（二）《新华字典》（1965版）qì音节的字头"炁"是一个误字，当作"炁"。"炁"是"气"的异体字。《广韵·未韵》："炁，同上（氣）。出道书"，是道藏的用字。《关尹子》："以一炁生万物。"《封神演义》里有"老子一气化三青"。"炁"是"爱"的古字。

（三）《现代汉语词典》（1978年版）"亵（褻）"，括弧里的繁体字当为"褻"，中间是"埶"，不是"執"，后来改正了过来。

（四）《辞海》"野（壄）"，壄当为壄，上部中间是"予"不是"矛"。在小篆里这些字区别很明显，到楷书里变得相近而易混。

后　记

收在这本集子里的有43篇文章,80则辞书札记。文章大多数是曾经发表过的,多数是辞书方面的,少量为与辞书有关的。札记是平日读书和工作时随手所记,在收入文集时作了修改,其中少量曾发表过。文稿虽经修改,并不放心,只好拜托何宛屏同志偏劳把关纠误。她校正了不少的讹误,在此向她致谢。

写文章的功夫在文章之外。收在这个集子里的文章,对我来说,可以说是付出了很大努力。1958年我北大中文系毕业后,留校分配在汉语教研室。为做好工作需要抓紧"补课"。补课分两种,一种是集体的,例如王力先生、朱德熙先生每周两次辅导我们学俄语,我学得较好,朱先生还特地送我一本俄语版的语言学著作。个人的,则因人而异。我在古汉语教研组,决定文字学攻《说文解字》,音韵学系统学习《广韵》的反切,落实在反切今读上,训诂学则读《诗经》,抄《左传》、《战国策》等。我买了石印的扫叶山房的《说文解字段注》,用力不小,收获有限。1971年参加《新华词典》编纂工作,向同在词典组工作的陆宗达先生请教。他说初学可以从摹写小篆入手,把《说文解字》原著切切实实掌握起来,再去学注本。我照办了,很是下了一点功夫:每天坚持,寒暑无间。各种补课持续近二十年。那时政治运动、政治活动多,挤出来的时间有限,然而靠日积月累,还是很有收获。这种补课对工作和写文章都很有用。我还想说,资料工作重要。

我曾把今日常用的字,从《说文》里挑出,过录到《新华字典》,这本字典就兼具索引的作用。后来进一步编了《说文》音序检索,在给学生讲《说文研读》时,请学生也来参加,出了油印本《说文音序索引》,南开大学中文系还借去翻印。曾把《广韵》3800个小韵做了卡片,后来与我的研究生李青梅同志合作出版了《广韵反切今读手册》。

我写文章,大半是出于工作的需要。20世纪60年代写《诗经叠字》、后来研究通假字等,均为结合古汉语教学需要而为。1971年借调出来参加《新华词典》的编纂工作,积累一些资料。1978年词典工作结束后,便写了《并列式同素异序同义词》发表在《中国语文》,80年代写《汉字的自动义与使动义》,90年代写《"打"字的语义分析》,新世纪初写《普通话异读词审音》,这四篇文章用力较多。我的工作经历是:在北大教书;编辞书;在国家语委做行政工作。我认为要做好工作,应该做些研究工作。退休后,先后参加一些辞书的编纂工作,结合辞书编纂,我选择了普通话异读词审音为研究对象,需要搞清楚方方面面的问题,为此先后写专题文章,断断续续花了十年时间,最后写出《谈谈普通话异读词审音》5万字的小册子。香港朋友姚德怀先生近日来信,说"尊著形式上是'小著'但是小而全,十分难得,第五章'研究'篇不乏高见"。也有不少朋友来信给我以肯定和鼓励,满目青山夕照明,自忖做了一件有意义的事。未名湖畔走一遭,不改终身为学志,现在年老多病,生活适应能力大不如前,但是在语言文字学方面有考虑不完的问题,做不完的事,心态是平衡的。人生美好而有意义。

北大何九盈教授跟我说:"你应该出版一本论文集了";商务印书馆周洪波同志、何宛屏同志多年前就向我约稿。感谢他们的鼓励。书出版了,希望专家、读者对本书不吝指正,匡我不逮。

曹先擢 2008年7月28日初稿,31日改。2009年3月16日改定